大数据侦查实践

Big Data in Criminal Investigation

李双其 等 著

周强 审定

（政法系统 内部发行）

知识产权出版社

全国百佳图书出版单位

图书在版编目（CIP）数据

大数据侦查实践/李双其等著. --北京：知识产
权出版社，2019.9（2022.1 重印）

ISBN 978-7-5130-6376-0

Ⅰ.①大… Ⅱ.①李… Ⅲ.①数据处理—应用—刑事
侦查学 Ⅳ.①D918-39

中国版本图书馆 CIP 数据核字（2019）第 152692 号

责任编辑：庞从容 唐仲江 　　　**责任校对**：谷 洋
装帧设计：黄慧君 　　　　　　　**责任印制**：刘译文

大数据侦查实践

李双其 等著 周 强 审定

出版发行：知识产权出版社有限责任公司		**网　　址**：http：//www. ipph. cn
社　　址：北京市海淀区气象路 50 号院		**邮　　编**：100081
责编电话：010-82000860 转 8725		**责编邮箱**：tzjiang2002@126. com
发行电话：010-82000860 转 8101/8102		**发行传真**：010-82000893/82005070/82000270
印　　刷：三河市国英印务有限公司		**经　　销**：各大网上书店、新华书店及相关专业书店
开　　本：710mm×1000mm　1/16		**印　　张**：29
版　　次：2019 年 9 月第 1 版		**印　　次**：2022 年 1 月第 3 次印刷
字　　数：450 千字		**定　　价**：88. 00 元
ISBN 978-7-5130-6376-0		

作 者 简 介

林　伟

福建警察学院侦查系副教授，工学硕士，侦查学学科带头人。主要研究领域为计算机取证、数据挖掘与机器学习。致力于信息技术、电子数据取证与犯罪侦查融合的研究，并将研究成果融入侦查学、犯罪学教学之中。系福建省高校杰出青年科研人才，省级侦查学实验教学示范中心主要建设者，省级侦查学虚拟仿真实验教学骨干成员，省级公安学应用型学科骨干成员。在《中国人民公安大学学报》《计算机应用与软件》等国内外学术期刊上发表学术论文 20 多篇。

雷　阳

福建警察学院侦查系讲师，控制理论与控制工程专业博士。现从事犯罪学、侦查学等方向的教学与科研工作。在 *International Journal of Control* 等国内外重要学术期刊上发表论文 50 余篇，授权国家发明专利？项、实用新型专利 4 项，主持制定福建省地方标准 1 项，参与"十一五"国家科技重大专项、国家自然科学基金、山东省自然科学基金、福建省科技厅公益类专项等科研项目 10 余项。

黄泽政

福建警察学院侦查系讲师，福建警察学院现代犯罪研究所、数字福建社会安全大数据研究所成员，主要研究方向为犯罪学。在《福建警察学院学报》《公安学刊》《贵州警官职业学院》等刊物上发表学术论文 8 篇，参编教材 2 部。主持和参与省教育厅、省公安厅及学院课题 7 项。

序　言

　　随着信息技术与人类工作及生活的螺旋式交汇互融，移动互联网快速普及，5G 通信全球启动，万物互联的时代已经悄然降临，全球数据爆发式增长、海量聚集，引发了大数据、云计算、人工智能的新一轮科技革命和产业变革。大数据作为变革中重要的基础驱动力量，已经给我们的工作生活以及思维方式带来了颠覆性的变化，同时不可避免地给各类犯罪调查和侦查工作带来了深刻的影响。

　　自 2016 年起，我国就高瞻远瞩地制定了一系列极富远见的相关国策和科技规划。如工业和信息化部编制了《大数据产业发展规划（2016—2020 年）》和发布了《云计算发展三年行动计划（2017—2019）》，2017年 7 月 20 日国务院印发了《新一代人工智能发展规划》。

　　习近平总书记也多次在重大会议上强调，大数据发展日新月异，我们应该审时度势、精心谋划、超前布局、力争主动。要建立健全大数据辅助科学决策和社会治理的机制，推进政府管理和社会治理模式创新，实现政府决策科学化、社会治理精准化、公共服务高效化。

　　"不进行大数据分析的公司，是�’瞎公司，就像高速公路上徘徊的野鹿一样。"著名的硅谷作家杰弗里·摩尔曾经这样说。实际上，大数据是指"无法用现有的软件工具提取、存储、搜索、共享、分析和处理的海量的、复杂的数据集合"。行业内通常用 4 个 V 来总结大数据的特征：一是数据量巨大（Volume）。数据量巨大，包括采集、存储和计算的量都非常大。大数据的起始计量单位至少是 P（1000 个 T）、E（100 万个 T）或Z（10 亿个 T）。二是数据类型繁多（Variety）。种类和来源多样化，包括结构化、半结构化和非结构化数据，如网络日志、音频、视频、图片、地理位置信息等，多类型的数据对数据的处理能力提出了更高的要求。三是价值密度低（Value）。价值密度的高低与数据总量的大小成反比。随着互联网以及物联网的广泛应用，信息感知无处不在，信息海量但价值密度较低。以视频为例，一段 1 小时的视频流，在不间断的视频监控中，有用数据可能仅有几秒钟。如何结合业务逻辑并通过强大的机器算法来挖掘数据价值，是大数据时代最需要解决的问题。四是速度快（Velocity）。数据增长速度快，处理速度快，时效性要求高，这是大数据区别于传统数据挖掘的显著特征。国际数据公司在"数字宇宙"研究报告中称，预计到2020年，全球数据使用量将达到35.2ZB。在如此海量的数据面前，处理数据的效率就是企业的生命。

大数据技术也是全面深化侦查科技改革的强大推动力，把大数据理念和技术运用到日常的侦查工作中，推进侦查机制与科技应用深度融合，有助于提高维护国家安全和社会稳定的能力，为服务相关部门的侦查实践提供强有力的支撑。

谁掌握了数据，谁就掌握了主动权。在各类犯罪案件日趋科技化、智能化、隐蔽化、复杂化的时代背景下，运用大数据分析应用手段将有助于执法纪检监察等机关发现线索，固定证据，提高工作效率。侦查及调查工作中对大数据分析和智能应用技术的采用是必然选择，也是大势所趋。

在福建警察学院李双其教授的精心组织和带领下，本书结合侦查领域的实际情况，与前沿的大数据技术深度融合，有理论，有实践，深入浅出，层层剖析，对从事侦查领域的相关人员很有参考借鉴意义。

周　强

2019年5月

目　录

第一章　信息技术渗透下的侦查回应

用0和1两个数字编码来表达和传输一切信息的一场综合性技术革命，叫作数字化信息革命，也称信息技术革命。这场革命促使社会从工业化向信息化演进。正是因为这样的一场革命，才有了所谓的移动互联网、物联网、大数据、人工智能、云计算等；正是因为这样的一场革命，才有了警务的信息化、侦查的信息化。20世纪后期以来，先后在我国提及或出现的数字化侦查、信息化侦查、数据驱动侦查、大数据侦查以及智能或智慧侦查等都是这场技术革命的产物。

"信息化"一词起源于20世纪60年代的日本，后被译成英文传播到西方，1970年代后期西方社会普遍使用"信息社会"和"信息化"概念。1990年代，信息技术开始在我国社会各个领域广泛应用，进而渗透到社会的各个角落，引发了政治、经济、文化等方面的深刻变革。"信息化是指培养、发展以计算机为主的智能化工具为代表的新生产力，并使之造福于社会的历史过程。信息化是充分利用信息技术，开发利用信息资源，促进信息交流和知识共享，提高经济增长质量，推动经济社会发展转型的历史进程……全球信息化正在引发当今世界的深刻变革，重塑世界政治、经济、社会、文化和军事发展的新格局。加快信息化发展，已经成为世界各国的共同选择。"[1]

信息化社会也叫后工业社会。人类社会在经历了17世纪以蒸汽机为代表的第一次产业技术革命、19世纪以内燃机和电力为代表的第二次产业技术革命之后，经过一百多年的技术、物质、制度等方面的积累，现在正从工业社会向信息社会演进。为了应对信息化，所有国家尤其是发达国家都在制定自己的信息化战略。当信息化浪潮席卷而来之时，正确的选择应当是理性地去应对，并因势利导，主动利用信息技术革命带来的成果，运用数据、智能

---

[1]　节选自2006年5月中共中央办公厅、国务院办公厅发布的《2006—2020年国家信息化发展战略》。

工具来提升人类社会的生产力水平，改变人类的生产方式、生活方式及其他。果真如此，就可以实现用最先进的工具、工作方式，去营造最佳的工作环境，形成最佳的工作关系，从而大大提高工作效率。侦查也是如此，在信息技术渗透下，侦查的相关要素发生了变化，因此侦查的理论与实践对此也都要作出必要的回应。

一、信息技术作用下的侦查变化

在我国，信息技术与侦查的融合走在了其他行业的前列。侦查行业之所以在吸纳信息技术方面走在了前列，其主要原因是侦查的客体走在了吸纳信息技术的前列。在社会的演进过程中，除了企业之外，对于技术的敏感度，犯罪者往往位于其他人之前。犯罪者会比其他群体更敏锐、更快速地运用当代最新技术为自身服务。当犯罪分子感觉到利用信息技术有利于提升自身犯罪水平时，他们便毫不犹豫地加以利用。因此，犯罪手段等也随之快速地实现了转型升级。由于犯罪客体的牵引，侦查主体也自觉不自觉地利用信息技术为自身服务，自觉不自觉地利用信息技术来对付犯罪。

1980 年代，侦查主体建设"中国犯罪信息中心"（CCIC）开展刑事犯罪情报工作，这是我国侦查信息化的雏形。

1990 年代，随着信息技术的广泛使用，信息技术与犯罪侦查的关系越来越密切。犯罪分子在犯罪过程中使用通信工具，出现网络犯罪，虚拟社会有了雏形，在侦查中开始收集利用电子痕迹。在少量涉及通信工具的案件侦查中涉及电话"洗单"问题。1999 年，利用储存有少量数据的光盘部署统一网上追逃行动。

进入 21 世纪，信息技术与犯罪侦查的关系越来越密不可分。尽管 21 世纪初部分省市已经使用公安网开展网上侦查，利用互联网进行辅助侦查，但大部分地方的警察还不会使用网络，不习惯使用网络。这一时期的应用也只是单一应用，主要解决业务模拟问题。

到了 2004 年左右，信息化进入了信息综合应用时期。这时的警察已经能够比较自觉、自然地使用公安网，信息共享问题得到了一定程度的解决。但是，这时比较常用的信息化侦查只有电信信息资源。公安网信息资源还不是特别丰富，公安网的利用很有局限性，其他信息资源的利用也很有限。遇到电信数据获取、"洗单"、定位等都要有技术行动部门的帮助。

2005 年之后，侦查人员对各类信息资源的利用有了显著的改变。由于通信工具，特别是手机的普遍使用，以及视频探头架设的数量越来越多，且公安机关越来越重视信息化建设，公安网信息资源越来越丰富，信息化不知不觉地从后台来到了前台，而且在前台唱起了主角。从这个时候开始，信息化建设实际上已全面铺开，信息化侦查与传统侦查已有机融合。这一时期信息化的显著特征就是计算机普遍连上了公安网，人们慢慢地习惯于在网上、在线上开展侦查活动，有了网上作战、线上作战、数字化侦查等提法和行动。

2007 年开始，通过强势推进信息化建设，尤其是历经了信息单一应用和综合应用两个阶段后，信息化建设得到了空前的发展。侦查工作和公安网络很难分离，可以利用的信息资源越来越丰富，公安网的功能越来越强大，各种信息化战法不断涌现，信息化侦查已成为侦查工作的重要组成部分。但这时，大部分还只是提信息，很少提数据。这个时期信息化侦查的重要特点是信息分别存储于不同的系统之中，信息之间是分离的。通过对不同系统中信息的利用，就有了利用公安网信息资源、利用互联网信息资源、利用通信信息资源、利用资金流转信息资源、利用视频信息资源、利用卫星定位信息资源、利用社会信息资源及综合利用各类信息资源等战法。

2012 年开始，由于信息技术的升级，尤其是"大数据技术"进入警务视野，信息化侦查出现了一次重大的飞跃。大数据、移动互联网、物联网、人工智能、云计算等技术被运用于信息化侦查之中。企业热情高涨，公安机关跃跃欲试，警企融合打造出数量众多的公安信息化平台和系统。在实践中，公安机关运用平台、系统及其数据资源为侦查服务，认识到了"大智物移云"（大数据技术、人工智能技术、物联网技术、移动互联网技术、云计算技术）的威力，也体会到了升级版的信息技术给警务工作带来的好处。于是，信息化建设风起云涌，平台、系统遍地开花，企业各占山头，业务各擅胜场。人们试图实现大数据侦查，但由于区域割据、业务割裂、硬件互斥，在不知不觉间，造就了数据壁垒，形成了信息孤岛，出现了警务信息化困境。面对威力如此强大的"大智物移云"技术，公安机关只能束手无策。信息化建设投入与产出不成比例。当数据被人为割裂开来后，好端端的现代信息技术便无法发挥出更大的作用。"从技术角度看，大数据仍以初级应用为主，多数应用仍然使用传统分析流程和工具，只是扩大了数据的来源、增加了数量。""从应用效果看，目前的大数据应用以延续改善现有业务和产品为主，突破性创新应用尚不多见。"[1]

信息化困境阻碍着警务信息化的进一步发展，平台之间必须互通，数据壁垒必须打破，困境必须摆脱。唯有建设好来源于不同途径、不同类型的数据互通的大数据平台才能实现真正的大数据侦查。2014年，大数据首次写入政府工作报告，而这一年也成为实际意义上的"中国大数据政策元年"。从这一年起，"大数据"逐渐成为各级政府关注的热点，政府数据开放共享、数据流通与交易、利用大数据保障和改善民生等概念逐渐深入人心。在此背景下，公安部基于现有网络条件、现有数据资源、现有项目计划，对原来的公安平台和数据进行改造、整合，重新搭建全国性的公安大数据平台。同时，在省、直辖市一级建设新一代公安信息化网络。基于"大智物移云"技术的运用，实现警务工作重点从事后处置转向事中和事前预测、预防和预警的转变。就侦查而言，做到实现真正的大数据侦查；就社会防控而言，真正实现智能化防范。

二、侦查变化的具体内容

侦查在信息技术及侦查客体的作用下发生着变化，那么究竟发生了哪些变化呢？总体而言，侦查的变化体现在方方面面，其中主要的变化体现在以下四个方面：一是侦查思维的变化，即信息思维的产生、数据思维的出现。二是侦查路径的变化，即传统侦查路径受到数据思维的冲击，出现了新的侦查路径。三是侦查方式的变化，即出现了利用数据的侦查。从外在表现看，侦查变成了经常要在联网的计算机上进行的一项工作。四是侦查内容的变化，即侦查内容变得更加丰富，侦查需要涉足虚拟空间及在虚拟空间里留下的数据。

（一）侦查思维的变化

信息技术作用于侦查，最初影响的是侦查人员的思维。在信息技术的作用下，侦查人员产生了信息思维。侦查时，除了采取措施获取线索、情况外，侦查人员还会通过对有限的信息库里的资源进行检索获取有用的信息。

---

[1]　工业和信息化部电信研究院.大数据白皮书［R］.2014（5）：15.

与传统侦查相比，利用信息库资源是侦查的一次重大改变。利用信息库资源是信息思维出现的具体表现，也是大数据侦查的雏形。

当信息库变成数据库、数据库建设得越来越多，侦查人员的数据思维就逐渐形成了。在开展侦查活动过程中，侦查人员不知不觉地想到了那些可以利用的数据，也自发地研发了利用数据战法。侦查实践中，侦查数据的利用得到了具体化的体现，数据思维有了更多的外在表现。

随着数据思维的不断强化，数据思维中不自觉地融入了反复、相关、整体和预测的内容。侦查人员渐渐认识到已存储的数据具有不易消失的特点，数据是可以多次重复使用的。数据不会因为使用次数的增多而受损，反而是使用次数越多，越能将此数据与其他数据关联起来，实现数据利用的最大化。这种思维与传统痕迹、物品的运用思维存在根本性的区别。侦查人员会利用已获取并存储于数据库里的数据或专案侦查中获取的特定数据对犯罪要素及要素之间的关联进行分析，即进行所谓的数据抽取、检查、转换、整合、加工、挖掘等，通过一定的算法对数据进行分析研判，通过分析研判揭示数据、要素或事物之间的关系与内在关联。侦查人员"不再拘泥于现实世界的书证、物证、人证等载体，而是关注虚拟世界的相关数据"[1]。侦查人员从多种渠道获取多种数据，数据来源丰富多彩，数据资源十分饱满，从而能够形成一个整体。当对数据有了深度认识之后，思维又从事后侦查转向事中和事前预测、预警、预防等。当数据的占有达到一定量时，大数据思维便出现了。数据的获取、存储、整理、分析等与以前的数据利用相比发生了质的变化。人们试图实现完全的数据关联，通过人工智能和机器学习等技术分析结构化、半结构化、非结构化数据并存的体量庞大的数据，试图利用大数据技术开展大数据侦查。

从具体的演进路径看，侦查思维经历了事后获取过往发生的情况—利用已有的信息—全面利用割裂的已有信息—利用分割的数据—整合数据—利用大数据技术—大数据技术、移动互联网技术、人工智能技术、物联网技术、云计算技术的综合利用。

从侦查实践看，过去的信息利用是一种简单的线索获取，而现在的数据分析是一种预测和决策，数据的利用过程就是采取侦查手段推进侦查的过程。

---

[1]　王燃.大数据侦查［M］.北京：清华大学出版社，2017：57.

（二）侦查路径的变化

侦查路径，亦称侦查途径，是指实现侦查目的、达到侦查目标的行动路线。为了达到侦查目标、实现侦查目的，侦查人员必须开展包含收集证据、查明案情在内的各种活动，必要时还要采取强制性措施。在开展侦查活动时，必须沿着一定的路线前进。前进的路线各式各样，传统的侦查路径有从案到人、从人到案等。从案到人是传统侦查路径中最为常见的侦查路径。从案到人，通常从受理案件开始。受案后要先勘查现场，通过勘查现场确认事件性质，分析研究案情，继而确定下一步要采取的侦查行动。下一步的侦查行动就是采取侦查措施。采取侦查措施的主要目的是收集证据、查明案情。因为构成案件要素的差异，侦查各个案件的措施各不一样。但通过采取侦查措施，案情通常得以查明。有的案件撤销，有的案件破获。破案后通过预审查证，梳理案情，完善证据体系，明确案件性质和罪名，履行法律手续，即可结案。这是最常见的侦查路径。在农业社会和工业社会，案件的侦查大都采用这样的路径。从人到案，是指从重点可疑人员入手，通过线索关联，将重点可疑人确认为某一案件、某几起案件或某一系列案件的作案人。但那时，从人到案的侦查路径并不被经常采用，通常只是在特定的情景下、针对特定的案件才采用。比如，在刑嫌调控中发现了可疑人，该可疑人与发生在该区域里的某一案件有某种特定的关系，于是将该可疑人与该案件关联起来。又如，在侦查有组织犯罪案件时，通过对特定人员的查控，顺藤摸瓜，发现犯罪组织的核心成员，进而达到摧毁犯罪组织的目的。

进入后工业化社会或称信息化社会，在信息技术被广泛运用、数据被经常利用的背景下，侦查路径由传统的从案到人、从人到案、从案到案、从物到案演变为从案到人、从人到案、从案到案、从物到案、从人到数据再到人、从案到数据再到案、从案到数据再到人、从人到数据再到案、从数据到数据再到人或案并用的状态。在信息化社会，以上种种侦查路径的采用率正在发生重大的变化。从案到人的比例在下降，从人到案的比例在上升，而从人到数据再到人、从案到数据再到案、从案到数据再到人、从人到数据再到案、从数据到数据再到人或案的路径选择比例上升幅度最大。侦查的路径变得特别繁杂，数据成为侦查不可或缺的资源。十分常见的侦查模式是"以各种侦查专业数据库和视频监控系统为依托，对可能实施犯罪的高危人员主动出击、同步遏制"[1]。公安内网数据、通信数据、互联网数据、资金流传数据、监控视频数据、卫星定位数据、网约车数据、共享单车数据、民航铁路交通数据、物流数据、网上政务数据、其他社会数据等，或分散在不同的系统中，或通过一定的平台被整合在一起。不管是集中的数据，还是分散的数据，都在侦查中发挥着各种各样的作用。利用数据成为侦查最重要的路径。哪怕是传统的从案到人的侦查，在侦查过程中也会不时地插入从数据到数据、从数据到人或从数据到案的侦查路径。

（三）侦查方式的变化

方式是指言行所采用的方法和样式。方法包括手段、行为方式，样式亦称形式。在这里，侦查方式特指侦查手段与侦查的表现形式。在信息技术的作用下，侦查思维发生了变化，侦查路径发生了变化，犯罪手段发生了变化，与这些变化相对应，侦查的手段与表现形式也正发生或已经发生了重大的变化。

1. 侦查外在行为的变化

常见的侦查外在行为变化表现为从携带本子外出调查记录转变为在联网的电脑前敲击键盘或点击鼠标。外调记录仍然是不可缺少的，但不再是侦查最直接的行为表现。侦查最直接的行为表现是在电脑前对数据的获取、研判和利用。当然，这里提到的电脑可以是办案场所的电脑，也可以是移动的笔记本电脑。侦查离不开电脑、网络、信息化平台、数据库、数据，数据获取、整理、分析工具也是侦查不可缺少的。侦查环境的变化是渐进的，以前的侦查人员不会用电脑，侦查办案也不用电脑网络。随着信息技术的渗透，在20世纪的末期，少数侦查人员开始在侦查中使用电脑。后来，随着公安内网的建设使用和公安内网数据库数据的增加，利用电脑网络就成为了侦查的常态。今后，随着公安大数据平台建设质量的提升，侦查人员办理刑事案件就更离不开电脑网络了。

2. 侦查手段的变化

数据思维的确立，侦查环境的变化，导致侦查手段也发生着变化。如上

---

[1]　方斌. 大数据时代侦查思维变革［J］. 中国人民公安大学学报：社会科学版，2017（1）：90.

所述,侦查成为一个数据获取、存储、整理、分析、利用、审查、检验鉴定、展示的过程。由于侦查过程的数据化,侦查成了一种由数据驱动的活动。由于数据成了侦查的主导因素,所以侦查的手段主要是数据化的。"大数据背景下的新型侦查模式将改变侦查人员对犯罪行为的处理方式,侦查人员依靠分析筛选海量数据和运用特定算法所搜集的相关性关系,来寻找侦查线索和有关证据。"[1]"侦查人员到达现场后,先要围绕现场采集与案件相关的数据,可以采集视频数据、通讯终端使用数据、网上活动数据以及与案件相关的其他社会数据。接着,要清除数据噪声,排除与案件明显无关的数据。在数据整理的基础上利用工具对获取的数据进行分析、研判,通过分析研判发现与犯罪有关的问题。在此基础上,对数据进一步挖掘,借助适当的方法利用数据揭露、证实犯罪。当侦查终结时还需要将数据转换成可以被审判人员接受的电子数据证据形式。"[2]

在利用信息或数据的过程中,为了提升信息或数据利用的有效性,侦查人员根据数据应用的规律和特点,在实践中不断研究、总结利用数据战法,于是,在侦查中就出现了不同于传统侦查方法的信息化或数据化侦查战法。当然,"研发出的战法还必须通过实战的检验,通过检验认为是实用的、好用的,而且带有一定的普遍性,确实比较成熟,这时再通过整理提炼,才能成为信息化侦查方法"[3]。实践中,确实有许许多多的战法被研发了出来,而且战法经过实战检验上升为方法。侦查方法成为了信息化背景下侦查的新手段。而随着信息化程度的加剧,这些新手段大有成为主流侦查手段之势。

在实战中,早期出现的单一应用往往就事论事,利用信息协助解决侦查中的某一难题,如定位追逃、洗单分析通话地等。后来,出现了信息综合应用。侦查中,运用公安内网信息、话单数据等进行碰撞、研判,分析犯罪嫌疑人的情况。再后来,公安网资源的利用变得更为普遍,于是出现了网上作战。到了2007年左右,用于侦查的信息资源越来越丰富,公安、通信、互联网、视频资源、卫星定位、资金流转、社会资源等相继进入视野并在实践中得以运用。学界提出信息化侦查,"八大战法"崭露头角。之后的侦查采用的手段与传统的侦查手段相比,发生了翻天覆地的变化。这个时期,战法的

〔1〕　王金成,王佳炜.论大数据背景下侦查模式的变革〔J〕.中国刑警学院学报,2018 (3):67.
〔2〕　李双其.再论公安侦查机制改革〔J〕.中国人民公安大学学报,2015 (3):58.
〔3〕　李双其.论信息化侦查方法〔J〕.中国人民公安大学学报,2010 (4):10.

确如雨后春笋般涌现。在四五年的时间里，全国出现了数百种战法。这些战法中的一些内容也转化成了侦查方法。侦查方法成了新的侦查手段。当下，这些信息化侦查手段正在侦查中发挥着重要的作用。当然，随着信息化陷入困境和公安大数据平台的建成，将来主导侦查的手段就变成大数据侦查手段了。

3. 取证方式的变化

传统的侦查取证方式不外乎是询问、搜查、现场勘查、查询冻结、讯问等，而面对"数据"这一特定的证据类别，仅采用传统的取证方式解决不了问题。除了采用传统的取证方式外，还须针对数据的特性采用特定的取证方式。采取技术侦查措施是不可缺少的，对包含视频数据在内的电子数据进行收集提取是一件常态化工作。自然地，信息化背景下使用的取证工具、采用的取证技术会有很大的不同。所谓的非接触性犯罪中的网络取证、远程取证、电子数据的获取等都需要用到特定的工具、技术。这些取证方式在传统侦查中是不多见的。而且，在大数据侦查时代，取证还会出现其他的方式。有些时候，必须进行模糊取证。取证时凡是可能与犯罪行为人、犯罪现场、犯罪可疑物品、可疑人员等信息有关的都要全部采集，进而采取模糊侦查，通过大数据的关联性原理发现侦查线索。有时还不得不进行抽样取证，由于数据量极为庞大，侦查中只能依据一定规定抽样获取一些所谓有代表性的证据。

（四）侦查内容的变化

侦查内容的变化是多方面的，具有本质意义上的变化主要有三个方面。

1. 侦查中必须收集提取电子数据

电子数据取证是因为信息技术渗透导致社会空间发生变化。在信息技术未被广泛使用之前，我们只有一个物理社会，在信息技术被广泛使用后，在物理社会之外多了一个虚拟社会。对犯罪分子而言，他们不但在物理空间活动，而且活动于虚拟空间。特别是网络的出现，为犯罪分子提供了一个十分重要的犯罪场所。犯罪分子实施犯罪行为过程中，不但会留下传统的痕迹物品，而且会留下电子痕迹。这些电子痕迹以数字化的形式留存于网络空间与特定的系统、平台、服务器和数据库中。为了揭露、证实涉足虚拟空间的犯罪，揭露、证实作案过程中在特定的系统、平台、服务器和数据库里留下电子痕迹的犯罪，侦查人员在侦查过程中有必要且必须获取电子数据。"在犯罪信息收集的类型和载体维度，记忆、物证、书证等感官实在形式拓展到电子数据、视频、通讯信息等数字虚拟形式。"[1]勘验虚拟犯罪现场将是侦查人员的工作常态，获取电子数据成为了一项十分常见的侦查内容，不但网络犯罪侦查要获取，就是传统的犯罪侦查也要获取。

2. 关注非犯罪行为涉及的现场

传统的犯罪现场勘查只要关注与犯罪有关的场所及遗留有同犯罪有关的痕迹物品即可。但是，信息技术渗透下的犯罪现场勘查，除了要关注与犯罪行为相关的犯罪现场外，还要关注犯罪现场之外与非犯罪行为有关的场所及痕迹物品。之所以要如此关注，是因为电子数据具有发散性与分离性的特点。"电子数据可以在虚拟空间里无限地快速传播。在极短的时间里，电子数据就可能很轻易地被扩散至多个不特定的位置和场合。分散的电子数据往往具有时空上的连续性。""电子数据的信息和其所在的载体之间具有可分离性。由于电子数据具备高度精确性复制的特点，所以由此得来的'副本'可以具备和'原件'完全等同的证据功能。分离性特点也使得电子数据的信息分布在网络和单机系统的多个不确定位置，表现为信息与其所在的载体之间的分离。"[2]电子数据的这两个特点决定了犯罪现场空间的发散与分离。犯罪行为存在于某一空间，可与犯罪有关的数据却存在于相隔一定距离或相当距离的另一空间。有时需要进行远程取证，有时需要利用监控视频进行行踪拓展、轨迹分析，找到与犯罪无关却可能留下重要痕迹和物品的现场。比如，通过监控延伸，发现作案人在离犯罪现场有一定距离的地方休息、抽烟，还将烟盒随手扔在路旁的花丛里，于是侦查人员据此找到烟盒，还在烟盒上提取到了指纹，为破案提供了重要的依据。

3. 进行数字身份刻画

在给作案人画像时，不但要依据案件性质、犯罪人数、犯罪时间、犯罪空间、犯罪动机、犯罪目的、犯罪工具、犯罪过程、人身形象、个人特点、犯罪条件等对作案人进行传统画像，还要多方多渠道获取数据，整

---

[1] 韩德明. 信息化背景下侦查权范式的要素系谱 [J]. 中国人民公安大学学报, 2016 (4): 66.
[2] 李双其. 侦查中电子数据取证 [M]. 北京: 知识产权出版社, 2018: 16.

合来源于公安内网、互联网、QQ 空间、微信空间、支付空间、网购空间、其他 App 空间等的数据，对原生数据进行抽取、检查、转换、整合、加工、挖掘等，通过一定的算法对数据进行分析研判，通过分析研判揭示数据、要素或事物之间的关系与内在关联，最终实现对作案人身份的全面刻画。

三、侦查应有的回应

上述提到的种种变化，其实就是侦查对信息技术渗透所作出的回应。这些变化属于不以人的意志为转移的变化。也就是说，不管你想不想变，在信息技术的作用下，侦查的思维、路径、方式和内容客观上已经在不知不觉之中发生了变化。当然，这些变化仍处于自发状态。只有当侦查主体真切地认识变化的必然性与必要性之后才会由自发转化为自觉。侦查对信息技术渗透除了以上那些回应外，还须根据上述变化要素作出一些深层的自觉性的回应。

1. 改革侦查机制

侦查机制包括体制与制度。为了适应侦查思维、路径、方式、内容的变化，侦查体制需要改革。要对侦查机构进行合并，要对侦查资源进行整合，要通过"大部制""大侦查"改革，通过公安大数据平台重建，打破区域割据、业务割裂、硬件互斥、数据壁垒、信息孤岛的局面，要通过制度设计使工作中有需要的使用者方便、快捷、充分地使用数据资源。

2. 改造侦查原理

侦查的思维、路径、方式、内容的变化反作用于侦查学原理。原理是指具有普遍意义的基本规律。侦查原理是用于指引侦查学理论建构与侦查实践的。在信息技术作用下，侦查的思维、路径、方式和内容等客观上已经发生了变化，因此具有普遍意义的基本规律也发生了一些变化。用于指引理论建构与实践的原理也有必要重新确认。"通常认为，物质交换、因果关系、同一认定、犯罪再现是侦查学最基本的四大原理。当犯罪往网络化转移后，侦查学的四大原理必须重新确认与改造。关于物质转移原理，应将物质转移原理与侦查学信息论有机结合，这样就有了信息转移原理。同一认定原理之同一认定对象变得更加复杂，认定更加困难。如何实现电子数据的同一认定成为了一个必须着力研究的课题。就犯罪再现原理而言，犯罪的过程变得更加曲折、多样,犯罪的再现变得更加复杂。传统的犯罪再现原理无法准确地揭示当代网络犯罪,需要对犯罪再现原理进行突破性研究与改造。"[1]经过改造,符合数据驱动侦查、适应物理空间与虚拟空间并存的原理才能正确指引侦查理论与实践,否则,侦查原理是无用的。

3. 修改侦查基本程序

侦查程序是《中华人民共和国刑事诉讼法》规定的,具体体现在《公安机关办理刑事案件程序规定》中。由于侦查思维、路径、方式、内容等要素的变化,侦查的法定程序也需进行修改。传统的从受案、立案开始到采取侦查措施,达到破案目的的侦查流程应作相应的调整。一方面应在法定程序中确立除从案到人侦查路径外的其他侦查路径的法律地位,另一方面应将数据利用融入侦查程序中。

4. 调整侦查一般步骤

长期以来,把侦查一般步骤等同于从案到人的侦查步骤。侦查的路径发生变化之后,仅关注从案到人的步骤已经远远不够了。在关注从案到人侦查步骤的同时,还要关注其他的侦查步骤。而且,从案到人的侦查步骤中要加入利用数据环节,从案到人变成了从案到数据到人。而从人到数据再到人、从案到数据再到案、从案到数据到人、从人到数据到案、从数据到数据再到人或案的侦查步骤就变成了数据的获取、存储、整理、分析、利用、审查、检验鉴定和展示的过程。

5. 重构侦查人员知识体系

在信息技术广泛渗透之前,侦查人员无须信息技术知识支撑便可达到收集证据、查明案情之目的。而当信息技术与侦查全方位融合后,缺乏信息技术知识支撑的侦查人员便无法适应侦查工作了。因此,对当代侦查人员的知识结构体系需重新进行构建。

侦查人员除了要掌握传统侦查学的知识内容外,还要熟悉利用数据开展侦查的原理,掌握利用数据开展侦查的流程、步骤、思路、方式和内容。要正确认识电子数据,学会收集提取电子数据证据,掌握对电子数据进行审查判断的方法。在现场勘验时,要勘验含有视频数据在内的电子数据,要利用电子数据对案情进行分析,要把电子数据作为揭露、证明犯罪的证据。在分析案情时要从传统的画像转为传统画像与数字画像相结合。除了进行传统画

---

[1] 李双其. 论侦查对犯罪转移的回应[J]. 净月学刊, 2018 (3): 47.

像外，还要多渠道获取数据并利用数据进行拓展关联，利用数据对侦查对象进行画像。在侦查的各个环节，都要确立数据驱动的侦查思路，要从各个渠道入手获取侦查对象的数据。专案侦查时，通常要获取包括常口、住宿、高危、重口、车辆等在内的公安内网数据。现场勘查及侦查过程中，通常要获取各种各样的视频网络数据；必要时，要获取QQ群、微信群、朋友圈微信系统、抖音、快手等系统的数据；必要时，要获取网站购物数据；必要时，要获取民航、铁路等交通系统数据；必要时，要获取车辆运行、停靠、定位数据；必要时，还需获取侦查对象及其他人就医数据。获取通信系统数据、移动支付资金流转数据、互联网开源数据通常是一种常态化工作。当发现犯罪嫌疑人网上活动活跃时，还要获取其网上订餐、互联网博客微博数据。根据侦查的需要，可能还要获取其他各种社会信息资源为侦查服务。侦查人员除了要学会获取数据外，还要学会对数据进行存储、整理、分析、利用、审查、检验鉴定和展示等。

与侦查人员知识体系需重构相适应，侦查学学科的内容体系也需重构。如上所述，对侦查原理要进行重新确认，必须引入数据驱动侦查模式，要确立在线开放理念、数据主导侦查理念、相关性理念、线上破案与线下证明相结合理念开展数据侦查。要改革侦查机制，侦查人员必须具备信息技术知识，应对"大智物移云"有新的认识。"在侦查学学科体系里应重点补上各类升级版的网络犯罪案件侦查内容，应将升级版的网络犯罪侦查案件侦查作为学科内容之重点，确立网络犯罪案件侦查在侦查学学科中的地位。恶意软件攻击犯罪侦查、网络支付诈骗侦查、网络走私犯罪侦查、网络贩毒犯罪侦查、网络贩卖人体器官犯罪侦查、网络赌博犯罪侦查、网络转移非法资金和洗钱犯罪侦查、虚拟货币盗窃犯罪侦查、个人信息和国家机密盗窃犯罪侦查、网络知识产权犯罪侦查、网络恐怖主义犯罪侦查等应成为侦查学学科的重要内容。"[1]

四、结　语

信息技术对犯罪侦查的渗透正持续进行着，未来犯罪侦查还会因为该渗透继续发生变化。随着大数据、人工智能、移动互联网、物联网、云计算等

---

[1] 李双其. 论侦查对犯罪转移的回应［J］. 净月学刊，2018（3）：48.

技术的升级与融入，不管是犯罪还是侦查都将发生更多更为复杂的变化。变化是绝对的，不变是相对的。对于一些质变，侦查主体应该进行必要的应对。妥当应对，可以提升侦查的主动性；应对不当，侦查将陷入被动。从现状看，侦查的变化走在了前面，而侦查的应对却落后了。

第二章　大数据侦查支撑条件

开展大数据侦查需要有平台、技术、工具、数据资源、人才、制度等条件支撑，否则，大数据侦查只是一句口号或一种形式。信息化侦查的支撑条件与大数据侦查的支撑条件不可同日而语。与信息化侦查相比，大数据侦查需要更多、更高的支撑条件。就平台而言，信息化侦查只需一个可以容纳一定数据的平台就可以展开了，而大数据侦查却必须在能够容纳大数据级别的平台上展开。就技术而言，信息化侦查只需用到的技术能够保证关联的畅通就可以了，而大数据侦查却必须用到特定的大数据技术。就数据而言，两者的区别就更显著了。如前所述，信息化侦查用到的只是一些信息或少数的数据，大数据侦查用到的是海量的大数据级别的数据。现在，许多部门所谈及的大数据侦查并非真正意义上的大数据侦查，它们充其量只是小数据侦查或中数据侦查。只有满足以下将要论及的所有条件时，那样的侦查才是大数据侦查。

一、大数据侦查平台

借鉴互联网企业在大数据应用、创新方面的经验，通常认为，丰富的数据和强大的平台是大数据应用、创新的基础条件。数据分割、各自为战的小平台是无法实现大数据侦查的。

大数据侦查平台是有特定含义的。它既包含了大数据平台本身，也包含了大数据和大数据侦查技术。同时，这一平台能够保障数据及数据使用的安全。它的基本特点是能够容纳来自不同渠道、格式多样的大数据量级数据，而且可以在该平台上进行数据的可视化处理。此处所谓的处理包含数据的收集、采集、存储、抽取、检查、转换、整合、加工、挖掘，通过搜索、比对，分析轨迹、关系，研判重要对象，预测、打击犯罪等。

在过去的二十多年里，公安机关不停地进行信息化建设。因此，在全国范围内的各地各级公安机关已建成了规格不一、功能不同、相互独立的数百个平台或系统。这些是信息化建设的成果。利用这些平台和系统，公安机关开展着信息化侦查。在对付犯罪分子时，这些平台和系统发挥了重要的作用。

随着大数据、云计算、移动互联网、物联网、人工智能技术的出现，过去的信息化侦查显得很初级，在技术进步的背景下，应该实现更为高级的侦查。然而，过去的成果，那些各自为政的平台和系统已成了资源整合、数据共享、实现大数据侦查的障碍。各地各部门出于自身利益的考虑，守着自己固有的平台、系统、资源、数据，在"信息资源外部性"[1]的作用下，轻易不做信息交换，不愿意拆除自己的平台、系统，也不愿意把数据资源整合到全国性的大平台、大系统中，导致信息化建设陷入困境。

要摆脱信息化困境，消除地域、行业壁垒，解决业务烟囱林立的状况，公安机关必须根据网络条件、现有数据资源、现有项目计划进行平台和系统的重建。

当下，公安大数据平台的重建正在进行，各省区市也正在建设新一代的公安信息化网络，这为大数据侦查的真正实现提供了重要的条件。

二、大数据侦查技术

大数据技术是开展大数据侦查的另一个重要支撑条件。没有大数据技术就无所谓大数据侦查。大数据技术包含大数据与大数据技术本身。大数据的应用和技术是在互联网快速发展中诞生的，起点可追溯到 2000 年前后。当时互联网网页爆发式增长，每天新增约 700 万个网页，到 2000 年年底全球网页数达到 40 亿个，用户检索信息越来越不方便。谷歌等公司率先建立了覆盖数十亿网页的索引库，开始提供较为精确的搜索服务，大大提升了人们使用互联网的效率，这是大数据应用的起点。当时，搜索引擎要存储和处理的数据，不仅数量之大前所未有，而且以非结构化数据为主，传统技术无法应对。为此，谷歌公司提出了一套以分布式为特征的全新技术体系，即后来陆续公开的分布式文件系统（Google File System，GFS）、分布式并行计算（MapReduce）和分布式数据库（BigTable）等技术，以较低的成本实现了之

---

[1]　外部性是指产品对他人产生有利或不利的影响，但不需要他人对此支付报酬或进行补偿的现象。当生产和消费能给他人带来收益，而对方却不必进行支付补偿时，就产生了外部经济性。信息资源的外部性是造成信息资源被人为分割的重要原因。

前技术无法达到的规模。这些技术奠定了当前大数据技术的基础，可以认为是大数据技术的源头。[1]

那么，究竟什么是大数据呢？"维克托·迈尔—舍恩伯格（2013）从价值的角度对大数据进行了界定，强调大数据是从海量数据中提取到的价值和服务。孟小峰（2013）从比较的角度，认为大数据是海量的、非结构化并具有附加价值的数据。作为权威部门，中国工信部（2014）的官方文件中则从数据、结构等特征去描述大数据，并强调大数据不仅仅是静态的数据，更是综合的技术体系，认为大数据是新资源、新工具和新应用的综合体。[2]由此可见，目前学界对于大数据的概念并没有一个盖棺论定的界定，学者们从大数据的特征或者其价值等不同角度出发进行界定，不过可以肯定的是大数据的定义都不仅仅局限于'数据'本身。"[3]认识大数据，要把握资源、技术、应用、理念几个层次。

通常认为大数据有5V的特点：Volume（大量）、Velocity（高速）、Variety（多样）、Value（低价值密度）、Veracity（真实性）。概括起来，即具有体量大、结构多样、时效性强等特征。大数据的应用强调以新的理念应用于辅助决策、发现新的知识，更强调在线闭环的业务流程优化。处理大数据需采用新型计算架构和智能算法等新技术。

关于大数据技术可以从纵横两方面来理解：从纵向看，大数据的运用过程通常经历"数据准备、数据存储与管理、计算处理、数据分析和知识展现五个阶段"[4]。从侦查实践看，我们认为大数据运用包含数据的获取、整理、分析、利用、审查、检验鉴定、展示等过程。从横向看，大数据存储、计算和分析技术是关键。

首先是大数据存储技术。数据的海量化和快速增长特征是大数据对存储技术提出的首要挑战。这要求底层硬件架构和文件系统在性价比上要大大高于传统技术，并能够弹性扩展存储容量。大数据对存储技术提出的另一个挑战是多种数据格式的适应能力。格式多样化是大数据的主要特征，格式多样化要求大数据存储管理系统能够适应对各种非结构化数据进行高效管理的需

〔1〕　工业和信息化部电信研究院.大数据白皮书〔R〕.2014（5）：1.
〔2〕　2016年把大数据是新资源、新工具和新应用修改为大数据是新资源、新技术和新理念的混合体.
〔3〕　王燃.大数据侦查〔M〕.北京：清华大学出版社，2017：4—5.
〔4〕　工业和信息化部电信研究院.大数据白皮书〔R〕.2014（5）：2—3.

求，需要在数据库的一致性（Consistency）、可用性（Availability）和分区容错性（Partition-Tolerance）之间作出权衡。

其次是大数据计算技术。大数据的分析挖掘是数据密集型计算，需要巨大的计算能力。大数据的数据密集型计算，对计算单元和存储单元间的数据吞吐率要求极高，对性价比和扩展性的要求也非常高。传统依赖大型机和小型机的并行计算系统不仅成本高，而且数据吞吐量也难以满足大数据要求。因此，要通过新型并列计算技术解决大数据的密集型计算。

最后是大数据分析技术。从现状看，大数据分析技术的发展需要在两个方面取得突破：一是对体量庞大的结构化和半结构化数据进行高效率的深度分析，挖掘隐性知识，如从自然语言构成的文本网页中理解和识别语义、情感、意图等；二是对非结构化数据进行分析，将海量复杂多源的语音、图像和视频数据转化为机器可识别的、具有明确语义的信息，进而从中提取有用的知识。目前的大数据分析主要有两条技术路线：一是凭借先验知识，人工建立数学模型来分析数据；二是通过建立人工智能系统，使用大量样本数据进行训练，让机器代替人工获得从数据中提取知识的能力。由于占大数据主要部分的非结构化数据，往往模式不明且多变，因此难以靠人工建立数学模型去挖掘深藏其中的知识。通过人工智能和机器学习技术分析大数据，被业界认为具有很好的前景。[1]

"上周在美国旧金山 Moscone 中心，Strata Data Conference（全球顶级大数据会议）上，中国厂商展示的全内存分布式数据库 RapidsDB v4.0，成为全场亮点。这是一款由中国厂商完全自主研发且拥有自主知识产权的 TB 级分析型数据库软件产品，其令人震惊的技术特征在于可支持 TB 级数据毫秒级响应，实现 1 秒内在 3000 亿条数据中匹配唯一 1 行记录，将国际主流数据库（Oracle/IBM DB2）执行效率提升百倍以上，同时，数据与内存空间的占用比为 1：1.4，远低于国际主流数据库（Oracle/SAP）1：4 的数据与内存空间占用比，可为客户节省 60% 以上内存采购成本。"[2]

随着互联网与传统行业融合程度日益加深，对于 Web 数据的挖掘和分析成为了需求分析和市场预测的重要手段，于是出现了 Web 数据挖掘。Web 数

〔1〕　工业和信息化部电信研究院. 大数据白皮书［R］.2014（5）：2—3.
〔2〕　紫金山. 中国大数据实时分析技术革新突破最新动向：实现毫秒级响应［N］. 华夏时报，2019-03-29.

据挖掘是一项综合性的大数据分析技术，它可以从文档结构和使用集合中发现隐藏的输入输出的映射过程。目前，研究和应用得比较多的是 PageRank 算法。PageRank 通过统计网站外部链接和内部链接的数量和质量来衡量网站的价值。这个概念的灵感，来自学术研究中的这样一种现象，即一篇论文被引述的频度越多，一般会判断这篇论文的权威性和质量就越高。在互联网场景中，每个到页面的链接都是对该页面的一次投票，被链接越多，就意味着被其他网站投票越多。这就是所谓的链接流行度，可以衡量多少人愿意将他们的网站和该网站挂钩。

开展大数据侦查离不开大数据技术。公安大数据平台建设必须将大数据技术的运用纳入其中，也就是说，建成的大数据平台能够让大数据技术有用武之地。

三、大数据侦查工具

工具与技术相伴。技术需要工具支撑，工具是技术得以具体应用的重要载体。

大数据需要从底层芯片到基础软件再到应用分析软件等信息产业全产业链的支撑。[1]无论是新型计算平台、分布式计算架构，还是大数据处理、分析和呈现都需要相应的工具支持。从大数据运用纵向流程看，数据获取、存储、整理、计算、分析等环节都需要相应的工具。

（一）大数据获取工具

获取数据的途径、渠道、手段多种多样，牵涉的数据获取工具也将十分繁杂。随着传感器、5G 及 NB-IoT 的发展，数据采集及传输的途径得以扩充，与此同时，新型的数据采集及传输工具得以面世。社交媒体和机器人过程自动化（RPA）等技术带来了新数据通道工具。

当数据拥有者向企业和用户提供数据时，需要流通平台与市场工具。比如，阿里巴巴公司推出的淘宝量子恒道、数据魔方和阿里数据超市就是一种流通平台。当政府需要开放数据时，也需要数据流通平台的支持。数据流通

---

[1]　工业和信息化部电信研究院. 大数据白皮书［R］. 2016（12）: 5.

平台是多家数据拥有者和数据需求方进行数据交换和流通的场所。按平台服务目的的不同，可分为政府数据开放平台和数据交易市场。政府数据开放平台主要提供政府和公共机构的非涉密数据开放服务，属于公益性质。数据交易市场是商业化的数据交易活动，其催生了多方参与的第三方数据交易市场。

快速发展的物联网技术在为数据采集提供新途径的同时，也派生出许多新的数据获取工具。比如，智能化的可穿戴设备经过几年的发展，智能手环、腕带、手表等可穿戴设备正在走向成熟，智能钥匙扣、自行车、筷子等设备层出不穷。国外 Intel、Google、Facebook 等，国内百度、京东、小米等都有所布局。根据国际数据公司（IDC）统计，到 2016 年，全球可穿戴设备的出货量已达到 1.019 亿台。到 2020 年之前，可穿戴设备市场的年复合增长率将为 20.3%，而 2020 年将达到 2.136 亿台。可穿戴设备已成为十分重要的获取数据的工具。又如，车联网已经进入快速成长期。据 Strategy Analytics 公司统计，2016 年前装车联网市场渗透率达 19%，2020 年将达到 49%。由车联网技术延伸出来的设备也将成为获取数据的重要工具。[1]

（二）大数据存储工具

与传统的数据存储不同，一般的存储设备无法满足大数据的存储要求。大数据海量化、快增长、格式多样化的特征决定了大数据存储工具设备的高要求：必须能够弹性扩展存储容量，存储管理系统必须能够适应对各种非结构化数据进行高效的管理。

在存储方面，文件系统（GFS）以及随后的 Hadoop 的分布式文件系统 HDFS（Hadoop Distributed File System）奠定了大数据存储技术的基础。与传统系统相比，GFS/HDFS 将计算和存储节点在物理上结合在一起，从而避免在数据密集计算中易形成的 I/O 吞吐量的制约，同时这类分布式存储系统的文件系统也采用了分布式架构，能达到较高的并发访问能力。[2]

（三）大数据整理工具

这里的整理是一个复合词，数据整理包含数据抽取、检查、清洗、转

---

〔1〕　工业和信息化部电信研究院．大数据白皮书［R］．2016（12）：7.
〔2〕　工业和信息化部电信研究院．大数据白皮书［R］．2016（12）：9.

换、整合、加工、挖掘等内容或动作。在整理的过程中，要用到各种工具。此问题将在本书的第三章详细介绍，在此不加赘述。

（四）大数据计算工具

大数据的分析挖掘是数据密集型计算，需要巨大的计算能力，要通过新型并列计算工具解决。

谷歌在2004年公开的MapReduce分布式并行计算技术，是新型分布式计算技术的代表。一个MapReduce系统由廉价的通用服务器构成，通过添加服务器节点可线性扩展系统的总处理能力（Scale Out），在成本和可扩展性上都有巨大的优势。谷歌的MapReduce是其内部网页索引、广告等核心系统的基础。之后出现的Apache Hadoop MapReduce是谷歌MapReduce的开源实现，目前已经成为应用最广泛的大数据计算软件平台。MapReduce架构能够满足"先存储后处理"的离线批量计算（batch processing）需求，但也存在局限性，其最大的问题是时延过长，难以适用于机器学习迭代、流处理等实时计算任务，也不适合针对大规模图数据等特定数据结构的快速运算。为此，业界在MapReduce基础上，提出了多种不同的并行计算技术路线。如Yahoo!的S4系统、Twitter的Storm系统是针对"边到达边计算"的实时流计算（Real time streaming process）框架，可在一个时间窗口上对数据流进行在线实时分析，已经在实时广告、微博等系统中得到应用。谷歌2010年公布的Dremel系统，是一种交互分析（Interactive Analysis）引擎，几秒钟就可完成PB级数据查询操作。此外，还出现了将MapReduce内存化以提高实时性的Spark框架，针对大规模图数据进行了优化的Pregel系统，等等。

以Hadoop为代表的开源软件大幅度降低了数据的存储与计算的成本。传统数据存储和分析的成本约为3万美元/TB，而采用Hadoop技术，成本可以降到300—1000美元/TB。新一代计算平台Spark进一步把Hadoop性能提升了30多倍，性能越来越高，技术门槛越来越低。目前，开源Hadoop和Spark已经形成了比较成熟的产品供应体系，基本上可以满足大部分企业建设大数据存储和分析平台的需求，为企业提供了低成本解决方案。[1]

〔1〕　工业和信息化部电信研究院．大数据白皮书［R］．2016（12）：10.

（五）大数据分析工具

由于体量庞大，结构化、半结构化、非结构化数据并存，数据挖掘与分析行业对大数据分析工具提出了很高的要求。传统的 OLAP 技术和数据挖掘技术，都难以应付大数据的挑战。一是执行效率低。传统数据挖掘技术都是基于集中式的底层软件架构开发，难以并行化，因而在处理 TB 级以上的数据时效率较低。二是数据分析精度难以随着数据量的提升而得到改进，特别是难以应对非结构化数据。所以，如上所述，大数据分析工具的发展需要在应对体量与应对半结构化、非结构化数据上取得突破。以深度神经网络等新兴技术为代表的大数据分析技术工具已经得到一定程度的发展，而深度学习是近年来机器学习领域最令人瞩目的方向。

需要指出的是，数据挖掘与分析的行业特点很强。就现状看，除了一些最基本的数据分析工具（如 SAS）外，还缺少有针对性的、一般化的建模与分析工具。各个行业需要根据自身业务构建特定数据模型。数据分析模型构建能力的强弱，成为不同企业在大数据竞争中能否取胜的关键。[1]

对大数据侦查而言，为了顺利地开展大数据侦查，必须根据大数据侦查行业的特点研发出数据挖掘与分析工具。

四、大数据侦查资源

资源包括数据和信息，而且数据是大数据级别的数据。目前，全球数据量正呈指数级增长。据 IDC 统计，2014 年全球数据总量为 8ZB，预计 2020 年将达到 44ZB。同期，我国数据总量为 909EB，占全球数据总量的 13%。其中，媒体、互联网数据量占比为 1/3，政府部门、电信企业数据量占比为 1/3，其他行业如金融、教育、制造、服务业等数据量占比为 1/3。预计到 2020 年，我国数据量将达到 8060EB，占全球数据总量的 18%。我国具有天然的大数据规模优势。[2] 仅以互联网数据为例，根据中国互联网络信息中心（CNNIC）发布的第 42 次《中国互联网络发展状况统计报告》，截至 2018 年 6 月 30 日，我国网民规模达 8.02 亿人，普及率为 57.7%。其中，手机网民

〔1〕 工业和信息化部电信研究院．大数据白皮书［R］．2016（12）：10—15．
〔2〕 工业和信息化部电信研究院．大数据白皮书［R］．2016（12）：15—22．

规模已达 7.88 亿人，网民通过手机接入互联网的比例高达 98.3%。截至 2018 年 5 月，我国市场上监测到的移动应用程序（App）在架数量为 415 万款。我国 IPv6 地址数量为 23555 块/32。中国国际出口带宽为 8826302Mbps。即时通信用户规模达到 7.56 亿人，占网民总体的 94.3%。手机即时通信用户 7.50 亿人，占手机网民的 95.2%。我国网络新闻用户规模为 6.63 亿人，网民使用比例为 82.7%。其中，手机网络新闻用户规模达到 6.31 亿人，占手机网民的 80.1%。我国网络购物用户规模达到 5.69 亿人，占网民总体比例达到 71.0%。手机网络购物用户规模达到 5.57 亿人，使用比例达到 70.7%。我国网上外卖用户规模达到 3.64 亿人。其中，手机网上外卖用户规模达到 3.44 亿人，使用比例达到 43.6%。我国网络支付用户规模达到 5.69 亿人，使用比例为 71.0%。其中，手机支付用户规模为 5.66 亿人。我国网络直播用户规模达到 4.25 亿人，用户使用率为 53.0%。我国共享单车用户规模达到 2.45 亿人，占网民总体的 30.6%。我国网约出租车用户规模达到 3.46 亿人，网约专车或快车用户规模达到 2.99 亿人，用户使用比例为 37.3%。我国在线政务服务用户规模达到 4.70 亿人，占总体网民的 58.6%。

　　信息技术与经济社会的交汇融合引发了数据迅猛增长，数据已成为物理世界在网络空间的客观映射，我国巨大的人口基数以及经济规模，具有形成大规模数据的天然优势。

（一）大数据侦查的数据归类

　　大数据侦查数据是我国庞大数据体系的组成部分，它来自公安大数据平台数据中心，来自侦查工作中的主动获取。大数据侦查数据多种多样，结构化、半结构化、非结构化数据并存，数据交错共存。要对大数据侦查数据进行科学的分类并不容易，这里仅根据数据的来源对大数据侦查数据作如下分类。[1]

　　1. 公安网数据资源

　　公安网数据可以分成三类：一类是公安网上的公开信息，二类是存储于数据库里的数据，三类是接入公安网的数据。公安网上公开的有关犯罪的信息按其内容来讲，大致可以分为发破案件信息、抓获人员信息、痕迹物品信

---

〔1〕　此章与第三章根据不同的标准对大数据侦查数据进行了分类。

息、可疑物品信息以及工作动态、经验介绍等。存储于公安网数据库里的数据有：驾驶员、吸毒人员、在逃人员、违法犯罪人员、出入港人员、保安人员等人员信息数据；旅馆、网吧、物流公司、交警数据等机构信息数据；机动车、出租车等车辆信息；案件、事件、事故等案事件信息数据；等等。此类数据会因为业务的扩展或基于不同的目的而发生变化。接入公安网的数据有政府数据、社会数据等，随着获取数据技术的不断进步和公安大数据平台的建成，接入公安网的数据会越来越多，数据将越来越庞大。

公安网中最常用的数据是人员、案件、物品和个体识别信息数据。这些数据最初始时涉及以下内容：

（1）人员信息数据：常住、暂住、租房人员信息数据；警员、驾驶员、车主、出入境人员信息数据；旅馆住宿人员信息数据；通信人员信息数据；高危人员信息数据；社会人员信息数据；上网、QQ、微信人员信息数据；违法犯罪、吸毒、从事邪教人员信息数据；在逃人员信息数据；失踪人员、无名尸信息数据；等等。

（2）案件信息数据：刑侦综合系统案件信息数据；执法办案系统案件信息数据；"110"刑事接警信息数据；发破案信息系统数据；全国杀人案件信息系统数据；全国重大案件信息系统数据；现场勘查信息系统中的信息数据；等等。

（3）物品信息数据：被盗抢车辆信息数据；违章车辆信息数据；被盗抢手机信息数据；被盗抢骗物品信息数据；现场鞋印信息数据；道路监控信息数据；交通违章车辆信息数据；旧货、邮寄、汽车修理、租赁等社会信息数据；等等。

（4）监控视频数据：这些数据自然接入公安网络，此类数据之后单列阐述。

（5）旅馆住宿数据：旅馆住宿登记信息、总台监控记录等接入公安网。

（6）个体识别信息：指纹信息系统；DNA信息系统、鞋印信息系统、照片信息（常住、暂住、旅馆、违法、逃犯）系统等。

2. 通信数据资源

人在使用通信工具与他人联络传递信息时，在通信网络中就留下了特定时间的痕迹。在使用电信营运商提供的服务时，基于营运商计费、设备维护和管理的需要，记录了大量的数据。这些痕迹、数据会遗留在终端设备里，也会遗留在基站数据库里，还会遗留在营运商所建的其他数据库里。这些数据就是通信信息资源。

按照通信工具的实际使用情况，通信留下的数据可以分为通话数据和信令数据。通话数据是指通信工具由于接打电话、收发短信而遗留的电子数据记录。这种痕迹通常表现为话单或短信数据。而从侦查角度出发，这种痕迹应全面拓展，包括话单、通话记录（已拨、已接、未接电话号码及时间）、短信（已收、发短信内容、发信人、收信人、时间等）、电话号码、照片、视频、录音等。信令信息则是指通信工具在正常工作状态下登录移动通信基站时所遗留的电子登录数据。

由于通信工具的大量使用，通信信息已与人类形影不离。人与人之间传递信息因而产生通信，通信的信息痕迹又把关系对象连接在一起。利用信息痕迹，进行通话情况的分析（话单分析）便能刻画出一个人的活动轨迹，考察对象的相互关系。通信信息资源无疑是大数据侦查可资利用的重要资源。有的公安机关已建成能够容纳通信数据的系统，并将通信数据纳入了公安资源。

由于微信、QQ 的普及和使用的便捷，通过微信、QQ 通话交流所占的比例越来越高。这种通信与传统的通信不同，它们的通信方式不同，所依靠的平台不一样，因此，本书将微信、QQ 等即时通信归入互联网通信之列。

3. 资金流转数据资源

上已提及，我国网络购物用户规模达到 5.69 亿人。手机网络购物用户规模达到 5.57 亿人。我国网上外卖用户规模达到 3.64 亿人。其中，手机网上外卖用户规模达到 3.44 亿人。我国网络支付用户规模达到 5.69 亿人。其中，手机支付用户规模为 5.66 亿人。这些用户在其活动过程中进行了资金的流转，在活动中的资金流转与网络连在了一起。这种通过网络流转资金或称为网络支付，或称为移动支付。常见的网络或移动支付有支付宝支付和微信支付。以支付宝、微信支付平台为核心的网络支付系统连接了资金库与消费终端，在网络支付或移动支付的过程中留下了十分庞大的数据，很显然这些数据是开展大数据侦查需要用到的数据。

在网络支付或移动支付中，起核心作用的是银行卡或其他资金卡。时至今日，我国大陆民众拥有的包括银行卡在内的各类卡数以几十亿计。人们除了把银行卡、信用卡与支付软件绑定外，还常常使用其他各种有价识别卡，如 IC 卡、购物卡、充值卡、乘车卡、加油卡等进行社会活动。因此，利用资金流转数据资源很大程度上就是利用有价识别卡数据资源。

各种卡的卡号、卡名、姓名、信息磁条、芯片、有效期限、防伪标识等包含可以用于揭露人卡关系的信息。在资金流转过程中会留下流转人、流转人电话、流转人邮箱、流转人微信号、流转人 QQ 号、流转卡、流转卡密码、流转平台、流转终端 IP、流转时间、流转空间、流转账户、流转账目、与流转人之间的关联、支付密码等信息。对这些数据进行有效获取，利用大数据技术对这些数据进行分析，可以分析出流转账号之间的关联，分析出流转人之间的关系。

4. 互联网数据资源

这方面的数据类型极多，最为复杂。具体可作如下分类：（1）电子邮件。这是一种传统的互联网数据。（2）微信、QQ 即时通信数据。含朋友圈数据、微信群数据、微信聊天数据、微信通话数据、QQ 聊天数据、QQ 空间数据等。（3）移动应用程序（App）使用中留下的数据。上已提及，截至 2018 年 5 月，我国市场上监测到的移动应用程序（App）在架数量为 415 万款。这些程序在使用过程中都会留下数据。（4）百度、高德、Google earth、E 都市等地图类数据。含电子地图本身包含的数据和人们使用地图导航过程中留下的数据。（5）淘宝、京东等网站购物数据。（6）网上外卖数据。（7）校友录、求职网站、单位机构等文字类数据。（8）论坛、博客、微博、网站上的图片类数据。（9）搜索引擎、IP 查询、聊天内容查看等工具类数据。（10）网站交友数据。（11）IP 数据。（12）网络游戏数据。（13）全球网络开源数据。

以上只是根据人们的习惯认识所进行的划分，这样的划分显然是不太科学的。但无论如何，以上数据都是开展大数据侦查可资利用的资源。人们在虚拟空间里进行以上活动时都会留下数据。在网络空间里留下包括账号、登录密码、捆绑的手机号码、个人会员卡信息、邮箱、IP 地址等数据。

5. 视频数据资源

视频数据资源来自各类监控系统，这类数据与互联网数据显然是交叉的。视频数据与视频监控系统相关，视频数据通常存储于以下系统中：

（1）智能卡口监控系统。智能卡口监控系统就指依托道路上特定场所，如收费站、交通或治安检查站等卡口点，对所有通过该卡口点的机动车辆进行拍摄、记录与处理的一种道路交通现场监测系统。

（2）道路交通监控系统，也称交警非现场执法系统或电子警察。电子警察是公安交通管理部门为维护交通安全秩序，监控、发现、查处驾驶员和车辆违反交通管理法规行为，疏导交通，而在城市路口和城乡道路中设置的视频监控系统。

（3）街面安防监控系统。街面安防视频监控，是指公安机关为了实现对社会面的控制，根据统一布局，合理规划，在街面设置的视频监控系统。

（4）社会视频监控系统，习惯称之为"天网"。社会视频监控系统是指政府机关、企事业单位、家庭个人基于内部管理或安全防范的需要而建设的系统。社会视频监控系统种类多样，主要有以下几种：①重点单位、企事业单位、楼堂管所视频监控。②道路收费站视频监控。③居民小区视频监控。④营业性场所视频监控。⑤银行等金融机构网点视频监控。⑥公交、地铁、车站、码头、机场及火车、汽车、轮船、飞机等视频监控。

（5）其他类视频监控。①侦查中拍录的视频。一是讯问中拍录的视频；二是隐匿身份侦查中拍录的视频；三是控制下交付中拍录的视频；四是重点嫌疑人专案监控视频；五是重点区域专案监控视频。②个人数码摄像机、手机摄制的可以用以揭露、证实犯罪的视频。③新闻媒体摄制的可以用以揭露、证实犯罪的视频。以上各类视频数据自然是开展大数据侦查的重要数据来源。

6. 卫星定位数据资源

卫星定位以前被全球卫星定位系统（Global Positioning System，CPS）所垄断，现在我国的北斗卫星定位系统已经占据了卫星定位的相当份额。目前，卫星定位数据资源主要是指车载系统运行过程的历史记录。车载定位系统就是一个基于卫星定位系统提供的信息，通过移动通信技术和计算机网络及相应的管理机构，服务于某一部门的社会服务系统。出于安全管理需要，卫星定位与导航设备通常安装并使用于出租车、租赁车、自备车及运钞车。近几年，卫星定位系统也被一些特殊企业用于危化运输车、集装箱运输车等的调度、管理。卫星定位数据因卫星定位系统应用的扩展而不断增多。卫星定位设备具有定时报送地理位置、行驶轨迹记录、控电控油、车内录音等十余种功能，由于车与违法犯罪之间的密切联系，因此，卫星定位数据资源成为了重要的大数据侦查资源。

7. 网约车数据资源

网约车是网络预约出租汽车的简称。在构建多样化服务体系方面，将出租车分为巡游出租汽车和网络预约出租汽车。网约出租车的过程会在平台系统、出租车终端、顾客终端留下出租车平台、出租车、出租车司机、顾客、网约、履约、失约等数据。当下，网络预约出租车平台众多，有滴滴出行、嘀嗒拼车、神州专车、Uber 优步、易到、首汽约车、易到专车、美团专车、AA 拼车、曹操专车、CAOCAO、斑马快跑、1 号专车等。而且一些老的平台正在整合兼并，许多新的平台继续出现。无论平台如何变化，网约车都将是一个长久存在下去的行业，网约车数据也将是开展大数据侦查需要用到的重要数据。

8. 共享单车数据资源

共享单车是指企业在校园、地铁站点、公交站点、居民区、商业区、公共服务区等提供单车共享服务，是一种分时租赁模式。共享单车品牌众多，在 2016 年高峰期时，品牌有 30 个左右。除较早入局的摩拜单车、ofo、永安行外，小蓝单车、智享单车、骑点、奇奇出行、CCbike、7 号电单车、黑鸟单车、hellobike、酷骑单车、1 步单车、由你单车、踏踏、Funbike 单车、悠悠单车、骑呗、熊猫单车、云单车、优拜单车、电电 Go 单车、小鹿单车、小白单车、快兔出行、青桔等单车也相继入局。

共享单车是基于物联网、移动互联网、卫星定位技术而实现共享的。在用户服务方面，共享单车 App 可在行程结束后自动结算，具备押金支付、退回功能，且具备停放区引导功能。在车辆技术方面，智能车锁是共享自行车的信息化主体，具备远程自动开锁、车辆定位、数据通信、移动报警、电源管理、信息上报等功能。关锁后可在 30 秒内停止计费，关锁状态下自行车位置信息上报不低于每 4 小时 1 次。在信息安全方面，具备防止暴力破解的能力。在企业平台方面，共享单车企业建立了用户信用体系，对于用户不规范用车或违法违规行为在信用体系中予以体现；具备大数据管理功能，具备不同区域自行车分布数量状况、活跃用户数量、一天各时段行程数量、活跃地区分布、自行车及人员属性统计等分析能力；支持电子围栏服务，对于用户是否遵守规则在电子围栏中停车予以记录，该记录在用户信用体系中体现。这种种环节留存的数据自然是进行大数据侦查可以利用的。

9. 民航、铁路交通数据资源

旅客乘坐飞机、高铁、动车、火车需购买飞机票、火车票，有时要改签或退票，这些行为会在航空、铁路票务公司系统里留下数据。旅客在进站、安检、验票、办理托运手续、登机、上车时会在车站、机场管理系统里留下相关数据。与旅客住宿数据类似，民航、铁路交通数据经常与作案的活动密切相关，这类数据自然是开展大数据侦查的重要依据。

10. 物流数据资源

物流服务是指物流供应方通过对运输、储存、装卸、搬运、保管、包装、流通加工、配送和信息管理等功能的组织与管理来满足其客户物流需求的行为。由于网购量的急剧增长，我国物流业务量也增长极快。同时，出现了一批所有制多元化、服务网络化和管理现代化的物流企业。现代物流企业不断优化市场结构，以"互联网＋"带动物流新业态。我国社会物流总额在逐步扩张的同时，现代物流产业的发展速度和专业化程度也在不断提升，我国社会物流效率有所改进，物流市场环境不断转好。但是，物流业与犯罪之间关系密切，物流是犯罪人进行非法物品交换的重要途径。物流服务的运输、储存、装卸、搬运、保管、包装、流通加工、配送等各个环节，都会留下相关的数据。这些数据可以用于开展大数据侦查。

11. 网上政务数据资源

政务服务中心是人民政府设立的集中办理本级政府权限范围内的行政许可、行政给付、行政确认、行政征收以及其他服务项目的综合性管理服务机构。把这一中心移到网络上，政务服务中心即成为网上政务服务中心。通常把在网上政务服务中心开展的政务简称为网上政务。网上政务种类多样，通常包括网上查询和办理。有交通类查询：机动车交通违章查询、机动车信息查询、驾驶证信息查询、实时路况查询、交通卡余额查询。出入境业务办理查询。居住证类查询：居住证积分情况查询、技能复核查询。教育类查询：义务教育招生入学查询、高校毕业生落户查询。职业类查询：职业资格证书查询、职业资格证书分数查询、政府补贴培训清单查询、医师执业注册查询、护士执业注册查询。其他类查询：养老金查询、公积金查询、医保金查询、空气质量查询和景区实时客流查询。企业服务类查询办理：名称预先核准、工商注册、纳税申报、社保办理、企业信用、企业年报。

在开展网上政务过程中，各类数据便留存了下来。这类数据是不断扩增的，将这些数据进行整理、存储自然是开展大数据侦查的重要资源。

12. 其他社会数据信息资源

社会数据是指国家机构、企事业单位所收集存储的所有数据信息及其他数据信息资源。与大数据侦查相关的数据除了以上已经提到的社会数据资源外，其他社会数据资源还有很多种。除了电力、石化、气象、教育、出版印刷等传统行业外，还有电信、金融、社保、房地产、医疗、保险、工商、税务、邮政、劳务、公路（高速）、公交、巡游出租车、二手车交易、娱乐场所从业人员、伤情鉴定、交通事故调解、征信体系等业务留存的数据。

公安机关可以借用这些数据信息资源，如果借用得好，无疑会为大数据侦查提供重要的支持。如果进一步拓展，将机动车收费、结婚登记、育龄妇女、劳务登记、社会交费、房屋产权、房屋承租等人员轨迹型信息，以及咪表员、礼品回收人员、环卫工人、公用电话、社会监督、周边收费站、租赁公司等便捷服务型信息纳入社会信息系列，与相关部门达成数据共享交换协议，在其数据资源库中开设专门接口，通过互联网实现数据实时共享，那无疑将会促进社会数据信息资源的进一步丰富。

现在的数据分散存储在全国各级、各类、各行业、各部门的数据库中，数据割裂的资源是不利于大数据侦查的。因此，经过整合的数据应该是通过大数据技术存储在全国为数不多的数据中心和特定的数据库里。数据资源必须能够共享，未来的公安大数据平台便是基于这样的目标而建设的。

（二）大数据侦查数据来源渠道

上述种种数据分散存储在种种系统之中，要让分散的数据成为大数据侦查的数据需要进行数据的获取。获取的渠道主要有以下几种：

一是政府数据共享。就是打破部门分割和行业壁垒，促进互联互通、数据开放、信息共享和业务协同，切实以数据流引领技术流、物资流、资金流、人才流，强化统筹衔接和条块结合，实现跨部门、跨区域、跨层级、跨系统的数据交换与共享，构建全流程、全覆盖、全模式、全响应的信息化管理与服务体系。建设政务信息化四大基础数据库，即人口基础信息库、法人单位基础信息库、自然资源和空间地理基础信息库、宏观经济数据库。中央政府层面实现金税、金关、金财、金审、金盾、金宏、金保、金土、金农、金水、金质等信息系统，通过统一平台进行数据共享和交换。中央和部分省市在综合治税、人口管理、应急管理等方面积极推进信息共享和业务协同。建设一体化政务服务平台，打通后台数据流动环节。

按照"统一平台、互联互通，存量共享、增量共建，物理分散、逻辑集中"的原则，以开放数据交换接口的方式，推动政府部门间的信息共享。依托国家电子政务外网搭建全国统一的国家数据共享交换平台，形成城市数据交换共享平台、GIS 平台和信息资源目录库，实现不同职能部门之间的业务协同和信息共享、信息资源的社会化开放与利用。

二是政府数据开放。政府数据资源是大数据侦查资源的重要组成部分。近年来，随着互联网与各领域的深度融合以及数据资源战略价值的日益凸显，国际社会高度重视数据资源的开放与利用，将其视作促进互联网产业创新、支撑新兴业态发展的必备要素。政府数据资源可以与社会数据资源互为补充，服务于新兴业态的发展。政府数据资源基于公共事务管理和服务采集和产生，具有较强的公信力，能够促进对简单或片面的数据资源进行深度挖掘利用。政府数据资源采集和产生已经付出了财政成本，在政府利用之余"一次投入，全民利用"，能够降低全社会的数据资源利用成本，促进企业产品产出和社会福利提升。

三是数据交易流通。引导培育大数据交易市场，开展面向应用的数据交易市场试点，探索开展大数据衍生产品交易，鼓励产业链各环节的市场主体进行数据交换和交易，促进数据资源流通，建立健全数据资源交易机制和定价机制，规范交易行为等一系列健全市场发展机制的思路与举措。数据中介公司通过政府、公开和商业渠道，从数据源头获取各类信息，进而向用户直接交付数据产品或服务。其中，数据源头、数据中介和最终用户构成了数据流通和交易的主体。

四是在业务中形成。开展包含侦查业务在内的公安业务中形成的数据存入数据中心或相关数据库中。

五是社会信息数据的纳入。即通过一定的手段将以上提到的种种社会信息接入数据中心或特定的数据库中。

当然，不管是政府共享的、开放的数据，还是通过交易获得的数据，或是社会信息数据都要通过一定的工具、技术、手段、方法才能纳入大数据中心为侦查服务。关于数据的具体获取将在下一章作专门介绍。

五、大数据侦查人才

《大数据白皮书》提到：人才队伍建设急需加强。掌握数学、统计学、计算机等相关学科及应用领域知识的综合性数据的科学人才缺乏，远不能满足发展需要，尤其是缺乏既熟悉行业业务需求，又掌握大数据技术与管理的综合型人才。[1]"从 2016 年起，我国开设'数据科学与大数据技术'本科专业，截至 2018 年 3 月，开设该专业的学校数量增长了近 83 倍。赛迪顾问研究显示，随着 Spark \\ Strom 等大数据平台应用的普及，企业对专业人才的需求日益增加，数据平台开发工程师、数据分析工程师、数据挖掘工程师等岗位炙手可热；互联网、电子信息、软件对于大数据人才需求量最大；专业知识和沟通表达能力成为企业对大数据人才聘用最重要因素。因此，大数据专业在课程设置上需注重人才的复合型知识架构，迎合市场需求和产业发展趋势。"[2]

然而，从大数据侦查的角度出发，大数据侦查人才缺乏的状况并没有得到有效改善，大数据侦查人才仍然十分缺乏。人才培养是一项常规性的工作。不管是什么行业都需要培养人才。就大数据侦查而言，人是实施大数据侦查的最能动要素。人的理念、知识、技能和能力结构决定着大数据侦查的水平。

这里仅针对公安机关谈大数据侦查人才培养问题。公安机关的大数据侦查走在了其他机关的前列。如果公安机关的大数据侦查人才缺乏，那么其他机关的大数据侦查人才的现状便可想而知了。这里特别提出要培养大数据侦查人才，是因为大数据侦查是一项全新的工作，能胜任这项工作的人还十分缺乏。大部分的现役警察尚不能很好地开展大数据侦查工作，而且公安院校正在培养的将来可能从事公安工作的在校生仍未能接受大数据侦查的教育训练。也就是说，将来这些人毕业了，当上了警察，他们仍然不会进行大数据侦查。根据这一现状，培养大数据侦查人才是十分必要和迫切的。当然，若干年后，当大数据侦查人才济济，公安院校的培养方案里也加进了大数据侦查方面的课程时，就不必再强调人才培养的问题了。

（一）明确大数据侦查人才培养的目标

1. 以强化全体民警大数据侦查意识，提高全体民警大数据侦查水平为第一目标

现阶段，要以转变和强化全体民警大数据侦查意识、提高全体民警大数

---

〔1〕　工业和信息化部电信研究院．大数据白皮书［R］．2016（12）：6.
〔2〕　工业和信息化部电信研究院．大数据白皮书［R］．2019（3）：3.

据侦查水平为第一目标。

公安队伍全体民警对大数据侦查的认识尚处于模糊阶段。对什么是大数据侦查、为何要进行大数据侦查认识不清、看法不一。尽管当下的警察都知道大数据，常常把大数据挂在嘴上，但人们对大数据、大数据侦查的认识还很不清晰，存在很多疑问：大数据侦查是什么意思？为什么要搞大数据侦查？怎样的侦查才是大数据侦查？尽管说在实战中进行了大数据侦查，但实际上所进行的并非真正的大数据侦查。在这样的状态下，转变不接受大数据的观念，树立大数据意识，强化大数据侦查意识就成了重要任务。而且需要转变观念的是大多数民警，需要强化意识的是全体民警。

如上所述，人们对大数据侦查的认识还很模糊，因此大数据侦查的水平肯定不会太高。现在开展的所谓大数据侦查通常只是表面的、自发的，应用水平充其量只是初级的、局部的。如果人们的认识从自发转向自觉，人们的主观能动性就会渐渐地被调动起来，那时大数据侦查的支撑条件就会得到有效的改善，大数据侦查战法的研究就会更加深入，大数据侦查的应用就会更加普遍和自如。到那个时候，水平提高了，相互带动，全体民警大数据侦查水平也就慢慢地提高了。

2. 以培养各种门类的大数据侦查人才为第二目标

当全体民警大数据侦查意识和水平提高之后，就必须考虑分门别类地培养大数据侦查人才的问题。如果分不清大数据侦查工作的门类，弄不清大数据侦查人才需求，不能有的放矢地培养大数据侦查人才，那么就不能使大数据侦查在较短的时间内有质的飞跃。

随着大数据侦查的全面铺开，渐渐地就会有对各种人才的需求。如果能够满足需求，大数据侦查工作就能得到顺利推进；如果不能提供所需人才，就会阻碍大数据侦查的进程。因此，我们必须分门类且有针对性地培养各种大数据侦查人才。就门类来说，要培养核心领军、技术攻关、需求研究、维护保障以及综合应用人才。

核心领军人才必须是一种既懂得侦查，又懂得信息技术，同时具有较强领导能力之人。这种人应该是侦查领域的高手，能深刻领会信息技术对犯罪侦查的影响，有一定的信息技术知识，有很强的号召力，能带领民警研究和实践大数据侦查。这种人才量不必多，通常从公安机关有一定职位的领导里产生。作为一个单位，应有意识地培养这种人才。是否有核心领军人才不仅直接关系到其他门类人才的培养，也直接关系到某个单位的大数据侦查水平。

技术攻关人才是一种既精通信息技术，同时又懂得侦查业务之人。这种人通常是计算机网络的高手，有一定的侦查工作经历。他们能攻克大数据侦查中的各种技术难题，能自己开发软件和各种应用工具，能科学评估正在使用和即将使用的平台、系统的优劣。这种人的量也不必太多。

需求研究人才是一种懂得信息技术、侦查，善于需求调研，有一定的研究能力之人。他们通常在侦查部门或大数据企业工作，爱好计算机网络，有一技之长，喜欢研究，能通过调研敏锐地捕捉到侦查工作之所需，研发出各种大数据侦查技战法用于实战。这种人会随着大数据侦查应用程度的深化自然而然地多起来。

维护保障人才是一种精通信息技术，同时有计算机网络维护经验之人。计算机网络出现故障是难以避免的，需要这些人排除故障。这些人排除故障的水平直接影响着一个单位计算机网络使用的效率。

综合应用人才是一种依托信息化平台、系统，应用各种技术工具开展大数据侦查的人才。公安机关侦查部门的警察都应该是综合应用人才。

3. 面向实战，面向未来，面向世界培养大数据侦查人才

在确立大数据侦查人才培养目标时应有高起点：一方面根据实战需求有前瞻性地培养大数据侦查人才，另一方面站在全球化的高度去培养大数据侦查人才。

培养人才，任何时候都要考虑实战需求。大数据侦查人才的培养也不例外。对大数据侦查人才需求，要考虑这种人才需求的特定性。其特定性就是学习的内容滞后于实战。这一特点就要求培养人才时务必要有前瞻性，尽力预测信息技术可能的变化、侦查环境可能的变化和侦查实战可能的需求去制订培养方案，开展培养人才行动。

大数据侦查是一种独具中国特色的侦查模式，一方面要根据中国的国情培养大数据侦查人才；另一方面要考虑经济、文化、法律全球化这一大背景，培养面向全球、引领世界的大数据侦查人才。

（二）大数据侦查人才培养路径

大数据侦查人才培养的路径与其他人才培养的路径大同小异，不外乎是院校培养、机构培训、技能竞赛、自学自践等。

1. 院校培养

院校主要是指公安院校。由于大数据侦查的特殊性，大数据侦查人才的培养任务只能由公安院校承担。

由于认识上的滞后等因素，目前大多数公安院校的人才培养方案里缺少大数据侦查人才培养这一内容。因此，公安院校的人才培养方案要进行修改，特别是侦查学专业、经济犯罪侦查专业、刑事科学技术专业人才培养方案里必须加入大数据侦查的内容。也就是要开设与大数据侦查相关的系列课程，教授大数据侦查理论，传授大数据侦查技术、战法，训练平台、系统及工具的使用。由于条件的限制，公安院级对大数据侦查的教授通常只是基础教授，相关门类人才的培养还需要机构和公司的培训。

2. 机构培训

机构培训是培养大数据侦查人才的主要渠道。机构通常是公安院校或公安机关设置的培训机构，这些机构应该与相关企业合作开展培训工作。机构本身应储备一大批大数据侦查人才，同时还要吸纳相关企业的大数据侦查人才。特别是要利用大数据公司的大数据分析平台、工具开展培训。当然，培训机构本身也要具备大数据侦查培训的软硬件条件。在企业协作下的机构可以有针对性、分门别类地培训大数据侦查人才。机构可以是综合性机构，既能够培训核心领军、技术攻关人才，又能够培训需求研究、维护保障、综合应用人才；也可以是单一性机构，即针对培训某一类或某两类特定的大数据侦查人才而设置。

（1）与企业合作的培训机构应具备以下条件：

① 培训教师。应具备相关门类的培训教师。根据相关机构的培训任务建设师资队伍。

② 连接公安网的教室。教室里的计算机要达到相当的工位，计算机必须连接公安内网。

③ 身份认证证书。培训机构能为参加培训的人员提供身份认证证书。学员凭认证证书登录公安网，进入各种系统进行大数据侦查操作。如果培训的对象是在职民警，可以使用他们自带的身份认证证书。

④ 相关平台软件。针对培训任务，如果是综合性的大数据侦查培训，必须具备大数据分析平台。如果是具体的某一大数据侦查软件的使用培训，则应向学员提供该软件。

⑤ 智能化教学仪器设备。大数据侦查培训必须用到智能化教学设备，否

则很多教学培训任务是不好完成的。没有智能化教学设备的支撑，培训只能是相对落后的。

⑥ 实验室。具备连接公安网的计算机、相关软件、取证器材、计算机修理工具、故障排除设备等。具备进行大数据侦查、智慧侦查实验的各种软硬件。

⑦ 教学资料。含文字资料、图片资料、视频资料等。

（2）应根据需求分门别类地进行培训。根据侦查类各警种进行培训，如刑侦类培训班、经侦类培训班、禁毒类培训班等。根据门类进行培训，如核心领军人才培训班、技术攻关人才培训班、需求研究人才培训班、维护保障人才培训班以及综合应用人才培训班。根据级别进行培训，如初级技术攻关人才培训班、中级技术攻关人才培训班、高级技术攻关人才培训班；初级综合应用人才培训班、中级综合应用人才培训班、高级综合应用人才培训班；等等。

（3）大数据侦查培训方法必须得当，否则难以取得成效。大数据侦查培训中必须采用如下方法：一是演练法。即边教边练，通过连接公安网的大数据平台进行演练。二是案例教学法。大数据侦查战法的培训必须结合具体的案例进行。通常通过对成功案例的剖析学习大数据侦查的步骤方法，通过对案例的分析总结出大数据侦查战法的运用步骤、方法、技巧等。三是实验法。技术攻关、维护保障人才的培训必须在实验里进行。

3. 技能竞赛

针对需求，定期、不定期地开展岗位练兵、技能竞赛活动。岗位练兵、技能竞赛是指对某一特定岗位一批人的某一特定技能的考核。

（1）选择岗位。比如，县级刑侦大队综合应用人才。

（2）选择技能。比如，大数据侦查战法应用。

（3）出考卷。可以在连接公安网的计算机上完成，也可以利用某一特定的大数据分析平台进行操作。

（4）选择布置考场。连接公安网的计算机几乎是不可或缺的。

（5）挑选参赛人员。为了促进大数据侦查，应根据该单位提供的全体民警名单随机抽取参赛人员。

（6）组建考官队伍。选拔一批为人公正、水平高的大数据侦查人才当教官。

（7）竞赛。在规定的时间、地点参赛人员参加比赛。

（8）评分。由考官或评委打分。

（9）讲评。由大数据侦查专家进行讲评。

（10）总结。目的是改正错的，把好的经验向各地推广，提高全体民警的大数据侦查水平。

4. 自学自践

要成为大数据侦查的高手，除了具备一定的基础和参加一定的培训外，最重要的还在于通过自学和不断实践提高自己。底子不是最重要的，最重要的是要有一股钻研的精神。要敢于创新，敢于实践。同时，要找到学习信息应用技能的新途径。如果将各岗位的信息应用工作，都按照规范化、流程化的形式进行固定，民警只要在工作中按照规范操作，就能逐步提升应用水平，因此可以将信息化培训和实际工作有机结合起来。

（三）开展大数据侦查研究为人才培养提供智力支持

理论来源于实践。实践的东西如果没有人去归纳总结，那实践的东西还只是实践层面的东西，必须经过总结、提炼、升华，所谓的感性认识才能上升到理性认识的高度，所谓实践层面的东西才能上升为理论。而只有理论才能指导实践。感性认识上升为理性认识的过程，就是研究人员采用适当的方法进行研究的过程。通过这一过程，支离破碎的经验就被总结为有原理支撑的、可以用来指导实践的理论。

在培养大数据侦查人才时，不但要人才参与实践，更重要的是要让人才懂得实践的原理。仅会实践的人才是低层次的人才，既会实践又会理论的人才才可能是高层次的人才。

为了培养高水平的大数据侦查人才，必须开展大数据侦查研究，用研究成果为人才培养提供智力支持。

1. 大数据侦查研究

大数据侦查研究必须有专门的研究机构，应组织专门的团队立项研究。具体研究时应采用案例剖析法、调查法、实验法等。

（1）成立研究团队。团队通常应由侦查专业骨干、企业信息技术人才、高校相关研究人员组成。

（2）立项攻关。应把需要研究解决的问题立为项目，组建联合团队进行研究解决。

（3）调研。立项之前必须开展广泛深入的研究活动，了解侦查部门的最迫切需求。研究团队除了可以通过开设信箱和网上论坛，广泛征求应用需求外，还可以确定一批应用基础好、研究意识强的基层单位和个人作为应用研究联系挂钩点。通过不定期地调研和座谈，不断收集新的需求，从而研制和更新各类应用系统。在研究过程中，还要不断了解乃至把握大数据、移动互联网、人工智能、物联网、云计算行业的最前沿技术，了解国内外同行的最新应用理念。

（4）案例剖析。案例剖析是大数据侦查研究过程中不可缺少的研究方法。通过对众多典型、非典型案例的剖析，总结出大数据侦查的特点、步骤、方法、技巧等，进而进一步升华为大数据侦查理论并且指导大数据侦查实践。

2. 大数据侦查研究成果转化

大数据侦查研究成果包括撰写的理论性论文，开发的应用软件、小工具，设计建设的应用平台系统，研发的战法等，这些成果只有经过转化并真正运用于实战才能实现研究成果的价值。而要实现成果转化，保证应用研究的可持续发展，应做好以下三个方面的工作：

（1）制定三级专业人员应用制度。即在省、市、县（区）确立三级专业应用人员。通过明确其工作职责，赋予其相应工作任务等措施，强化大数据侦查工作的专业应用问题，以专业应用推动应用研究。

（2）解决好成果共享问题。凡由各单位、机构共同立项研究的成果应由各单位、机构共享。成果的应用应使参与研究的单位、机构都能得到应有的好处。

（3）做好奖励工作。应采用各种办法给研究者以充分的认可与肯定。比如，对研发出新战法者，可以以其名字对战法进行命名。还要设立专项奖励基金，通过金点子奖、技术进步奖、技术创新奖等形式引导和鼓励应用研究的深入。

六、大数据侦查机制建设

机制是体制与制度的结合，机制决定着大数据侦查能否顺畅地运行。有的地方提出："人才是根本，技术是牵引，应用是目标，基础是保证，机制是润滑剂，需求是推力。"这一提法是很有道理的。

　　大数据侦查的运作涉及众多的机制，诸如平台建设、数据获取、数据共享、数据分析、预警、发布、反馈、奖励等。对这一系列机制，我们都必须重视，进行投入建设，而其中重点应加强实战应用保障机制和数据共享机制建设。

（一）实战保障机制建设

　　实战保障机制建设就是通过机制建设使实战有保障。

　　1. 共用各类数据资源保障

　　共用各类数据资源保障必须进行数据资源的整合，建设公安大数据平台和新一代公安信息化网络。公安机关侦查部门各类侦查人员应有使用大数据平台、新一代公安信息化网络中的数据资源的权利。在保障大数据资源畅通的前提下，公安机关内部不再人为设置障碍。公安机关侦查部门共用各类信息资源没有违背相关法律规定，也不会给公安机关造成什么额外的损失。衡量限制与否的利弊，在于是否限制了侦查部门在法律许可下的自由行动。因此，应该在机制上对侦查部门共用大数据资源予以保障，否则障碍重重，大数据侦查也难以实现。

　　2. 应用支撑条件保障

　　庞大的海量数据的整合、业务烟囱底座的打通、大数据技术工具的使用、相关侦查人员具有大数据侦查的知识能力等是开展大数据侦查的基础条件，不具备或这些条件欠缺都可能影响大数据侦查工作的正常进行。因此，要从机制上保障应用支撑条件的满足。

　　3. 提高运用水平机制建设

　　在基本条件得到满足后，为了提高大数据侦查水平，就必须通过更多具体机制的建设以满足提高水平的需要。比如，指掌纹信息查询机制、串并机制、刑事案件同步上案机制、技战法研究机制、培训推广机制、激励机制等是促进大数据侦查水平提高的重要机制。

（二）数据资源共享机制建设

　　通过机制建设实现数据资源共享是一个十分重要且需迫切解决的问题。

　　从犯罪信息的存在看，由于人口流动，犯罪的流动性、跨区域性和跳跃性决定了犯罪信息是分散存在的。犯罪信息可能以碎片形式分散地存在于多个空间。就个案而言，犯罪嫌疑人在甲地被警察抓获，但甲地警察却很难知道他在乙地或丙地还做了什么。从犯罪行为的轨迹看，由于社会整体信息化水平的增强，犯罪活动信息都以数字化的形式记录和保存在不同的系统里，这些信息经收集存储于不同的数据库中。因此，要有效地开展大数据侦查必须能够顺利地共享各种资源。如果资源共享不畅，就无法实现真正的大数据侦查。

当前，数据资源的共享是十分不畅的。由于区域割据、业务割裂、硬件互斥，在不知不觉间造就了数据壁垒，形成了信息孤岛，使警务信息化陷入困境。因此，必须通过机制建设实现数据资源的真正共享。对解决数据资源共享问题，有识之士都是很重视的。公安机关各个部门也采取了各种举措，数据资源共享问题得到了一定程度的解决，但离真正的共享还有相当大的距离。要真正解决数据资源共享问题，需要有以下机制加以保障：

1. 实现大数据资源整合机制

在国家一级建设公安大数据平台，该平台能打破区域、部门、行业等之间的壁垒，整合全国所有的数据资源，实现全国"一盘棋"。省区市一级建设新的公安信息化网络，整合省区市之下的公安数据。

2. 完善地区间信息共享机制

要消除地区间数据共享壁垒，实现全国范围内数据资源的整体性共享，还需解决如下问题：

一是去除信息保护主义、神秘主义、先占主义思想。要通过各种方式宣传信息保护主义、神秘主义、先占主义对信息化建设的害处，通过制度建设去除保护主义、神秘主义、先占主义所产生的影响。

二是解决地区发展不平衡问题。发展平衡与否与"外部性经济"的存在密切相关。各地区间愈是存在发展不平衡，就愈是存在"外部经济性"。所以，要消除"外部经济性"就必须解决均衡发展问题。而要解决均衡发展问题，国家就要加大投入，并通过相关制度促进均衡发展。比如，可以通过信息化建设互助制度、公安部推广制度以解决平衡发展问题。对于一些地区性的成熟技术、好用的系统，公安部可以购买然后向全国推广。

3. 完善部门间数据共享机制

要通过完善部门间数据共享机制，突破警种壁垒，确保信息数据资源的互联互通、实时共享。从侦查工作实践看，实现部门数据共享的有效做法就是坚持"大部制"观念，进行大侦查改革。在大侦查的体制下，数据资源共享可以比较容易实现。

4. 完善社会信息共享机制

完善社会信息共享机制，要破除行业间壁垒，扩大对社会管理、服务信息的共享。不遗余力地依靠国家层面的交涉推进相关立法工作的进行，通过法律规范相关信息资源的共享行为，促进信息共享的良性循环。

数据资源共享问题如果得到有效解决，协作问题将迎刃而解，大数据侦查的效能也将大大提升。

第三章　大数据侦查数据获取

数据获取是大数据侦查的基础。没有数据，数据的整理、分析、利用等便无从谈起。

大数据侦查涉及的数据种类繁多，获取各类数据的路径、渠道、方式等各不相同。从当前的大数据运用现状分析，获取公安大数据的渠道主要有以下5种：一是政府数据共享，二是政府数据开放，三是数据交易流通，四是业务中形成，五是社会信息数据的纳入。通过以上渠道获取的数据可能纳入公安大数据平台，也可能分散于公安各业务单元。纳入公安大数据平台的数据用于开展大数据警务，其中当然包括用于开展大数据侦查。分散于公安各业务单元的数据仍然被用于开展各项警务活动，但这类数据运用不能被称为真正意义上的大数据运用。当然，不管是通过怎样的渠道获取数据，都需要有平台、工具、技术、手段和方法的支撑。

本章不对获取公安数据的渠道进行面面俱到的介绍，而重点围绕公安大数据平台数据获取、网络数据检索获取、利用接口和工具获取三大问题进行论述。

一、公安大数据平台数据获取

（一）公安大数据平台架构

公安大数据平台依托大数据和互联网技术，打破信息壁垒和"数据烟囱"，智能整合公安部、省厅、市局、分局以及第三方社会平台的公安业务相关数据资源，实现数据资源的共享、汇集、融合和关联，实现数据的快速处理、便捷统计、个性查询及可视化呈现，快速搭建各个层级的分析预测模块，为各级部门掌握辖区社会面总体情况，动态调整勤务模式，有针对性地投放警力提供依据。公安大数据平台能够提升公安的警情处置、案件分析、警情预警和分析预测能力，在刑事侦查、治安管理、交通管理、社会服务等方面为公安及政府提供强有力的技术支撑，促进公安情报一体化水平稳步提升。其技术架构如图3-1所示。

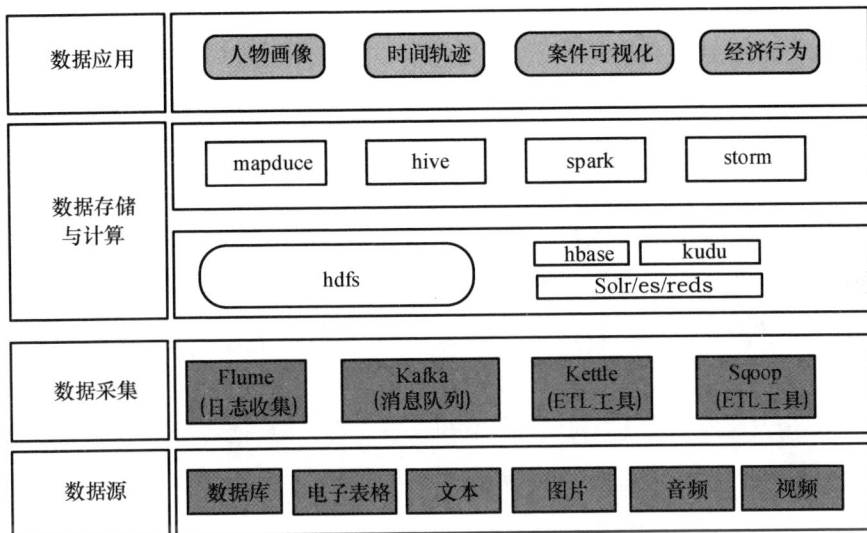

图 3-1　公安大数据平台技术架构

（二）数据源

公安大数据平台的第一个要素就是数据源，数据源的特点决定了数据采集与数据存储的技术选型。

1. 按数据格式类划分

（1）数据库。数据库是以一定方式储存在一起，能与多个用户共享，具有尽可能小的冗余度，与应用程序彼此独立的数据集合。公安机关在开展业务活动过程中产生了大量数据。这些数据覆盖了对人、地、事、物、组织等要素的属性描述。公安机关通过信息化建设实现了对公安业务数据的高效存储和利用，满足了查询和分析的基本需求。数据的表现形式主要以结构化数据为主，以关系型数据库进行存储、整理、加工及使用。例如，全国人员基本信息资源库、全国机动车/驾驶员信息资源库、全国出入境人员信息资源库、全国违法犯罪人员信息资源库、全国被盗抢汽车信息资源库、全国安全重点单位信息资源库等。

（2）电子表格。又称电子数据表，是一类模拟纸上计算表格的计算机程序。它会显示由一系列行与列构成的网格。单元格内可以存放数值、计算式或文本。在侦查实践中，有些数据的源格式是以电子表格的格式存储的，如银行账单数据、微信转账记录等。

（3）文字。又称文本文件，是一种由若干字符构成的计算机文件。文本是最大的也是最常见的大数据源，如短信、微博、社交媒体网站的帖子、即时通信、实时会议以及可以转换成文本的录音信息。当前，文本数据是结构化程度最低的，同时也是最大的数据源。最常见的文字文件包括两类：一是纯文本文件，二是普通文本文件。

（4）图形和图像。图形，是指以几何线条和符号等反映事物各类特征和变化规律的符号。作为电子计算机系统中的图形，则是表现为上述各类符号的计算机文件。图像，是指通过各类线条和符号的组合，构成反映一定内容，包含一定信息，可使人直观理解的符号。作为电子计算机系统中的图像，亦是表现为上述各类符号的计算机文件。常见的图形、图像文件格式有bmp（bitmap）格式、gif（graphics interchange format）格式、jpeg（joint photographic experts group）格式等。

（5）音频。音频，是指存储声音的计算机文件。从技术角度看，音频文件格式可分两类：一类是有损文件格式，另一类是无损文件格式。常见的音频文件格式有wav格式、mp3格式、wma格式等。

（6）视频。视频，是指通过特定的电子设备对特定的场景进行动态记录、存储并能够借助特定应用程序进行完整动态重现的计算机文件。常见的视频文件格式有avi格式、mpeg格式、wmv格式、rm格式等。[1]

2. 按数据结构划分

（1）结构化数据。结构化数据是指关系模型数据，即数据以关系数据库进行存储和管理，如MySQL、Oracle、SQL Server等。数据以行为单位，一行数据表示一个实体的信息，每行数据的属性相同，通过二维表结构进行逻辑表示和实现。结构化数据按一定的规律进行存储和排列，以方便查询、修改、删除等操作。如图3-2所示的数据表是一种典型的结构化数据。

（2）非结构化数据。非结构化数据就是没有固定结构的数据，其基本含义是数据没有预先定义的数据模型，也不方便用数据库的二维逻辑表来表

---

〔1〕 李双其，林伟. 侦查中电子数据取证〔M〕. 北京：知识产权出版社，2018：5.

示。各种文档、图片、声音、视频等都属于非结构化数据。对于这类数据，一般以二进制的形式进行整体存储。如图3-3所示的微博评论是一种典型的非结构化数据。

图 3-2　结构化数据（数据表）

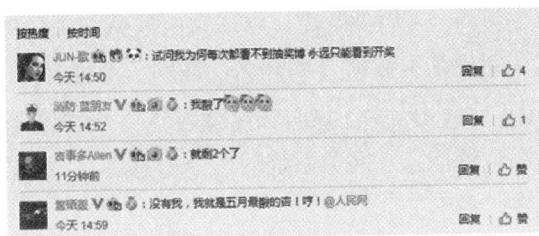

图 3-3　非结构化数据（微博评论）

（3）半结构化数据。半结构化数据是介于完全结构化和完全无结构化之间的数据，其基本含义是数据结构形式以不符合关系型数据库或其他数据表的形式关联起来的数据模型。数据用相关标记来分隔语义元素以及对记录和字段进行分层。常见的半结构化数据有 XML、HTML 文档等，如图3-4所示的 XML 文档就是一种典型的半结构化数据。

图 3-4　半结构化数据（XML 文档）

（4）准结构化数据。具有不规则数据格式的文本数据，使用工具可以使之格式化，如包含不一样数据值和格式的网站点击数据。

3. 按数据来源划分

（1）城市基础数据。主要是指人口信息资源库、法人信息资源库、电子证照信息资源库、空间地理信息资源库、宏观经济信息资源库五大基础数据库。

（2）政府业务系统数据。即公安、财政、环保、教育、交通等政府部门在开展业务过程中产生及积累的数据。以公安业务系统数据为例，公安内部数据来源包括刑侦、经侦、禁毒、治安等部门，主要包括"110"数据、人口数据、问题场所数据、卡口数据、警综数据、宾旅馆数据等。此类数据一般为格式化数据，除此之外，还有文件服务器（存储法律文书、嫌疑人头像照片、案件扫描件等非格式化数据）等。

（3）企事业数据。即金融（银行、证券等）、运营商、物流、互联网企业等企事业单位本身的一些行业数据。以运营商数据为例，运营商在开展业务的过程中积累了用户基本数据（如姓名、性别、地址等）、用户行为数据（通话行为、应用程序使用行为、网页浏览行为等）、移动位置数据（用户使用电信业务时信令位置信息、网关系统的信令信息等）、终端数据（终端属性、开关机信息等）等。

（4）社会数据。主要是指人们在社会生活中产生的如视频监控、手机终端、GPS 等数据。

（三）数据采集

数据采集，又称数据获取，是利用一种装置，从系统外部采集数据并输入系统内部的一个接口。数据采集按时效性可分为实时采集和非实时采集；按采集粒度可分为批量采集和流式采集。数据源的类型决定了采集方式，如日志采集使用 Flume，关系型数据库使用 Sqoop 等。下面简要介绍几种常见的数据采集方法。[1]

1. ETL 工具采集

ETL 是"Extract Transform Load"三个英文单词首字母的缩写，其含义

---

〔1〕 在介绍数据采集及数据存储工具时参阅了相关的官方文档及网上资料，特此说明。

是"抽取、转换、装载"。公安大数据中心采集的数据可能有关系数据库、文档、音频、视频文件等，有公安内部业务系统产生的数据，也有外部系统的数据（如通过网络爬虫算法抓取的互联网数据）。构建公安大数据中心的目的就是要把这些不同来源、格式和特点的数据在逻辑上或物理上有机地集中起来，从而提供全面的数据共享。ETL 作为构建公安大数据的一个环节，负责将分布的、异构数据源中的数据抽取到临时中间层后进行清洗并转换，然后将数据载入决策支持系统的操作型数据存储、数据仓库或数据集市中，并针对不同的数据源编写不同的数据抽取、转换和加载程序处理。总的来说，ETL 工具提供了一种数据处理的通用解决方案。

　　ETL 处理步骤如图 3-5 所示。图中 ODS（Operational Data Store）是操作数据存储的意思。ODS 中存放的数据在数据结构、数据粒度、数据之间的逻辑关系上尽量与业务系统保持一致，抽取过程只是简单的数据复制而不做过多的数据转换，从而降低复杂性。TDS（Transformed Data Stores）是经整理与转换后的数据存储，是大数据中心最后存储的数据。

图 3-5　ETL 处理步骤

　　首先是数据的抽取。数据抽取的主要工作是从源数据源系统中抽取目标数据源系统需要的数据。通过数据抽取将数据从各种原始业务中读取出来，是 ETL 所有工作的前提，也是最重要的一步。数据抽取直接面对各种分散、异构的数据源，如何保证稳定高效地从这些数据源中提取正确的数据，是 ETL 设计和实施过程中需要考虑的关键问题之一。在实际数据抽取过程中，为提高效率可以将数据按照一定的规则拆分成几部分进行并行处理，根据具体的业务制定抽取的时间、频度以及抽取的流程。

　　数据抽取按数据源类型一般可分为三类。一是存放与 TDS 相同数据源的数据。这类数据源一般使用数据库管理系统提供的数据库链接来完成。在目标数据库服务器与原业务之间建立直接的链接关系后通过写 Select 语句直接访问。二是存放与 TDS 不同数据源的数据。此类数据源若是可以建立数据库链接，则直接通过链接的方式完成。若是无法建立链接可以通过程序接口或用工具将数据源导出成 .txt 文件，再导入 ODS 之中。三是文件类型的数据源（如 .txt、.xls 等）。此类数据源可以通过工具将数据导入指定的数据库中，然后从指定的数据库中抽取。

数据抽取按抽取方式分为全量抽取和增量抽取。全量抽取是将数据源中的数据全部从数据库中抽取出来，并转换成自己的 ETL 工具可以识别的格式。一般情况下，当要在集成端初始化数据时，需要通过全量抽取的方式将数据源端的数据全部装载进来。全量抽取可以使用数据复制、导入或者备份的方式完成，实现机制比较简单。

增量抽取只抽取某个事件发生的特定时间之后数据库中要抽取的表中新增或修改的数据。在 ETL 使用过程中，增量抽取较全量抽取应用范围更广。如何捕获变化的数据是增量抽取的关键。设计捕获方法时要考虑两个方面：一是要能够将业务系统中的变化数据按一定的频率准确地捕获到。二是在捕获变化数据时不能对业务系统造成太大的压力，影响现有业务。目前，增量数据抽取中常用的捕获变化数据的方法有触发器、时间戳、全表比对、日志比对方式等。以常见的增量抽取机制触发器为例，在要抽取的表上建立需要的触发器，一般要建立插入、修改、删除三个触发器，当源表中的数据发生变化时，就被相应的触发器将变化的数据写入一个临时表，抽取线程从临时表中抽取数据，临时表中抽取过的数据被标记或删除。触发器方式的优点是数据抽取的性能较高，缺点是要求业务表建立触发器，对业务系统有一定的影响。

其次是数据的清洗转换。也就是将从源数据源获取的数据按照业务需求，转换成目的数据源要求的形式，并对错误、不一致的数据进行清洗和加工。数据清洗是指利用模式识别以及人工智能技术来提高数据质量。常见的做法有：一是修正错误。常见的错误有数据拼写错误、错误的日期、不正确的地址、不匹配的地址、缺失的数据、数据重复、数据不一致等。二是格式变换。如所有日期格式统一为 yyyy-mm-dd。三是赋缺省值。在数据中心中定义取值不为空的字段在源数据源中对应的字段可能存在没有取值的记录，这时根据业务需要直接赋一个缺省值。四是类型变换。如将源系统的 Number 类型转为 Varchar2 类型等。五是长度变换。如将源系统中定义的 Varchar2（10）转为 Varchar2（20）等。六是代码变换。如源系统的某些字段经过代码升级以后，将老的代码转为新的代码等。七是数值变换。如数值单位由万元转化为元等。

数据转换是将数据从操作型格式转换为数据中心格式，更多的是体现数据的业务逻辑性。数据转换分为记录级和字段级。记录级是选择有用的数据，将数据分区、综合、汇总等。字段级是指大多数转换功能只是完成从一种格式到另一个格式的转换，有的转换功能通过一个公式或者逻辑表达式完成转换。转换过程中可能要做到字段合并与拆分、赋缺省值、数据排序、数据翻译、数据合并、数据聚合等。

数据的转换和加工可以在 ETL 引擎中进行，也可以在数据抽取过程中利用关系数据库的特性同时进行。

最后是数据的装载。将转换后的数据装载到目标数据源。数据装载要考虑数据装载的步骤、模式和更新策略。数据加载步骤如下：① Pre-load，进行数据加载之前需要完成的准备工作。② Load，将满足条件的数据加载到数据中心。③ Post-load，数据加载完成后需要进行的工作。数据加载模式：一是初始加载。是指在系统正式运行之前，需要将当前完整企业数据视图一次性地加载到数据仓库中，作为数据仓库的基础数据。二是周期加载。是指周期性地将该周期内的增量数据加载到数据仓库中。数据加载更新策略：一是刷新策略，批量重写，保留最新更新策略。二是比对更新，保留历史。

ETL 工具的典型代表有 Informatica、Datastage、ODI、OWB、微软 DTS、Beeload、Kettle。Kettle 是 Pentaho 公司的数据整合产品，它可能是现在世界上最流行的开源 ETL 工具，经常被用于数据仓库环境。Kettle 的使用场景包括在应用或数据库间迁移数据、把数据库中的数据导出成平面文件、向数据库中大批量导入数据、数据转换和清洗、应用整合等。Kettle 里主要有"转换"和"作业"两个功能模块。转换是 ETL 解决方案中最主要的部分，它处理 ETL 各阶段各种对数据的操作。转换有输入、输出、检验、映射、加密、脚本等很多分类，每个分类中包括多个步骤，如输入转换中就有表输入、CSV 文件输入、文本文件输入等很多步骤。转换里的步骤通过跳（hop）来连接，跳定义了一个单向通道，允许数据从一个步骤流向另外一个步骤。在 Kettle 里，数据的单位是行，数据流就是数据行从一个步骤到另一个步骤的移动。转换是以并行方式执行的，而作业是以串行方式处理的，验证数据表是否存在这样的操作就需要作业来完成。一个作业包括一个或多个作业项，作业项是以某种顺序来执行的，作业执行顺序由作业项之间的跳和每个作业项的执行结果决定。和转换一样，作业也有很多分类，每个分类中包括多个作业项，如转换就是一个通用分类里的作业项。作业项也可以是一个作业，此时称该作业为子作业。Kettle 非常容易使用，其所有的功能都通过用户界面完成，不需要任何编码工作。你只需要告诉它做什么，而不用指示它怎么做，这大大提高了 ETL 过程的开发效率。

2. Flume 日志收集

服务器日志是大数据系统中主要的数据来源之一。服务器日志可能包含的数据有用户访问数据、系统运行数据以及其他业务数据。服务器日志有不间断的流式产生、数据量大、源头分散等特点。而 Flume 便是一个高可用的、高可靠的、分布式的海量日志采集、聚合和传输的系统，其设计旨在直接将流数据或日志数据导入存储系统（如 HDFS 等）。Flume 可以实时地从网络协议、消息系统、文件系统中采集日志。

（1）Flume 架构及数据流模型。Flume 基本架构如图 3-6 所示。其基本数据流是：Source 以 Event 为单位从数据源中接收数据，然后保存到一个或多个 Channel 中（可以经过一个或多个 Interceptor 的预处理），Sink 从 Channel 中拉取并处理数据（保存、丢弃或传递到下一个 agent），最后通知 Channel 删除信息。下面简要介绍相关术语。

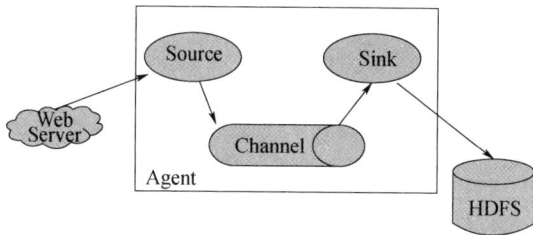

图 3-6　Flume 基本架构

Event：Flume 传输的基本的数据负载叫作 Event（事件），是数据处理的最小单位，如采集用户的访问日志，每个用户的访问就是一个 Event。事件由 0 个或多个头与体组成。头是一些键值对，可用于路由判定或是承载其他的结构化信息（比如事件的时间戳或是发出事件的服务器主机名）。体是个字节数组，包含了实际的负载。

Agent：Agent 是一个独立的 Flume 进程，包含组件 Source、Channel、Sink。

Source：Source 是以 Event 为单位收集数据，并确保数据被推送（Push）

到 Channel，可从文本文件、Syslog、Http 等中获取数据，可以处理各种类型、格式的日志数据，包括 Avro、Thrift、Exec、Jms、Spooling Directory、Netcat、Sequence Generator、Syslog、Http、Legacy、自定义。常见的 Source 描述如表3-1所示。

表3-1　Source 描述

名　称	描　述
Avro	监听 Avro 端口，从 Avro Client Streams 接收 Events
Thrift	监听 Thrift 端口和从外部 Thrift Client Streams 接收 Events
Exec	Exec Source 在启动时运行一个 Unix 命令行，并期望这一过程在标准输出上连续生产数据
Spooling Directory	监听指定目录的新增文件，当新文件出现时解析 Events
Kafka	监听 Kafka 服务器，接收 Kafka 消息

Channel：Channel 用来缓存 Source 组件收集来的数据，确保数据在被 Sink 处理前不会丢失，可以存放在 Memory、Jdbc、File 等中。常见的 Channel 描述如表3-2所示。

表3-2　Channel 描述

名　称	描　述
Memory Channel	Event 数据存储在内存中，处理速度快，但是不能保证信息的持久化，而且容量受限于内存大小
Jdbc Channel	Event 数据存储在磁盘文件中，处理速度一般，但是可以保证信息不会丢失，容量也几乎无限制
File Channel	Event 数据存储在持久化存储中，当前 Flume Channel 内置支持 Derby

Sink：Sink 用来从 Channel 中拉取（pull）并处理数据，目的地包括 Hdfs、Logger、Avro、Thrift、Ipc、File、Null、Hbase、Solr、自定义。常见的 Sink 描述如表3-3所示。

表3-3　Sink 描述

名　称	描　述
Hdfs	该 sink 把 events 写进 Hadoop 分布式文件系统（HDFS）中，文件可以基于数据的经过时间、大小或者事件的数量周期性地滚动
Hive	该 sink streams 将包含分割文本或者 JSON 数据的 events 直接传送到 Hive 表或分区中
Hbase	数据写入 Hbase 数据库

Interceptor：Interceptor 是一种 Event 拦截器，可以修改或丢弃 Event。拦

截器指的是数据流中的一个点，可以在这里检查和修改 Flume 事件，可以在源创建事件后或是接收器发送事件前链接 0 个或多个拦截器。

（2）Flume 常见应用场景。Flume 常见应用场景有三种：一是离线日志收集。即收集服务器的用户访问日志，保存到 Hadoop 集群中，用于离线的计算与分析。访问日志指用户访问网站时的所有访问、浏览、点击行为数据，如历史点击的链接、打开的页面、搜索、总体会话时间等。而所有这些数据都可通过网站日志保存下来。此类数据采集基本 Flume 方案可以是在服务器端配置 Flume Agent，其中 Source 采用 Spooling Directory Source，Channel 采用 Memory Channel，Sink 采用 Hdfs Sink。二是实时日志收集。即收集服务器的系统日志，发送给实时计算引擎进行实时处理。服务器日志（Server Log）是一个或多个由服务器自动创建和维护的日志文件，其中包含其所执行活动的列表。服务器日志的典型例子是网页服务器日志，其中包含页面请求的历史记录。此类数据采集基本 Flume 方案可以是在服务器端配置 Flume Agent，其中 Source 采用 Spooling Directory Source 或 Exec Source，Channel 采用 Memory Channel，Sink 采用 Kafka Sink。三是系统日志收集。即收集服务器的系统日志，保存到搜索引擎中，用于线上日志查询。此类数据采集基本 Flume 方案可以是在服务器端配置 Flume Agent，其中 Source 采用 Spooling Directory Source 或 Exec Source，Channel 采用 File Channel，Sink 采用 Elastic Serach Sink。

3. Sqoop

Sqoop 是 SQL-to-Hadoop 的英文缩写，是 Hadoop（关于 Hadoop 的相关内容，本小节后面会有详细论述）和关系数据库服务器之间传送数据的工具。Sqoop 的主要作用是将关系型数据库中的数据（MySQL、Oracle 和 PostgreSQL 等）导入 Hadoop（HDFS、Hive、Hbase）中，也可以将 Hadoop 中的数据抽取出来导入关系型数据库中。Sqoop 的核心设计思想是利用 MapReduce 加快数据传输速度，也就是说 Sqoop 的导入和导出功能是通过 MapReduce 作业实现的，所以它是一种批处理方式进行数据传输，难以实现实时数据的导入和导出。Sqoop 的优势在于：一是可以通过调整任务数来控制任务的并发度，从而高效、可控地利用资源。二是导入的数据可以根据数据库自动地完成数据类型映射与转换。三是支持多种数据库。

（1）Sqoop 架构。Sqoop1 的基本架构如图 3-7 所示。Sqoop1 以 CLI 控制

台方式使用 Sqoop 客户端直接提交进行访问。用户向 Sqoop 发起命令，该命令会转换为一个基于 Map Task 的 MapReduce 作业。Map Task 通过访问数据库的元数据信息，由并行的 Map Task 将数据库的数据读取出来，最后导入 Hadoop 中。当然，也可以将 Hadoop 中的数据导入传统的关系型数据库中。Sqoop1 的核心思想就是通过基于 Map Task 的 MapReduce 作业，实现数据的并发拷贝和传输，以此来提高数据导入和导出的效率。

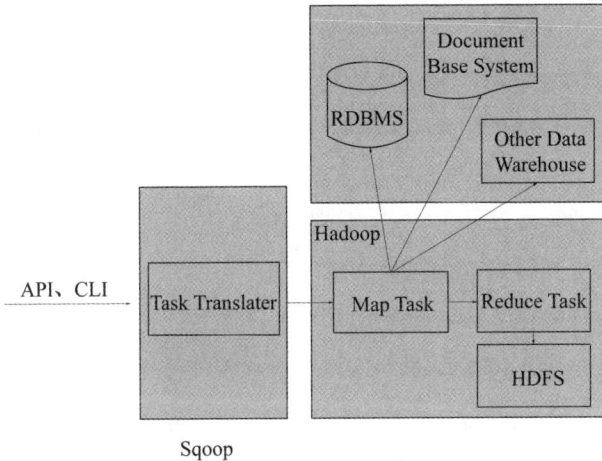

图 3-7　Sqoop1 的基本架构

Sqoop2 的基本架构如图 3-8 所示。在架构上，Sqoop2 引入了 Sqoop Server，实现了对 Connector 的集中管理。访问方式上，以 REST API、JAVA API、WEB UI 以及 CLI 控制台方式进行访问，访问方式更加多样化。在安全性能上，Sqoop2 引入了角色的安全机制。Sqoop1 直接以 CLI 方式访问，会通过交互过程界面，输入的密码信息容易泄露。而 Sqoop2 引入基于角色的安全机制（Sqoop2 比 Sqoop1 多了一个 Server 端），以此来保证输入的密码信息不会被泄露。

（2）将数据从关系型数据库导入 Hadoop 中。Sqoop 在数据导入时，需要指定参数值（split-by）。Sqoop 按不同的 split-by 来进行切分，然后将切分出来的区域分配到不同的 Map 中。每个 Map 再处理数据库中获取每行的值，写入 HDFS 中（由此也可得知，导入与导出的事务以 mapper 任务为单位）。同时，split-by 根据不同的参数类型有不同的切分方法，如比较简单的 int 型，Sqoop 会取最大和最小的 split-by 字段值，然后根据传入的 num-mappers 来确定划分几个区域。Sqoop 数据导入流程如图 3-9 所示。

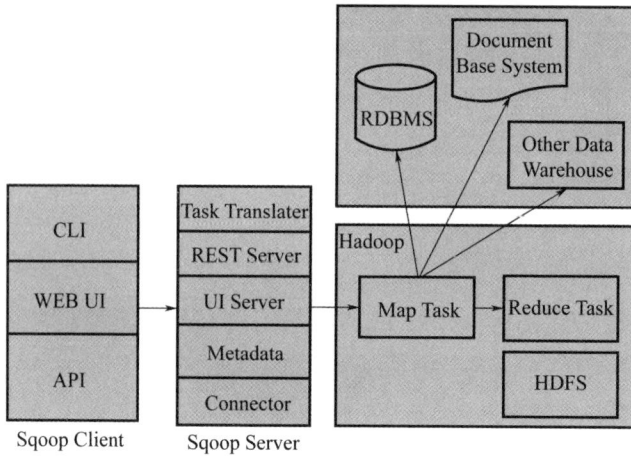

图 3-8　Sqoop2 的基本架构

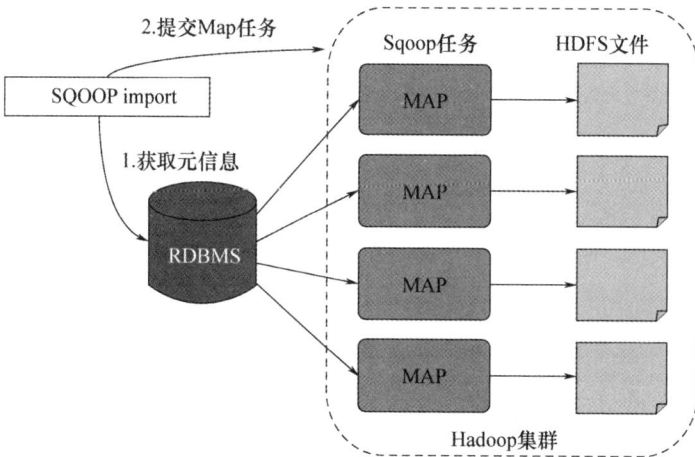

图 3-9　Sqoop 数据导入流程

（3）将数据从 Hadoop 导入关系数据库表中。Sqoop 与数据库 Server 通信，获取数据库表的元数据信息。将 Hadoop 中的文件划分成若干个 split，每个 split 由一个 Map Task 进行数据并行导入数据中。Sqoop 数据导出流程如图 3-10 所示。

4. Kafka

Kafka 是一种高吞吐量的分布式发布订阅消息系统，由 LinkedIn 使用 Scala 语言编写，用作 LinkedIn 的活动流和运营数据处理管道的基础。Kafka 可以处理消费者规模的网站中的所有动作（网页浏览、搜索和其他用

户的行动）流数据，这些数据通常是由于吞吐量的要求而通过处理日志和
日志聚合来解决。对于像 Hadoop 一样的日志数据和离线分析系统，但又
要求实时处理的限制，Kafka 的目的是通过 Hadoop 的并行加载机制来统一
线上和离线的消息处理，通过集群机来提供实时消费。Kafka 消息发布订
阅流程如图 3-11 所示。

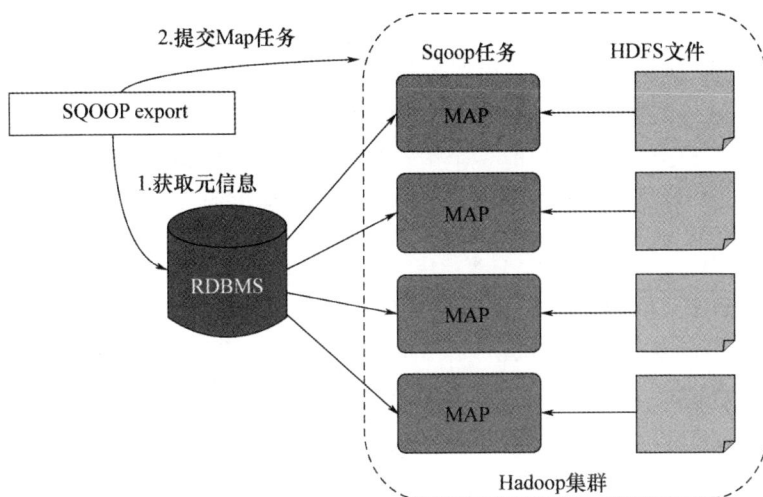

图 3-10　Sqoop 数据导出流程

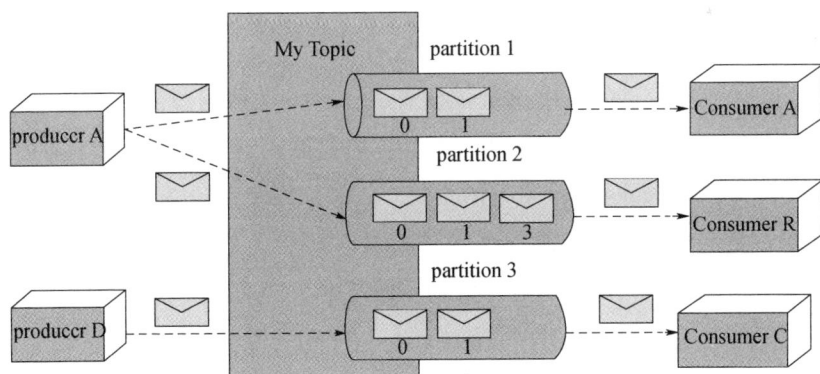

图 3-11　Kafka 消息发布订阅流程

　　Producer（生产者）：消息和数据生产者，从消息队列中请求消息的客户
端应用程序。数据的分发策略由 Producer 决定。

　　Consumer（消费者）：可以订阅一个或多个话题，并从 Broker 中拉取数
据，从而消费这些已发布的消息。

Broker（服务代理）：已发布的消息保存在一组服务器中，Kafka 集群中的一台或多台服务器统称为 Broker。Broker 只管数据存储，而不管是谁生产、谁消费的。在集群中，每个 Broker 都有一个唯一的 Brokerid，不得重复。为了减少磁盘写入的次数，Broker 会将消息暂时缓存起来，当消息的个数（或尺寸）达到一定阈值时，再刷新（flush）到磁盘，以减少磁盘 IO 的调用次数。

Message（消息）：消息是通信的基本单位，每个 Producer 可以向一个 Topic 发布一些消息，Message 是以 Topic 为基本单位组织的。

Topic（话题）：Topic 是一个逻辑上的概念，一个 Topic 可以认为是一类消息，每个 Topic 将被分成多个 Partition，落到磁盘上是一个 Partition 的目录。

Partition（区）：Topic 物理上的分组，一个 Topic 可以分为多个 Partition，每个 Partition 是一个有序的队列。Partition 中的每条消息都会被分配一个有序的 id（offset）。Partition 以文件的形式存储在文件系统中。

Kafka 中的 Message 是以 Topic 为基本单位组织的，不同的 Topic 之间是相互独立的。每个 Topic 又可以分成几个不同的 Partition（每个 Topic 有几个 Partition 是在创建 Topic 时指定的），每个 Partition 存储一部分 Message。

（四）数据存储

公安大数据存储的技术选型依据有三点：一是数据源的类型和采集方式。如非结构化的数据不适合用关系数据库存储。采集方式如果是流处理，那么传过来放到 Kafka 中是最好的方式。二是采集之后的格式和规模。比如数据格式是文档型的，能选的存储方式就是文档型数据库（如 MongoDB）；如果数据量达到很大规模，首选放到 HDFS 中。三是分析数据的应用场景。根据数据的应用场景来判定存储技术选型。存储是为了分析，所以要为了分析而存储，不能为了存储而存储，即存储的方式要满足分析的要求，存储工作就是分析的前置工作。

基于上述选型条件，要满足公安工作常用的应用场景，应当支持分布式文件系统 HDFS、分布式数据仓库 Hive、分布式列存储 Hbase、关系型数据库 MySQL 及其他分布式文件系统（如 MPP、MongoDB、Elastic-Search）等。

1. Hadoop

Hadoop 是一个分布式系统基础技术框架，由 Apache 基金会所开发。利用 Hadoop，软件开发用户可以在不了解分布式底层细节的情况下，开发分布式程序，从而充分利用集群的威力达到高速运算和存储的目的。

Hadoop 框架中最核心的设计就是 MapReduce 和 HDFS。MapReduce 的思想是由 Google 的一篇论文所提及而广为流传的，简单的一句话解释 MapReduce 就是"任务的分解与结果的汇总"。HDFS 是 Hadoop 分布式文件系统（Hadoop Distributed File System）的缩写，为分布式计算存储提供了底层支持。

Hadoop 是一个能够对大量数据进行分布式处理的软件框架。但是 Hadoop 是以一种可靠、高效、可伸缩的方式进行处理的。Hadoop 是可靠的，因为它假设计算元素和存储会失败，因此它维护多个工作数据副本，确保能够针对失败的节点重新分布处理。Hadoop 是高效的，因为它以并行的方式工作，通过并行处理加快处理速度。Hadoop 还是可伸缩的，能够处理 PB 级数据。此外，Hadoop 依赖于社区服务器，因此它的成本比较低，任何人都可以使用。

Hadoop 实际上就是一个云计算或者说分布式计算的工具，MapReduce 是它的计算引擎，HDFS 是它的文件系统，而其他项目如 Hbase、Hive 等都是在它的基础上与它配套使用的相关软件。

2. MapReduce

MapReduce 架构是用来解决大数据量的分布式计算问题，然后把计算后的结果放入文件系统或者数据库中。

"Map"：主节点读入输入数据，把数据分成可以用相同方法处理的小数据块（其基本思想就是分而治之），然后把划分的小数据块分发到不同的工作节点上，每个工作节点分别处理自己的数据。这就相当于把数据分为具有同样计算过程的数据块，并且这些数据块之间不存在数据依赖关系，通过并行计算的方法提高处理速度。"Reduce"：收集整理处理结果，然后组合所有结果并且返回到输出。

MapReduce 并行计算架构如图 3-12 所示。MapReduce 的主要功能有：一是任务调度。提交的一个计算作业将被划分为很多个计算任务，任务调度功能主要负责为这些划分后的计算任务分配和调度计算节点；同时负责监控这些节点的执行状态，并负责 map 节点执行的同步控制；也负责进行一些计算性能优化处理，如对最慢的计算任务采用多备份执行，选最快完成者作为结果。二是数据/代码互定位。为了减少数据通信，一个基本原则是本地化数据处理，即一个计算节点尽可能处理其本地磁盘上所分布存储的数据，这实现了代码向数据的迁移。当无法进行这种本地化数据处理时，再寻找其他可用节点并将数据从网络上传送到该节点（数据向代码迁移），但将尽可能从数据所在的本地机架上寻找可用节点以减少通信延迟。三是出错处理。以低端商用服务器构成的大规模 MapReduce 计算集群中，节点硬件（主机、磁盘、内存等）出错和软件有 bug 是常态。因此，MapReduce 需要能检测并隔离出错节点，并调度分配新的节点接管出错节点的计算任务。四是分布式数据存储与文件管理。海量数据处理需要一个良好的分布数据存储和文件管理系统支撑，该文件系统能够把海量数据分布存储在各个节点的本地磁盘上，但保持整个数据在逻辑上成为一个完整的数据文件。为了提供数据存储容错机制，该文件系统还要提供数据块的多备份存储管理能力。五是合并和划分数据。为了减少数据通信开销，中间结果数据进入 reduce 节点前需要进行合并（combine）处理，把具有同样主键的数据合并到一起避免重复传送；一个 reduce 节点所处理的数据可能会来自多个 map 节点。因此，map 节点输出的中间结果需使用一定的策略进行适当的划分（partition）处理，保证相关数据发送到同一个 reduce 节点。

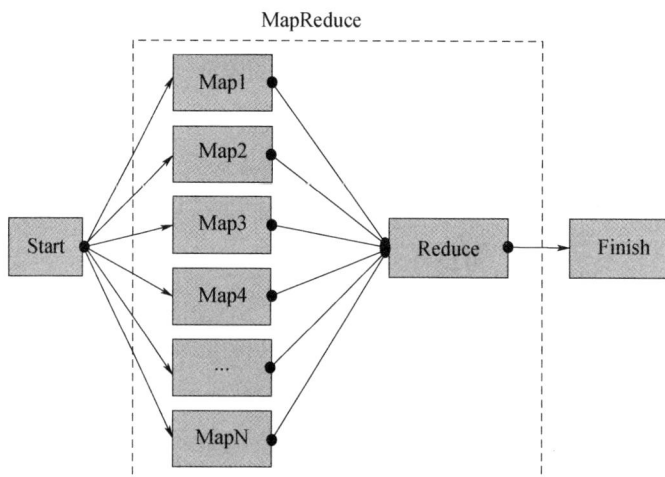

图 3-12　MapReduce 并行计算架构

3. HDFS

HDFS (Hadoop Distributed File System) 是 Hadoop 项目的核心子项目,是分布式计算中数据存储管理的基础。HDFS 是基于流数据模式访问和处理超大文件的需求而开发的,可以运行于廉价的商用服务器上。它所具有的高容错、高可靠性、高可扩展性、高获得性、高吞吐率等特征为海量数据提供了不怕故障的存储,为超大数据集的应用处理带来了很多便利。选择 HDFS 存储数据的主要优势有:一是高容错性。数据自动保存多个副本。它通过增加副本的形式,提高容错性。某一个副本丢失以后,可以由 HDFS 内部机制实现自动恢复。二是适合批处理。三是适合大数据处理。处理数据达到 GB、TB 甚至 PB 级别,能够处理百万规模以上的文件数量,及能够处理 10K 节点的规模。四是流式文件访问。一次写入,多次读取。文件一旦写入不能修改,只能追加,以此保证数据的一致性。五是可构建在廉价机器上。

(1) HDFS 数据存储。HDFS 架构如图 3-13 所示。HDFS 采用 Master/Slave 的架构来存储数据,这种架构主要由四个部分组成,分别为 HDFS Client、NameNode、DataNode 和 Secondary NameNode。下面我们分别介绍这四个组成部分。

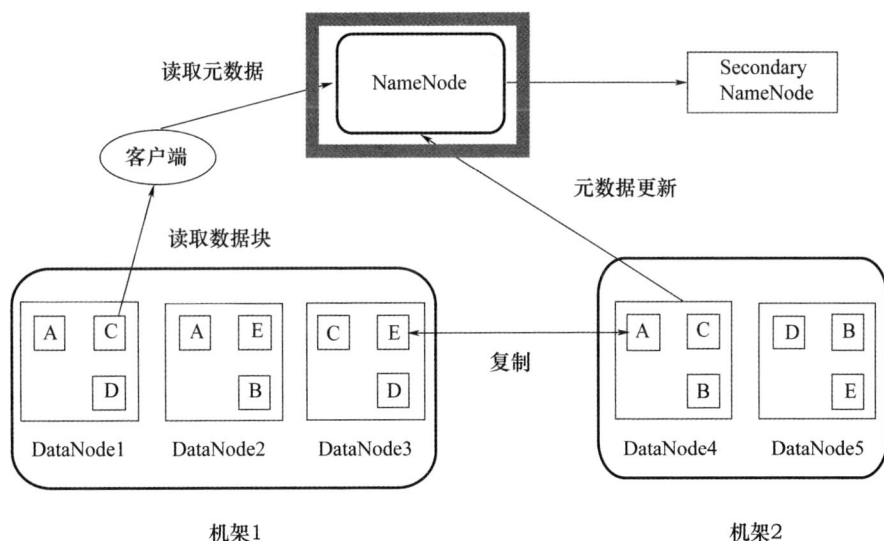

图 3-13　HDFS 架构

NameNode:是主控制服务器,负责管理 HDFS 文件系统的命名空间,记录文件数据库在每个 DataNode 节点上的位置和副本信息,协调客户端对文件的访问/操作，以及记录命名空间内的改动或命名空间本身属性的改变。

DataNode：是数据存储节点，负责自身所在物理节点上的存储管理。HDFS 中文件存储是按块存储的，默认大小是 64MB。集群中每个从服务器都运行一个 DataNode 后台程序，后台程序负责把 HDFS 数据块读写到本地文件系统。需要读写数据时，由 NameNode 告诉客户端去哪个 Data Node 进行具体的读写操作。

Secondary NameNode：是一个用来监控 HDFS 状态的辅助后台程序，如果 NameNode 发生问题，可以使用 Secondary NameNode 作为备用的 Name-Node。

（2）HDFS 读取文件流程。HDFS 的读取文件流程如图 3-14 所示，主要包括以下几个步骤：

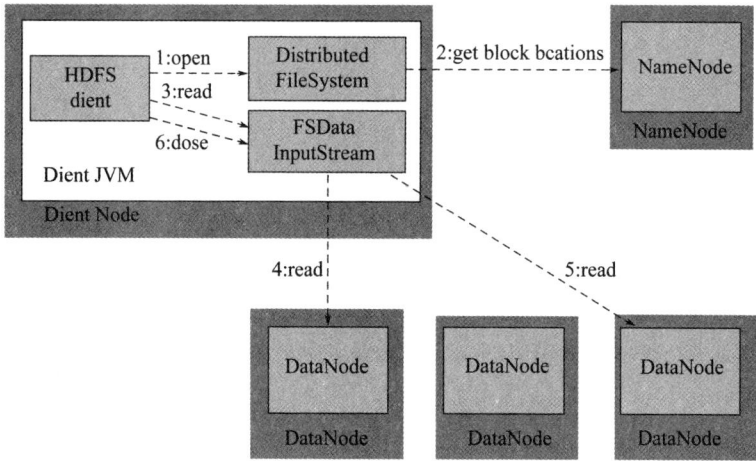

图 3-14　HDFS 读取文件流程

① 客户端用 FileSystem 的 open（）函数打开文件。

② DistributedFileSystem 用 RPC 调用元数据节点，得到文件的数据块信息。

③ 对于每个数据块，元数据节点返回保存数据块的数据节点的地址。

④ DistributedFileSystem 返回 FSDataInputStream 给客户端，用来读取数据。

⑤ 客户端调用 stream 的 read（）函数开始读取数据。DFSInputStream 连接保存此文件第一个数据块的最近的数据节点。

⑥ Data 从数据节点读到客户端，当此数据块读取完毕时，DFSInput-Stream 关闭和此数据节点的连接，然后连接此文件下一个数据块的最近的数据节点。当客户端读取完数据的时候，调取 FSDataInputStream 的 close 函数。在读取数据的过程中，如果客户端与数据节点通信出现错误，则尝试连接包含此数据块的下一个数据节点。失败的数据节点将被记录，以后不再连接。

（3）HDFS 写入文件流程。HDFS 的写入文件流程如图 3-15 所示，主要包括以下几个步骤：

① 客户端调用 create（）来创建文件。

② DistributedFileSystem 用 RPC 调用元数据节点，在文件系统的命名空间中创建一个新的文件。元数据节点首先确定文件原来不存在，并且客户端有创建文件的权限，然后创建新文件。DistributedFileSystem 返回 FSOutput-Stream，客户端用于写数据。

③ 客户端开始写入数据，DFSOutputStream 将数据分成块，写入 Data Queue。

④ Data queue 由 Data Streamer 读取，并通知元数据节点分配数据节点，用来存储数据块（每块默认复制 3 块）。分配的数据节点放在一个 pipeline 里。

Data Streamer 将数据块写入 pipeline 中的第一个数据节点。第一个数据节点将数据块发送给第二个数据节点，第二个数据节点将数据发送给第三个数据节点。

⑤ DFSOutputStream 为发出去的数据块保存了 Ack Queue，等待 pipe-line 中的数据节点告知数据已经写入成功。如果数据节点在写入的过程中失败则关闭 pipeline，将 Ack Queue 中的数据块放入 Data Queue 的开始。当前的数据块在已经写入的数据节点中被元数据节点赋予新的标示，则错误节点重启后能够察觉其数据块是过时的，会被删除。失败的数据节点从 pipeline 中移除，另外的数据块则写入 pipeline 中的另外两个数据节点。元数据节点则被通知此数据块是复制块数不足，将来会再创建第三份备份。

⑥ 当客户端结束写入数据，则调用 stream 的 close（）函数。此操作将所有的数据块写入 pipeline 中的数据节点，并等待 Ack Queue 返回成功。

⑦ 最后通知元数据节点写入完毕。

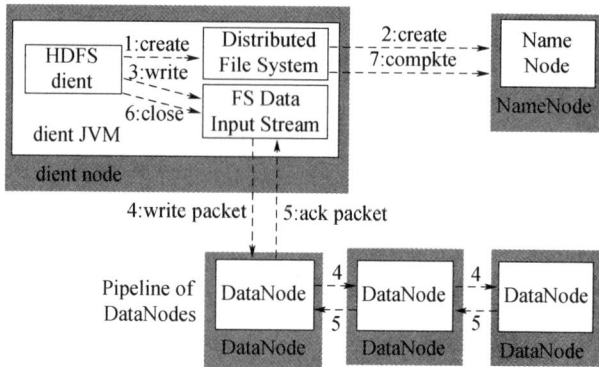

图 3-15　HDFS 写入文件流程

4. HBase

HBase（Hadoop Database）是一个开源的、面向列、适合存储海量非结构化或半结构化数据的分布式存储系统。HBase 具备高可靠性、高性能、可灵活扩展、支持实时数据读写能力的特征，其目标是存储并处理大型的数据，更具体来说是仅需使用普通的硬件配置，就能够处理由成千上万的行和列所组成的大型数据。

HDFS 为 HBase 提供可靠的底层数据存储服务，MapReduce 为 HBase 提供高性能的计算能力，Zookeeper 为 HBase 提供稳定服务和 Failover 机制。从逻辑上讲，HBase 将数据按照表、行和列进行存储，与 Hadoop 一样，HBase 目标主要依靠横向扩展，通过不断增加廉价的商用服务器，来增加计算和存储能力。

（1）HBase 数据模型。HBase 是一个面向列的数据库，存储在 HBase 表中的每一行数据都有可排序的关键字和任意列项。在 HBase 中，仅能通过主键和主键版本号来检索数据，仅支持单行事务。在一个 HBase 中，表是行的集合、行是列簇的集合、列簇是列的集合、列是键值对的集合。下面以 HBase 存储搜索引擎的网页为例，数据模型如图 3-16 所示。

Row Key：行键，相当于关系表的主键，每一行数据的唯一标识。字符串（最大长度是 64KB，实际应用中长度一般为 10 — 1000bytes）、整数、二进制串都可以作为 Row Key。所有记录按照 Row Key 的字典序排序后存储。设计 Row Key 时，要充分排序存储这个特性，将经常一起读取的行存储放到一起。

Row key	Time Stamp	Column Family contents	Column Family anchar	Column Family peple
"com.cnn.www"	t9		anchot:cnnsi.com= "CNN"	
"com.cnn.www"	t8		anchot:my.look.ca ="CNN.com"	
"com.cnn.www"	t6	contents:html= "<html>..."		
"com.cnn.www"	t5	contents:html= "<html>..."		
"com.cnn.www"	t3	contents:html= "<html>..."		

图 3-16　HBase 数据模型

Time Stamp：每次数据操作对应的时间戳，数据按时间戳区分版本，每个 Cell 的多个版本的数据按时间倒序存储。时间戳的类型是 64 位整型。时间戳可以由 HBase（在数据写入时自动）赋值，此时时间戳是精确到毫秒的当前系统时间。时间戳也可以由客户显示赋值。如果应用程序要避免数据版本冲突，就必须自己生成具有唯一性的时间戳。

Column Family：列簇，一个表在水平方向上由一个或多个 CF 组成。一个 CF 可以由任意多个 Column 组成。Column 是 CF 下的一个标签，可以在写入数据时任意添加，因此 CF 支持动态扩展，无须预先定义 Column 的数量和类型。HBase 表中的列非常稀疏，不同行的列的个数和类型都可以不同。此外，每个 CF 都有独立的 TTL（生存周期）。可以只对行上锁，对行的操作始终是原始的。访问控制、磁盘和内存的使用统计都是在列簇层面进行的。在实际应用中，列簇上的控制权限能帮助我们管理不同类型的应用。例如，允许一些应用可以添加新的基本数据、一些应用可以读取基本数据并创建继承的列簇、一些应用则只允许浏览数据（甚至可能因为隐私而不能浏览所有数据）。

（2）HBase 的架构。HBase 的架构如图 3-17 所示，这个架构也类似于 Hadoop 本身的架构，由 Master 和 Namenode 存储元数据，真正的数据存储在 DataNode 中。这里 HMaster 也负责存储元数据，维护整个 HBase 集群的状态。HRegionServer 是真正管理数据的增删改查，用户提交的数据请求都通过 HRegionServer 协调处理。每个物理机器节点只能有一个 HRegionServer，HRegionServer 下管理 HRegion，HRegion 中存放的是真正的存储单元。在默认情况下建立的表都有一个 HRegion，HRegion 到底由哪个 HRegionServer 管理，是由 HMaster 决定的。HBase 中的组件包括 Client、Zookeeper、HMaster、HRegionServer、HRegion、Store、MemStore、StoreFile、HFile、HLog 等。

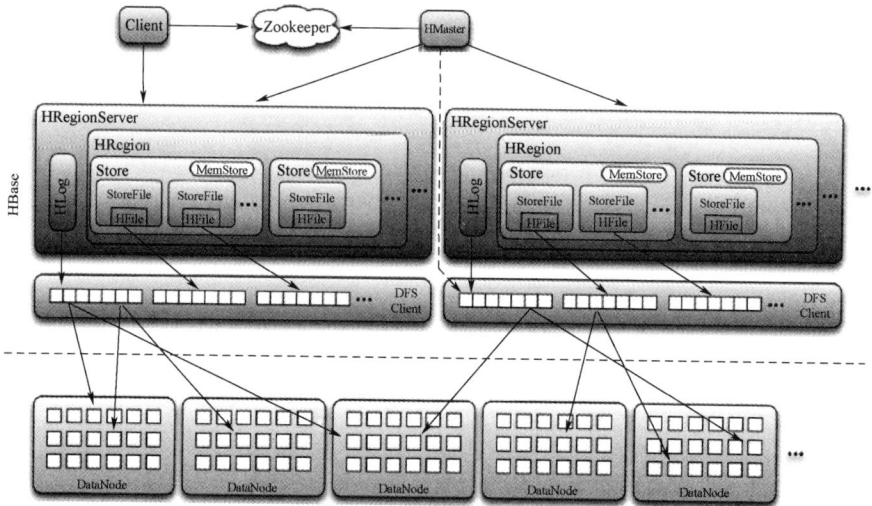

图 3-17　HBase 的架构

Client：客户端包含访问 HBase 的接口，同时在缓存中维护已经访问过的 Region 位置信息，用来加快后续数据访问过程，客户端与 Region 服务器进行数据读写类操作。

Zookeeper：可以帮助选举出一个 Master 作为集群的总管，保证任何时候，集群中只有一个 Master 实时监控 Region server 的上线和下线信息，而其余的 Master 在等待，这就避免了 Master 的"单点失效"问题。Zookeeper 是一个很好的集群管理工具，被大量用于分布式计算，提供配置维护、域名服务、分布式同步、组服务等。

HMaster：在功能上主要负责 Table 表和 HRegion 的管理工作，具体包括：一是管理用户对 Table 表的增删改查操作。二是管理 HRegion 服务器的负载均衡，调整 HRegion 分布。三是在 HRegion 分裂后，负责新 HRegion 的分配。四是在 HRegion 服务器停机后，负责失效 HRegion 服务器上的 HRegion 迁移。

HRegion：一个表在行的方向上分隔为多个 Region。Region 是 HBase 中分布式存储和负载均衡的最小单元，即不同的 Region 可以分别在不同的 Region Server 上，但同一个 Region 不会被拆分到多个 Region Server 上。Region 按大小分隔，每个表一般只有一个 Region。随着数据不断插入表，Region 不断增大，当 Region 的某个列簇达到一个阈值（默认 256M）时就会分成两个新的 Region。

HRegionServer：是 HBase 中最主要的组件，负责表数据的实际读写，管理 Region。在分布式集群中，HRegionServer 一般跟 DataNode 在同一个节点上，目的是实现数据的本地性，提高读写效率。

HStore：是 HBase 存储的核心，由 MemStore 和 StoreFile 组成。MemStore 是一个有序的内存缓存区，用户写入的数据首先被放入 MemStore 中，当 MemStore 满了以后刷新成一个 StoreFile（存储时对应为 HFile），当 StoreFile 数量增到一定阈值，触发合并，将多个 StoreFiles 合并成一个 StoreFile。StoreFiles 合并后逐步形成越来越大的 StoreFile，当 Region 内所有 StoreFiles（HFile）的总大小超过阈值即触发分裂，把原先的 Region 分裂成 2 个 Region，原先的 Region 下线，新分裂出的 2 个 Region 被 HMaster 分配到合适的 HRegionServer 上，使原先 1 个 Region 的压力得以分流到 2 个 Region 上。

HLog：数据在写入时，首先写入预写日志（Write AheadLog），每个 HRegionServer 服务的所有 Region 的操作日志都存储在同一个日志文件中。数据并非直接写入 HDFS，而是等缓存到一定数量后再批量写入，写入完成后在日志中做标记。

HFile：每个 HFile 内部包括多种不同类型的块结构，这些块结构从逻辑上来讲可归并为两类，分别用于数据存储和数据索引（简称数据块和索引块）。其中数据块包括：DATA_ BLOCK，存储表格数据；BLOOM_ CHUNK，存储布隆过滤器的位数组信息；META_ BLOCK，存储元数据信息；FILE_ INFO，存储 HFile 文件信息。

（3）HBase 读写数据流程。

① Client 先访问 Zookeeper，从 Meta 表获取相应 Region 的信息，然后找到 Meta 表的数据。

② 根据 Namespace、表名、Row Key 在 Meta 表中找到对应的 Region 信息。

③ 找到对应的 Region Server。

④ 把数据分别写到 HLog 和 MemStore 上。

⑤ MemStore 达到一个阈值后则把数据刷新成一个 StoreFile 文件。若 MemStore 中的数据有丢失，则可以在 HLog 上恢复。

⑥ 当多个 StoreFile 文件达到一定的大小后，会触发合并操作，合并为一

个 StoreFile（这里同时进行版本的合并和数据删除）。

⑦ 当 StoreFile 大小超过一定阈值后，会把当前的 Region 分割为两个，并由 Hmaster 分配到相应的 HRegionServer 中，实现负载均衡。

HBase 读数据流程：

① Client 先访问 Zookeeper，从 Meta 表中读取 Region 的位置，然后读取 Meta 表中的数据。Meta 表中又存储了用户表的 Region 信息。

② 根据 Namespace、表名和 Row Key 在 Meta 表中找到对应的 Region 信息。

③ 找到这个 Region 对应的 Region Server。

④ 查找对应的 Region。

⑤ 先从 MemStore 中找数据，如果没有，再到 StoreFile 上读（为了读取的效率）。

5. Hive

Hive 是建立在 Hadoop 之上的数据仓库解决方案，支持将结构化的数据文件映射为一张表，提供 HQL（Hive SQL），实现方便高效的数据查询，底层数据存储在 HDFS 上。Hive 的本质是将 HQL 转换为 MapReduce 程序去执行，使不熟悉 MapReduce 的用户很方便地利用 HQL 进行数据 ETL 操作。

（1）Hive 的系统架构。Hive 的系统架构如图 3-18 所示，下面简要介绍相关术语。

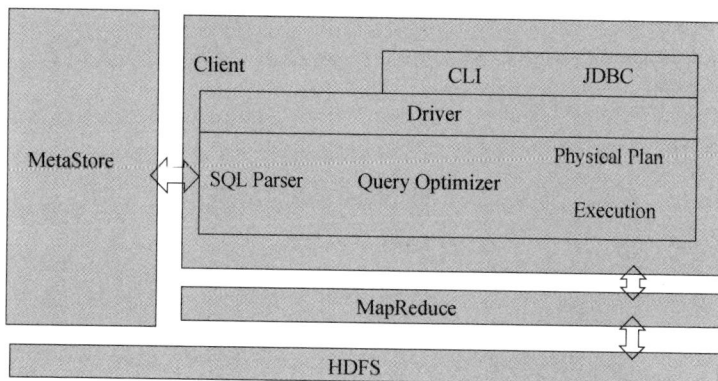

图 3-18　Hive 的系统架构

CLI：Hive 的用户接口层，CLI 即 Shell 命令行。

MetaStore：Hive 将元数据存储在数据库中，连接到这些数据库的模式分三种：单用户模式、多用户模式、远程服务器模式。元数据包括 Database、表名、表的列及类型、存储空间、分区、表数据所在目录等。

Driver：完成 HQL 的查询语句的词法分析、语法分析、编译、优化以及查询计划的生成。生成的查询计划存储在 HDFS 中，并由 MapReduce 调用执行。

Hive 的数据存储在 HDFS 中，针对大部分的 HQL 查询请求，Hive 内部自动转换为 MapReduce 任务执行。

（2）Hive 数据模型。Hive 的存储结构包括数据库、文件、表和视图。Hive 并未指定专门的数据存储格式，也没有为数据建立索引，因此，用户可以非常灵活地操作 Hive 中的表，只要在创建表时告诉 Hive 数据中的列分隔符和行分隔符，Hive 就可以解析数据。Hive 的元数据存储在 RDBMS 中，除元数据外的其他所有数据都基于 HDFS 存储。Hive 中的表分为内部表、外部表、分区表和 Bucket 表。

内部表：与传统数据库中的表类似，在 Hive 中每个 Table 都有对应的目录存取其数据。假设表在 HDFS 上的存储路径为/warehouse/test，则表 test 的所有数据都会存储在该路径下。当删除表时，其元数据和表中的数据都会被删除。

分区表：在 Hive 中表的一个分区对应表下的一个子目录，所有分区的数据都存储在对应子目录中。假设 test 表包含 date 和 lang 两个分区，则对应于 date - 20140428、lang = zh 的 HDFS 子目录为：/warehouse/test/date = 20140428/lang = zh。

外部表：与内部表不同，外部表在创建过程中，并不会移动数据到数据仓库的目录中，只是与外部数据建立一个链接。删除外部表时，只会删除该外部表的元数据，外部数据不会删除。因此，如果想在数据加载时跳过导入数据过程，推荐采用外部表。

Bucket 表：选择表的某列通过 Hash 算法将表横向切分成不同的文件存储，具备这类属性的表被称为 Bucket Table。如果业务计算需采用 Map 并行方式，推荐创建 Bucket Table。

6. MongoDB

MongoDB 是一个跨平台的、面向文档的数据库，是一种最热门的NoSQL数据库产品。所谓 NoSQL，其全称 Not Only Sql，指的是非关系型的数据库。NoSQL 数据库主要应用于 Web 2.0 的大规模系统，具有模式灵活、最终一致性、面向海量数据、分布式、开源、水平可扩展、配置简单、非关系型等特点。MongoDB 以"面向集合"的形式进行数据存储，其含义是数据被分组存储在数据集中，被称为一个集合。每个集合在数据库中都有一个唯一的标识名，并且可以包含无限数目的文档。集合的概念类似关系型数据库里的表，不同的是它不需要定义任何模式。模式自由意味着对于存储在 MongoDB 数据库中的文件，不需要知道它的任何结构定义，就可以把不同结构的文件存储在同一个数据库里。

MongoDB 的逻辑结构是一种层次结构，具体结构如图 3-19 所示，主要由文档（document）、集合（collection）、数据库（database）三部分组成。MongoDB 的文档（document）相当于关系数据库中的一行记录。多个文档组成一个集合（collection），相当于关系数据库中的表。多个集合（collection）逻辑上组织在一起就是数据库（database），一个 MongoDB 实例支持多个数据库（database）。MongoDB 与传统数据库的逻辑结构对比，如表 3-4 所示。

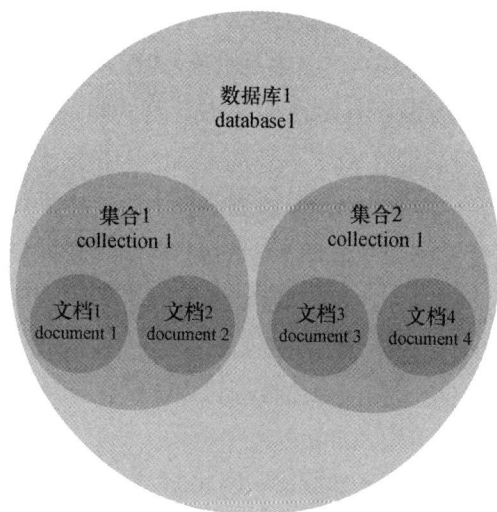

图 3-19　MongoDB 的逻辑结构

表 3-4　MongoDB 与传统数据库的逻辑结构对比

MongoDB	关系型数据库
文档	行
集合	表
数据库	数据库

二、网络数据检索获取

（一）互联网数据搜索

互联网搜索获取数据"就是将与犯罪案件或者犯罪行为人相关的关键词输入互联网进行搜索，并根据互联网反馈信息进行多次搜索分析。通过基本的互联网搜索，一般情况下可以了解某个人的工作、生活等基本信息，有时甚至可以搜索到某个人的手机号、邮箱号、网络账号等较为私密的数据信息"[1]。

搜索引擎是互联网上专门用于数据搜集、数据组织和数据检索的一种常见工具，是为用户提供"检索"网络数据资源服务的网站。常见搜索引擎有Google、百度、雅虎、必应、搜狗、有道、搜搜、人民搜索等。下面简要介绍一下Google搜索、百度搜索及常用技巧。

1. Google 搜索

Google 基本搜索：Google 自带逻辑"与"功能，在两个关键词之间加空格表示；逻辑"或"操作需用大写的"OR"表示；逻辑"非"操作用减号"－"表示，要求减号前必须留一个空格。

Google 常用高级搜索：

- 对搜索的网站进行限制，例如，搜索引擎　技巧 site：tech. sina. com. cn。
- 在某一类文件中查找信息，例如，大数据　filetype：doc。
- 搜索的关键字包含在 URL 链接中，例如，inurl：ppt　大数据。
- 搜索的关键字包含在网页标题中，例如，intitle：侦查　电子数据。
- 搜索的关键字包含在网页正文中，例如，intext：侦查　电子数据。
- 搜索所有链接到某个 URL 地址的网页，例如，link：www. qq. com。

2. 百度搜索

百度基本搜索：布尔逻辑检索用"空格"、"＋"或"&"表示逻辑"与"，如大数据 & 侦查；用"｜"或"/"表示逻辑"或"，如网络安全/黑客；用"－"表示逻辑"非"，如计算机编程语言 - 语言。

---

[1]　王彬. 犯罪侦查的大数据方法研究［J］. 净月学刊，2018（2）：67.

百度常用高级搜索：

● 支持在标题中搜索，例如，intitle：大数据，表示搜索标题中含有关键词"大数据"的网页。

● 支持在指定网站内搜索，例如，大数据　site：www. baidu. com ，表示在 www. baidu. com 网站内搜索与"大数据"相关的资料。

● 大数据　site：com. cn，表示在域名以"com. cn"结尾的网站内搜索与"大数据"相关的资料。

● 支持在 URL 中搜索，例如，inurl：china news ，表示搜索 URL 中含有"china"和"news"的网页。

（二）互联网数据爬虫

在侦查实践中，我们也可以利用爬虫算法或爬虫工具从网络上获取需要的数据。网络爬虫（又被称为网页蜘蛛、网络机器人）是一种按照一定的规则，自动地抓取互联网信息的程序或者脚本，是搜索引擎的重要组成部分。传统爬虫从一个或若干初始网页的 URL 开始，获得初始网页上的 URL，在抓取网页的过程中，找到在网页中的其他链接地址，对 HTML 文件进行解析，取出其页面中的子链接，并加入网页数据库中，不断从当前页面上抽取新的 URL 放入队列，通过不断地循环，直到把这个网站所有的网页都抓取完，满足系统的一定停止条件。

1. 网络爬虫基本架构

网络爬虫根据采集流程主要分为六个模块，其各个部分的主要功能介绍如下：一是页面采集模块。该模块是爬虫和互联网的接口，主要作用是通过各种 Web 协议（一般以 HTTP、FTP 为主）来完成对网页数据的采集，保存后将采集到的页面交由后续模块作进一步处理。其过程类似于用户使用浏览器打开网页，保存的网页供其他后续模块处理，如页面分析、链接抽取。二是页面分析模块。该模块的主要功能是将页面采集模块采集下来的页面进行分析，提取其中满足用户要求的超链接，加入超链接队列中。页面链接中给出的 URL 一般是多种格式的，可能是完整地包括协议、站点和路径的，也可能是省略了部分内容的，或者是一个相对路径。所以为处理方便，一般先对其进行规范化处理，转化成统一的格式。三是链接过滤模块。该模块主要是用于对重复链接和循环链接的过滤。例如，相对路径需要补全 URL，然后加入待采集

URL 队列中。四是页面库。用来存放已经采集下来的页面，以备后期处理。五是待采集 URL 队列。从采集网页中抽取并作相应处理后得到的 URL，当 URL 为空时爬虫程序终止。六是初始 URL。提供 URL 种子，以启动爬虫。

2. 网络爬虫的数据分类

网络爬虫的数据可以分为以下五种：一是已下载未过期网页。二是已下载已过期网页。抓取到的网页实际上是互联网内容的一个镜像与备份，互联网是动态变化的，一部分互联网上的内容已经发生了变化，这时这部分抓取到的网页就过期了。三是待下载网页。也就是待抓取 URL 队列中的那些页面。四是可知网页。也就是还没有抓取下来，也没有在待抓取 URL 队列中，但是可以通过对已抓取页面或者待抓取 URL 对应页面进行分析获取到的 URL。五是不可知网页。还有一部分网页，爬虫是无法直接抓取下载的。

3. 常用爬虫工具

八爪鱼网络爬虫。八爪鱼是一款免费的网站爬虫工具，它以可视化的界面方便用户从网站上抓取感兴趣的数据。八爪鱼提供简易和自定义两种采集模式，简易采集模式内置上百种主流网站数据源，如京东、天猫、大众点评等热门采集网站，只需参照模板简单设置参数，就可以快速获取网站公开数据。八爪鱼通过从不同网站中快速提取规范化数据，帮助用户实现数据的自动化采集、编辑以及规范化，降低工作成本。八爪鱼采集器的各方面的功能都比较完善，云采集是它的一大特色，相比其他采集软件，云采集能够做到更加精准、高效和大规模。用户也可以通过 API 接口的方式获取八爪鱼任务信息和采集到的数据。

集搜客网页抓取。集搜客网页抓取软件是基于火狐浏览器开发的，在下载集搜客软件前要先安装火狐浏览器，以便获得最佳体验。抓取数据常见的有以下几类：一是各种网站类型。新闻、论坛、电商、社交网站、行业资讯、金融网站、企业门户、政府网站等各种网站都可抓取。二是各种网页类型。服务器侧动态页面、浏览器侧动态页面（AJAX 内容）、静态页面都可抓取，甚至可以抓取没有终点的瀑布流页面、网页 qq 的会话过程等。三是微博数据采集。可以采集微博博主页面内容、关键词搜索结果、微博转发/评论信息、新兴微博点赞等数据。集搜客爬虫在默认状态下就可抓取 AJAX/Javascript 动态页面、服务器动态网页等动态页面，无须其他设置，甚至还可以自动滚屏抓取动态加载的内容。

import. io。import. io 是一款在国外比较受青睐的采集器，它基于云端的服务平台，不需要占用电脑资源运行软件，数据可以保存在云端，所以，从任何连上网络的计算机上都可以访问采集到的数据。在采集过程中也不需要维护。

三、利用接口与工具获取[1]

（一）常用接口汇总及获取

随着互联网的发展，很多互联网企业的应用系统都有开放的接口，供其他应用系统、软件使用调用，从而实现数据共享。当前，开放的 API 接口非常丰富，有收费的，也有免费的。下面介绍一些常见的 API 服务商网站。

1. 极速数据

提供生活常用、工具万能、交通出行、金融理财、图像识别、充值缴费、位置服务、星座算命、娱乐购物、新闻媒体、教育亲子、医疗健康等数据服务接口。（网址：http：//www.jisuapi.com/api/）

2. 易源数据

提供生活信息、开发工具、地理信息、知识资料、休息娱乐、系统接口、信息资讯数据服务接口。（网址：https：//www.showapi.com/）

3. 阿凡达数据

提供金融股票、充值认证、便民服务、新闻文章、医药交通、科教文艺、创意数据征集数据服务接口。（网址：http：//www.avatardata.cn/）

4. Haoservice

提供站长工具、生活服务、环境质量监测、核验服务、车辆服务、数据查询、开发者必备、娱乐、即时通信、便民服务、导航服务、客户行为分析、人工智能数据服务接口。（网址：http：//www.haoservice.com/）

5. 天狗云

提供健康、生活、医疗、农业开放 API 接口。（网址：http：//www.tngou.net/doc）

---

[1] 该部分参阅了微信公众号"丁爸情报分析师的工具箱"。

6. Apix

提供信息核验服务、失信黑名单、银行卡信息查询、身份证图像识别、身份扫描识别仪、基站数据等数据服务接口。（网址：http：//www. apix. cn/services/category）

7. 蚂蚁金服开放平台

网址：https：//doc. open. alipay. com/doc2/apiList？docType =4。

8. 通联数据

网址：https：//m. datayes. com/。

9. 云脉

提供 ocr 专业识别服务，身份验证、人脸比对、名片识别、文档识别、银行卡识别、护照识别、驾驶证识别、行驶证识别等数据服务接口。（网址：http：//www. yunmaiocr. com/）

10. Datasift

社交数据平台，可访问 Twitter、Facebook 等。（网址：http：//datasift. com/）

（二）常用工具汇总及获取

1. 飞机航班实时位置

（1）FlightAware 查询全球航班实时位置（网址：https：//zh. flightaware. com/）。输入航班号就可以查看相应航班的飞行状态，还可按机场、城市、注册号等内容进行查询。如图 3-20 所示。

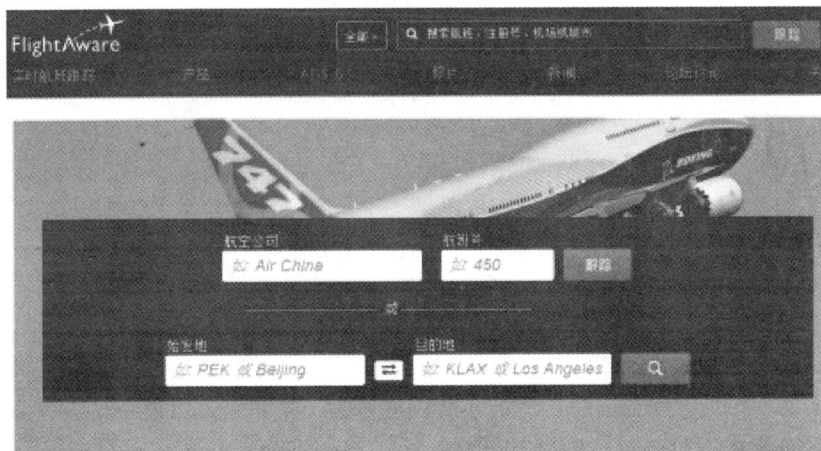

图 3-20　FlightAware 查询全球航班实时位置页面

（2）Worldaerodata 全球机场数据库（网址：http：//worldaeroda-ta. com/）。

2. 轮船实时位置查询

（1）船讯网（http：//www. shipxy. com/）。输入船名、呼号、MMSI（水上移动通信业务标识码）、IMO（国际海事组织识别码）可查询相应船只实时位置等信息。

（2）中国港口网（http：//www. chinaports. com/shiptracker/olv3/index. jsp）。输入船名、呼号、MMSI、IMO 查询相应船只实时位置等信息。

（3）海管家（http：//truck. yunlsp. com/）。可以查货车实时位置，也可以查询全球港口船期、船舶定位、快递等信息。

3. 基站查询

（1）Cellid 基站定位查询（网址：http：//www. cellid. cn/）。如图 3-21 所示。

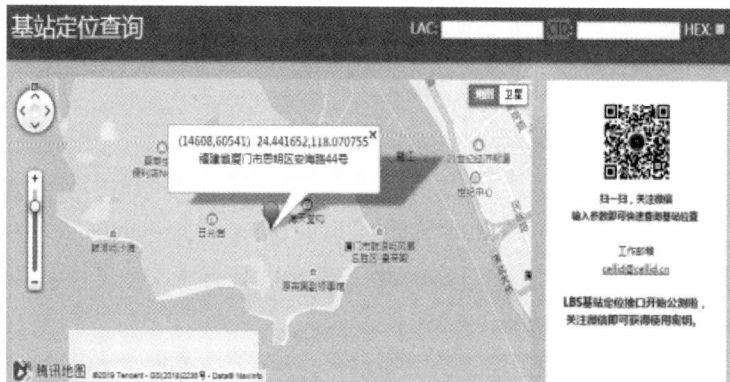

图 3-21　cellid 基站定位查询页面

（2）Gpsspg 基站查询（网址：http：//www. gpsspg. com/bs. htm），可以查询地址、经纬度、基站、邮编、电话、IP、商家等，并提供数据查询工具、数据 API 接口。如图 3-22 所示。

类似的查询网站还有：

- 基站数据库（http：//www. gpsspg. com/bs/sql. htm）
- Cellmap（http：//www. cellmap. cn/page/webcell2gps. aspx）
- 移动联通基站查询网址（https：//www. juhe. cn/cellmap/gsm）
- 电信基站查询网址（https：//www. juhe. cn/cellmap/cdma）

- 移动联通基站查询 API 接口（https：//www. juhe. cn/docs/api/id/8）
- Opengps（https：//www. opengps. cn/）

图 3-22　Gpsspg 基站查询页面

4. 金融类

银行卡归属地查询，银行卡姓名、电话号码、卡号、身份证号码验证，联行号查询等数据 API 接口。

- 银行卡开户地查询（http：//cha. yinhangkadata. com/）
- 中国支付网（http：//paynews. net/）
- 爆料迷支付网（http：//cha. baoliaomi. com/）
- 全民 114 网（http：//www. pplive114. com/）
- ATM 机网点查询（http：//www. atmji. com/）
- 中国银联 ATM 查询（http：//www. unionpayintl. com/cn/serviceCenter/atm Result/）
- 银行网点通（http：//www. yhwdt. com/）
- 爱查网（http：//www. 2cha. com/）
- 银行卡归属地批量查询（http：//www. yinhangkadata. com/）
- posmccpos 机商户代码查询（http：//www. posmcc. com/）
- 全国银行查询系统（http：//furhr. com/）

5. 快递物流

- 海关电子放行信息查询（http：//edi. easipass. com/dataportal/q. do? qn = dp_ query_ letpas）
- 菜鸟裹裹（http：//www. guoguo- app. com/）

- 快递 100（http：//www. kuaidi100. com/）
- 快递网（http：//www. kuaidi. com/）
- 查快递吧（http：//www. ckd8. com/）
- 爱查快递（http：//www. ickd. cn/）
- 查物流（http：//www. chawuliu. com/）
- 全球物流查询平台（http：//www. 17track. net/）
- 51track 国际包裹查询网（http：//www. 51track. cn/）
- ems183 国际快递查询（http：//www. ems183. cn/indexs. htm）
- 全国物流信息网（http：//www. 56888. net/comm/kuaidi. aspx）
- 国家邮政局物流查询（http：//www. spb. gov. cn/yzbmcx/）
- 查快递（http：//www. ckd. cn/）

6. 卫星地图

- Zoom. earth（https：//zoom. earth/）：每天更新两次的全球卫星地图，可查看历史图像。
- Vesseltracker（https：//www. vesseltracker. com/app）：卫星地面实时追踪。
- N2yo（https：//www. n2yo. com/）：实时卫星追踪。

除此之外，侦查人员还可以自行搜集如查企业（如信用中国、企查查等）、查物品和资产（如条码信息查询、中国物品编码中心等）、查证件、查车、查电话、查发票等实用的查询网址。

第四章　大数据侦查中的大数据预处理

大数据可能来自公安内网数据，也可能来自通信数据、互联网数据。在实践中，由于各种原因导致数据总有这样或者那样的问题，比如很多变量含有无效取值、缺失某些重要数据、数据不正确或含有噪声、不一致等问题。[1]也就是说，数据的准确性、完整性和一致性都很差。导致数据不正确可能有多种原因：收集数据的设备可能出故障；输入错误数据；当用户不希望提交个人信息时，可能故意向强制输入字段输入不正确的值，即被掩盖的缺失数据。错误也可能在数据传输中出现，这些可能是由于技术的限制导致的。不正确的数据也可能是由命名约定或所用的数据代码不一致，或输入字段的格式不一致而导致的。

总之，现实世界的数据质量总是很难让人满意的，一般是很差的，原因也有很多。但我们并不需要过多关注数据质量差的原因，只需关注如何让数据质量更好，也就是说如何对数据进行预处理，以提高数据质量，满足数据整理的需要。

一、大数据预处理的方法

大数据预处理的主要任务可以概括为四项，即数据清洗、数据集成、数据归约和数据变换。

数据清洗时通过填写缺失的值、光滑噪声数据、识别或删除离群点，并解决不一致性等方式来"清理"数据。如果用户认为数据是脏的，则他们可能不会相信这些数据上的挖掘结果。此外，脏数据可能使挖掘过程陷入混乱，导致不可靠地输出。

数据集成是把不同来源、格式、性质的数据在逻辑上或物理上有机地集

---

[1]　简祯富，许嘉裕. 大数据分析与数据挖掘［M］. 北京：清华大学出版社，2016.

中，以便更方便地进行数据挖掘工作。数据集成通过数据交换而达到，主要解决数据的分布性和异构性问题。数据集成的程度和形式也是多种多样的：对于小的项目，如果原始的数据存在不同的表中，数据集成的程度往往是根据关键字段将不同的表集成到一个或几个表格中；而对于大的项目，则有可能需要集成到单独的数据仓库中。

数据归约得到数据集的简化表示，虽小得多，但能够产生同样的分析结果。数据归约策略包括维归约和数值归约。在维归约中，使用减少变量方案，以便得到原始数据的简化或"压缩"表示。比如，采用主成分分析技术减少变量，或通过相关性分析去掉相关性小的变量。数值归约，则主要指通过样本筛选，减少数据量，这也是常用的数据归约方案。

数据变换是将数据从一种表示变为另一种表现形式的过程。假设使用诸如神经网络、最近邻分类或聚类这样的基于距离的挖掘算法进行建模或挖掘，如果待分析的数据已经规范化，即按比例映射到一个较小的区间，则这些方法将得到更好的结果。但是，通常各变量的标准不同，数据的数量级差异比较大，在这样的情况下，如果不对数据进行转化，显然模型反映的主要是大数量级数据的特征，所以通常还需要灵活地对数据进行转换。

总之，现实中的数据一般是不准确、不完整和不一致的。数据预处理技术可以改进数据的质量，从而有助于提高随后挖掘过程的准确率和效率。由于高质量的决策必然依赖于高质量的数据，因此，数据预处理是知识发现过程的重要步骤。

二、数据清洗

数据清洗的主要任务是填充缺失值和去除数据中的噪声。

（一）缺失值处理

对于缺失值的处理，不同的情况处理方法也有所不同，总的来说，缺失值处理可以概括为删除法和插补法（或称填充法）两类方法。

1. 删除法

删除法是对缺失值进行处理的最原始方法。它将存在缺失值的记录删除。如果数据缺失问题可以通过简单地删除小部分样本来达到目标，那么这个方法是最有效的。由于删除了非缺失信息，损失了样本量，进而削弱了统计功效。但是，当样本量很大而缺失值所占样本比例较少时（＜5%）就可以考虑使用此法。

2. 插补法

它的思想来源是以最可能的值来插补缺失值，比全部删除不完全样本所产生的信息丢失要少。在大数据挖掘中，面对的通常是大型的数据库，它的属性有几十个甚至几百个，因为一个属性值的缺失而放弃大量的其他属性值，这种删除是对信息的极大浪费，所以产生了以可能值对缺失值进行插补的思想方法。常用的有以下几种方法。

（1）均值插补。根据数据的属性可将数据分为定距型和非定距型。如果缺失值是定距型的，就以该属性的众数（出现频率最高的值）来补齐缺失的值；如果数据符合较规范的分布规律，则还可以用中值插补。

（2）回归插补。即利用线性或非线性回归技术得到的数据来对某个变量的缺失数据进行插补。采用不同的插补法插补的数据略有不同，还需要根据数据的规律选择相应的插补方法。

（3）极大似然估计。在缺失类型为随机缺失的条件下，假设模型对于完整的样本是正确的，那么通过观测数据的边际分布可以对未知参数进行极大似然估计。这种方法也被称为忽略缺失值的极大似然估计，对于极大似然的参数估计实际中常采用的计算方法是期望值最大化。该方法比删除个案和单值插补更有吸引力，它的一个重要前提是适用于大样本。有效样本的数量足够以保证估计值是渐近无偏的并服从正态分布。

需要注意的是，在某些情况下，缺失值并不意味着数据有错误。例如，在申请信用卡时，可能要求申请人提供驾驶执照号码；没有驾驶执照的申请者可能自然地不填写该字段，表格应当允许填表人使用诸如"不适用"等值。理想情况下，每个属性都应当有一个或多个关于空值条件的规则。这些规则可以说明是否允许空值，并且说明这样的空值应当如何处理或转换。如果在业务处理的稍后步骤提供值，某些字段也可能故意留下空白。因此，尽管得到数据后，我们可以尽力清理数据，但好的数据库和数据输入设计将有助于在第一现场把缺失值或错误的数量降至最低。

（二）噪声过滤

噪声即是数据中存在的数据随机误差。噪声数据的存在是正常的，但会影响变量真值的反应，所以有时也需要对这些噪声数据进行过滤。目前，常用的噪声过滤方法有回归法、均值平滑法、离群点分析及小波去噪。

1. 回归法

回归法是用一个函数拟合数据来光滑数据。线性回归可以得到两个属性（或变量）的"最佳"直线，使得一个属性可以用来预测另一个多元线性回归是线性回归的扩充，其中涉及的属性多于两个。回归法首先依赖于对数据趋势的判断，符合线性趋势的，才好用回归法，所以往往需要先对数据进行可视化，判断数据的趋势及规律，然后确定是否可以用回归法进行去噪。

2. 均值平滑法

均值平滑法是指对于具有序列特征的变量用临近的若干数据的均值来替换原始数据的方法。均值平滑法类似于股票中的移动均线，如 5 日均线、20 日均线。

3. 离群点分析

离群点分析是通过聚类等方法来检测离群点，并将其删除，从而实现去噪的方法。直观上，落在簇集合之外的值被视为离群点。

4. 小波去噪

在数学上，小波去噪问题的本质是一个函数逼近问题，即如何在由小波母函数伸缩和平移所展成的函数空间中，根据提出的衡量准则，寻找对原信号的最佳逼近，以完成原信号和噪声信号的区分。也就是寻找从实际信号空间到小波函数空间的最佳映射，以便得到原信号的最佳恢复。从信号学的角度看，小波去噪是一个信号滤波的问题，尽管在很大程度上小波去噪可以看成是低通滤波，但是由于在去噪后还能成功地保留信号特征，所以在这一点上又优于传统的低通滤波器。由此可见，小波去噪实际上是特征提取和低通滤波功能的综合。

三、数据集成

数据集成就是将若干个分散的数据源中的数据，逻辑地或物理地集成到一个统一的数据集合中。数据集成的核心任务是要将互相关联的分布式异构数据源集成到一起，使用户能够以更透明的方式访问这些数据源。集成是指维护数据源整体上的数据一致性、提高信息共享利用的效率；透明的方式是指用户无须关心如何实现对异构数据源数据的访问，只关心以何种方式访问何种数据。实现数据集成的系统称作数据集成系统，它为用户提供统一的数据源访问接口，执行用户对数据源的访问请求。

数据集成的数据源广义上包括各类 XML 文档、HTML 文档、电子邮件、普通文件等结构化、半结构化信息。数据集成是信息系统集成的基础和关键。好的数据集成系统要保证用户以低代价、高效率使用异构的数据。

常用的数据集成方法主要有联邦数据库、中间件集成方法和数据仓库方法，但这些方法都倾向于数据库系统构建的方法。从数据挖掘的角度，我们更倾向于如何直接获得某个数据挖掘项目需要的数据，而不是 IT 系统的构建上。当然，数据库系统集成度越高，数据挖掘的执行也就越方便。在实际中更多的情况下由于时间、周期等问题的制约，数据挖掘的实施往往只利用现有可用的数据库系统，也就是说更多的情况下，只考虑某个数据挖掘项目如何实施。从这个角度来讲，对某个数据挖掘项目，更多的数据集成主要是指数据的融合，即数据表的集成。对于数据表的集成，主要有内接和外接两种方式，究竟如何拼接，则要具体问题具体分析。

四、数据归约

用于分析的数据集可能包含数以百计的属性，其中大部分属性可能与挖掘任务不相关，或者是冗余的。尽管领域专家可以挑选出有用的属性，但这可能是一项困难而费时的任务，特别是当数据的行为不是十分清楚时更是如此。遗漏相关属性或留下不相关属性都可能是有害的，会导致所用的挖掘算法无所适从，这可能导致出现质量很差的模式。此外，不相关或冗余的属性增加了数据量。

数据归约的目的是得到能够与原始数据集近似等效甚至更好但数据量却较少的数据集。这样对归约后的数据集进行挖掘将更有效，且能够产生相同（或几乎相同）的挖掘效果。

数据归约的策略较多，但从数据挖掘角度而言，常用的是属性选择和样本选择。

属性选择是通过删除不相关或冗余的属性来减少数据量。属性选择的目标是找出最小属性集，使得数据类的概率分布尽可能地接近使用所有属性得到的原分布。在缩小的属性集上挖掘还有其他的优点：它减少了出现在发现模式上的属性数目，使得模式更易于理解。究竟如何选择属性，主要看属性与挖掘目标的关联程度以及属性本身的数据质量。根据数据质量评估的结果，可以删除一些属性，再利用数据相关性分析、数据统计分析、数据可视化和主成分分析技术还可以选择删除一些属性，最后剩下一些更好的属性。

样本选择也就是上面介绍的数据抽样，所用的方法一致。在数据挖掘过程中，对样本的选择不是在收集阶段就确定的，而是一个逐渐筛选、逐级抽样的过程。

在数据收集和准备阶段，数据归约通常用最简单直观的方法，如直接抽样或直接根据数据质量分析结果删除一些属性。在数据探索阶段，随着对数据理解的深入，将会进行更细致的数据抽样，这时用的方法也会复杂一些，比如相关分析和主成分分析。

五、数据变换

数据变换是将数据从一种表现形式变为另一种表现形式的过程。常用的数据变换方法有标准化、离散化和语义转换三种。

（一）标准化

数据的标准化是将数据按比例缩放，使之落入一个小的特定区间。这种方法在某些比较和评价的指标处理中经常会用到，去除数据的单位限制，将其转化为无量纲的纯数值，便于不同单位或量级的指标能够进行比较和加权。其中最典型的就是 0-1 标准化和 Z- score 标准化。

（1）0-1 标准化。也叫离差标准化，是对原始数据的线性变换，使结果落到 [0，1] 区间，转换函数如下：

$$x^* = \frac{x - \min}{\max - \min}$$

其中，max 为样本数据的最大值，min 为样本数据的最小值。这种方法有一个缺陷就是当有新数据加入时，可能导致 max 和 min 的变化，需要重新定义。

（2）Z- score 标准化。也叫标准差标准化，经过处理的数据符合标准正态分布，即均值为 0，标准差为 1，也是最为常用的标准化方法，其转化函数为：

$$x^* = \frac{x - \mu}{\sigma}$$

其中，μ 为所有样本数据的均值；σ 为所有样本数据的标准差。

（二）离散化

离散化是指把连续型数据切分为若干"段"，是数据分析中常用的方法。有些数据挖掘算法，特别是某些分类算法，要求数据是分类属性形式。这样常常需要将连续属性变换成分类属性。此外，如果一个分类属性具有大量不同值（类别），或者某些值出现不频繁，则对于某些数据挖掘任务，可通过合并某些值从而减少类别的数目。

在数据挖掘中，离散化得到普遍采用。究其原因，有以下几点：

（1）算法需要。例如决策树，NaiveBayes 等算法本身不能直接使用连续型变量，连续型数据只有经离散处理后才能进入算法引擎。这一点在使用具体软件时可能不明显，因为大多数数据挖掘软件已经内建了离散化处理程序，所以从使用界面看，软件可以接纳任何形式的数据。但实际上，在运算决策树或 NaiveBayes 模型前，软件都要在后台对数据先作预处理。

（2）离散化可以有效地克服数据中隐藏的缺陷，使模型结果更加稳定。例如，数据中的极端值是影响模型效果的一个重要因素。极端值导致模型参数过高或过低，或导致模型被虚假现象"迷惑"，把原来不存在的关系作为重要模式来学习。而离散化，尤其是等距离散，可以有效地减弱极端值或异常值的影响。

（3）有利于对非线性关系进行诊断和描述。对连续型数据进行离散处理后，自变量和目标变量之间的关系变得清晰化。如果两者之间是非线性关系，可以重新定义离散后变量每段的取值，如采取 0，1 的形式，由一个变量派生为多个亚变量，分别确定每段和目标变量间的联系。这样做，虽然减少了模型的自由度，但可以大大提高模型的灵活度。

数据离散化通常是将连续变量的定义域根据需要按照一定的规则划分为几个区间，同时对每个区间用 1 个符号来代替。离散化处理不免要损失一部分信息。很显然，对连续型数据进行分段后，同一个段内的观察点之间的差异便消失了，所以是否需要进行离散化还需要根据业务、算法等因素综合考虑。

（三）语义转换

对于某些属性，其属性值是由字符型构成的，比如属性为"股票类别"，其构成元素是 ｛非常好、好、一般、差、非常差｝。对于这种变量，在数据挖掘过程中非常不方便，且会占用更多的计算机资源，所以通常用整型的数据来表示原始的属性值含义，如可以用 ｛1，2，3，4，5｝来同步替换原来的属性值，从而完成这个属性的语义转换。

大数据预处理是数据准备的重点和主要工作，实践中没有任何一个数据挖掘的项目是完美的，总是有这样或那样的问题，所以需要做些数据预处理工作。尽管已经开发了许多数据预处理的方法，但由于不一致或脏数据的数量巨大，以及问题本身的复杂性，数据预处理仍然是一个活跃的研究领域。在实践中，数据预处理的过程非常灵活，虽然项目之间数据预处理过程的经验可以借鉴，但基本不会完全相同，所以说数据预处理本身也是一种科学与艺术相结合的过程。

第五章　大数据侦查中的数据挖掘方法

大数据的关键在于数据的挖掘。数据挖掘，又称为数据库中知识的发现，它是一个从大量数据中抽取挖掘出未知值的模式或规律等知识的复杂过程。[1]从数据仓库的角度来看，数据挖掘可以被认为是在线分析处理的高级阶段，但是基于多种数据理解先进技术的数据挖掘，其数据分析能力要远超过以数据汇总为主的数据仓库在线分析处理功能。

"数据挖掘系统"实际上是一个基于统计的数据分析工具或一个机器学习工具。[2]数据挖掘有机结合了来自多学科的技术，其中包括数据库、数理统计、机器学习、高性能计算、模式识别、神经网络、数据可视化、信息检索、图像与信号处理、空间数据分析等。这里我们强调数据挖掘所处理的是大规模数据，且其挖掘算法应是高效的和可扩展的。通过数据挖掘，可从数据库中挖掘出有意义的知识、规律或更高层次的信息，并可以从多个角度对其进行查看。

利用挖掘技术可以帮助获得决策所需的多种知识。在许多情况下，用户并不知道数据存在哪些有价值的信息知识，因此，对于一个数据挖掘系统而言，它应该能够同时搜索发现多种模式的知识，以满足用户的期望和实际需要。此外，数据挖掘系统还应能够挖掘出多种层次（抽象水平）的模式知识，容许用户指导挖掘搜索有价值的模式知识。

一、分类与预测

数据库中隐藏着许多作出决策所需要的知识。分类与预测是两种数据分析形式，它们可用于抽取能够描述重要数据集合或预测未来数据趋势的模

〔1〕　王宏志．大数据分析原理与实践［M］．北京：机械工业出版社，2017.
〔2〕　孟海东，宋宇辰．大数据挖掘技术与应用［M］．北京：冶金工业出版社，2014.

型。分类方法用于预测数据对象的离散类别，而预测则用于预测数据对象的连续取值。机器学习、专家系统、统计学和神经生物学等领域的研究人员已经提出了许多具体的分类预测方法。最初的数据挖掘方法大多都是在这些方法及基于内存基础上所构造的算法。目前，数据挖掘方法都要求具有基于外存以处理大规模数据集合的能力且具有可扩展的能力。本节介绍决策树分类、贝叶斯分类和神经网络分类等数据分类方法，此外还介绍 k 最近邻法、基于示例推理法、遗传算法等其他分类方法。而所要介绍的预测方法包括线性及非线性的回归模型等内容。此外，还包括对这些方法的一些修改与完善，以帮助实现对大规模数据进行分类与预测操作。

数据分类过程主要包含两个步骤：第一步，建立一个描述已知数据集类别或概念的模型，该模型是通过对数据库中各数据行内容的分析而获得的。每一数据行都可认为是属于一个确定的数据类别，其类别值是由一个属性描述的（被称为类别标记属性）。分类学习方法所使用的数据集被称为训练样本集合，因此分类学习又被称为监督学习，它是在已知训练样本类别的情况下，通过学习建立相应模型；而无教师监督学习则是在训练样本的类别与类别个数均未知的情况下进行的。通常分类学习所获得的模型可以表示为分类规则形式、决策树形式或数学公式形式。例如，给定一个顾客信用信息数据库，通常学习所获得的分类规则可用于识别顾客是具有良好的信用等级还是具有一般的信用等级。分类规则也可用于对（今后）未知（所属类别）的数据进行识别判断，同时也可以帮助用户更好地了解数据库中的内容。第二步，就是利用所获得的模型进行分类操作，但先要对模型分类的准确率进行估计。

与分类学习方法相比，预测方法是对未知类别数据行或对象的类别（属性）取值，利用学习所获的模型进行预测。从这一角度出发，分类与回归是两种主要预测形式。前者用于预测离散或符号值，而后者则用于预测连续或有序值。通常在数据挖掘中，将预测离散无序类别（值）的数据归纳方法称为分类方法；而将预测连续有序值的数据归纳方法（通常采用回归方法）称为预测方法。目前分类与预测方法已被广泛应用于各行各业，如信用评估、医疗诊断、性能预测和市场营销等领域。

（一）决策树分类

所谓决策树就是一个类似流程图的树形结构，其中树的每个内部结点代表对一个属性（取值）的测试，其分支就代表测试的每个结果，而树的每个叶结点就代表一个类别。树的最高层结点就是根结点。决策树的中间结点通常用矩形表示，而叶子结点通常用椭圆形表示。

为了对未知数据对象进行分类识别，可以根据决策树的结构对数据集中的属性值进行测试，从决策树的根结点到叶结点的一条路径就形成了对相应对象的类别预测。决策树可以很容易转换为分类规则。

若某一事件发生的概率是 p，令此事件发生后所得信息量为 $I(p)$，若 $p=1$，则 $I(p)=0$，因为某一事件一定会发生，所以该事件发生不能提供任何信息。反之，如果某一事件发生的概率很小，不确定性越大，则该事件发生带来的信息越多，因此 $I(p)$ 为递减函数，并定义 $I(p)=-\log(p)$。

给定数据集 S，假设类别变量 A 有 m 个不同的类别（$c_1,\cdots,c_i,\cdots,c_m$）。利用变量 A 将数据集分为 m 个子集（$s_1,\cdots,s_i,\cdots,s_m$），其中 s_i 表示在 S 中属于类别 c_i 的样本。在分类的过程中，对于每个样本，对应 m 种可能发生的概率为（$p_1,\cdots,p_i,\cdots,p_m$），记第 i 种结果的信息量为 $-\log(p_i)$，称为分类信息的熵。熵是测量一个随机变量不确定性的标准，可以用来测量训练数据集内纯度的标准。熵的函数表示如下式：

$$I(s_1,s_2,\cdots,s_m)=-\sum_{i=1}^{m}p_i\log_2(p_i)$$

其中，p_i 是任意样本属于 c_i 的概率，对数函数以 2 为底，因为信息用二进制编码。

变量训练分类数据集的能力，可以利用信息增益来测量。计算每个变量的信息增益，具有最高信息增益的变量选为给定集合 S 的分割变量，产生一个节点，同时以该变量为标记，对每个变量值进行分类，以此划分样本。

（二）贝叶斯分类

贝叶斯分类器是一个统计分类器。它们能够预测类别所属的概率，如一个数据对象属于某个类别的概率。贝叶斯分类器是基于贝叶斯定理而构造出来的。对分类方法进行比较的有关研究结果表明：简单贝叶斯分类器（称为基本贝叶斯分类器）在分类性能上与决策树和神经网络都是可比的。在处理大规模数据库时，贝叶斯分类器已表现出较高的分类准确性和运算性能。基本贝叶斯分类器假设一个指定类别中各属性的取值是相互独立的。这一假设也被称为类别条件独立，它可以有效地减少在构造贝叶斯分类器时所需要进行的计算量。

贝叶斯定理假设 X 为一个类别未知的数据样本，H 为某个假设，若数据样本 X 属于一个特定的类别 C，那么分类问题就是决定 $P(H|X)$，即在获得数据样本 X 时，H 假设成立的概率。贝叶斯定理则描述了如何根据 $P(X)$、$P(H)$ 和 $P(X|H)$ 计算获得的 $P(H|X)$，有关的具体公式定义描述如下：

$$P(X|H) = P(X|H) * P(H) / P(X)$$

从理论上讲，与其他分类器相比，贝叶斯分类器具有最小的错误率。但实际上由于其所依据的类别独立性假设和缺乏某些数据的准确概率分布，从而使得贝叶斯分类器预测准确率受到影响。但各种研究结果表明：与决策树和神经网络分类相比，贝叶斯分类器在某些情况下具有更好的分类效果。

贝叶斯分类器的另一个用途就是它可为那些没有利用贝叶斯定理的分类方法提供理论依据。例如，在某些特定假设情况下，许多神经网络和曲线拟合算法的输出都同贝叶斯分类器一样，使得事后概率取最大值。

（三）神经网络分类

神经网络起源于生理学和神经生物学中有关神经细胞计算本质的研究工作。所谓神经网络就是一组相互连接的输入输出单元，这些单元之间的每个连接都关联一个权重。在网络学习阶段，网络通过调整权重来实现输入样本与其相应（正确）类别的对应。由于网络学习主要是针对其中的连接权重进行的，因此，神经网络的学习有时也被称为连接学习。

鉴于神经网络学习时间较长，因此，它仅适用于时间容许的应用场合。此外，它们还需要一些关键参数，如网络结构等，这些参数通常需要经验方能有效确定。由于神经网络的输出结果较难理解，因而受到用户的冷落，也使得神经网络较难成为理想的数据挖掘方法。

神经网络的优点就是对噪声数据具有较好的适应能力，并且对未知数据也具有较好的预测分类能力。目前，人们提出了一些从神经网络中抽取出（知识）规则的算法。这些因素又将有助于数据挖掘中的神经网络应用。

一个多层前馈神经网络利用后传算法完成相应的学习任务。如图 5-1 所示就是一个神经网络示意描述。其中的输入对应每个训练样本的各属性取值；输入同时赋给第一层（称为输入层）单元，这些单元的输出结合相应的权重，同时，反馈给第二层（称为隐藏层）单元；隐藏层的带权输出又作为输入再反馈给另一隐层等，最后的隐层结点带权输出反馈给输出层单元，该层单元最终给出相应样本的预测输出。

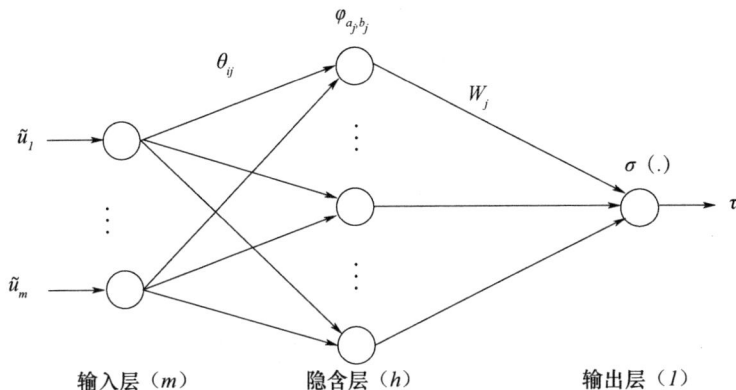

图 5-1　一个多层前馈神经网络的示意

多层神经网络包含两层处理单元（除输入层外），同样包含两个隐层的神经网络被称为三层神经网络，如此等等。该网络是前馈的，即每个反馈只能发送到前面的输出层或隐含层。它是全连接的，即每个层中单元均与前面一层的各单元相连接。只要中间隐层足够多，多层前馈网络中的线性阈值函数可以充分逼近任何函数。

在神经网络训练开始之前，必须先确定神经网络的结构，即输入层的单元数、隐含层的个数（和层数）、每个隐含层的单元数目及输出层单元数目。并没有什么特定规则来帮助确定隐含层中的最佳单元数目。神经网络的结构设计是一个不断试错的过程。不同网络结构所获得的神经网络常常会获得不同的预测准确率。网络中的权重初始值设置常常也会影响最终的预测准确率。若一个神经网络训练后其预测准确率不理想，一般就需要改变网络结构或初始权重，继续进行（新一轮）训练过程，直到获得满意结果为止。

后传方法通过不断处理一个训练样本集，并将网络处理结果与每个样本已知类别相比较所获误差来帮助完成学习任务。对于每个训练样本，不断修改权重以使网络输出与实际类别之间的均方差最小。权重的修改是以后传方式进行的，即从输出层开始，通过之后的隐含层，直到最后的隐含层，所以这种学习方法被称为后传方法。此外，通常在学习停止时权重修改将会收敛。

值得一提的是，每输入一个训练样本，就根据相应的网络输出误差对所有权值和偏差进行更新操作，这种操作方式被称为逐个更新；而若将每个训练样本所得到的网络输出误差进行累计，并最终利用所有样本的累计误差对网络中的权值和偏差进行更新，这种操作方式被称为批处理更新。一般逐个更新方式所获得的结果要比批处理更新方式所获得的结果要好（预测准确率要高）。

神经网络的一个主要缺点就是网络所隐含知识的（清晰）表示。以网络及其各单元间连接的权值和偏差所构成的（学习所获）知识难以被人理解。如何从神经网络中抽取相应的知识并以（易于理解的）符号形式加以描述，已成为神经网络研究中的一个重点，相关的方法包括神经网络规则的抽取和网络敏感性分析。目前已提出了许多从神经网络中抽取规则知识的方法。这些方法基本都是通过对网络结构、输入值的离散化和神经网络训练过程等加以限制来实现的。完全连接的网络难以清楚描述出来，但通常（从神经网中）抽取规则的第一步就是网络消减，这一过程包括除去网络中不会导致网络预测准确率下降的带权连接。

（四）其他分类方法

其他的分类方法包括 k 最近邻分类法、基于示例推理法、遗传算法、粗糙集法和模糊集法。一般而言，这些方法在商用数据挖掘系统中采用的频率要比前面所介绍的方法低很多。例如，k 最近邻分类法需要存储所有的训练样本，这在处理大规模数据集时就会出现较大问题。而其他像基于示例推理法、遗传算法和粗糙集法等用于分类的方法正在受到越来越多的重视。

k 最近邻分类器是基于类比学习的分类方法。训练样本是由 n 个数值属性所描述的，每个样本代表 n 维空间中的一个点，这样所有的样本就被存放在 n 维空间中。当给定一个未知（类别）数据对象，一个 k 最近邻分类器就搜索 n 维空间，并从中找出 k 个与未知数据对象最为接近的训练样本，这个 k 训练样本就是未知数据对象的"k 个最近邻"。这样未知类别的数据对象就被归属于这"k 个最近邻"中出现次数最多的类别。而当 $k=1$ 时，未知类别的数据对象就被归属于最接近它的一个训练样本所具有的类别。最近邻分类器建立在积极学习或懒惰学习方法之上，因为它实际并没有（根据所给训练样本）构造一个分类器，而是将所有训练样本先存储起来，当要进行分类时，就临时进行计算处理。积极学习方法（如决策树归纳方法和神经网络方法）在进行分类前就已构造好了一个分类模型；但懒惰学习方法在训练样本数目迅速增加时，就会导致最近邻的计算量迅速增加。因此，懒惰学习方法需要有效的索引方法支持。就学习而言，懒惰学习方法比积极学习方法要快，但懒惰学习方法在进行分类时需要进行大量的计算，此时它要比积极学习方法慢许多。此外，与决策树归纳方法和神经网络方法不同的是，最近邻分类器认为每个属性的作用都是相同的（赋予相同权值），这样在属性集包含有许多不相关属性时，就会误导分类学习过程。k 最近邻分类器也可以用于预测，也就是可以返回一个实数值作为一个未知数据对象的预测值。这时就可以取这 "k 个最近邻" 的输出实数值（作为类别值）的均值作为结果输出。

基于示例推理（CBR）分类器，不同于最近邻分类器，后者将训练样本存为欧氏空间中的点；而 CBR 所存储的示例常常涉及复杂的符号描述。CBR在商业上有许多应用，如客户服务中的问题求解，或与产品有关的故障诊断问题等。此外，CBR 还可应用于工程、法律等领域，在这些领域中示例通常都是技术设计方案或法律案件等。当给定一个未知示例需要分类时，一个基于示例的推理器将首先检查是否有一个相同训练样本存在。若有，则返回训练样本中所包含的解决方法；若没有，就寻找与新示例的组成有相似之处的训练样本，从某种意义上讲，这些训练样本也是（新示例的）最近邻的。如果示例可以用图来表示的话，那么这就涉及相似子图的搜索。基于示例的推理器将试图对相邻的若干解决方法进行合并以给出一个（针对新示例）的解决方法。若各示例返回方法不兼容，必要时还必须回溯搜索其他的解决方法。基于示例的推理器可以利用背景知识和问题求解策略来帮助获得一个可行的解决方法。基于示例推理分类方法中所存在的问题包括寻找相似度量方法（如子图匹配）、开发快速索引技术和求解方法的合并等。

遗传算法借鉴了自然进化的基本思想。遗传算法学习过程的说明如下：

（1）创建一个初始生物群，其中包含随机产生的规则集。每条规则可以用位串码来表示。

（2）基于适者生存的原则，根据当前生物群产生新的生物群，其中包含了更合适的规则集；这些规则一部分来自原来的规则，另一部分是新产生的规则（又称规则的后代）。规则的合适度是通过对一组训练样本的分类准确率来确定的。

（3）生物群的后代则是通过利用遗传操作的，如交叉、变异。在交叉操作中，来自一对规则的位串编码进行交换以形成新的一对规则。而在变异操作中，随机选择一个规则的位串编码进行求反，从而得到一个新规则。

（4）基于先前生物群（规则集）来不断产生新生物（新规则），直到生物群"进化"到某个阶段，即其中的每个规则均满足预设的一个阈值。遗传算法很容易实现并行运算，也可以用于分类等优化问题的求解。在数据挖掘中，它也可用于对其他算法的适应度进行评估。

粗糙集理论可以用于分类问题以帮助发现不准确或噪声数据中所存在的结构关系。它只能处理离散量，因此，连续量必须首先进行离散化后方可使用。粗糙集理论是建立在给定数据集内构造等价集合（类别）的基础上的。一个等价集合（类别）中所有的数据样本应是不可分辨的。也就是说，依据数据样本所包含的属性，一个等价集合中数据样本应是相同的。在现实世界的数据中，常常会遇到一些集合（类别），就所包含的属性而言，它们中的数据是无法区别的。利用粗糙集可以近似或"粗略"地定义这样的集合（类别）。对于一个集合（类别）粗糙集定义就是：通过两个集合，一个 C 的下近似集合和 C 的上近似集合来描述。C 的下近似集合包含那些肯定无疑属于 C 的数据样本，而 C 的上近似集合则是那些不能肯定不属于 C 的数据样本。可以利用粗糙集来进行属性消减、相关分析等操作，从给定数据集中寻找出可以描述相应数据特征概念的最小属性集合本身就是一个 NP 问题，但是人们提出了一些可以帮助减少其计算复杂度的算法。其中的一个方法就是利用可分辨矩阵，该矩阵存有两个数据样本之间属性取值之差。借助可分辨矩阵就无须搜索这个数据样本集合，而只需搜索该矩阵，就可以帮助发现冗余属性。

用于分类的基于规则系统的缺点之一就是对连续值的处理是间断的，在进行分类的数据挖掘系统中，模糊逻辑是非常有用的。它提供了在较高抽象层次上进行挖掘的优势。一般基于规则系统利用模糊逻辑涉及以下几个方面：

（1）属性值需要转换为模糊值。

（2）给定一个新样本，可以应用多于一个的规则；每个被应用的规则对概念隶属度的计算都贡献一票。一般需要将每个预测类别的相应隶属度（模糊值）累加起来，以便获得最终的结果。

（3）步骤 2 中获得的隶属之和将被系统返回，实际上这些隶属度也可以与相应的权值相乘之后再累加。而依赖模糊隶属函数的具体复杂程度所涉及的计算或许也很复杂。

（五）预测（回归）方法

对于一个连续数值的预测可以利用统计回归的方法所建的模型来实现。利用线性回归可以帮助解决许多实际问题。而借助变量转换，也就是将一个非线性问题转化成一个线性问题，以使得利用线性回归方法可以帮助解决更多的问题。这里简单介绍线性回归建模方法。

线性回归是利用一条直线来描述相应的数据模型，它是一种最简单的回归方法。设 Y 是一个可观测的随机变量，它受到一个非随机变量 x 和随机误差 ε 影响。若 Y 与 x 有如下线性关系：

$$Y = \beta_0 + \beta_1 x + \varepsilon$$

且 ε 的均值 $E(x) = 0$，方差 $\mathrm{var}(\varepsilon) = \sigma^2$（$\sigma > 0$），其中 β_0、β_1 是固定的未知差数，成为回归系数，Y 称为因变量，x 称为自变量，则称此 Y 与 x 之间的函数关系表达式为一元线性回归模型。

首先对总体 (x, Y) 进行 n 次独立观测，获得 n 组数据（称为样本观测值）：

$$(x_1, y_1), (x_2, y_2), \cdots, (x_n, y_n)$$

其次在直角坐标系 xoy 中画出数据点 (x_1, y_1)，$(i = 1, 2, \cdots, n)$，该图形称为数据的散点图。如果这些点大致位于同一条直线的附近，或者说散点图呈现线性形状，则认为 Y 与 x 之间的关系符合线性关系。此时，利用最小乘法可以得到回归模型参数 β_0、β_1 的最小二乘估计 $\hat{\beta}_0$、$\hat{\beta}_1$，估计公式为：

$$\begin{cases} \hat{\beta}_0 = \bar{y} - \bar{x}\hat{\beta}_1 \\ \hat{\beta}_1 = \dfrac{L_{xy}}{L_{xx}} \end{cases}$$

其中，$\bar{x} = \dfrac{1}{n}\sum_{i=1}^{n} x_i, \bar{y} = \dfrac{1}{n}\sum_{i=1}^{n} y_i, L_{xx} = \sum_{i=1}^{n}(x_i - \bar{x})^2, L_{xy} = \sum_{i=1}^{n}(x_i - \bar{x})(y_i - \bar{y})$。

于是就可以建立经验模型：

$$\hat{y} = \hat{\beta}_0 + \hat{\beta}_1 x$$

通过向基本线性回归公式中添加高阶项（幂次大于 1），就可以获得多项式的回归模型。而应用变量转换方法，则可以将非线性模型转换为可利用最小二乘法解决的线性模型。

有一些模型本身就是非线性不可分解的，如指数的幂和。它们无法转换为一个线性模型。这种情况下，可以通过更为复杂的公式运算来获得其最小二乘情况下的近似。利用线性回归可以为连续取值的函数建模。由于线性回归较为简单，因此得到了广泛的应用。而广义线性模型则可以用于对离散取值变量进行回归建模。在广义线性模型中，因变量 X 的变化速率是 Y 均值的一个函数；这一点与线性回归不同，后者中因变量 Y 的变化速率是一个常数。常见的广义线性模型有：对数回归和泊松回归。其中，对数回归模型是利用一些事件发生的概率作为自变量所建立的线性回归模型。而泊松回归模型主要是描述数据出现次数的模型，因为它们常常表现为泊松分布。

对数线性回归模型可以近似描述离散多维概率分布，因此可以利用该模型对数据立方中各单元所关联的概率进行估计。在对数线性回归模型中，所有的属性度必须是离散的，因此，连续属性在进行处理前必须首先进行离散化；然后基于高维数据立方及相应模型来估计四维空间中的数据单元所关联的概率。基于这种方式以及循环技术就可以由低维数据立方建立高维数据立方。该技术可以处理多维数据，除了预测之外，对数线性模型还可以用于数据压缩（高维数据占用的空间比低维数据要少许多）、数据平滑（高维数据所受到噪声的干扰比低维数据要少许多）。

二、关联挖掘

关联挖掘，也称关联规则挖掘或挖掘关联规则，就是从大量的数据中挖掘出有价值描述数据项之间相互联系的有关知识。随着收集和存储在数据库中的数据规模越来越大，人们对从这些数据中挖掘相应的关联知识越来越有兴趣。例如，从大量的商业交易记录中发现有价值的关联知识就可帮助进行商品目录的设计、交叉营销或帮助进行其他有关的商业决策。

挖掘关联规则（知识）的一个典型应用实例就是市场购物分析。根据被放到一个购物袋的（购物）内容记录数据而发现的不同（被购买）商品之间所存在的关联知识无疑将会帮助商家分析顾客的购买习惯。发现常在一起被购买的商品（关联知识）将帮助商家制定有针对性的市场营销策略。比如，顾客在购买牛奶时，是否也可能同时购买面包或会购买哪个牌子的面包，显然能够回答这些问题的有关信息肯定会有效地帮助商家进行有针对性的促销，以及进行合适的货架商品摆放。如可以将牛奶和面包放在相近的地方或许会促进这两个商品的销售。

挖掘关联规则（知识）就是从给定的数据集中搜索数据项之间所存在的有价值联系。关联规则的支持度和信任度是两个度量有关规则趣味性的方法。它们分别描述了一个被挖掘出的关联规则的有用性和确定性。规则的支持度为2%，就表示所分析的交易记录数据中有2%的交易记录同时包含电脑和金融管理软件（在一起被购买）。规则的60%信任度则表示有60%的顾客在购买电脑的同时还会购买金融管理软件。通常，如果一个关联规则满足最小支持度阈值和最小信任度阈值，那么就认为该关联规则是有意义的；而用户或专家可以设置最小支持度阈值和最小信任度阈值。

挖掘关联规则主要包含以下两个步骤：

步骤一：发现所有的频繁项集，根据定义，这些项集的频度至少应等于（预先设置的）最小支持频度；

步骤二：根据所获得的频繁项集，产生相应的强关联规则。根据定义，这些规则必须满足最小信任度阈值。

此外，还可利用有趣性度量标准来帮助挖掘有价值的关联规则知识。由于步骤二中的相应操作极为简单，因此，挖掘关联规则的整个性能就由步骤一中的操作处理来决定。

对于许多应用来讲，由于数据在多维空间中存在多样性，因此要想从基本或低层次概念上发现强关联规则可能是较为困难的；而在过高抽象层次的概念上所挖掘出的强关联规则或许只表达了一些普通常识。但是对一个用户来讲是常识性知识，可能对另一个用户来讲就是新奇的知识。因此，数据挖掘系统应该能够提供在多个不同层次挖掘相应关联规则的能力，并能够较为容易地对不同抽象空间的内容进行浏览与选择。

Apriori 算法是一种有效的关联规则挖掘算法，它以逐级探查的方式进行挖掘。Apriori 性质：频繁项集的所有非空子集都必须是频繁的。在第 k 次迭代，它根据频繁 k 项集，形成频繁 $(k+1)$ 项集候选，并扫描数据库一次，找出完整的频繁 $(k+1)$ 项集。涉及散列和事务压缩的变形可以使过程更有效。其他变形涉及划分数（在每一部分上挖掘，然后合并结果）和数据选样（在数据子集上挖掘）。这些变形可以将数据扫描次数减少到一次或两次。

　　频繁模式增长（FP—增长）是一种不产生候选的挖掘频繁项集方法。它构造一个高度压缩的数据结构（FP—树），压缩原来的事务数据库。不是使用类 Apriori 方法的产生—测试策略，它聚焦于频繁模式（段）增长，避免了高代价的候选产生，获得更好的效率。

　　大多数关联规则的挖掘方法都利用了支持度—信任度的基本结构。尽管利用最小支持阈值和最小信任阈值可以帮助消除或减少挖掘无意义的规则，但其所获得的许多规则仍是无价值的。首先讨论为何强关联规则仍是无意义的，或有误导性原因；其次介绍增加基于统计独立性和相关分析的有关参数，以帮助确定关联规则的趣味性。

　　多层关联规则可以根据每个抽象层上的最小支持度阈值如何定义，使用多种策略挖掘。当在较低层使用递减的支持度时，剪枝方法包括层交叉按单项过滤，层交叉按 k- 项集过滤。如果根据其对应的祖先规则，它们的支持度和置信度接近于期望值的话，冗余的（后代）关联规则可以删除，不向用户提供。

　　挖掘多维关联规则可以根据对量化属性处理分为若干类。

　　第一，量化属性可以根据预定义的概念分层静态离散化。数据方非常适合这种方法，因为数据方和量化属性都可以利用概念分层。

　　第二，可以挖掘量化关联规则，其量化属性根据分箱动态离散化，"临近的"关联规则可以用聚类组合。

　　第三，可以挖掘基于距离的关联规则，其中区间根据聚类定义。

　　基于限制的挖掘允许用户聚焦，按提供的元规则（模式模板）和其他挖掘限制搜索规则。这种挖掘促进了说明性数据挖掘查询语言和用户界面的使用，并对挖掘查询优化提出了巨大挑战。规则限制可以分五类：反单调的、单调的、简洁的、可变的和不可变的。前四类限制可以在关联挖掘中使用，指导挖掘过程，使得挖掘更有效率。

　　值得强调的是，关联规则不应当直接用于没有进一步分析或领域知识的预测。它们不必指示因果关系。然而，对于进一步探查，它们是有帮助的切入点。这使得它们成为理解数据的流行工具。

三、聚类分析

　　聚类是一个将数据集划分为若干组或类的过程，并使得同一个组内的数据对象具有较高的相似度，而不同组中的数据对象是不相似的。相似或不相似的描述是基于数据描述属性的取值来确定的，通常就是利用（各对象间）距离来进行表示。许多领域，包括数据挖掘、统计学和机器学习都有聚类研究和应用。

这里介绍对大量数据进行聚类分析的有关方法，同时将介绍如何根据数据对象的属性来计算各数据对象的距离（不同）。有关的聚类方法（类型）主要有划分类方法、分层类方法、基于密度类方法、基于网格类方法和基于模型类方法。

将物理或抽象对象的集合分组成为由类似的对象组成的多个类的过程称为聚类。由聚类所生成的簇是一组数据对象的集合，这些对象与同一个簇中的对象彼此相似，与其他簇中的对象相异。在许多应用中，一个簇中的数据对象可以被作为一个整体来对待。

聚类分析是一种重要的人类行为。早在孩提时代，一个人就通过不断地改进下意识中的聚类模式来学会如何区分猫和狗或者动物和植物。聚类分析已经广泛地用在许多应用中，包括模式识别、数据分析、图像处理及市场研究。通过聚类，一个人能识别密集的和稀疏的区域，因而发现全局的分布模式，以及数据属性之间有趣的相互关系。聚类的典型应用是什么？在商业上，聚类能帮助市场分析人员从客户基本库中发现不同的客户群，并且用购买模式来刻画不同的客户群的特征。在生物学上，聚类能用于推导植物和动物的分类，对基因进行分类，获得对种群中固有的结构的认识。聚类在地球观测数据库中相似地区的确定、汽车保险持有者的分组，以及根据房子的类型、价值和地理位置等对一个城市中房屋的分组方面也可以发挥作用。聚类也能用于对 Web 上的文档进行分类以发现信息。作为一个数据挖掘的功能，聚类分析能作为一个独立的工具来获得数据分布的情况，观察每个簇的特点，集中对特定的某些簇做进一步的分析。此外，聚类分析可以作为其他算法（如分类等）的预处理步骤，这些算法再在生成的簇上进行处理。

数据聚类正在蓬勃发展，有贡献的研究领域包括数据挖掘、统计学、机器学习、空间数据库技术、生物学及市场营销。由于数据库中收集了大量的数据，聚类分析已经被广泛地研究了许多年，主要集中在基于距离的聚类分析。基于 k-means（k-平均值）、k-medoids（k-中心）和其他一些方法的聚类分析工具已经被应用到许多统计分析软件包或系统中，如 S-Plus、SPSS 以及 SAS。在机器学习领域，聚类是无指导学习的一个例子。与分类不同，聚类和无指导学习不依赖预先定义的类和训练样本。由于这个原因，聚类是通过观察来学习，而不是通过例子来学习。在概念聚类中，一组对象只有当它们可以被一个概念描述时才形成一个簇。这不同于基于几何距离来度量相似度的传统聚类。概念聚类由两个部分组成：发现合适的簇和形成对每个簇的描述。这里追求较高类内相似度和较低类间相似度的指导原则仍然适用。

在数据挖掘领域，研究工作已经集中在为大数据量数据库的有效且高效的聚类分析寻找适当的方法。活跃的研究主题集中在聚类方法的可伸缩性、方法对聚类复杂形状和类型的数据的有效性、高维聚类分析技术，以及针对大的数据库中混合数值和分类数据的聚类方法。聚类是一个富有挑战性的研究领域，它的潜在应用提出了各自特殊的要求。数据挖掘对聚类的典型要求如下：

（1）可伸缩性：许多聚类算法在小于 200 个数据对象的小数据集合上工作得很好；但是，一个大规模数据库可能包含几百万个对象，在这样的大数据集合样本上进行聚类可能会导致有偏差的结果。我们需要具有高度可伸缩性的聚类算法。

（2）处理不同类型属性的能力：许多算法被设计用来聚类数值类型的数据。但是，应用可能要求聚类其他类型的数据，如二元类型、分类/标称类型、序数型数据或者这些数据类型的混合。

（3）发现任意形状的聚类：许多聚类算法基于欧几里得或者曼哈顿距离度量来决定聚类。基于这样的距离度量的算法趋向于发现具有相近尺度的密度的形状簇。但是，一个簇可能是任意形状的，提出能发现任意形状簇的算法是很重要的。

（4）用于决定输入参数的领域知识最小化：许多聚类算法在聚类分析中要求用户输入一定的参数，例如希望产生的簇的数目。聚类结果对于输入参数十分敏感。参数通常很难确定，特别是对于包含高维对象的数据集来说。这样不仅加重了用户的负担，也使得聚类的质量难以控制。

（5）处理噪声数据的能力：现实中，绝大多数的数据库都包含了孤立点、缺失或者错误的数据，一些聚类算法对于这样的数据敏感，可能导致低质量的聚类结果。

（6）对于输入记录的顺序不敏感：一些聚类算法对于输入数据的顺序是敏感的。例如，同一个数据集合，当以不同的顺序交给同一个算法时，可能生成差别很大的聚类结果。开发对数据输入顺序不敏感的算法具有重要的意义。

（7）高维度：一个数据库或者数据仓库可能包含若干维或者属性。许多聚类算法擅长处理低维的数据，可能只涉及二维到三维。人类的眼睛在最多三维的情况下能够很好地判断聚类的质量。在高维空间中聚类数据对象是非常有挑战性的，特别是考虑到这样的数据可能分布得非常稀疏，而且高度偏斜。

（8）基于约束的聚类：现实世界中的应用可能需要在各种约束条件下进行聚类。假设你的工作是在一个城市中为给定数目的自动提款机选择安放位置，为了作出决定，你可能对住宅区进行聚类，同时考虑如城市的河流和公路网、每个地区的客户要求等情况。要找到既满足特定的约束，又具有良好聚类特性的数据分组是一项具有挑战性的任务。

（9）可解释性和可用性：用户希望聚类结果是可解释的、可理解的和可用的。也就是说，聚类可能需要与特定的语义解释和应用相联系。应用目标如何影响聚类方法的选择也是一个重要的研究课题。

在研究论文中有许多聚类算法，需要根据应用所涉及的数据类型、聚类的目的以及具体应用要求来选择合适的聚类算法。如果利用聚类分析作为描述性或探索性的工具，那么就可以使用若干聚类算法对同一个数据集进行处理，以观察可能获得的有关（数据特征）描述。通常聚类分析算法可以划分为以下几个大类。

1. 划分方法

给定一个包含 n 个对象或数据行，划分方法将数据集划分为 k 个子集（划分）。其中每个子集均代表一个聚类。也就是说将数据分为 k 组，这些组满足以下要求：每组至少应包含一个对象，且每个对象必须只能属于某一组。需要注意的是，后一个要求在一些模糊划分方法中可以放宽。给定需要划分的个数 k，一个划分方法创建一个初始划分；然后利用循环再定位技术，即通过移动不同划分（组）中的对象来改变划分内容。一个好的划分衡量标准通常就是同一个组中的对象"相近"或彼此相关；而不同组中的对象"较远"或彼此不同。当然，还有许多其他判断划分质量的衡量标准。为获得基于划分聚类分析的全局最优结果，就需要穷举所有可能的对象划分。为此大多数应用采用启发方法：

（1）k-means 算法，该算法中的每一个聚类均用相应聚类中对象的均值来表示；（2）k-mediods 算法，该算法中的每一个聚类均用相应聚类中离聚类中心最近的对象来表示。

这些启发聚类方法在分析中小规模数据集以发现圆形或球状聚类时工作得很好。但为了使划分算法能够分析处理大规模数据集或复杂数据类型，就需要对其进行扩展。

但是，k-means 算法只适用于聚类均值有意义的情况。因此，在某些应用中，如数据集包含符号属性时，直接应用 k-means 算法就会有一定的困难。k-means 算法的另一个缺点就是用户须事先指定聚类个数 k。此外，k-means 算法对噪声和异常数据也很敏感，因为这类数据可能会影响到类的均值（计算结果）。k-means 算法还有一些变化（版本）。它们主要在初始 k 个聚类中心的选择、差异程度计算和聚类中心均值的计算方法等方面有所不同。一个常常包含有助于获得好的结果的策略就是首先应用自下而上层次算法来获得聚类数目，并发现初始分类；其次再应用循环再定位（聚类方法）来帮助改进分类结果。另一个 k-means 算法的变化版本就是 k-modes 算法。该算法通过用模来替换聚类均值、采用新差异性计算方法来处理符号量，以及利用基于频率对各聚类模进行更新方法，从而将 k-means 算法的应用范围从数值量扩展到符号量。将 k-means 算法和 k-mode 算法结合到一起，就可以对采用数值量和符号量描述对象进行聚类分析，从而构成了 k-prototypes 算法。而 EM（期望最大化）算法又从多个方面对 k-means 算法进行了扩展。其中包括它根据描述聚类所属程度的概率权值，将每个对象归类为一个聚类，而不是将一个对象仅归类为一个聚类（所拥有）。也就是说，在各聚类之间的边界并不是非常严格，因此可以根据概率权值计算相应的聚类均值。此外，通过识别数据中所存在的三种类型区域，即可压缩区域、必须存入内存区域和可以丢弃区域，来改善 k-means 算法的可扩展性。若一个对象归属某个聚类的隶属值是不确定的，那它就是可丢弃的；若一个对象不是可丢弃的且属于一个更紧密的子聚类，那么它就是可压缩的。利用一个被称为是聚类特征的数据结构来对所压缩或所丢弃数据进行综合，若一个对象既不是可以丢弃的，也不是可以压缩的，那它就需要保持在内存里（在聚类过程中）。为实现可扩展性，循环聚类算法仅需对可压缩和可丢弃数据的聚类特征，以及须保持在内存中的对象进行分析处理即可。

k-mediods 聚类算法的基本策略就是通过任意为每个聚类找到一个代表对象（mediod）而首先确定 n 个数据对象的 k 个聚类（也需要循环进行）；其他对象则根据它们与这些聚类代表的距离分别将它们归属到各相应聚类中

（仍然是最小距离原则）。而如果替换一个聚类代表能够改善所获聚类质量的话，那么就可以用一个新的对象替换老聚类对象。

k-mediods 聚类算法比 k-means 聚类算法在处理异常数据和噪声数据方面更为鲁棒（Robust）；因为与聚类均值相比，一个聚类中心的代表对象要较少受到异常数据或极端数据的影响。但是前者的处理时间要比后者更长。两个算法都需要用户事先指定所需聚类个数 k。

2. 层次方法

层次方法就是通过分解所给定的数据对象集来创建一个层次。根据层次分解形成的方式，可以将层次方法分为自下而上和自上而下两种类型。自下而上的层次方法从每个对象均为一个（单独的）组开始，然后逐步将这些（对象）组进行合并，直到组合并在层次顶端或满足终止条件为止。自上而下的层次方法从所有对象均属于一个组开始，每一次循环将其（组）分解为更小的组，直到每个对象构成一组或满足终止条件为止。具体来说：

（1）自下而上的聚类层次聚类方法。这种自下而上策略就是最初将每个对象（自身）作为一个聚类，然后将这些原子聚类进行聚合以构造越来越大的聚类，直到所有对象均聚合为一个聚类，或满足一定终止条件为止。大多数层次聚类方法都属于这类方法，但它们在聚类内部对象间距离定义描述方面有所不同。

（2）自上而下分解层次聚类方法。这种自上而下策略的做法与自下而上的策略做法相反。它首先将所有对象看成一个聚类的内容，然后将其不断分解以使其变成越来越小但个数越来越多的小聚类，直到所有对象均独自构成一个聚类或满足一定终止条件（如一个聚类数阈值或两个最近聚类的最短距离阈值）为止。

层次方法存在的缺陷就是在进行（组）分解或合并之后，无法回溯。这一特点也是有用的，因为在进行分解或合并时无须考虑不同选择所造成的组合爆炸问题，但这一特点也使得这种方法无法纠正自己的错误决策。将循环再定位与层次方法结合起来使用常常是有效的，即先通过利用自下而上的层次方法，然后利用循环再定位技术对结果进行调整。一些具有可扩展性的聚类算法，如 BIRCH 和 CURE，就是基于这种组合方法设计的。

3. 基于密度的方法

大多数划分方法是基于对象间距离进行聚类的。这类方法仅能发现圆形或球状的聚类而较难发现具有任何形状的聚类。而基于密度概念的聚类方法实际上就是不断增长所获得的聚类直到"邻近"（数据对象或点）密度超过一定阈值（如一个聚类中的点数或一个给定半径内必须包含至少的点数）为止。这种方法可以用于消除数据中的噪声（异常数据），以及帮助发现任意形状的聚类。DBSCAN 就是一个典型的基于密度的方法，该方法根据密度阈值不断增长聚类。OPTICS 也是一个基于密度的方法，该方法提供聚类增长顺序以便进行自动或交互式数据分析。

4. 基于网格的方法

基于网格的方法将对象空间划分为有限数目的单元以形成网格结构。所有聚类操作均是在这一网格结构上进行的。这种方法的主要优点就是处理时间由于与数据对象个数无关而仅与划分对象空间的网格数相关，从而显得相对较快。STINC 就是一个典型的基于网格的方法。CLIIQUE 和 Wave- Cluster 是两个基于网格和基于密度的聚类方法。

5. 基于模型的方法

基于模型的方法就是先为每个聚类假设一个模型，然后去发现符合相应模型的数据对象。一个基于模型的算法可以通过构造一个描述数据点空间分布的密度函数来确定具体聚类。它根据标准统计方法考虑到噪声或异常数据，可以自动确定聚类个数，因而它可以产生很鲁棒的聚类方法。

一些聚类算法将若干聚类方法的思想结合在一起，因此有时很难明确界定一种聚类算法究竟属于哪种聚类方法类别。此外，一些应用也需要将多种聚类技术结合起来方可实现其应用目标。

第六章 大数据侦查中的非结构化大数据挖掘

非结构化数据是与结构化数据相对应的概念。结构化数据通常指具有固定格式的数据，例如，存放在关系数据库中的二维表格就是一种典型的结构化数据。这类数据由若干行和列组成。每一行表示一个对象，每一列表示对象的一个属性。例如，日常生活中经常使用的通讯录、工资单等就是这种类型的表格。

可以看出，结构化数据具有固定的格式，看上去非常规整。这类数据可能是为了数据挖掘而特定收集的，在收集之初就设计好了格式；也有可能是经过了某个数据转换过程而得到的。对这类数据而言，行的增加比较容易，每增加一行相当于增加了一个新的样本。而列的增加要困难得多，这要求对所有已存在的样本进行检查，并且为每一个样本的新属性添加测量值。

与结构化数据相反，非结构化数据指无固定格式的数据，例如，文本、网页、图像、视频、数据流、序列、社交网络、图结构等。[1]这类数据也存在着某种程度的内部结构，但是由于不具有固定的格式，所以通常称之为非结构化数据。现有数据中绝大多数数据都是非结构化数据，而且随着时间的推移，非结构化数据的增长速度要远远超过结构化数据的增长速度。

传统结构化数据的统计分析已经较为普遍，而对于非结构化的数据分析，虽然已经引起业界和学界的广泛关注，但是仍然有很大的提升空间。究其原因，主要源于非结构化数据的特点。与结构化数据相比，非结构化数据突破了结构定义不易改变和数据定长的限制，其数据存储和分析都更加复杂多样。

---

〔1〕 李翠平. 非结构化大数据分析［M］. 北京：中国人民大学出版社，2018.

一、文本挖掘

（一）文本挖掘的概念

文本挖掘大致可以定义为一个知识密集型的处理过程，在此过程中，使用一套分析工具来处理文本集。与数据挖掘类似，文本挖掘旨在通过识别和检索令人感兴趣的模式，进而从数据源中抽取有用信息。但在文本挖掘中，数据源是文本集合，令人感兴趣的模式不是从形式化的数据库记录中发现的，而是从文本集合中的非结构化文本数据中发现的。文本挖掘的很多想法和研究方向来源于数据挖掘的研究。由此可见，文本挖掘系统和数据挖掘系统在高层次结构上会表现出许多相似之处。例如，这两种系统都取决于预处理过程、模式发现算法以及表示层元素。此外，文本挖掘在它的核心知识发现操作中采用了很多独特的模式类型，这些模式类型与数据挖掘的核心操作不同。

由于数据挖掘假设数据已采用了结构化的存储格式，因此，它的预处理很大程度上集中于清除数据噪声和规范数据，以及创建大量的连接表。而文本挖掘系统预处理操作以自然语言文本特征识别和抽取为重点。这些预处理操作负责将存储在文本集合中的非结构化数据转换为更加明确的结构化格式，这点和数据挖掘系统明显不同。此外，文本挖掘还借鉴了其他一些致力于自然语言处理的计算机学科，如信息检索等技术和方法。

（二）文本挖掘产生的背景

1. 数字化的文本数量不断增长

Web 中 99% 的可分析信息是以文本形式存在的。Web 网页总量已达数百亿，每天新增网页数千万，截至 2008 年年底，中国网页总数超过 160 亿个（数据来自中国互联网络信息中心）。一些机构内 90% 的信息以文本形式存在，如数字化图书馆、数字化档案馆、数字化办公。

2. HTML 网页是带有结构标记的文本，为文本挖掘带来了机会和挑战

随着互联网的迅速发展和深入应用，对信息的使用也逐渐向深层次发

展，即由结构化信息（数据库）转向半结构化信息（HTML），这种半结构化形式的文档无论是逻辑结构还是语义关系都为信息的检索等深层次应用提供了良好的基础。经过结构信息抽取可将半结构化文本转换为结构化文本。

3. 新一代搜索引擎的需要

搜索引擎的发展可分为两个阶段：初级阶段是目前已经实现和普及的万维网（www）阶段，它以 Web 资源的链接和传递为主要特征；高级阶段则是语义网（semantic Web）阶段，其主要特征体现在 Web 资源可被机器理解和自动处理，能够更好地支持人机协同工作。

4. 互联网内容安全

近年来，国内外对网络与信息安全投入了极大的热情，使网络与信息安全技术得到了极大的发展，尤其是加密技术、防火墙技术、入侵检测技术等，都已经相对成熟。但是，承载在通信网络上的信息内容安全却有许多空白，相对不足。信息内容安全问题就是"理解信息内容"，可分为三类：第一类是判断"信息是否为可读语句"，称为语句分类（句法分析）；第二类是判断"由可读语句表达的信息是否属于所关注的安全领域"，称为领域分类（主题分类）；第三类是判断"落入此领域的信息是否符合所定义的安全准则"，称为安全分类（倾向分类）。这三类也是信息内容安全由形式到内谷，再到价值的三个层次。这也正是文本挖掘的过程。

（三）文本挖掘与数据挖掘的区别

文本挖掘是从文本数据中推导出模式。它与数据挖掘在研究对象、对象结构、目标、所用方法和应用时间上都有所不同。

1. 研究对象不同

数据挖掘的研究对象是用数字表示的、结构化的数据，而文本挖掘是无结构或者半结构化的文本，包括新闻文章、研究论文、书籍、期刊、报告、专利说明书、会议文献、技术档案、政府出版物、数字图书馆、技术标准、产品样本、电子邮件消息、Web 页面等。

2. 对象结构不同

数据挖掘的对象是关系型数据库，而文本挖掘是自由开放的文本。

3. 目标不同

数据挖掘的目标是抽取知识，预测以后的状态，而文本挖掘的目标是检索相关信息、提取意义、分类。

4. 所用方法不同

数据挖掘的分析方法主要有归纳学习、决策树、神经网络、粗糙集、遗传算法等，文本挖掘主要通过标引、概念抽取、语言学、本体进行。

5. 应用时间不同

数据挖掘从 1994 年开始得到广泛应用，文本挖掘自 2000 年之后才开始得到应用。

（四）文本挖掘结构模型

文本挖掘的过程是通过文本分析、特征提取、模式分析的过程来实现的，主要技术包括分词、文本结构分析、文本特征提取、文本检索、文本自动分类、文本自动聚类、话题检测与追踪、文本过滤、文本关联分析、信息抽取、半结构化文本挖掘等。

搜索引擎是文本挖掘的重要领域，包括分类式搜索引擎和关键词索引式搜索引擎。分类式搜索引擎是将网络上的信息，包括网页、新闻组等按主题进行分类，由用户选择不同的主题来对网络上的信息进行过滤。关键词索引式搜索引擎的核心是一个关键词索引文件，该索引文件是一个倒排文件，倒排文件是一个已经排好序的关键词的列表，其中每个关键词指向一个倒排表，该表中记录了该关键词出现的文档集合以及在该文档中出现的位置。自动搜索引擎是能够自动获取网络上的信息，它们依靠爬虫程序在网络中不停地爬行和搜索，一旦发现新的信息，边自动对其进行分类，边用关键词对其进行索引，并将分类或索引结构加入搜索引擎之中。智能搜索引擎在获取信息时要采用自动分类及自动索引等技术，这些技术均属于自然语言处理和理解技术。文本挖掘的一般处理过程如图 6-1 所示。

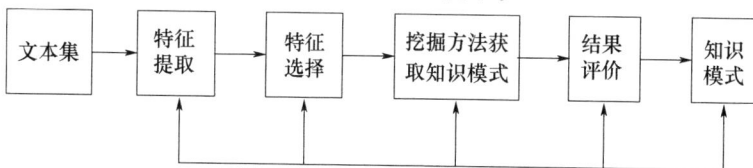

图 6-1　文本挖掘的一般处理过程

二、语音大数据挖掘

（一）语音大数据挖掘概述

语音识别就是让机器通过识别和理解过程把语音信号转变为相应的文本或命令。语音识别技术主要包括特征提取、模式匹配准则及模型训练三个方面。训练阶段，用户将词汇表中的每一词依次说一遍，并且将其特征矢量作为模型存入模板库。在识别阶段，将输入语音的特征矢量与模板库中的每个模板进行相似度比较，将相似度最高者作为识别结果输出。

在语音识别的研究发展过程中，相关研究人员根据不同语言的发音特点，设计和制作了汉语（包括不同发言）、英语等各类语言的语音数据库，这些语音数据库可以为国内外有关的科研单位和大学进行汉语连续语音识别算法研究、系统设计及产业化工作提供充分、科学的训练语音样本。例如，MIT Media Lab Speech Dataset（麻省理工学院媒体实验室语音数据集）、Pitch and Voicing Estimates for Aurora2（Aurora2 语音库的基因周期和声调估计）、用于测试盲源分离算法的语音数据等。

现今，大数据的研究逐渐引起学术界和运营商的重视。如何从新技术的开发和应用角度在现有业务系统中引入大数据处理技术，使学术研究的成果转化成实际的商业价值，是一个值得探索的问题。而音频作为信息表达的基础方式之一，如何从音频信息中获得有价值的信息，是大数据研究的重要方向。

（二）语音大数据的价值

语音大数据指个人或企业在生产经营活动中产生以音频为载体的信息资源，广泛存在于各类传统呼叫中心、互联网、移动互联网等各类业务系统中。相比以文本为载体的信息，这类信息目前的应用研究还不充分。而在各种语音大数据中，呼叫中心存储的语音数据最具备研究和挖掘价值，可以为企业生产经营活动提供有价值的帮助，语音大数据主要具备以下优点。

一是价值密度高。呼叫中心语音大数据的价值密度高于目前所有已知的大数据资源。因为呼叫中心解决企业在产品运营中的服务问题，包含用户对企业生产经营活动的所有看法、用户在使用企业产品过程中的所有问题，从中可以挖掘出大量有用的信息。

二是使用方便。由于国家政策法规的要求，呼叫中心语音大数据基本都是以一定的格式进行保存的，在具体的应用研究中，不存在来源、格式不统一的情况。

三是存在一定的信息标注。呼叫中心语音大数据除音频本身外，还包含其产生的时间、大概主题（来源于呼叫中心的电话小结）、产生者标记（打者和坐席服务者）、大概质量评价（如服务完成后用户的评价）等。

四是存在对应的以文本为载体的知识内容对应关系。呼叫中心语音大数据基本都是围绕呼叫中心知识库中存储的服务内容产生的。虽然没有明确定义，但通过记录坐席在服务过程中的浏览轨迹，基本能获得其与用户对话过程中的音频与其正在浏览信息之间的一个对应关系，而对这个对应关系的研究还没有开展。

（三）语音大数据需解决的问题

通过对这些以音频形式存在的大数据进行分析和挖掘，可以形成各类新的应用。以呼叫中心语音大数据作为具体的实例分析，通过语音大数据分析技术分析语音文件中的关键词、情绪、情感等，通过对这些特征进行统计及专业化分析可以完成以下功能。

（1）坐席预质检：可用于呼叫中心服务质量的提升。传统的呼叫中心质检由人工质检完成，具备高级技能的质检人员对呼叫中心每天产生的大量录音进行规制抽取，之后评价每个抽取录音的服务情况，对服务人员提出改进建议。但是由于成本的限制，一般只能做到0.5%—1%的抽检率。通过语音大数据挖掘的方法，可获得服务质量不高的服务录音模型，通过这个模型对语音大数据进行预处理，使抽检的准确程度更高，抽检率更高，进而提高呼叫中心的整体服务水平。

（2）热点信息挖掘：通过对呼叫中心一段时间内的录音文件进行分析和挖掘，可以获得某一个时间段内出现频次最高的关键词或信息概念，得到当前用户所关注的热点问题。

（3）新产品市场评价：通过对呼叫中心一段时间内的录音文件进行分析和挖掘，可以分析某一个主题下用户关注的内容、反馈，进而得到企业推出新产品的市场评价报告。

（4）企业形象用户评价分析：通过对企业产品相关音频大数据的分析，可以获得企业所推出产品、整体形象、市场认可、用户评价等统计指标。

（5）营销机会：呼叫中心在对用户进行服务的过程中，针对用户的需求，可以发现企业经营产品的潜在用户，发现新的营销机会。

（6）竞争情报：呼叫中心语音大数据中，通过有针对性地分析整理，可以挖掘出有关竞争对手的信息，如用户提到竞争对手的产品功能更完备、费用更低廉等。

对于语音大数据的处理技术，在业界还处于刚起步的阶段。以上信息的整理、统计、提炼，传统上需要耗费大量的人工时间及经济成本，如果能自动地在录音数据中进行挖掘，哪怕并不十分完备，都将对相关活动产生有益影响。目前，该领域主要关注的技术有语音大数据信息的实时处理、基于大数据集的语音识别、模型训练、语音文件热点信息感知和知识提取、基于内容理解的音频挖掘等关键技术。如果要达到较好的分析效果，各种统计分析所对应知识体系表达及分析体系也需要建立，面向应用的知识本体表达和研究也需要建立，并进行应用完善。

（四）语音大数据研究及开发的关键技术

音频数据作为大数据重要的组成部分，急需认真研究和挖掘。因此，语音识别技术是解决语音大数据实际应用问题的重要技术。为达成语音大数据的分析目标，必须对语音识别技术的实现方式和技术架构进行分析，同时归纳整理语音大数据的分析目标，反作用于语音识别技术的研发体系，使底层的基础算法更加面向业务实现的研究和演进。

1. 语音识别技术

科研工作者从 20 世纪 50 年代开始就进行语音识别技术的研究。AT&T-Bell 实验室实现了第一个可识别 10 个英文数字的语音识别系统（Audry）；60 年代，动态规划（DP）和线性预测（LP）分析技术实现了特定人孤立词语音识别；70 年代、80 年代语音识别研究进一步深入，HMM 模型和人工神经网络（ANN）在语音识别中成功应用；90 年代后，语音识别在细化模型的设计、参数提取和优化、系统的自适应方面取得关键进展，语音识别技术开始真正走向商业应用。从技术角度归结语音识别的应用有以下几类。

（1）中小词汇量、孤立词识别系统。系统以词语为基元建立模板，没有次音节、音节单元，也没有上层的语句语义层，每个词条命令就是识别的最终结果。这种系统可以认为语音、语言的知识都包含在以词组为单元的模板中。电信的识别系统如 AT & T 用于电话查询的系统。

（2）以词语为识别基元、连续或连续词的语音识别系统。系统为每一词条建立模板，最终任务是按一定的语法规范将词语识别结果依次连缀成句子，这类系统往往用于特定任务（航班查询、电话查询），具有明显的语句识别层次。

（3）以全音节为基元模型建立的识别系统。使用算法逐次获得前 N 个最好的候选单元（无调、有调音节），再按词性、句法、语法网络信息得到最后识别结果。这种方案多用于汉语大词汇量、连续语音识别系统。

语音识别技术架构主要由以下六个部分构成。①物理接口层：声音进入系统的物理接口，输入语音信号。②特征提取层：提取声学特征矢量，提供特征矢量序列。③音节感知层：声韵母因素单元结构，提供音节候选序列及可信度，把声韵母或因素合并成为音节单元，推断合理音节，提供词语候选序列及可信度。④词语识别层：音字转换，推断词语单元，提供语句候选序列及可信度。⑤语句识别层：推断语句候选单元及可信度。⑥语义应用层：分析语义，映射应用，由任务语法约束。

以上从逻辑层面分析了语音识别具体技术应用的几个层次，具体到与业务结合，即系统如果提供语音识别某一类业务的实例应用时，还需要针对这个业务领域的基本语料素材，以实现具体应用领域的语音模型。

2. 基于语音识别进行语音大数据分析的关键技术

（1）文本转写。即语音、音频信息转换文本的过程是所有分析的基础。语音识别文本转写的准确程度与语言模型密切相关，需要完成具体所涉及的专有名词、术语的语料素材收集，并在此基础上构建有针对性的语言模型。

（2）关键词提取。从本质上看这项功能与文本转写十分类似，但为了提高处理速度及准确性，系统可以只完成一些配置的关键词，只针对这些关键词的出现位置（时间点）、频次进行统计，并不需要进行完整的文本转写。

（3）声纹识别。需要完成语音大数据中不同角色的区隔，与文本转写相结合，可以在区分对话者的基础上，了解不同对话者的对话内容。声纹识别技术具体的应用还有说话者确认、说话者辨认等。

（4）语音情绪识别。根据目前的研究结果，基音频率可以作为识别情绪的主要声学特征，其他的一些特征还包括能量、持续时间、语速等。综合来说，情绪对语音的影响主要表现在基音曲线、连续声学特征和语音品质三个方面。这三个方面在某种程度上是相关的。在相对理想的条件下，语音情绪识别涉及的各类参数都是可测量的，可以对底层的语音识别引擎功能模块进行独立封装，这样业务系统在获得各类参数后就可以进行标准计算，获得业务系统所需的基础数据。

（5）语义理解。事实上把语义理解技术作为语音识别技术的一个子集并不合适，这里为了面向业务应用语音大数据处理体系架构的完善，把其归为实现语音大数据的一个环节。另外，在文本转写的过程中，为了实现较高的转写准确程度，已经应用了基本的语义理解技术，实现连续语音的准确识别。在语音大数据的开发过程中，为了准确地挖掘出语音大数据的特征，必须有面向业务领域的语义理解技术，以解决针对同一对象的不同描述问题，即解决特征的归类和聚类问题。

（五）面向语音大数据的技术处理架构

业界针对海量数据进行处理的技术架构已经进行了充分研究，并有大量实践案例。从技术特征来看主要分为两个层次：一个是面向海量数据的操作，即应用系统如何对大数据进行面向业务应用的底层数据操作、存储、归并、清洗、转化；另一个是如何应用先进技术发现大数据集并进行处理，处理的结果是方便业务系统进行调用、查询、展现，或分析系统更有效地提取数据特征，并进行相应的分析。我们关注在语音大数据中如何发现业务系统所需的特征，挖掘大数据中的价值。语音大数据处理架构分为五大部分。

（1）语料部分：分为语料资源库及服务资源库，存储语音识别的语言模型及语义理解特征提取、语义聚类、语义归类所需的行业语料。

（2）基础能力层：语音识别及语义理解的细分模块，提供标准的输入输出调用接口及相应参数定义。

（3）能力组合层：把能力层的语音识别、语义理解各类细分能力模块分别组合，形成不同的标准调用服务接口，针对特定的服务打包特定的能力。

（4）业务封装层：适应各类调用需求、访问方式的再封装。

（5）调用管理部分：整体平台对外提供能力的管理及维护。

架构的核心是把语音大数据需要处理的各类基础能力进行模块化区分，

并定义各类模块化对外服务接口，使语音大数据的处理更加面向应用的软件系统、分析系统的业务需求，使大数据中蕴含的价值能被充分挖掘。需要说明的是，语义理解技术在大数据挖掘中也是核心技术。事实上，单纯的语音识别技术如果不与语义理解技术进行充分融合，语音大数据挖掘及应用的效果将大打折扣。

三、图像识别与分析

（一）大数据背景下的图像识别技术研究

移动互联网、智能手机以及社交网络的发展带来了海量图片信息，据统计，Instagram 每天图片上传量约为 6000 万张，WhatsApp 每天的分享图片量达到 7 亿多张，国内的微信朋友圈大多数也是以图片分享为驱动。不受地域和语言限制的图片逐渐取代了烦琐而微妙的文字，成为传达意思的主要媒介。图片成为互联网信息交流主要媒介的原因主要在于两点：一是从用户读取信息的习惯来看，相比于文字，图片能够为用户提供更加生动、容易理解、有趣及更具艺术感的信息；二是从图片来源来看，智能手机为我们带来方便的拍摄和截屏手段，帮助我们更快地用图片来采集和记录信息。

伴随着图片成为互联网中的主要信息载体，各种各样的难题也随之而来。当信息由文字记载时，我们可以通过关键词搜索轻易找到所需内容并进行任意编辑；而当信息是由图片记载时，我们却无法对图片中的内容进行检索，从而影响了我们从图片中找到关键内容的效率。图片给我们带来了快捷的信息记录和分享方式，却降低了我们的信息检索效率。在这个环境下，计算机的图像识别技术就显得尤为重要。

图像识别是计算机对图像进行处理、分析和理解，以识别各种不同模式的目标和对象的技术。识别过程包括图像预处理、图像分割特征提取和判断匹配。简单来说，图像识别就是计算机如何像人一样读懂图片的内容。借助图像识别技术，我们不仅可以通过图片搜索更快地获取信息，还可以产生一种新的与外部世界交互的方式，甚至会让外部世界更加智能地运行。百度创始人李彦宏在 2011 年提到"全新的读图时代已经来临"，现在随着图像识别技术的不断进步，越来越多的实际需求开始涉及图像识别领域，这标志着读图时代正式到来，并且将引领我们进入更加智能的未来。

（二）图像识别的两个阶段

1. 初级阶段

在这个阶段，用户主要是借助图像识别技术来满足某些娱乐化需求。例如，百度魔图的"大咖配"功能可以帮助用户找到与其长相最匹配的明星，Facebook 研发了根据相片进行人脸匹配的 Deepface，雅虎收购的图像识别公司 IQ Engine 开发的 Glow 可以通过图像识别自动生成照片的标签以帮助用户管理手机上的照片。

这个阶段还有一个非常重要的细分领域——光学字符识别（OCR），是指光学设备检查纸上打印的字符，通过检测暗亮的模式确定其形状，然后用字符识别方法将形状翻译成计算机文字的过程，就是计算机对文字的阅读。语言和文字是我们获取信息最基本、最重要的途径。在比特世界中，我们可以借助互联网和计算机轻松地获取和处理文字。而一旦文字以图片的形式表现出来，就对我们获取和处理文字平添了很多麻烦，所以我们需要借助 OCR 技术将这些文字和信息提取出来。

另外，图像识别技术仅作为我们的辅助工具存在，为我们自身的人类视觉提供了强有力的辅助和工具，带给了我们一种全新的与外部世界进行交互的方式。我们可以通过搜索找到图片中的关键信息，可以随手拍下一个陌生物体而迅速找到与之相关的各类信息，可以将潜在搭讪对象拍下并提前去她（他）的社交网络了解一番，也可以将人脸识别作为主要的身份认证方式。这些应用虽然看起来很普通，但当图像识别技术渗透到我们行为习惯的方方面面时，我们就相当于把一部分视力外包给了机器，就像我们已经把部分记忆外包给了搜索引擎一样。

这将极大改善我们与外部世界的交互方式，此前我们利用科技工具探寻外部世界的流程可以这样进行：人眼捕捉目标信息→大脑对信息进行分析→转化成机器可以理解的关键词→与机器交互获得结果。而当图像识别技术赋予机器以"眼睛"之后，这个过程就可以简化为人眼借助机器捕捉目标信息、机器和互联网直接对信息进行分析并返回结果。图像识别使摄像头成为了解密信息的钥匙，我们仅需把摄像头对准某一未知事物，就能得到预想的答案。就像百度科学家余凯所说，摄像头成为了连接人和世界信息的重要入口之一。

2. 高级阶段

目前的图像识别技术是作为一个工具来帮助我们与外部世界进行交互，只是为我们自身的视觉提供了一个辅助作用，所有的行动还需我们自己完成。而当机器真正具有了视觉之后，它们完全有可能代替我们去完成这些行动。目前的图像识别应用就像是盲人的导盲犬，在盲人行动时为其指引方向；而未来的图像识别技术将会同其他人工智能技术融合在一起成为盲人的"全职管家"，不需要盲人进行任何行动，而是由这个"管家"帮助其完成所有的事情。

图像识别技术还决定着人工智能中机器的视觉，《人工智能——一种现代方法》这本书中提到，在人工智能中，感知是通过解释传感器的响应而为机器提供它们所处的世界的信息，其中它们与人类共有的感知形态包括视觉、听觉和触觉，而视觉最为重要，因为视觉是一切行动的基础。Chris Frith在《心智的构建》中也提到，我们对世界的感知不是直接的，而是依赖于"无意识推理"，也就是说在我们能感知物体之前，大脑必须依据到达感官的信息来推断这个物体可能是什么，这构成了人类最重要的预判和处理突发事件的能力。而视觉是这个过程中最及时和准确的信息获取渠道，人类感觉信息中的80%都是视觉信息。机器视觉之于人工智能的意义就是视觉之于人类的意义，而决定着机器视觉的就是图像识别技术。

更重要的是，在某些应用场景，机器视觉比人类的生理视觉更具优势，它更加准确、客观和稳定。人类视觉有着天然的局限，我们看起来能立刻且毫无费力地感知世界，而且似乎也能详细生动地感知整个视觉场景，但这只是一个错觉。只有投射到眼球中心的视觉场景的中间部分，我们才能详细而色彩鲜明地看清楚。也就是说，在我们视觉世界的边缘是无色、模糊的。因此，我们才会存在"变化盲视"，才会在经历着多样事物发生时，仅仅关注其中一样，而忽视了其他样事物的发生，而且不知道它们的发生。而机器在这方面就有着更多的优势，它们能够发现和记录视力所及范围内发生的所有事情。比如应用最广的视频监控，传统监控需要有人在电视墙前时刻保持高度警惕，然后通过自己对视频的判断来得出结论，但这往往会因为人的疲劳、视觉局限和注意力分散等而影响监控效果。但有了成熟的图像识别技术之后，再加以人工智能的支持，计算机就可以自行对视频进行分析和判断，发现异常情况直接报警，带来了更高的效率和准确度；在反恐领域，借助机器的人脸识别技术也要远远优于人的主观判断。

许多科技巨头也开始了在图像识别和人工智能领域的布局，Facebook 签下的人工智能专家 Yann LeCun 最重大的成就就是在图像识别领域，其提出的以 LeNet 为代表的卷积神经网络，在应用到各种不同的图像识别任务时都取得了不错的效果，被认为是通用图像识别系统的代表之一；Google 借助模拟神经网络"助模拟神经网络"，在通过对数百万份 YouTube 视频的学习后自行掌握了猫的关键特征，这是机器在没有人帮助的情况下自己读懂了猫的概念。值得一提的是，负责这个项目的 Andrew Ng（吴恩达）已经转投百度研究院，其一个重要的研究方向就是人工智能和图像识别。这也能看出国内科技公司对图像识别技术以及人工智能技术的重视程度。

四、空间数据挖掘

（一）空间数据挖掘概述

空间数据挖掘技术作为当前数据库技术最活跃的分支与知识获取手段，推动着地理信息系统（GIS）朝智能化和集成化的方向发展。

空间数据挖掘是指从空间数据库中抽取没有清楚表现出来的隐含的知识和空间关系，并发现其中有用的特征和模式的理论、方法和技术。

1. 空间数据来源和类型

空间数据来源和类型繁多，概括起来主要可以分为地图数据、影像数据、地形数据、属性数据和元数据五种类型。

（1）地图数据：这类数据主要来源于各种类型的普通地图和专题地图，这些地图的内容非常丰富。

（2）影像数据：这类数据主要来源于卫星、航空遥感，包括多平台、多层面、多种传感器、多时相、多光谱、多角度和多种分辨率的遥感影像数据，构成多元海量数据，是空间数据库中最有用、最廉价、利用率最低的数据源。

（3）地形数据：这类数据来源于地形等高线图的数字化、已建立的数据高程模型（DEM）和其他实测的地形数据。

（4）属性数据：这类数据主要来源于各类调查统计报告、实测数据、文献资料等。

（5）元数据：这类数据主要来源于各类通过调查、推理、分析和总结得到的有关数据。

2. 空间数据的表示

空间数据具体描述地理实体的空间特征、属性特征。空间特征是指地理实体的空间位置及其相互关系；属性特征表示地理实体的名称、类型和数量等。空间对象表示方法采用最多的是主题图方法，即将空间对象抽象为点、线、面三类。数据表达分为矢量数据模型和栅格数据模型两种。矢量数据模型用点、线、多边形等几何形状来描述地理实体。栅格数据模型将主题图中的像素直接与属性值相联系，比如不同的属性值对应不同的颜色。

3. 空间数据的特征

空间数据库与关系数据库或事务数据库之间存在着一些明显的差异，具有空间、时间和专题特征。

（1）空间特征：空间特征是地理信息系统或者说空间信息系统所独有的。空间特征是指空间地物的位置、形状和大小等几何特征，以及与相邻地物的空间关系。空间位置可以通过坐标来描述。

（2）时间特征：空间数据总是在某一特定时间或时间段内采集得到或计算得到的。

（3）专题特征：专题特征也指空间现象或空间目标的属性特征，是指除了时间和空间特征以外的空间现象的其他特征，如大气污染度等。这些属性数据可能为一个地理信息系统派专人采集，也可能从其他信息系统中收集，因为这类特征在其他信息系统中都可能存储和处理。

（二）空间数据挖掘过程

数据挖掘和知识发现的过程可分为数据选取、数据预处理、数据变换、数据挖掘、模式解释和知识评估等阶段。

（1）数据选取即定义感兴趣的对象及其属性数值。

（2）数据预处理一般是滤除噪声、处理缺失值或丢失数据。

（3）数据变换是通过数学变换或降维技术进行特征提取，使变换后的数据更适合数据挖掘任务。

（4）数据挖掘是整个过程的关键步骤，它从变换后的目标数据中发现模式和普遍特征。

（5）模式解释和知识评估采用人机交互方式进行，尽管挖掘出的规则和模式带有某些置信度、兴趣度等测度，通过演绎推理可以对规则进行验证，但这些模式和规则是否有价值，最终还需由人来判断，若结果不满意则返回到前面的步骤。

数据挖掘是一个人引导机器、机器帮助人的交互理解数据的过程。

空间数据挖掘的过程与大多数数据挖掘和知识发现的过程相同，同样可分为数据选取、数据预处理、数据转换、数据挖掘、模式解释和知识评估等阶段。由于空间数据的存储管理和空间数据本身的特点，在空间数据挖掘过程的数据准备阶段（包括数据选取、数据预处理和数据变换）与一般数据挖掘相比具有如下特点：

（1）空间数据挖掘粒度的确定。在空间数据库中进行数据挖掘，先要确定把什么作为处理的元组，我们称之为空间数据发掘的粒度问题。根据空间数据表示方法、数据模型的特点，可以把空间数据的粒度分为两种：一种是在空间对象粒度上挖掘，另一种是直接在像元粒度上挖掘。空间对象可以是图形数据库中的点、线、面对象，也可以是遥感影像中经过处理和分析得到的面特征和线特征。像元主要指遥感图像的像元，也指栅格图形的单元。

空间数据挖掘粒度的确定取决于数据挖掘的目的，即发现的知识做什么用，也取决于空间数据库的结构。以空间对象为粒度，可以充分利用空间对象的位置、形态特征、空间关联等特征，得到空间分布规律、广义特征规则等多种知识，可用于 GIS 的智能化分析和智能决策支持，也可用于遥感图像分类。这样的分类规则用于遥感图像分类时，必须先用其他分类方法形成线特征和面特征，才可以进一步应用规则分类。以像元为粒度，可以充分利用像元的位置、多光谱等具体而详细的信息，得到的分类规则精确，适合于图像分类，不便用于 GIS 智能化分析和决策支持，但可以作为它们的中间过程。两种数据挖掘粒度各有优缺点：像元粒度的数据挖掘无法利用形态，很难利用空间关联等信息，空间对象粒度的数据挖掘难以利用对象内部更详细的信息。两种粒度的数据挖掘要根据情况选用或结合起来使用。

（2）空间数据泛化。空间数据不同粒度可以通过空间泛化过程实现，下面以空间数据为例进行说明。根据土地的用途，将一些细节的地理点泛化为一些聚类区域，如商业区、农业区等。这种泛化需要通过空间操作，如空间聚类方法，把一组地理区域加以合并。聚集和近似是实现这种泛化的重要技术。在空间合并时，不仅需要合并相同的一般类中的相似类型的区域，而且需要计算总面积、平均密度或其他聚集函数，并忽略那些对于研究不重要的具有不同类型的分散区域。其他空间操作，如空间重叠等也可以将空间聚集或近似用作空间泛化操作。

（3）粒度属性的确定。确定了空间数据挖掘的粒度或粒度后，需要确定粒度的属性，在一般的关系数据库中学习的属性直接取自字段或者经过简单的数学或逻辑运算派生出的学习用的属性。空间数据库中的几何特征和空间关系等一般并不存储在数据库中，而是隐含在多个图层的图层数据中，需要经过 GIS 专有的空间运算、空间分析、空间立方体联机分析（OLAP）操作才能得到数据挖掘用的属性。这些空间运算和空间分析，有些以栅格形式进行。空间对象粒度的数据挖掘更多地用到矢量格式的运算和分析，而像元粒度的数据挖掘更多地用到栅格的运算和分析，这实际上既是对图形或图像数据特征的提取过程，也是空间数据挖掘区别于一般关系数据库和事务数据库数据挖掘的主要特征。

确定了数据发掘的粒度并提取它和计算出粒度的属性后，关系数据库数据挖掘的算法就可以应用了。

五、Web 数据挖掘

（一）Web 数据挖掘的定义

Web 数据挖掘是数据挖掘技术在 Web 环境下的应用，是涉及 Web 技术、数据挖掘、计算机技术、信息科学等多个领域的一项技术。Web 数据挖掘是指从大量的 Web 文档集合中发现蕴含的、未知的、有潜在应用价值的、非平凡的模式。它所处理的对象包括静态网页、Web 数据库、Web 结构、用户使用记录等信息。

（二）Web 数据挖掘的分类

在 Web 环境中，文档和对象一般都是通过链接由用户访问的，Web 数据挖掘可以利用数据挖掘技术从 Web 文档和服务中自动发现和获取信息，对

Web 上的有用信息进行分析。Web 数据挖掘包括 Web 内容挖掘、Web 结构挖掘和 Web 使用模式挖掘等。Web 挖掘的分类如图 6-2 所示。

图 6-2　Web 挖掘的分类

（1）Web 内容挖掘是指对 Web 上大量文档集合的"内容"进行总结、分类、聚类、关联分析以及利用 Web 文档进行趋势预测等，是从 Web 文档内容或其描述中抽取知识的过程。Web 上的数据既有文本数据，也有声音、图像、图形、视频等多媒体数据；既有无结构的自由文本，也有用 HTML 标记的半结构数据和来自数据库的结构化数据。目前的研究主要集中在利用词频统计、分类算法、机器学习、元数据、部分 HTML 结构信息发现、数据间隐藏的模式发现并生成抽取规则，并从页面中分离出概念（Concept）和实体（Entity）数据。此外，文本挖掘也可以认为是 Web 内容挖掘的一个组成部分。

（2）Web 结构挖掘通常用于挖掘 Web 页上的超链接结构，从而发现那些包含于超文本结构之中的信息。这些链接包含大量的潜在信息，从而可以帮助自动推断出那些权威网页。一般创建一个网页的作者，在设置网页的链接时就考虑了所指向网页的内容及相关性和重要性。由互联网上不同作者对同一个网页的链接考虑（结果）就表明了该网页的重要性，从而很自然地获得有关的权威网页。因此，大量互联网链接信息就为相关性、质量和互联网内容结构提供了丰富的信息，从而成为 Web 挖掘的丰富资源。在这方面工作的技术代表有 PageRank 和 CLEVER。

（3）Web 使用挖掘主要通过分析用户访问 Web 的记录了解用户的兴趣和习惯，对用户行为进行预测，以便提供个性化的产品信息和服务。挖掘的数据是用户与 Web 交互过程中留下的用户访问过程的数据。Web 使用记录数据除了服务器的日志记录外，还包括代理服务器日志、浏览器端日志、注册信息、用户会话信息、交易信息、Cookie 中的信息、用户查询、鼠标点击流等一切用户与站点之间可能产生的交互记录。

　　Web 使用挖掘可以分为两类：一类是将 Web 使用记录的数据转换并传递进传统的关系表里，再使用挖掘算法对关系表中的数据进行常规挖掘；另一类是将 Web 使用记录的数据直接进行预处理，再进行挖掘。

第七章　大数据侦查数据的报送与调度

在进入数据报送与调度环节之前需要对数据进行常态化的获取录入。在不同场合，办案人员应获取录入不同的信息数据。在日常工作中要通过特定的平台系统获取来自不同渠道的数据。在办理刑事案件过程中，还要采集以下数据后录入：

一是立案情况。立案情况应当录入执法办案信息系统，并按要求分别填报录入办案与监督信息系统、全国失踪人员信息管理系统、全国未知名尸体信息管理系统、全国被盗抢汽车信息系统、全国重大刑事案件信息系统、全国禁毒信息管理系统等。

二是现场勘验、检查情况。应根据有关规定将现场勘验、检查情况录入执法办案信息系统，并将有关信息录入犯罪现场勘查管理系统、全国未知名尸体信息管理系统、全国重大刑事案件信息系统、全国指纹信息系统等。

三是与犯罪有关的基本情况。包括：（1）犯罪嫌疑人的信息数据。应采集犯罪嫌疑人基本情况、指掌纹、声像（静态、动态）、DNA、足迹等有关信息；如果在逃，同时录入在逃人员信息数据库。（2）涉案物品信息数据。对尚未查获的被盗抢机动车、枪支、违禁品以及其他物品等，应当依照有关规定录入有关的信息数据库；对于查获的涉案物品，应当根据有关保管涉案物品规定录入数据库。（3）案件信息数据。与案件有关的各种信息，包括未破和已破案件、当地同类案件信息、异地同类案件信息，应当依照有关规定录入案件信息库。（4）其他涉案信息数据。对犯罪现场、无名尸体、失踪人员等其他信息，应当依照有关规定录入有关信息数据库。

根据标准数据采集流程，在数据采集室中主要应采集以下信息：（1）人员基本信息。人员的身份证号码、家庭住址、联系方式、人员照片以及能体现人员特征的信息，如身高、体重、脸形、足长和特殊特征（如断指、疤痕）等。（2）活体指纹、赤足印信息。包括滚动十指纹、平面十指纹、掌纹、赤足印等信息。（3）个体通信信息。包括通信工具号码，SIM 卡信息，通信工具品牌、产地、型号、机身串号等，通信工具中的联系人信息，存储的短信内容，微信、QQ、移动支付信息，其他 App 使用信息等。（4）车辆信息。包括车辆类型、VIN 码、车牌号码、车辆品牌、颜色和车内物品，车辆过路过桥收费凭证，停车收费发票、加油发票等。（5）物品信息。采集人员随身携带的物品信息，特别注意其身上的各类卡片，如有价识别卡、会员卡、加油卡、充值卡等。（6）生物检材信息。指 DNA 生物检材样本信息数据等。

　　获取录入的数据要进行报送和调度。本书以上海蓝灯数据科技有限公司系列产品为例阐明相关问题，而本章将结合蓝灯数据情报报送调度系统介绍大数据侦查数据的报送与调度。

一、大数据侦查数据的报送

　　蓝灯数据情报报送是通过上报人上报情报、线索或数据，通过关键字（如身份证号码、手机号码等）串并功能，将系统内包含关键字的情报数据进行筛选，并将串并到的情报以直观的图形方式展示出来。情报报送可以对关键字在图形界面进行相关数据的扩展，查找出相关的信息和线索，以协助情报的拓展。通过情报报送可以实现不同部门的情报信息共享，可对上报人进行评分以实现对上报人的绩效考核。情报报送系统是一个集分析、管理、交流功能于一体的平台，如图 7-1 所示。

图 7-1　蓝灯情报报送系统界面

（一）情报报送权限设置

情报报送拥有着严格的权限设置。登录用户权限可以设置为单位成员管理权限、部门管理权限、审批权限、研判权限、流转权限和退回权限、跨部门查看串并权限、查看未审核情报权限。如图7-2、图7-3所示。

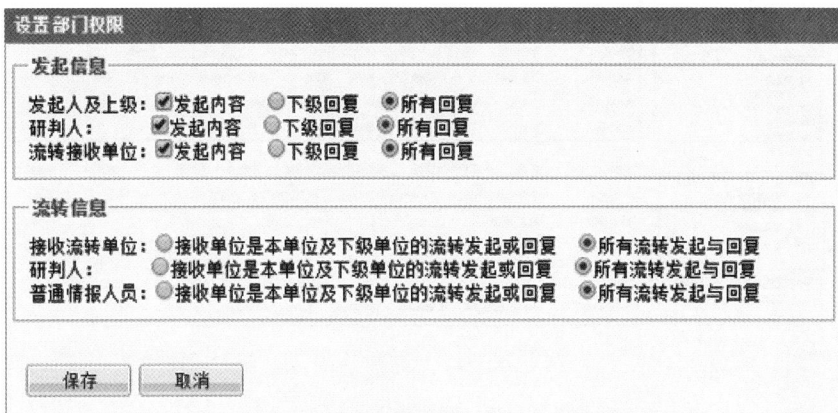

图 7-2　设置部门权限界面1

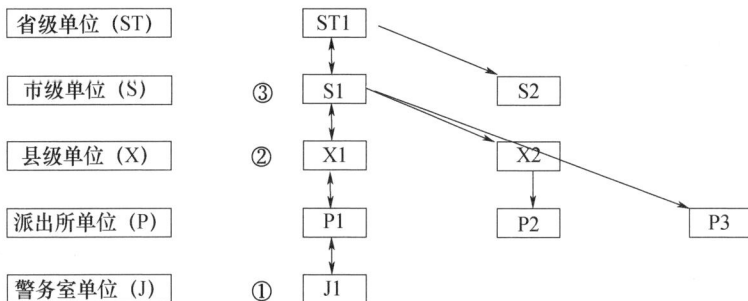

图 7-3　设置部门权限界面2

（二）蓝灯情报报送系统主页面

1. 工具栏介绍

工具栏含手机采集、全息档案、单位人员变动申请、热词排行、单位成员管理、学习栏目、重大信息未上报、个人中心。如图7-4所示。

点击手机采集可以查看利用设备采集的信息情况。

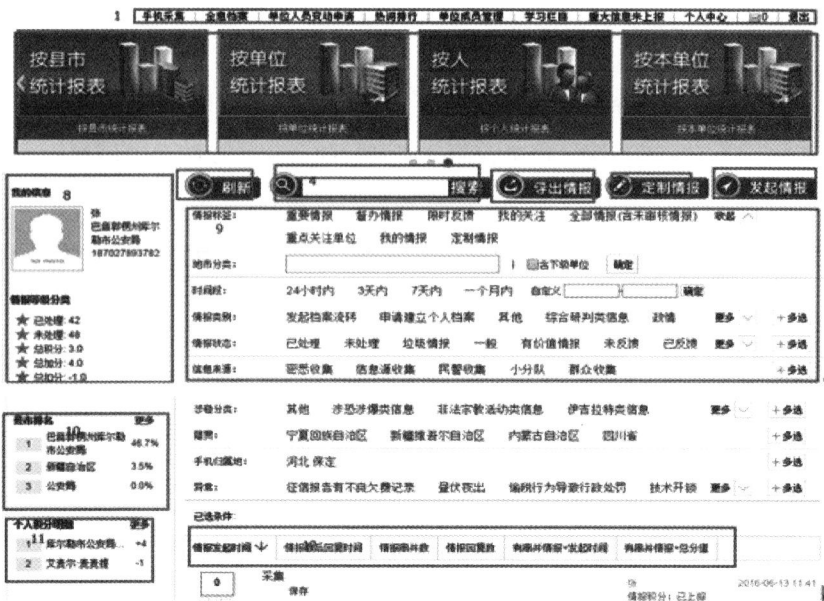

图 7-4 蓝灯情报报送系统主页面

点击全息档案可以查看登录账户用户申请建立的个人档案。

点击单位人员变动申请可以查看权限。

热词排行是根据上报情报提取其中的词汇，依据包含该词的情报条数进行高低排序。

单位成员管理是根据单位成员管理权限，对单位成员的权限进行管理。

点击学习栏目可以查看系统发布的学习信息。

点击重大信息未上报可以查看因重大信息没上报被扣分的单位，也可以根据权限对单位进行扣分操作。

点击个人中心可以进入重点关注页面（需要研判权限），可以查看相关的流转数据情报信息，可以进行个人信息的修改，可以申请变动工作单位。其中邮箱标志代表流转收件箱，需要流转权限。

2. 各栏目报送功能

（1）手机采集。点击手机采集，可以跳转到设备采集信息列表页面。如图 7-5 所示。

（2）全息档案。点击全息档案可以查看登录账户的用户申请建立的个人档案。如图 7-6 所示。

图 7-5　设备采集信息列表

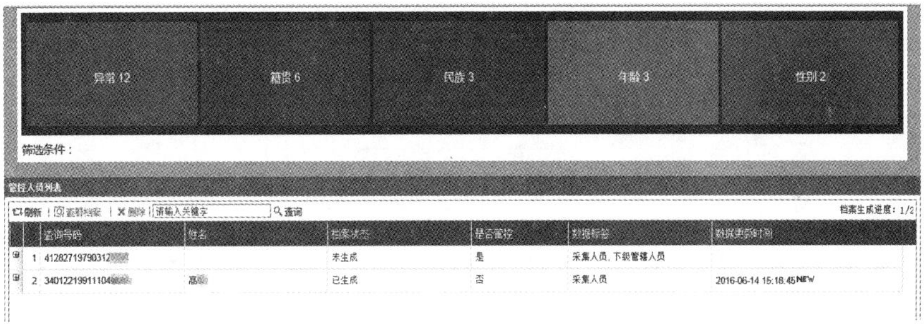

图 7-6　用户申请建立的个人档案

（3）单位人员变动申请。查看单位人员变动申请权限分为对账号发送单位调动的申请和对所发送申请的批复，可以保留申请结果。按单位进行情报和积分统计时，在原单位发送的情报和积分都属于原单位，情报不带入新单位；按个人进行情报和积分统计时，显示每人上报的所有情报积分总和。

（4）热词排行。点击热词排行，如图 7-7 所示。

图 7-7　热词排行

点击热词地图分析（图 7-7），可以显示出情报的发起地点。

左边的 grid 和右边词汇云区域的热词相互对应，根据包含帖数的大小决定词汇云中词汇字体的大小。

关键字查询、分页、刷新等操作影响词汇云图形中词汇的变化，有相互联动效果（目前显示图为左边 grid 当前页中所有热词）。如图 7-8 所示。

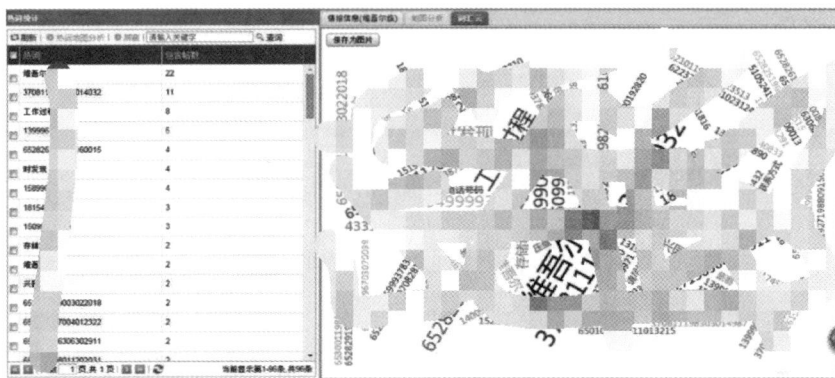

图 7-8　词汇云联动变化

（5）单位成员管理。对单位成员的权限进行管理，如图 7-9 所示。

图 7-9　单位成员管理

（6）学习栏目。可以查看系统发布的学习内容。

（7）重大信息未上报。重大信息未上报需当前用户权限为研判权限。如图 7-10 所示。

选择要扣分的单位及扣分分值，录入扣分原因后点击保存确定，则该单位被扣对应分值的总分。在下方的列表中显示被扣分的相关操作信息。

（8）个人中心。进入个人中心，当用户具备研判权限时，可以点击重点关注单位进入重点关注页面。选择单位为重点关注单位，可以查看相关的流转情报信息，可以进行个人信息的修改，可以申请变动工作单位。如图 7-11 所示。

图 7-10 重大信息未上报

图 7-11 个人中心

在图 7-11 中，邮箱标志代表流转收件箱，需要流转权限方可操作。

在图 7-12 中，点击新增可添加单位为重点关注单位，点击编辑可以对选择的重点关注单位进行编辑，点击删除可以删除重点关注单位。

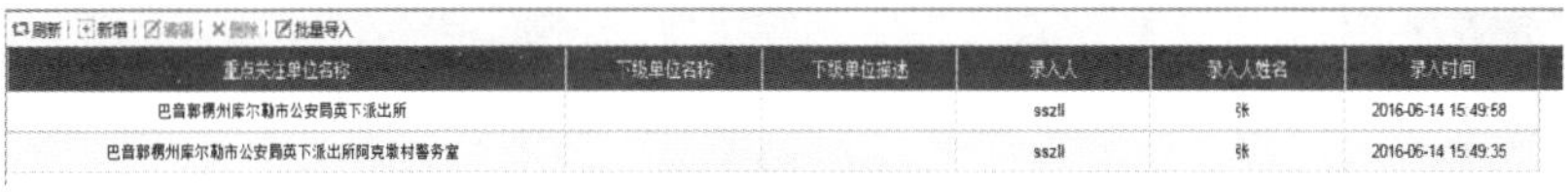

图 7-12 编辑重点关注单位

3. 滚动窗口介绍

图 7-13 显示上报情报相关的排名，由四个窗口滚动展示。第一个窗口为个人积分排名，第二个窗口为个人一周总分值排名，第三个窗口为个人一周上报情报总条数排名，第四个窗口为上报数据的统计报表。

图 7-13 统计报表

点击按单位统计报表，窗口上方可设置筛选条件，下方展示筛选结果，导出选项可以将结果以 excel 形式保存到本地。单位列表有树形展示和表格展示两种方式。勾选含下级单位情报可以筛选出本单位和含下属单位的情报信息，也可以通过选中重点关注单位进行查询。如图 7-14 所示。

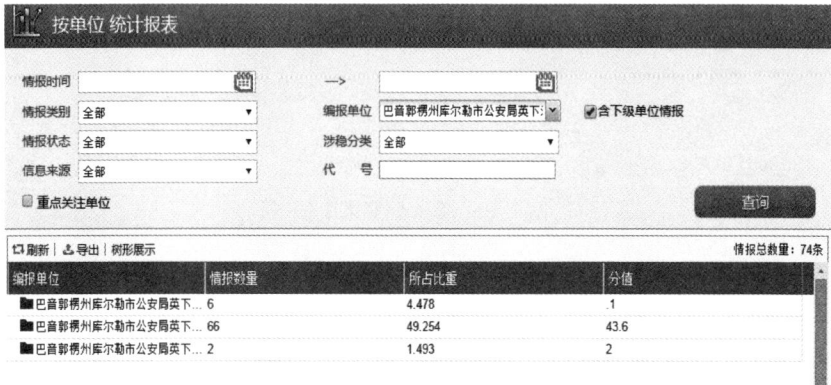

图 7-14　按单位统计报表筛选

在图 7-15 中，点击刷新可以刷新情报列表页面。在查询框中录入信息后可检索出包含该信息对应的情报。点击导出可以导出当前主页显示的情报。

图 7-15　情报编辑操作界面

定制情报是上级部门通过添加定制情报任务指定到下级单位，下级单位根据定制内容进行上报。点击定制情报跳转到定制情报页面。点击添加定制情报任务，可以添加定制情报。点击删除可以删除登录用户所添加的定制情报。点击签收可以对添加的定制情报任务进行签收。点击编辑可以对添加的未签收的定制情报进行编辑。

制定单位的定制情报，当指定单位的用户登录后会在新消息提醒有定制情报任务，点击发起情报，选择定制情报内容，发起情报。如图 7-16 所示。

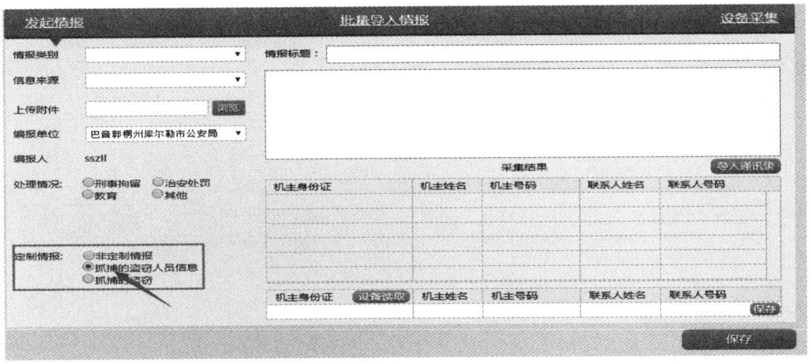

图 7-16　定制情报编辑界面

发起的定制情报在情报详情页面显示定制情报，如图 7-17 所示。

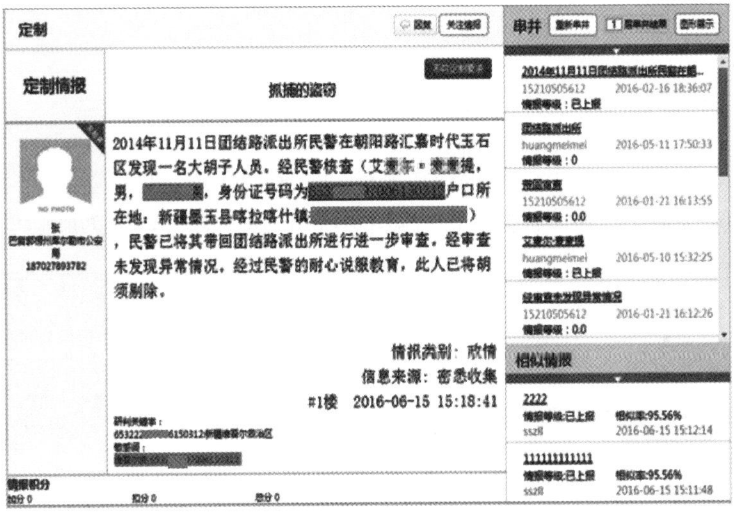

图 7-17　定制情报结果显示

点击发起情报后可以进入发起情报页面，如图 7-18 所示。

情报类别下拉菜单包括综合研判类信息、网情、日周研判、敌情、社情、政情、申请建立个人档案、发起档案流转，可根据实际情况选择不同的类别。

信息来源包括小分队、密悉收集手机、民警收集、信息源收集、群众收集，可根据实际情况选择不同的类别。

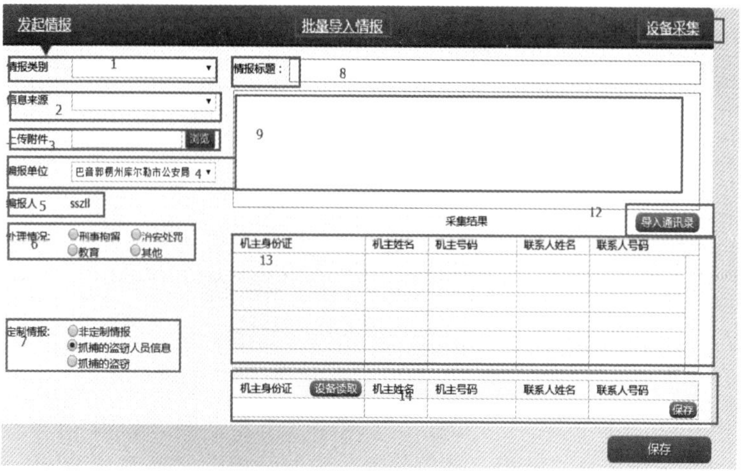

图 7-18　发起情报界面

（三）蓝灯百姓安全 App

百姓安全 App 与蓝灯情报报送系统同步关联，在手机端发起情报信息，发起的情报线索会同步到情报报送系统中，由情报专班对情报进行研判、反馈等，App 端会收到上级下发的工作要求。该 App 还可以采集手机、人员、车辆等信息，是一款轻松、快速、高效的情报上报平台，用户部门可在第一时间获取情报信息，采取最快速、有效的措施。如图 7-19 所示。

图 7-19　百姓安全
App 二维码

该款 App 设计的初衷是：情报的最大优势就是时间，每流失一秒，情报的价值就将会相应降低。通过手机移动端，能为情报部门的情报收集工作提供更快速、有效、便捷的运用方式。

现场手机情报如何记录？与其他上报形式比，App 上报平台有优势。用笔记本记下后再回办公室用电脑上报，浪费时间。用手机记录情报，发送给同事上报，可能会出现情报信息误差，同时增加了同事的工作量。用便携式笔记本电脑上报，不仅不易连接网络，携带也不方便。由 App 平台上报，其优势是快速、高效、便于携带，通过手机上报情报，随时获取上级反馈信息，第一时间采取相应措施。

蓝灯百姓安全 App 终端系统是配合情报报送系统配套开发的一套移动端应用系统，用户可以在移动端有效、便捷地上报情报或线索，收取对应上级领导的指令。通过百姓安全 App 上报的情报线索会同步到情报报送系统中，情报报送系统包含上报情报、分析情报、研判情报、串并情报、绩效考核等功能。

二、大数据侦查数据的调度

（一）蓝灯情报调度系统建设背景

在信息时代的指挥调度体系中，数据和视频成为情报和信息的关键载体，语音退化成承载指令的载体。以宽带专网、云计算、大数据等技术为基础，指挥调度体系向可视化、融合化、情指一体化发展。而现有的指挥体系存在着不可知、不可见、不好用和不灵活等不足。指挥中心是实战平台，为保证其高度应急性和实时性，必须建设公安自主可控的无线通信专网，不仅需要全国联网的 PDT 窄带专网，还需要与其融合的宽带专网。但有的地方以资金不足为由，不建专网，过于依赖公网，在应急事态导致公网严重拥堵时势必影响指挥中心及时响应，贻误战机。指挥中心汇聚来自社会面的大量数据，与公安信息网交互。为确保公安信息网的安全，必须建立安全边界，确保数据的安全穿越。这一点尚未引起足够重视。

目前，各级公安机关均建有多个信息系统，存在大量异构的通信网络和繁复的终端设备。这些系统建设处于不同时期，多按照行政区划分级、分层、分片建设，各自独立，技术手段单一，未能有效整合，无法形成互补，缺乏信息支撑，通信保障信息化含量较低，在跨区域、跨部门、跨层级通信服务保障时，存在人工转接环节多、通信建立时间长、语音图像质量差、信息支撑能力弱四大问题。尤其是当处置一些重特大突发事件时，这四大问题无法满足公安快速、高效地指挥调度的需要，无法发挥一体化指挥调度的效能，严重影响了我国公安机关处置各类突发事件时的指挥调度效率和反应速度。

整合多种通信手段，建立融合通信平台，建设具有强大信息支撑，能够综合分析研判，可实现跨地区、跨层级、跨部门统一的一体化通信系统已经刻不容缓。新的指挥调度平台应立足常态、着眼应急，通过系统集成、信息共享，创建"横向一体化、纵向扁平化"的指挥调度新体系，变单纯的层级指挥为单兵指挥与层级指挥相结合的综合指挥新模式，变"被动应付"为"主动出击"，满足公安一体化指挥"看得见、呼得通、调得动、能研判、防得住"的警务实战新需求；同时推动智慧城市建设，实现公安机关与其他各政务部门、各层级数据信息互联互通，提升城市管理运行效率和公共服务水平。

蓝灯情报调度系统是一个集情报管理、分析、交流、流转于一体的多元化情报管理平台。蓝灯情报调度系统以公安系统运作为核心，辅以先进的大数据技术，运用于警务实战，可实现新时代警用情报的高效调度。蓝灯情报调度是一个智能化的情报管理平台，可以从海量情报中寻找线索，可以使部门中已成熟的情报或线索信息通过该平台流传至其他部门或下级部门，亦可以通过系统将对下级部门情报的核实结果反馈至上级部门。蓝灯情报调度是一个数据情报即时共享、将情报价值最大化的平台，通过该平台可以实现公安机关各部门情报的流转与共享。

（二）蓝灯情报调度系统建设目标

（1）建设平台主页模块。显示平台的一些相关的通知、文件以及其他信息，如对情报线索的下方反馈等信息。

（2）建设情报线索日常研判模块。通过系统进行每日研判线索上报、汇总、筛选、整理、下发、打印、存档等，自动生成每日要情。建设历史要情记录、存档要情功能，实现对历史要情的记录和整理以及重新研判等操作。

（3）建设每日要情调度模块。将每日要情和公安局指定的工作要求通过系统进行下发流转，被指定的单位通过系统进行回复反馈。

（4）建设情报线索调度模块。各级公安局、各侦查支队可以通过系统对指定的情报线索进行下发流转，被指定的单位通过系统进行回复反馈。

（5）建设情报分析研判模块。系统对情报线索中的关键字进行情报线索的串并，查找出其他具有关联的情报线索，并可以图形化的方式进行可视化展示。

（6）建设统计分析模块。系统可以根据标签化进行筛选，并支持对发起情报的单位等进行数据统计。

（7）建设系统管理模块。可对系统平台的功能进行管理控制。

（8）建设会议权限模块。使用会议账号参加每日要情线索的研判操作。

（三）蓝灯情报调度系统的功能

1. 主界面介绍

登录系统后，会显示平台的相关数据和通知通告、待办事项等栏目，方便情报人员梳理工作。如图 7-20、图 7-21 所示。

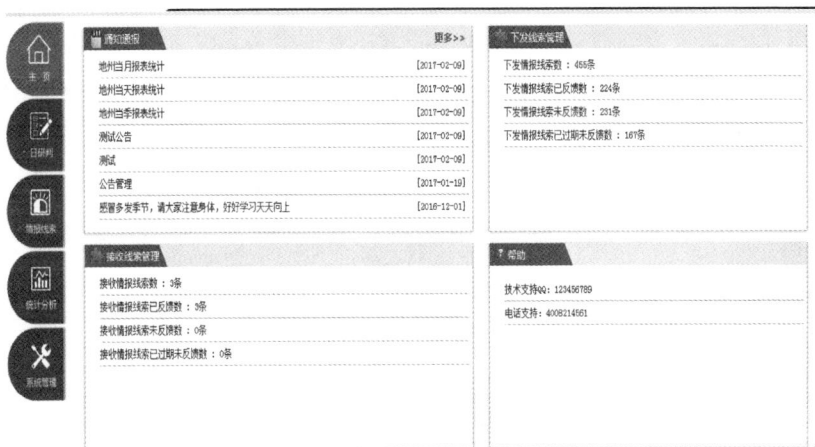

图 7-20 情报调度主页面

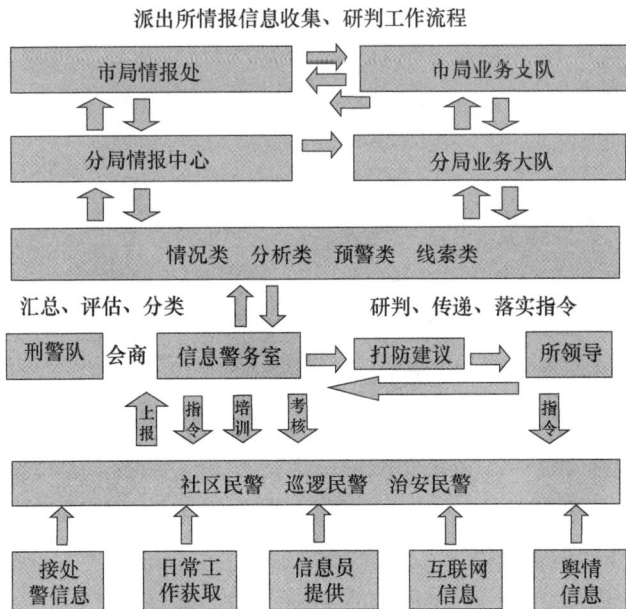

图 7-21 情报工作流程

2. 各栏目功能

（1）通知通告。可以显示平台的一些相关的通知、文件以及其他信息。

（2）下发线索管理。

下发线索数：显示本单位下发情报的总数量。

下发情报线索已反馈数：显示本单位下发新情报线索后，已经反馈的条数。

下发线索未反馈数：显示下发的线索还有多少条是没有进行反馈的。

下发线索已过期未反馈数：显示下发的线索超时未反馈的线索数量。

（3）接收线索管理。

接收情报线索数：显示本单位接收情报的总数量。

接收情报线索已反馈数：显示本单位接收新情报线索后，已经反馈的条数。

接收情报线索未反馈数：显示接收的线索还有多少条是没有进行反馈的。

接收情报线索已过期未反馈数：显示接收的超时未反馈的线索数量。

3. 具体操作

（1）日研判。

情报列表：情报列表显示的情报线索是可以进行权限控制的。根据客户需要可以查看需要查看的部门发起的日研判线索，如地级市公安局需要查看各县市区发起的情报线索，可以通过后台权限配置来实现。

查看：点击查看可以查看情报的详情，进行情报研判。

查看情报排序：查看日研判_列表情报，当用户查看后由未读状态修改为已读状态，并根据当天先后时间进行自动排序。

情报标签：点击相应的标签，可以对日研判线索进行筛选操作。

发起情报：点击发起情报可以在发起情报页面选择对应的情报类型进行情报信息的上传。如图7-22所示。

每日要情：隶属于每日要情权限的用户可以在日研判主页看到每日要情按钮，点击每日要情可以在每日要情中进行下发、移动、编辑和移除情报操作。如图7-23所示。

编辑：重新编辑线索。

移动：可以将该线索移动到其他分类。如图7-24所示。

移除：移除采用情报。

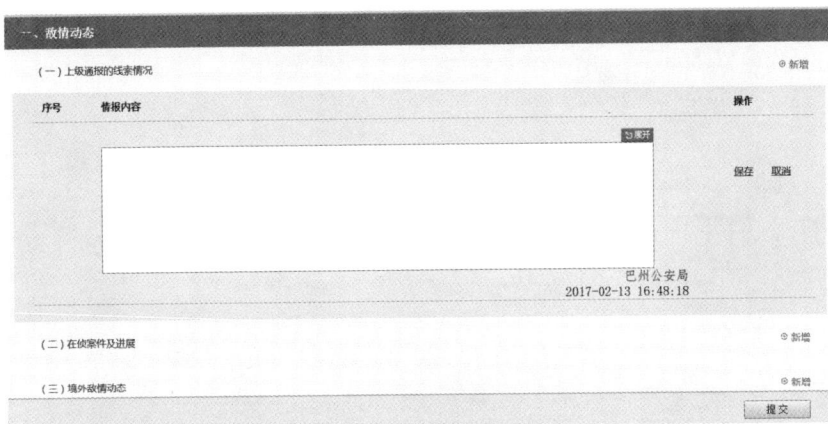

图 7-22　发起情报

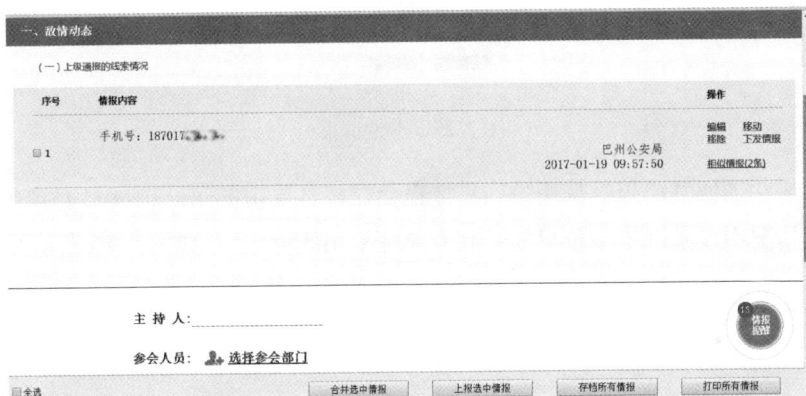

图 7-23　每日要情

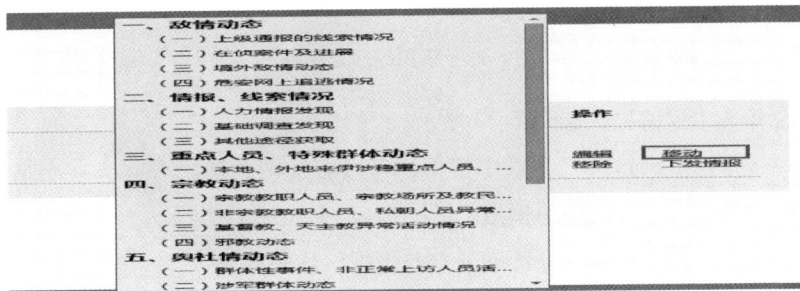

图 7-24　移动

　　下发情报：点击下发情报可以将情报线索下发到本单位的下一级单位或者是本单位的同级部门。如图 7-25 所示。

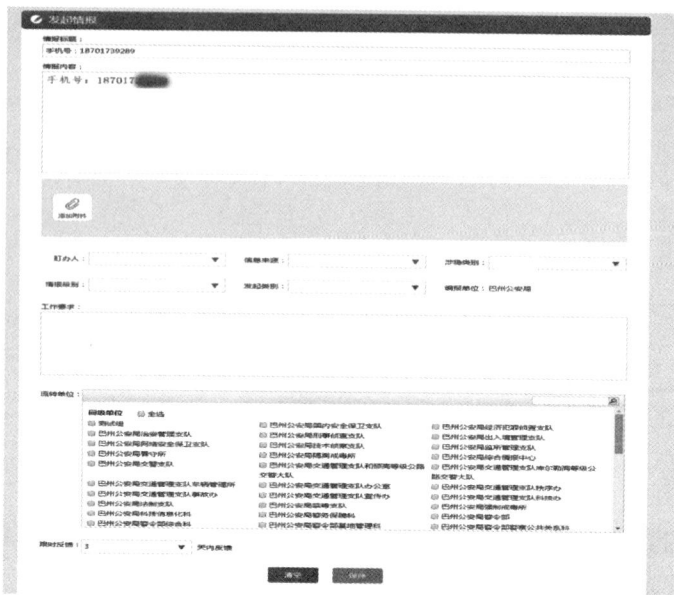

图 7-25　下发情报

采用的回复情报：采用的回复情报会在每日要情的第八项前日安排部署落实情况中显示（本单位只能看到本单位采用的情报）。如图 7-26 所示。

图 7-26　采用的回复情报

合并选中的情报，如图 7-27 所示。

勾选复选框，点击合并选中情报，可以将选中的情报合并为一个情报，原有的情报消失，合成新的情报。如图 7-28 所示。

其中合并到情报类别只会显示参与情报所在的类。

存档所有情报：点击存档所有情报，可以将未存档的情报信息进行存档操作，存档后的情报不能进行编辑、移动、下发和移除等操作。

上报选中情报：选择复选框的情报，点击上报选中情报，可以将情报灵活地选择上报。如图 7-29 所示。

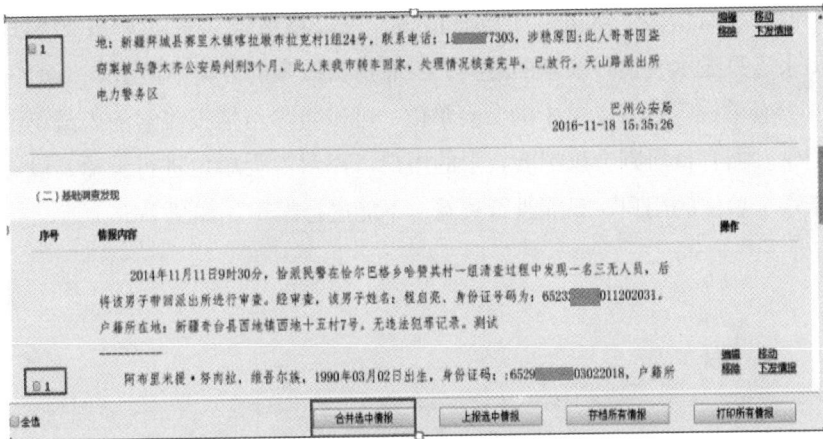

图 7-27　合并选中情报

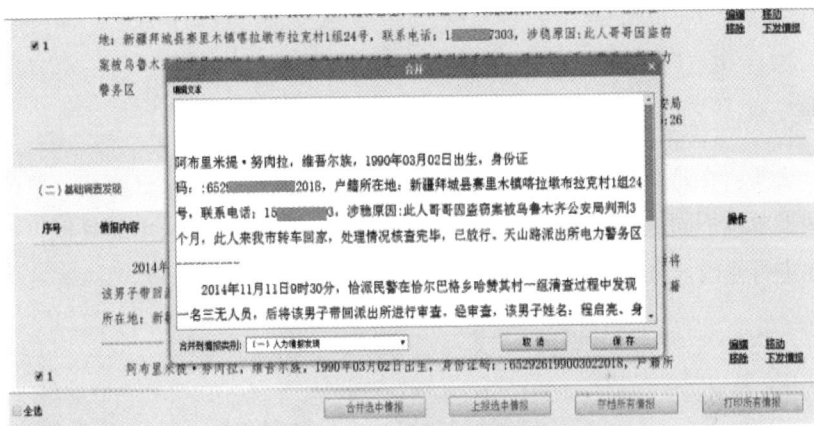

图 7-28　合并情报结果显示

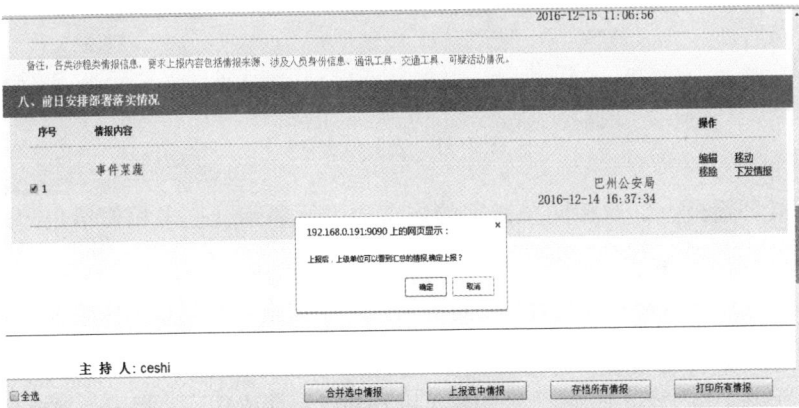

图 7-29　上报选中情报

打印所有情报：点击打印所有情报，可以将情报线索以 word 的形式打印出来。只显示有情报线索的分类，没有情报线索的分类不显示。

参会单位：每日要情中的参会单位，可以对参与情报线索的人员单位进行记录。拥有日研判会议纪要权限的用户可以对参会单位进行编辑，没有隶属于这个单位的用户，只能进行查看，不能进行编辑。如图 7-30 所示。

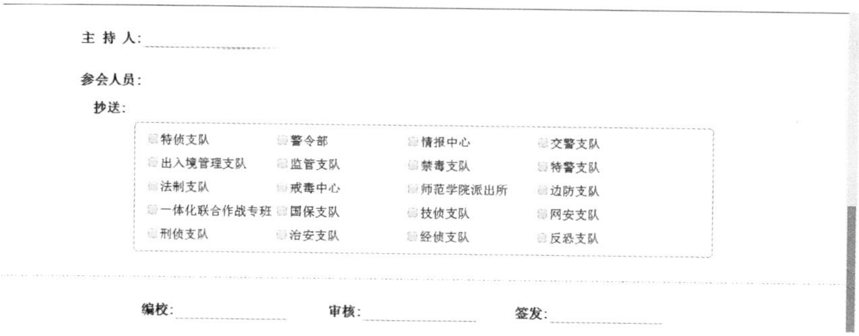

图 7-30　参会单位

表头：在每日汇总页面中加上文头，可以填写多少期每日要情。单位根据编报单位不同进行变动，其中每日要情的多少期默认显示当天日期，可以手动进行修改。如图 7-31 所示。

图 7-31　表头自定义

相似情报：含有相同关键字的线索会进行显示，点击相似情报，即可查看。

下发线索提醒：在每日要情页面下发一条情报，并填写工作要求进入下发页面填写内容，然后保存。

流转给哪个部门，哪个部门就可以看到。保存成功后，提示上报成功。

登录相应部门账号，双击查看刚流转的情报线索信息，进入情报页面，签收情报并回复，回复成功后提示流转成功。此时下发情报的单位在每日要情页面会有情报提醒，点击情报提醒，显示回复情报列表，点击查看情报，进入情报调度查看该情报的回复信息。进入情报页面，可以按层级查看回复。点击不再提醒，则该情报的所有回复都不会再有提示信息，当没有情报提醒时，右下角提示就不会显示。如图7-32所示。

图7-32　查看情报

历史要情记录：显示本单位研判情报的日期、数量，以及通过点击查看进行线索详情的读取。点击查看可以查看历史的要情记录，可以对情报线索进行相应的操作，其中的操作和每日要情一致。如图7-33所示。

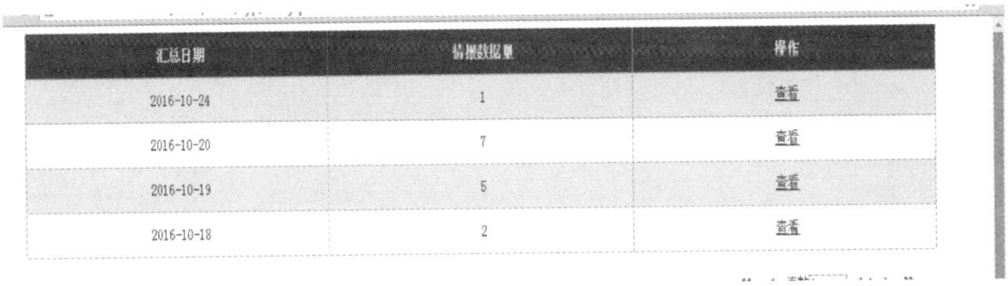

图7-33　历史要情记录

已存档要情：当用户隶属于日研判_历史存档查看权限组时，用户可以看到所有已经存档的要情记录。只有隶属于这个组的用户才可以查看。

（2）情报线索。如图7-34所示。

A. 审核。当用户属于审批组时，用户可以在情报线索主页面右上角看到审核按钮，点击该按钮可以对所有上报到草稿组的情报进行审核。只有审核通过的情报才能被本单位或者上级单位查看。如图7-35所示。

点击查看未审核情报，如图7-36所示。

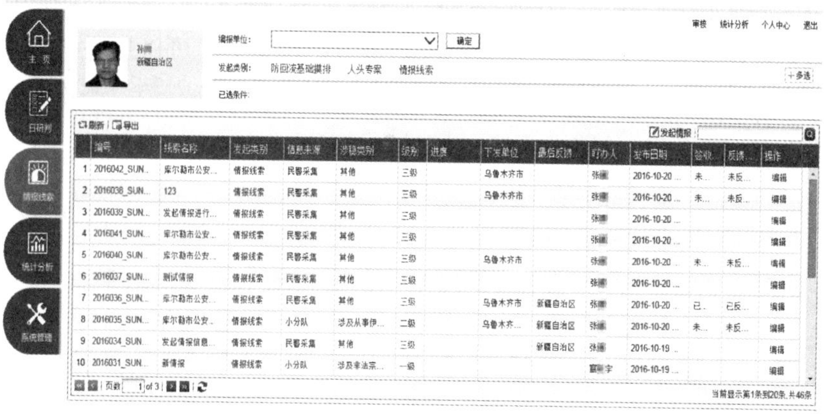

图 7-34　情报线索主页面

图 7-35　审核

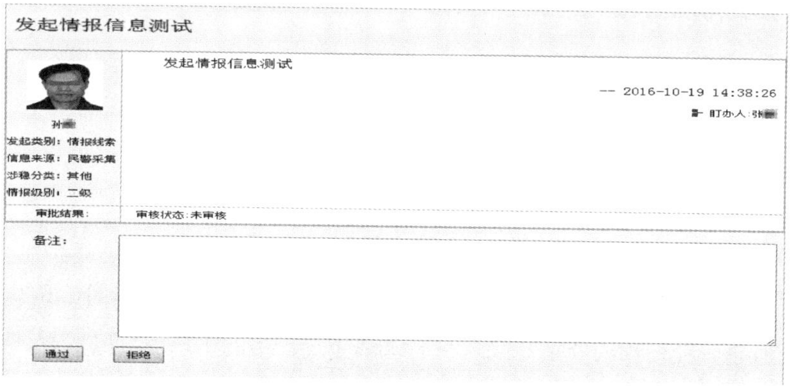

图 7-36　查看未审核情报

备注：输入备注内容（当通过时可为空）。通过：点击通过，则该情报显示在情报线索列表页面。拒绝：备注中填写拒绝原因。点击拒绝，该情报则不会显示在情报线索列表中。

B. 编报单位和发起类别。具有发起情报权限的单位可以在编报单位通过选择单位来查看该单位的情报线索。发起类别分为防回流基础摸排、人头专案、情报线索三类。根据分类可以进行情报线索筛选。如图7-37所示。

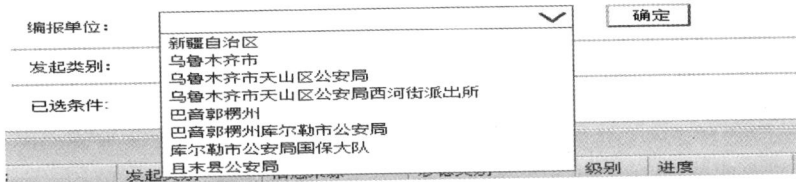

图 7-37　编报单位和发起类别

C. 刷新、导出、发起情报、搜索框。刷新：刷新当前情报列表。导出：把当前用户看到的情报，以 excel 文件格式导出。发起情报：发起一条新的情报。搜索框：输入关键字搜索相关的情报。

D. 情报列表。一级情报通过红色显示，二级情报通过蓝色显示，三级情报通过正常颜色显示。编号：显示用户上报的时间、单位上报数量、上报人。进度：显示发起情报的进展状态。盯办人：显示该情报的盯办人是谁。下发单位：显示流转接收单位，如情报 A 由甲单位流转到乙单位，则下发单位显示为乙单位。最后反馈单位：显示最后一条回复情报人所在单位。操作：具有研判权限的用户可以对情报进行编辑或者删除。

E. 情报详情页面。图7-38、图7-39是开启所有权限后的显示情况：

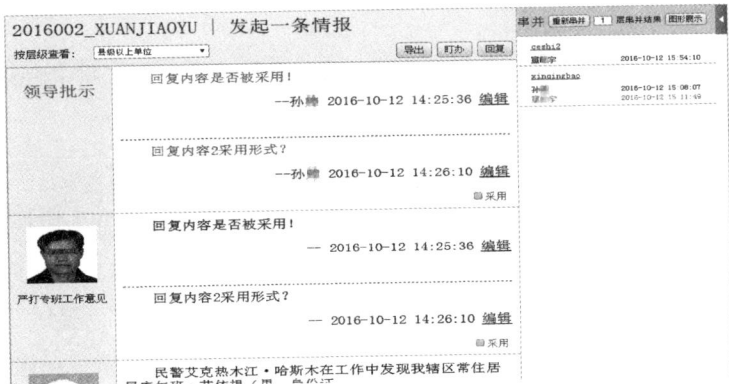

图 7-38　情报详情页面1

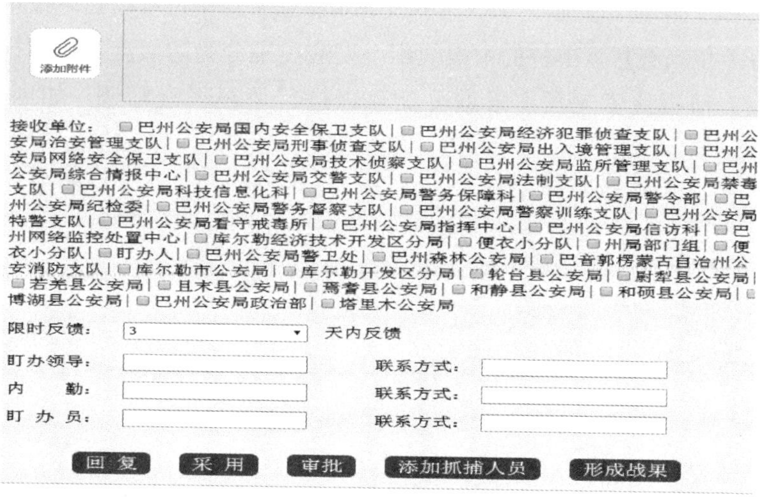

图 7-39　情报详情页面 2

　　a. 情报标题编号、导出和盯办。情报标题编号：显示情报标题和编号。导出：具有情报内容导出权限的用户在情报详情页面可以对此情报的内容进行导出。盯办：具有专班权限的用户可以在情报详情页面对情报进行盯办操作。盯办后由盯办人追踪情报。点击盯办，情报左上角显示红色（显示屏）的盯办按钮。如图 7-40 所示。

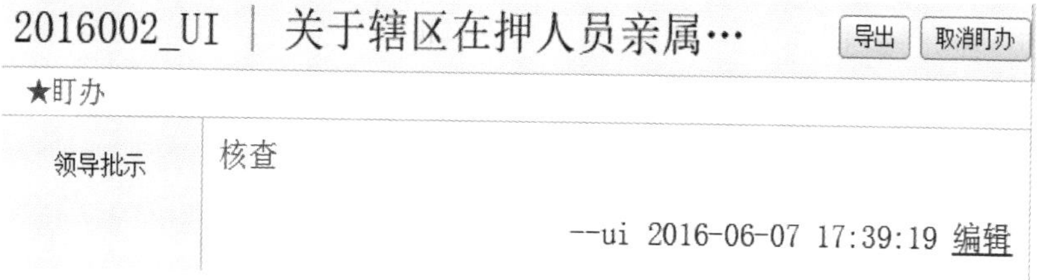

图 7-40　情报标题编号、导出和盯办

　　b. 串并。利用情报中的关键字进行情报串并。如果有串并的情报则会显示图形展示按钮，没有串并的情报不显示。点击图形展示，以图形方式展现情报之间的关系。如图 7-41 所示。

　　c. 编辑。具有部门管理权限的用户可以对本单位发起的情报和回复的情报进行编辑操作（情报的发起人也可以对自己发起的情报进行编辑）。

　　d. 关键字。直观显示出本条情报中的关键字，便于研判人员对情报信息进行快速研判。关键字以分类方式显示，如身份证不显示一串身份证号码，

而只是显示身份证三个字，点击它则可以查看具体的身份证号码。如图 7-42
所示。另外，点击右下角的导出按钮，可以将关键字以 txt 格式导出。

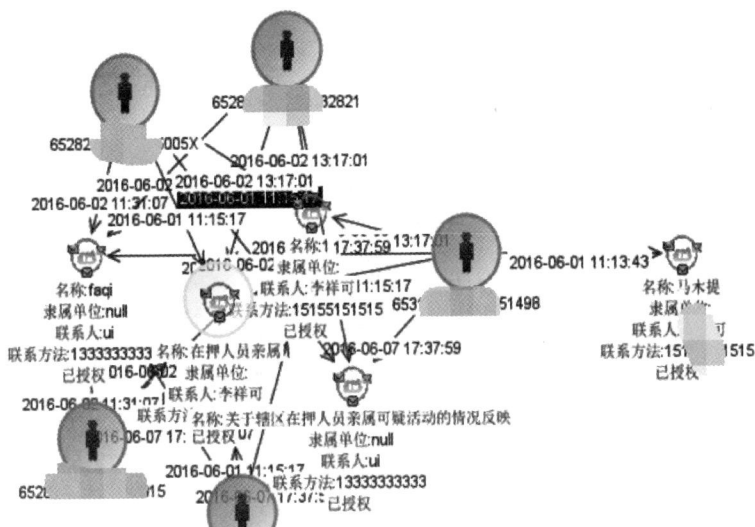

图 7-41　情报串并

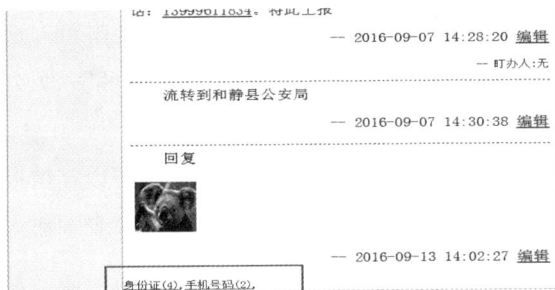

图 7-42　关键字研判

　　e. 领导批示。具有领导批示权限的用户对情报进行回复后会在情报页最
上方显示红色置顶的回复内容。

　　f. "一体化"平台专办工作意见。具有专办权限的用户在情报详情页面
进行回复后，回复的情报内容会直接显示在情报上方，并以"一体化"平台
专办字样进行标示。

　　g. 情报结果。具有"一体化"平台专办权限的用户可以对情报的结果
进行研判。

　　h. 备注。输入对情报回复时必须要输入的内容。

i. 添加附件。添加附件和图片合并在一个按钮中，点击该按钮可以对图片或者附件进行上传。

j. 情报流转。接收单位：具有流转权限的用户会在这里看到一个接收单位的字段，接收单位所显示的单位只能是本单位的同级单位和本单位的下一级单位，不能是下几级单位。勾选到需要流转的单位，在备注里面输入回复内容，输入盯办领导和联系方式、内勤和联系方式、盯办员和联系方式为必选项。点击回复按钮，可以把该情报流转到所勾选的单位。如图7-43所示。

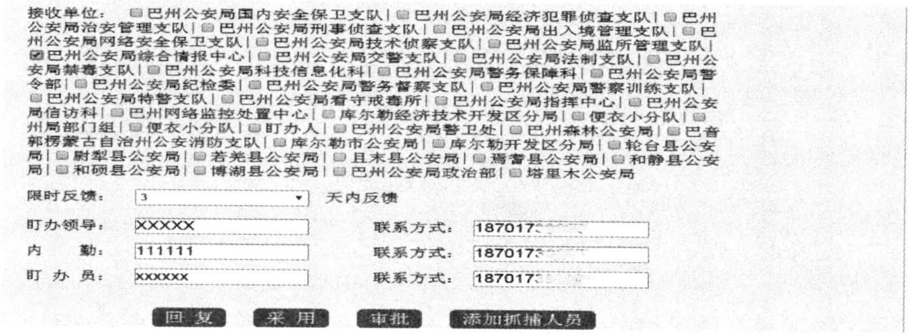

图7-43　情报流转

k. 限时反馈。具有"一体化"平台专办权限的用户可对情报进行限时反馈操作。在备注栏中输入内容，选择限时反馈的天数，点击回复，如图7-43所示。

l. 添加抓捕人员。具有抓捕人员权限的用户，可以在情报详情页面点击添加抓捕人员按钮，对情报中的嫌疑人进行抓捕。在表中输入抓捕人员的信息，点击确定，如图7-44、图7-45所示。

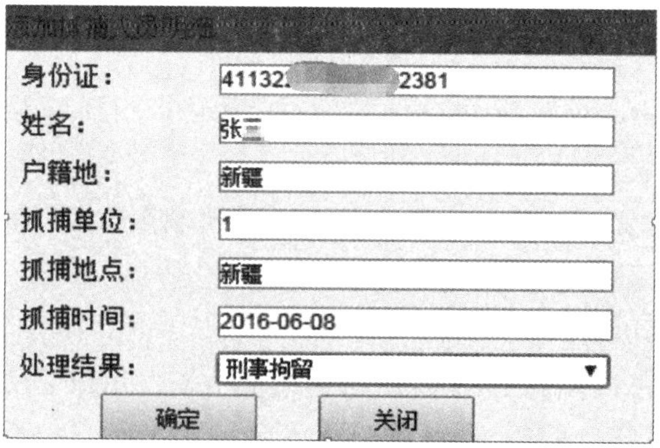

图7-44　添加抓捕人员

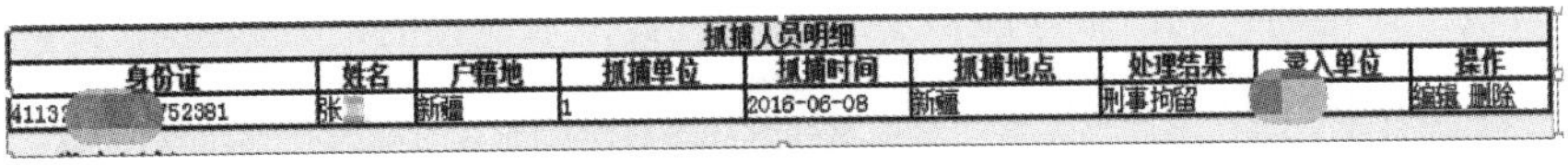

抓捕人员明细								
身份证	姓名	户籍地	抓捕单位	抓捕时间	抓捕地点	处理结果	录入单位	操作
41137 752381	张	新疆	1	2016-06-08	新疆	刑事拘留		编辑 删除

图 7-45　抓捕人员明细

同时还可以点击图中的编辑和删除按钮对添加的抓捕人员的信息进行修改和删除。

m. 按层级查看。按层级查看默认显示用户最后一次登录所选中的层级。如图 7-46 所示。

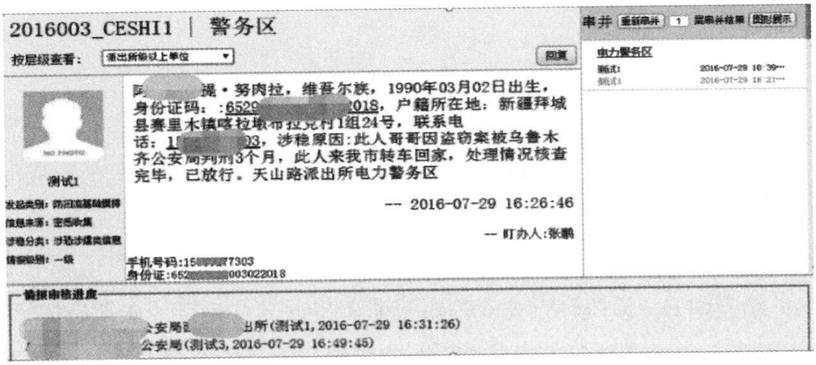

图 7-46　按层级查看

进入详情页，标题下方设有按层级查看选项。点击下拉选项可以查询页面数据。比如，选择县级以上单位（默认）页面的数据就会显示省、市、县数据流转到本单位的线索，点击签收后，可以直接回复。回复后，反馈状态为已反馈，签收状态显示为已签收。点击回复则直接跳转到回复框。流转同一条情报允许多次流转给同一单位，签收状态、反馈状态显示的是最新流转过来的数据信息。

派出所用户权限：进入详情页，没有按层级查看选项，只能看到情报流转到本单位的数据和回复的数据。

n. 采用情报。隶属于每日要情权限组的用户可以在情报详情页面看到一个采用的按钮，可以对回复的情报内容进行采用，采用的情报会直接显示在日研判中的每日要情的第八项中（支持批量采用，同一条回复情报本单位只能采用一次）。如图 7-47 所示。

o. 审批情报。当本单位开启审核后，具有审核权限的用户会在情报详情页面查看到一个审核的按钮，可以实现对本单位以及下级单位上报的情报进行审核，审核通过的情报才能被上级单位查看，未审核的情报只能在本单位以及下级单位进行流通。

图 7-47　采用情报

p. 形成战果。属于战果组的用户将在情报详情页面看到一个形成战果按钮，点击该按钮可以形成战果，也可以在情报筛选标签中筛选出战果情报。

q. 情报串并。系统会自动对情报线索中出现的关键字，如身份证号码、手机号码等进行情报线索的串并，系统将根据所选择的关键字在系统所有的情报信息中查找出相关的情报信息，辅助用户快速抓住战机。如图 7-48 所示。

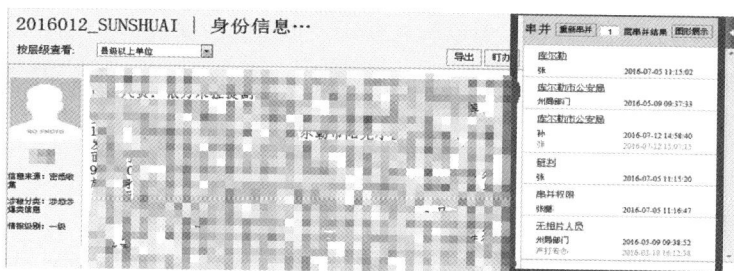

图 7-48　情报串并

r. 可视化分析。系统中串并的情报会显示图形展示按钮，用户可根据图形展示功能，在系统中开启情报数据可视化模式，进一步挖掘其中所隐含的关联关系。如图 7-49 所示。

s. 线索导出。具有情报内容导出权限的用户可以对情报线索以及流转回复等信息以文本的方式导出，便于线索的收集管理和保存研判。

导出的线索包含了以下内容：线索标题、简要案情、工作要求、反馈线索、研判意见。如图 7-50 所示。

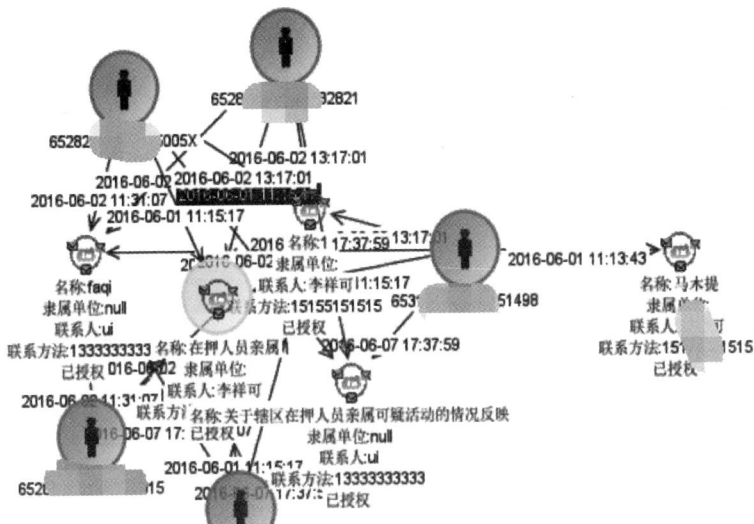

图 7-49　可视化分析

图 7-50　线索导出

（3）统计分析。统计分析可以通过配置报表战法等，根据统计需求，在项目中自定义配置相关报表战法进行相关数据信息的统计。

（4）系统管理。当进行每日线索研判时，会议账号显示的每日要情会在系统管理中展示，点击每日要情只能进行线索阅读，由主持会议的人员进行线索研判。此功能可以根据需要配置对应的功能模块显示在系统管理中。

第八章 大数据侦查数据查询

查询，也叫检索、搜索等，它是大数据侦查的基础操作。

一、大数据侦查数据查询的常见形式

大数据侦查中的查询可以分为三种：一是常规查询；二是警情查询；三是侦查查询。

1. 常规查询

常规查询是一种常态化的查询。完成信息采集后，需对相关信息进行常规查询。常规查询的内容包括以下几个方面：

（1）查户籍。就是查人。查人是侦查人员最基本的工作。通过部、省、市的人口信息系统核实确认被审查人的基础信息，必要时可以辅助查询驾驶员信息、出入境信息以及同户籍人员的相关信息等。

（2）查逃犯。就是对每一个被审查人员必须通过全国在逃人员信息系统进行核查，确认其是否是逃犯。如果是逃犯，就要进一步查其涉案情况、同伙情况、作案手段等，为下一步审讯提供依据和寻找突破口。

（3）查指纹。就是对每一个被审查人必须通过统配的信息采集仪采集指纹等信息，并录入自动识别系统和现场指纹系统进行比对，为审讯、破案和诉讼提供证据，同时也为数据库增容。

（4）查前科。就是通过全国违法犯罪人员信息库查询被审查人是否有前科劣迹等，为侦查和审讯提供依据。

（5）查车辆。就是通过全国被盗抢汽车信息库和交管信息系统对涉案汽车信息进行查询，可以从人到车、从车到人获得更多的信息。

（6）查物品。如果发现被采集人员随身携带的物品疑似作案工具、赃物或其他可疑物品的，可先到执法办案系统中查询并判断是否为已发案件中的损失物品。如未发现，可照相保存，并注明详细情况。

（7）查电话手机。通过综合信息查询系统—业务查询—电话业务，根据检索说明输入关键词进行查询，但该系统数据更新不及时；可以登录派综系统—对外信息查询—电话号码进行查询；可以通过公安情报信息综合应用平台—全文检索：输入手机号码、电子串号等检索词进行检索；可以通过公安信息网搜索引擎：输入手机号码、电子串号等检索词进行检索；等等。

（8）查 DNA。将采集到的 DNA 生物检材样本及时送检入库比对。

2. 警情查询

警情查询是根据警情需要进行的一种查询。进行警情查询应把握以下方面：一是实时上省、市内网各主要网站查询采集各类警情动态，并综合研判。通过大数据平台重点人员管控子系统对重点管控人员实施动态掌控，有效预防、制止各类犯罪。二是要掌握查询警情的方法，尤其是"110"报警平台中案件录音的查询听取方法。三是要掌握定期上网查询采集各类案件、各类嫌疑人员和物品的方法。如通过警综平台查询人员身份、资料、状态、生理特征、活动轨迹等信息；在嫌疑人已被抓获的情况下，能运用跨区域协作平台调取嫌疑人前科、户籍和笔录并对其综合应用分析。四是要掌握通过各大系统查询相关基础信息的方法。如查询常口信息、暂口信息、派综亲属信息、出租业信息、驾驶员信息、公积金信息、境内外旅客住宿信息、违法刑拘在逃人员信息、有线电视用户信息、电力用户信息、医保人员信息、在校初高中生信息、大学院校毕业生信息、上网人员信息、水气煤电信息、教育电话信息、航班出入境信息等。五是要掌握旅馆业信息查询应用方法。根据全国旅馆联查系统，查询有关人员的住宿记录，下载相关信息并分析研判。六是要掌握涉案手机串号、电脑 MAC 的查询提取方法。七是要掌握根据探头位置查询视频编号或根据视频编号找到探头位置的方法。同时会下载、查看视频、校对时间；懂得小区监控、社区监控、交警监控及高速路监控的比对查找。八是要掌握全球卫星定位资源的调取、查看和分析运用方法。九是要掌握卡口信息的碰撞比对分析方法。十是要掌握电信资源应用的基本方法。如基站的测试、中标数据的查询、话单的分析、新号的查找等。十一是要懂得银行账户资料的分析，银行视频资料的时间校对、下载和查看。十二是要懂得使用一级平台对案件进行串并。十三是要懂得运用人脸识别系统。如利用所提供的照片，通过人脸识别系统确定人员身份。十四是要掌握利用互联网信息侦查的基本方法。如懂得使用风搜平台，懂得利用 QQ战法，懂得利用 IP 获取方法，懂得利用互联网搜索引擎。

3. 侦查查询

侦查查询是开展侦查活动中的查询。进行以下侦查活动时，应当利用有关信息数据库，查询、检索、比对有关数据。一是核查犯罪嫌疑人身份的；二是核查犯罪嫌疑人前科信息的；三是查找无名尸体、失踪人员的；四是查找犯罪、犯罪嫌疑人线索的；五是查找被盗抢的机动车、枪支、违禁品以及其他物品的；六是分析案情和犯罪规律，串并案件，确定下一步侦查方向的。

二、查询中的基础研判

当然，查询的过程伴随着数据信息的研判。这些研判不同于数据分析。这些研判通过是靠人力进行的一种基础研判。包括：

（一）值班备勤时的研判

值班时有警接警，但无警时不等于无事可做，值班领导与民警必须使用以下方法进行研判。

1. 高危分析布控法

值班人员每晚通过旅馆信息系统检索入住的高危地区人员，分析确定此类人员的主要作案手段，安排旅馆业主、从业人员或布控在旅馆周围的治安耳目、信息员重点注意其出入时间、交往关系、携带物品等，从中发现作案嫌疑人。

2. "守株待兔"伏击法

对本地旅馆住宿人员进行研判，在提炼出高危地区的人员后，结合布控得到的信息，分析有重大作案嫌疑后主动出击相关旅馆，伏击守候，抓获犯罪嫌疑人。

3. 同类案件查析法

针对本地未破的挂牌案件、重特大案件，值班人员根据案件中一些固有的个性特征等犯罪要素，利用公安部搜索引擎，结合警务综合信息系统中的接报案件信息，与全国各地案件进行串并后，不断搜索同类型案件的破案信息，捕捉可用信息，以求突破。

4. 重点人员觅迹法

值班民警查询本地不够条件上网的涉案人员、布控人员或脱离控制的刑嫌人员、被取保候审的犯罪嫌疑人，在外地的暂住、旅馆住宿情况，发现其活动轨迹及规律，了解其活动，进一步研判其动向，分析有无继续作案可能。

5. 定时定位布控法

值班人员根据情况，在特定时间对易发生特定案件的地点进行布控，发现违法犯罪线索，直接抓获犯罪嫌疑人。

6. 特定人员刨根法

上网查询有相对可疑因素的特定人员，尤其对多次被盘查人员在盘查地点出现的理由、携带物品特征进行了解；对经常入住旅馆或年龄较小的本地人员入住宾馆的理由进行查询，特别关注前科劣迹人员和无正当职业的人员，从中发现违法犯罪现索。

7. 他山之石攻玉法

值班人员对周边地区当日通报的被抓获的犯罪嫌疑人开展反向查询。如发现在本地有活动轨迹，有证据证明有在本地作案的可能，即与抓获地警方联系，通过手机等通话情况分析行踪，追踪到抓获的犯罪嫌疑人是否为本地案件中的犯罪嫌疑人。

（二）接处警后的研判

每一次接处警，都是对每一起案件侦查的开始。接警后，如何利用现有资源进行查询、研判，发现线索，要求侦查员在接处警后，立即通过以下方法上网研判。

1. 同类案件串并法

通过警务平台和搜索引擎结合作案手段、现场遗留痕迹等对本地、外地发生的同类案件进行串并，明确系积案还是现案，是流窜作案还是本地人作案。分析外地人在本地作案以及本地人作案、本地人外出作案等各种可能性，从中发现线索。

2. 被盘查人员查询法

通过警务系统查询在现场附近多次被盘查过的人员，从中发现在非正常时间经常在现场附近出现的可疑人员。

3. 广布图像辨认法

接报案件后，充分发挥社会面监控的效果，调阅案件周边公共娱乐场所、金融单位、企事业单位、路边店、道路等方方面面的监控，通过对案发现场周围可能进出的重要路段、部位的监控调取分析，以此来判断、确定作案的嫌疑人。再将嫌疑人的图像数据上网公布，组织基层所队的民警、联防队员、信息员、村组干部、治安积极分子及广大人民群众等对嫌疑人进行辨认，从中发现犯罪嫌疑人，破获案件。

4. 空中信息比对法

发生案件后对一些案件被盗的手机或一些案件嫌疑人使用的手机通话情况进行分析研判，对通信信息进行比对，确定案件发生时间段中嫌疑人所处的位置，判断嫌疑人所在范围及逃跑方向、位置，并对其进行抓捕，从而破获案件。

5. 网络地址监控法

对相关嫌疑对象使用的 QQ、微信等网络联系工具进行网上跟踪，查明其 IP 地址，直接进行抓捕。

6. 预防布控制导法

根据现行案件，通过专题研判，收集案件方方面面的线索、信息，研判出案件发生的规律、特点以及犯罪分子下一步可能侵袭的范围和目标，组织、指导、参与派出所在易发案地区和重点部位进行检查、巡逻、蹲点、守候，防范和打击犯罪，甚至直接抓获犯罪嫌疑人。

7. "顺藤摸瓜"锁定法

通过对已知犯罪嫌疑人条件的综合查询，扩大查询交往人员研判活动轨迹，由此摸排出全部犯罪成员，为将他们一网打尽提供条件。

8. 网上布控缉查法

对有作案嫌疑但现有条件不够上网人员，通过警务系统进行网上布控，一旦觅得踪迹，立即采取抓捕措施。

（三）抓获嫌疑人后的研判

抓获犯罪嫌疑人后，侦查人员应立即通过采集基本信息、查询活动轨迹等方式研判嫌疑人违法犯罪的范围、同伙动向等，进一步扩大线索，为深挖案件、抓获同案犯提供条件。

1. 基本信息碰撞法

抓获作案成员后，立即将其照片、指纹、血样等采集上报，以与其他单位的案件进行比对。特别是发挥指纹自动识别系统快速、精确、高效的优势，网络传输、实时自动比对，不仅极大提高了比对效率和精确性，也提高了指纹比对技术服务实战的水平。

2. 随身物品反查法

将抓获的作案成员随身携带的物品与网上的布控物品相比对，如手机、首饰、衣物等，从中发现其他单位布控的赃物，扩大破案线索。

3. 逆向研判追踪法

根据抓获的流窜犯罪嫌疑人，反过来查询其以前的活动轨迹，对过去的旅馆住宿情况、网吧上网情况、暂住人口登记情况等进行研判，通过对住宿旅馆、房间、入住及退房的时间、地点、前后方向等，逆向查询研判，追缉所有作案同伙，深挖余罪，扩大战果，破获一批外地案件。

4. 前科劣迹反查法

充分运用网络，对外地或本地的违法犯罪人员的前科劣迹进行查询。一是进入本局档案系统，查询其在本市的违法犯罪情况；二是进入全国违法犯罪人员库查询有无服刑情况；三是进入其户籍所在地城市综合查询系统，查询其是否为前科劣迹人员；四是通过查询其曾经住宿的城市的综合查询系统或案件系统，查询有无违法犯罪情况。主要查询作案手段、处理结果等。对于隐瞒前科的累犯或多次作案的前科劣迹人员要从重从严处理。

5. 人居交叉锁定法

对抓获的作案成员在本市的落脚点迅速予以检查，对曾经的落脚点也详细查询、了解，结合其携带物品情况进行查证，发现更多的案件线索。

6. 一地多案倒查法

通过对已破案件的作案特点进行分析，对发生在同一地点或同类地点的同类案件进行串并，突破犯罪嫌疑人心理防线，带破串案。

7. 循线追踪缉控法

对一些特定团伙案件人员，当公安机关抓获部分犯罪嫌疑人后，及时借助于警务综合信息系统和公安网络资源，对各类人员，尤其是被抓获人员的同行人员、老乡等的暂住地、入住旅馆、从业地等落脚点进行检索和研判，从中发现其余犯罪嫌疑人藏身地点，力求在其逃跑之前将其抓获，从而突破案件。

（四）基础工作中的研判

信息研判在基础工作中发挥的作用，不是简单地将基础数据录入系统或进行查询，而是侦查工作的延伸。侦查人员应当通过以下方法对基础工作的相关数据进行研判，调控刑嫌、物建隐蔽力量、控制阵地，发现线索。

1. 刑嫌定向追踪法

对重点刑嫌人员住宿、从业、暂住等情况进行查询，深入摸排走访，综合研判，发现异常，同时辅以隐蔽力量控制，从而发现违法犯罪线索。

2. 暂口集聚建情法

针对同一地区暂口在本市的暂住地有一定集中性、从事行业基本特定、相互之间有一定了解的特征，在网上查询其暂住集中地和从业场所，从中物色能为我所用的外来人员为特情，了解控制特定暂口群体的情况。

3. 从业人员统析法

通过警务系统对某一特定行业的从业人员进行统计分析，对行业场所的位置、从业人员户籍地、暂住地、前科劣迹等进行查询，从中物建相关人员为特情，尤其是外来人口中的灰色特情。掌握这些人员在行业场所中的动态，获取情报信息。

4. 二手物品溯源法

通过对典当、二手物品收购行业的布控及数据查询碰撞，从所典当、销售的二手物品中发现赃物，从而以物找人，是我们当前通过阵地控制研判案件的重要手段。

三、蓝灯数据查询

下面以蓝灯 iTap 数据情报分析平台数据查询为例，介绍大数据侦查数据的具体查询。

（一）蓝灯公安数据认定

公安数据十分庞杂，蓝灯公司认为应从数据本身、数据体系、数据体系框架三个方面认识公安数据。

一是公安数据信息本身。公安数据信息由各级公安机关自行定义，来源渠道多样，种类繁多。（详见本书第二章、第三章）

二是公安数据信息体系。即以某一标准对公安数据信息的分类。对公安信息数据的分类标准不一：有的把公安信息数据简单地分为人、地、事、物、组织几类；有的从社会管理的角度把公安信息数据分为人、案件、物品、地址、机构几类；有的从打击犯罪的角度把公安数据信息分为人、案件、物品、证据、线索、时间几类。

蓝灯公司认为，把公安信息数据分成人、物、组织、时空、行为这几类比较科学。人分为管理对象、管控对象和警务人员等；物分为物品、证物、痕迹等；组织分为社会组织、社会机构、涉案机构或组织、警务机构等；时空分为时间、地点和虚拟空间等；行为分为社会活动行为、违法违规行为和行政执法行为等。

三是公安数据信息体系架构。所谓公安数据信息架构是指众多公安数据信息体系之间的关联，从而构成一个公安数据信息系统。

下面以人、物、案件相互关联为例，揭示所涉及的细化要素之间的关系。如图8-1所示。

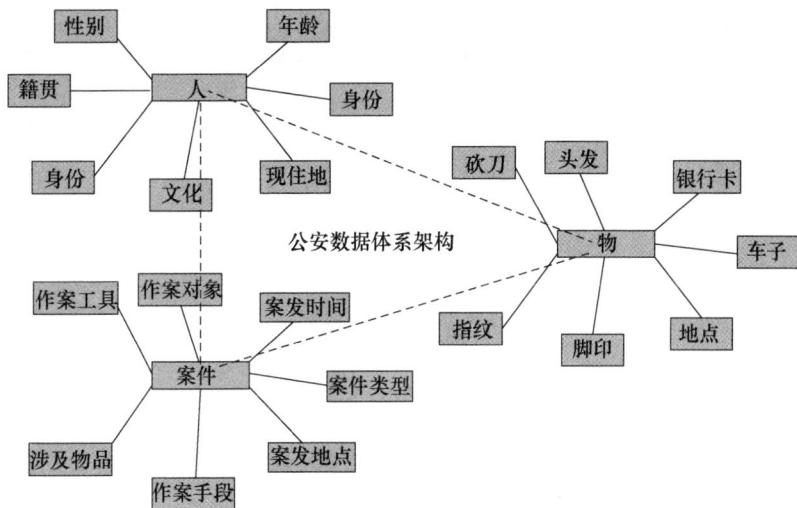

图8-1　公安数据体系架构

（二）蓝灯 iTap 数据情报分析平台查询功能介绍

蓝灯 iTap 数据情报分析平台设置了对象与事件查询功能栏。

1. 对象

对象栏是一个多元化的综合查询栏。此栏类似于百度搜索，查询时可按预先配置的人、车等对象进行查询。查询快速简捷，功能强大。该查询包括全景通查、批量查询、同音查询、模糊查询、关键字查询等查询方式。而且检索结果能支持二次查询、图形展现与碰撞、一键关系扩展、外省数据联查、数据压缩显示等。该查询还可以将查询所得的数据导出，生成研判报告，帮助决策部门进行决策。

对象栏操作：平台中的对象栏具有多种智能化功能。下面以全功能搜索为例进行说明。图8-2是按实体对象查询配置的相关战法。图中的数字为符合该战法的数据。用户可以根据需要，将对象配置为用户经常使用的战法，这样便于快速熟悉和使用。而且，该平台还具有请求外地资源支持功能。

图8-2　对象

如图8-2中的猜你需要表示登录用户常用的战法资源。点击猜你需要可以一键选择用户常用的战法资源，最高上限为20种。

高级查询如图8-3所示。

图8-3　高级查询

勾选同音查询，在搜索栏中输入账号，点击查询，此时查询出的结果就是和账号同音的所有资源数据。如图8-4所示。

　　数据量限制表示查询结果所需要显示的数据条数。当查询的结果超过100 条时，只显示 100 条该资源的数据。

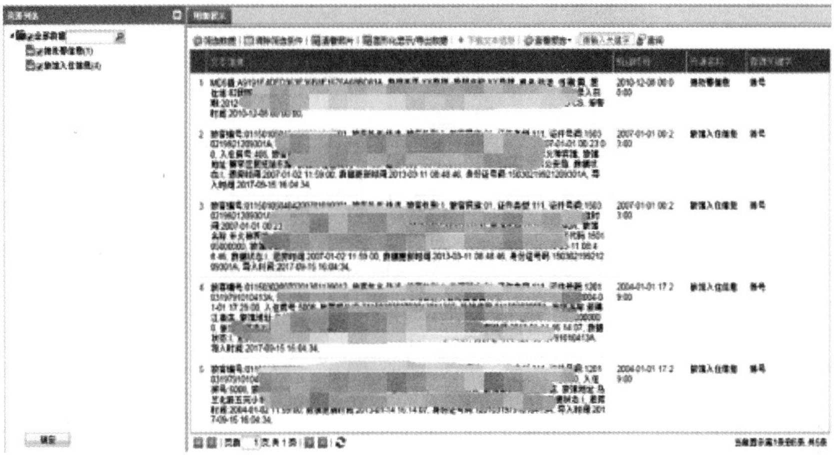

图 8-4　查询结果

　　智能化搜索栏支持同音查询、模糊查询、关键字查询等多种查询方式。比如，只知道一个姓张的人，可以在搜索栏中输入张字，勾选模糊查询，选择要查询的资源，点击查询，查询结果如图 8-5 所示。左侧显示含有查询信息的战法资源种类和每种资源的数量，右侧显示详细资源信息。

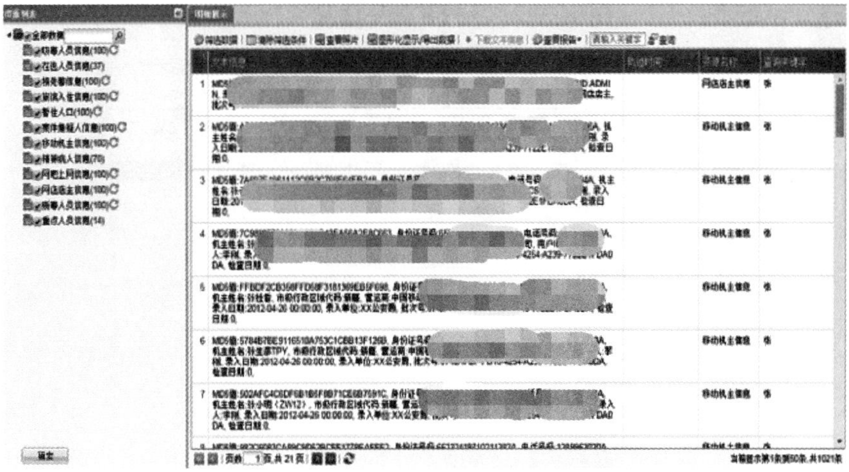

图 8-5　查询结果

　　点击左侧的战法资源任意种类，在右侧就会跳出显示选中的资源详细信息。比如，选中左侧的吸毒人员查获信息，右侧单独页面就会展现吸毒人员查获的数据详情。如图8-6所示。

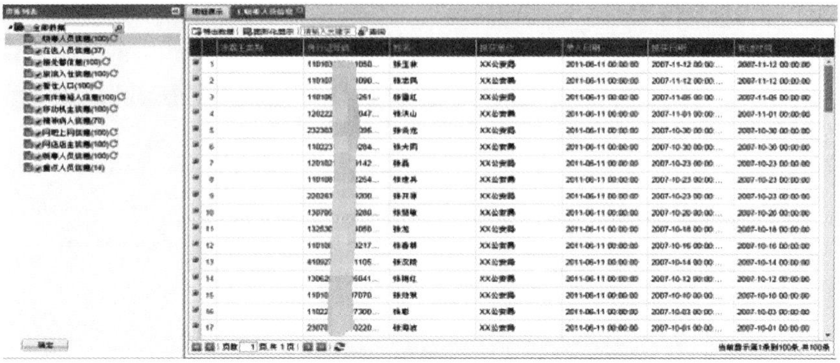

图8-6 战法资源种类

点击导出数据按钮，可以将此类信息以excel格式导出，便于研判人员对信息进行整理分析。

点击图形化显示，选择需要预览的实体类型，点击生成图形，该数据资源以图形展示。如图8-7、图8-8所示。

点击页面的明细展示，则跳转到查询结果展示页面。如图8-9、图8-10所示。

点击筛选数据选择筛选条件。比如，想要筛选嫌疑人中有无张某的数据信息，可点击数据类型中的嫌疑人，在右侧添加实体类型后，在嫌疑人全名中输入张某即可筛选出此嫌疑人的数据信息。如图8-11所示。

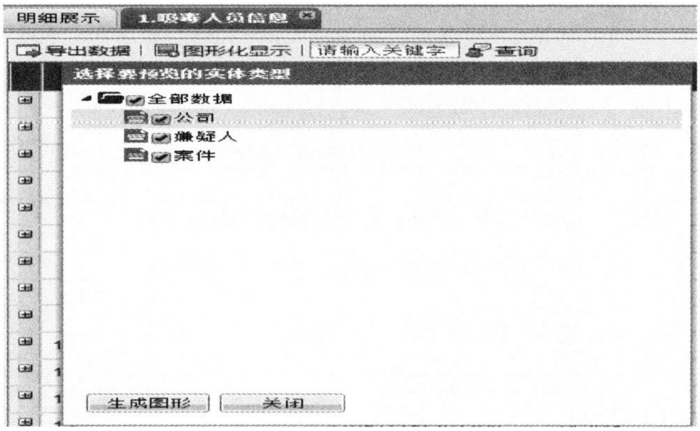

图8-7 生成图形

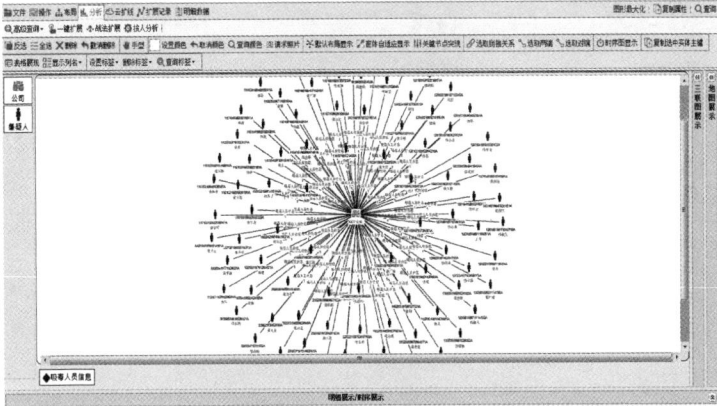

图 8-8 图形化展示

图 8-9 明细展示

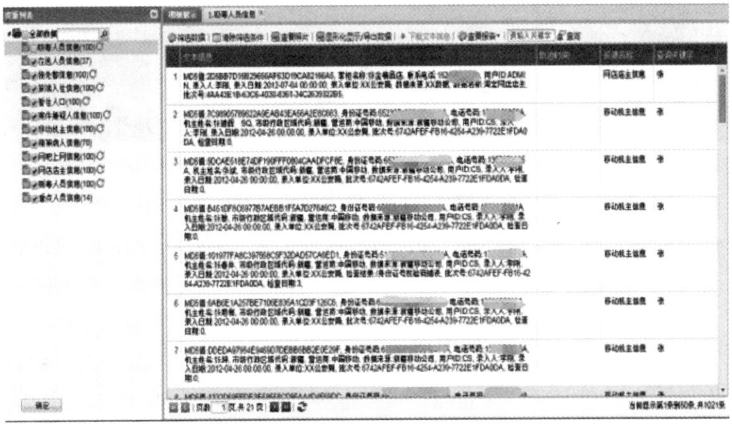

图 8-10 查询结果

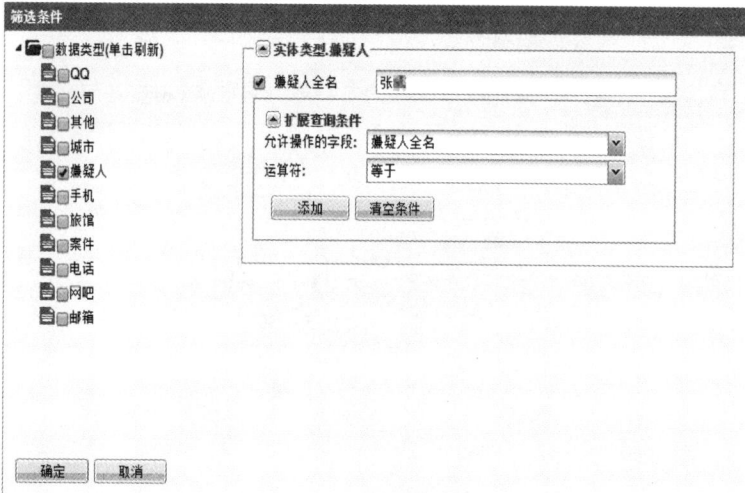

图 8-11　筛选条件

点击清除筛选条件，即可恢复到最初的结果展示页面。

点击查看照片，可以查看到符合资源信息人的照片。点击图形化显示/导出数据可实现图形化显示并将数据导出。点击下载文本信息可查询到数据明细，并以文本的格式下载到本地。查看报告可向用户展示全息档案。

批量查询：当需要查询的数据比较多时，可在平台上进行文本批量查询。文本批量查询支持直接拖动文件进入批量查询文本框内，也可以通过点击 txt 图标进行文件选择。如图 8-12 所示。

图 8-12　批量查询

对象模块支持通过选择单一战法资源进行直接查询。比如，选中人_常住人口,点击，如图 8-13、图 8-14 所示。

在查询区域，输入查询的内容，点击查询即可查询出相关的资源数据。页面上方的自定义战法表示的是所创建的战法资源和所选中的资源的数据信息在同一张表中。若是如此，就会在上方显示出来。此外，也可以选择其中的战法资源进行数据信息的查询操作。如图 8-15 所示。

图 8-13　单一战法资源

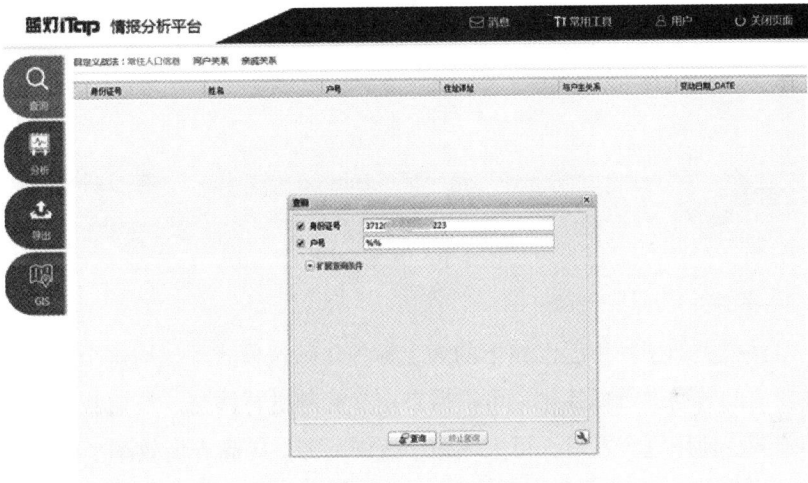

图 8-14　单一战法资源查询

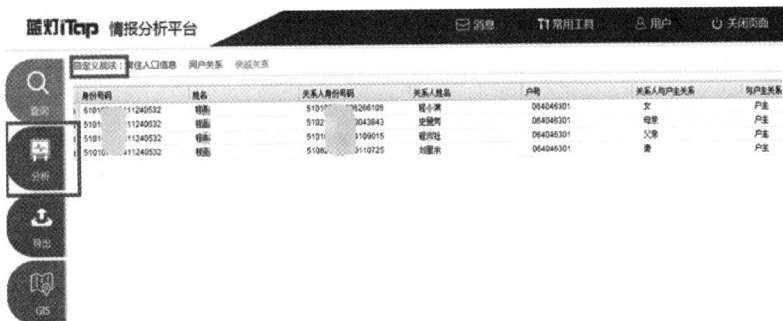

图 8-15　查询结果

点击分析则跳转到图形分析页面，如图 8-16 所示。点击导出，可以导出查询的数据。点击 GIS 可以在地图上展示此人所在的具体位置信息。

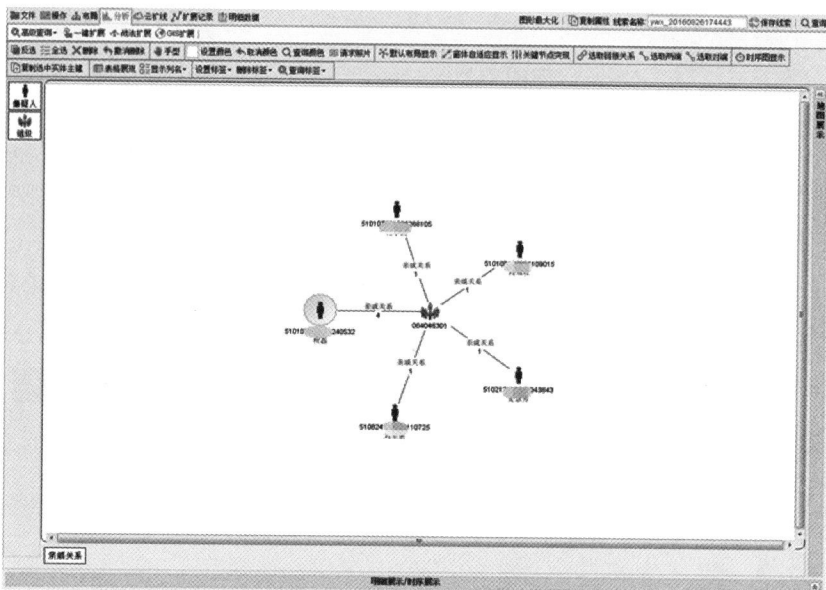

图 8-16　图形分析

2. 事件

事件栏类似于阿里巴巴旗下的淘宝标签化筛选模式。使用这个栏目可将案件要素的数据进行标签化，可根据自定义标签进行筛选，快速找到符合条件的资源。使用这个栏目，可大大缩小查询范围，提高查询效率。如图 8-17 所示。

图 8-17　事件

　　功能操作：根据需要选择合适的标签。比如，如果需要查询男性吸毒人员的具体信息，就可以选择男人、吸毒人员两个标签点击执行查询。这样就可以查询到符合条件的男性信息。如图 8-18 所示。

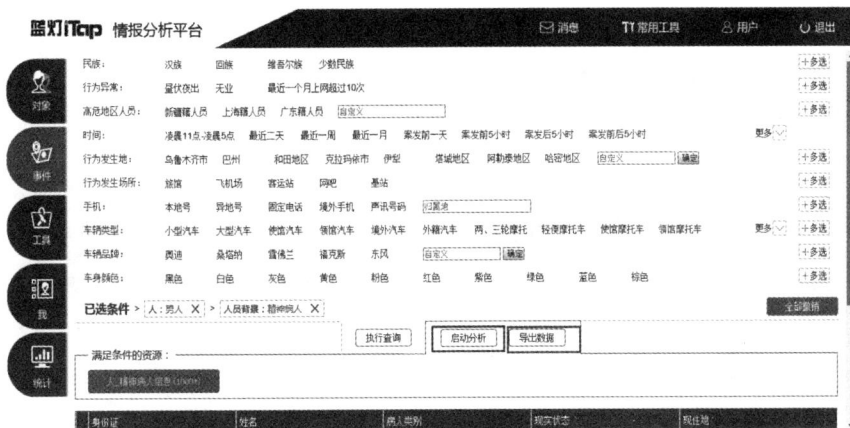

图 8-18　功能操作

　　点击启动分析，跳转到图形分析页面，用户可以根据图形进行直观的研判。如图 8-19 所示。

　　点击导出数据，即可将满足条件的资源下载到本地供用户进行数据管理、研判和分析。

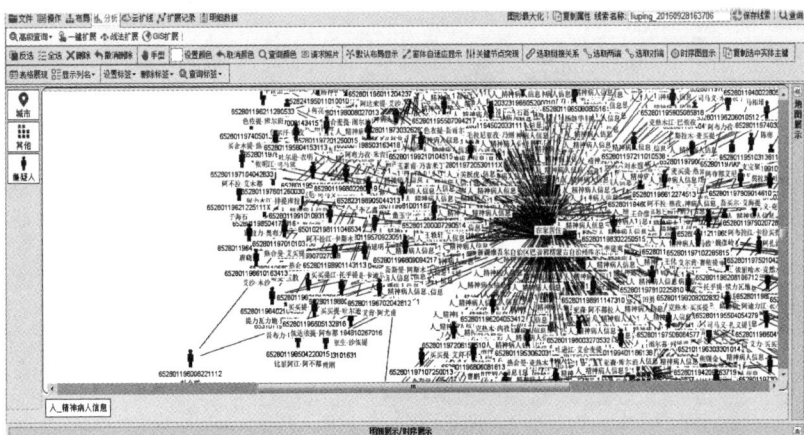

图 8-19　图形分析页面

（三）单资源查询

单资源查询是一种战法查询，可以通过后台战法管理功能创建，通过配置实体关系和查询界面来管理。

操作时，选择要查询的战法，在战法查询框中根据查询字段来设置要查询的条件，然后点击查询，查询到的数据会显示在下面的框中。中止查询是停止当前的查询。如图 8-20 所示。

图 8-20　选择战法

可以将查询出的数据以图形关系图展现出来。如图 8-21 所示。

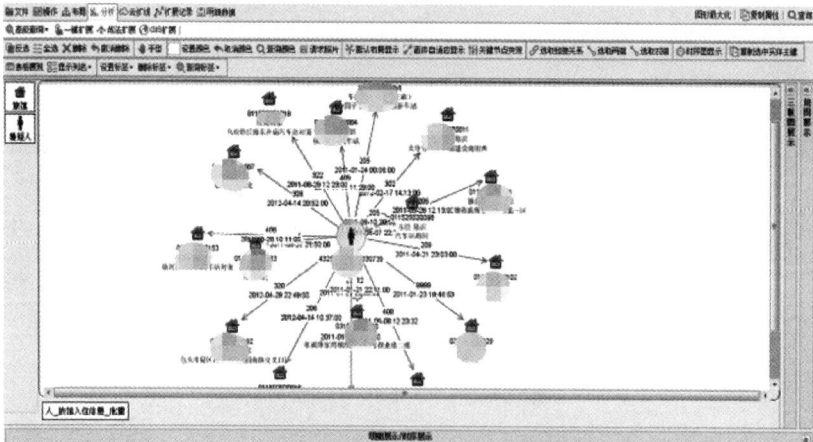

图 8-21　图形展现

点击最左侧图标，可隐藏所选择的对象。通过该操作可控制输出对象的结果展示。

　　根据主键字段选择要保存的实体集合。主键字段是选择添加实体的主键，集合容器是保存一个或多个集合的容器，集合名称是要输入一个需要保存的集合的名称，点击全部添加至集合，弹出"操作成功"的提示则表示操作正确。如图8-22所示。此外，也可选中要保存的某一行，点击添加选中到集合，弹出提示"操作成功"的提示则表示操作正确。

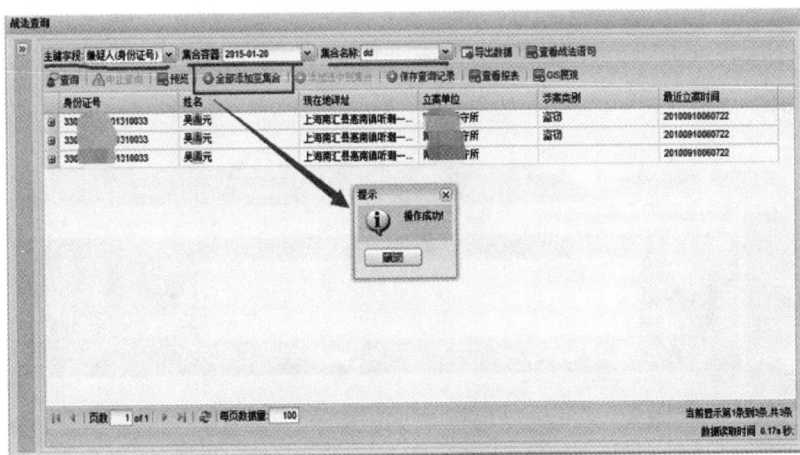

图 8-22　添加至集合

　　点击导出数据按钮，将查询出的所有数据以表格的形式导出，会弹出一个文件下载的提示框。选择打开，则会打直接打开该文件；选择保存，则会保存到指定路径；选择取消，则取消当前导出操作。如图8-23所示。

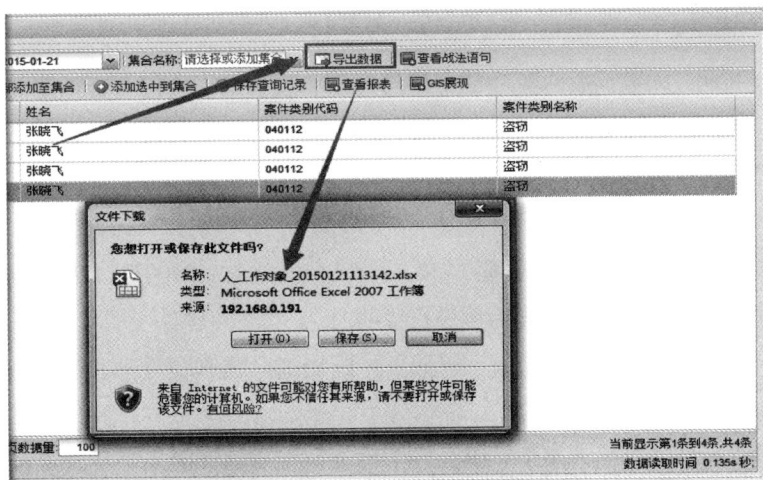

图 8-23　导出数据

（四）多资源查询

对象功能栏融入了多元化多资源综合搜索功能，可按预先配置的人、车等实体对象进行快速查询，可以实现全景通查、批量查询、同音查询、模糊查询、关键字查询等多种查询方式。而且，检索结果支持二次查询、图形展现与碰撞、一键关系扩展、外省数据联查、数据压缩显示等。此外，还可将查询所得数据导出，生成研判报告，帮助决策部门分析决策。

前台对象界面如图 8-24 所示。

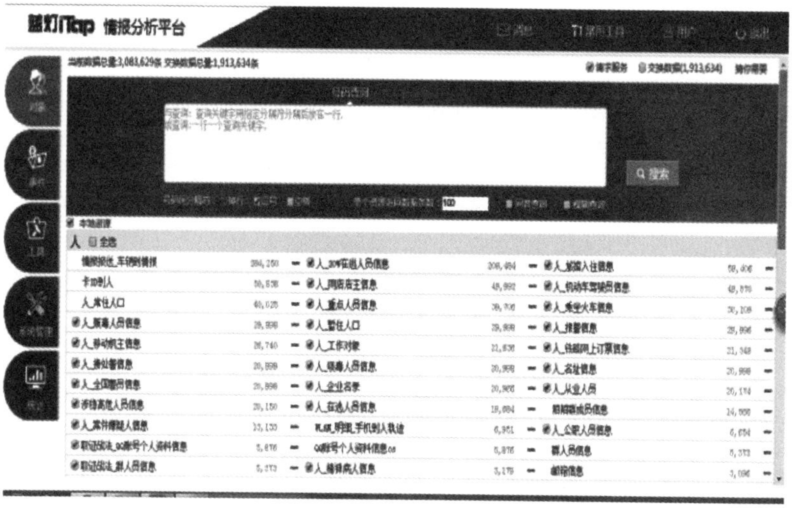

图 8-24　对象界面

查询框：大数据版对象功能支持与查询和或查询，所谓与查询是将查询关键字用指定分隔符分隔后放在一行；或查询是将查询关键字一行一行地显示出来。

与查询和或查询，可根据提示字段进行操作，以 410421××××0126451×（有数据的证件号码）和 340122××××11040033（无数据的证件号码）这两个身份证号码为例进行说明。

与查询：同行输入两个查询号码，中间用逗号隔开，点击查询，结果为空。如图 8-25 所示。

或查询：分行输入两个号码，点击查询，查询结果展示了有数据的证件号码的相关记录。如图 8-26、图 8-27 所示。

图 8-25 与查询

图 8-26 或查询

图 8-27 分行查询

请求服务：查询八大库数据。

交换数据：查询外省市数据。

猜你需要：登录用户常用的战法资源，点击可以一键选择用户常用的战法资源，最高上限为 20 种。

同音查询：在搜索栏中输入账号，点击查询，此时查询出的结果就是和账号同音的所有资源数据。

模糊查询：例如，只知道一个姓张的人，可以用两种方式查询。

第一种方式：可以在搜索栏中输入"张%"，选择要查询的资源，点击查询，如图 8-28 所示。

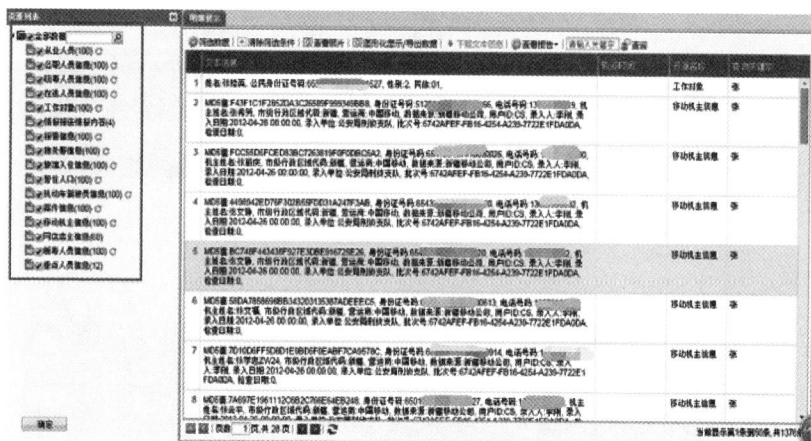

图 8-28　查询结果

左侧资源列表会有数据量限制，数据量限制表示查询结果所需要显示的数据条数，默认显示 100 条。也就是说，当查询出的结果超过 100 条时只显示 100 条资源的数据。

第二种方式：查询框中输入"张"，勾选模糊查询，点击查询，如图 8-29 所示。

图 8-29　查询结果

详细信息：点击左侧的战法资源种类，在右侧就可以只显示选中的资源信息。如选中左侧的从业人员，则右侧只显示从业人员的数据详情，可点击

+ 、 -按钮扩展、收敛详情。如图8-30 所示。

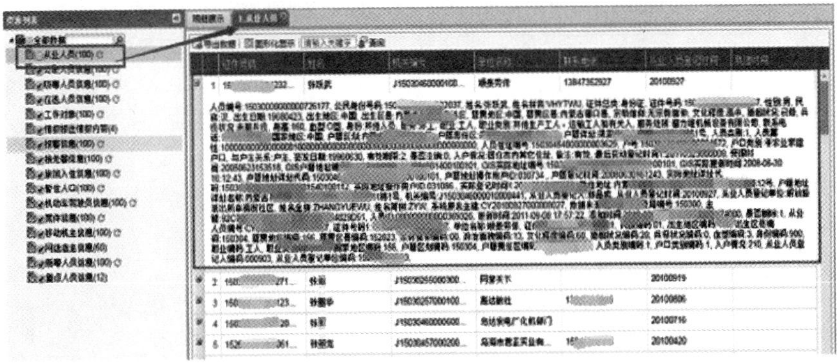

图 8-30　详细信息

导出数据：点击导出数据，可以将此类信息以 excel 格式导出，方便研判人员对信息进行整理分析。

图形化显示：点击图形化显示，选择需要预览的实体类型，点击生成图形，该数据资源以图形展示。如图 8-31、图 8-32 所示。

输入关键字：如在输入框中输入"网游天下"，会对查询结果做筛选。如图 8-33 所示。

明细展示：点击页面的明细展示，则跳转到查询结果的展示页面。如图 8-34所示。

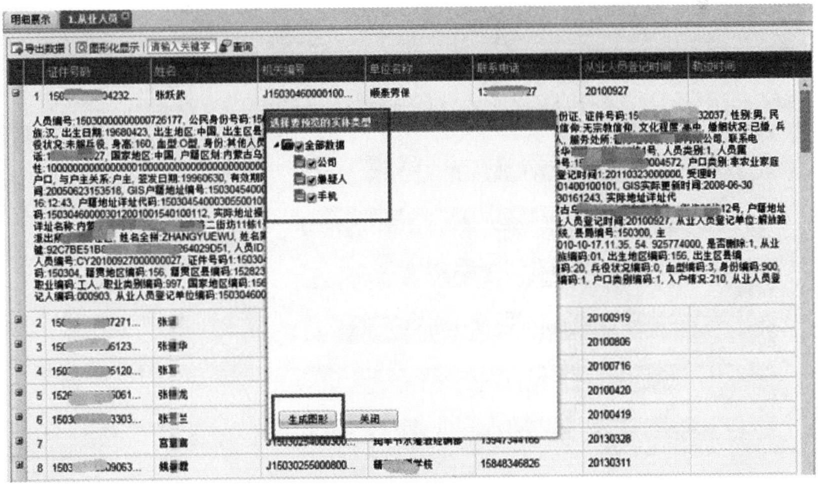

图 8-31　选择实体类型

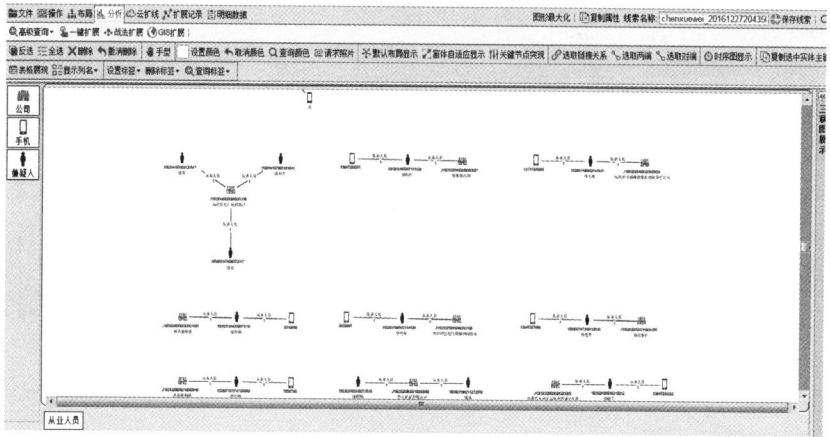

图 8-32　图形化显示

图 8-33　输入关键字

图 8-34　查询结果

筛选数据：点击筛选数据，选择筛选条件，如勾选旅馆，输入飞龙招待所，点击确定，即可筛选出含有飞龙招待所的旅馆信息。如图8-35、图8-36所示。

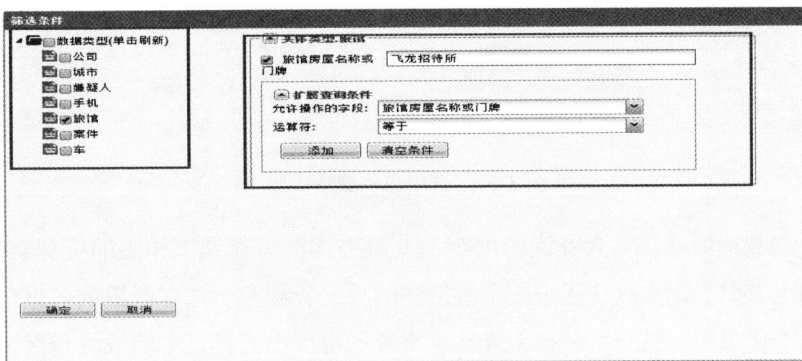

图 8-35　筛选数据

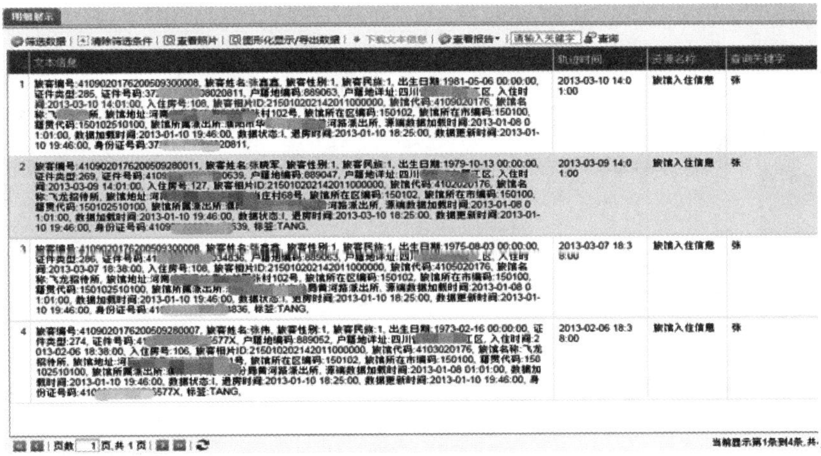

图 8-36　筛选结果

清除筛选条件：点击清除筛选条件后，即可恢复到最初的结果展示页面。

查看照片：点击查看照片，可以查看符合资源信息的人的照片。

图形化显示/导出数据：以可视化图形展示结果，并可导出数据。

下载文本信息：就是将查询到的明细数据以文本的格式下载到本地。

查看报告：就是以报告的形式展示给研判的用户。

单一战法资源查询：支持对单一战法资源进行直接查询，如选中人_常住人口，点击这个战法资源。如图8-37所示。

图 8-37　选中单一战法资源

在查询区域，输入查询的内容，点击查询即可查询出相关的资源数据。页面上方的自定义战法表示的是所创建的战法资源和所选中资源的数据信息在同一张表中，这时就会在上方显示出来。也可以选择其中的战法资源进行数据信息的查询操作。如图 8-38、图 8-39 所示。

单击左侧的分析可跳转至图形分析页面，如图 8-40 所示。

点击导出，可以导出查询的数据。点击 GIS，可以在地图上展示此人所在的具体位置信息。

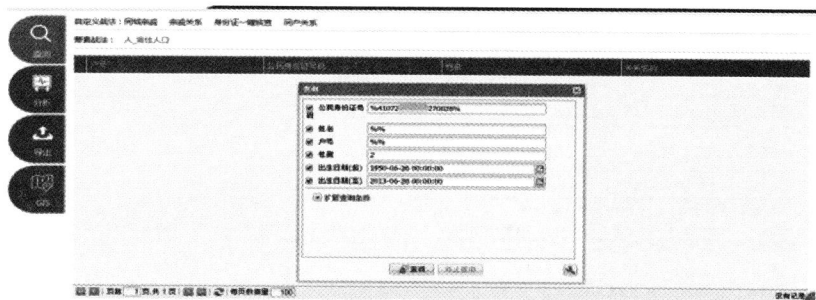

图 8-38　查询条件

图 8-39　查询结果

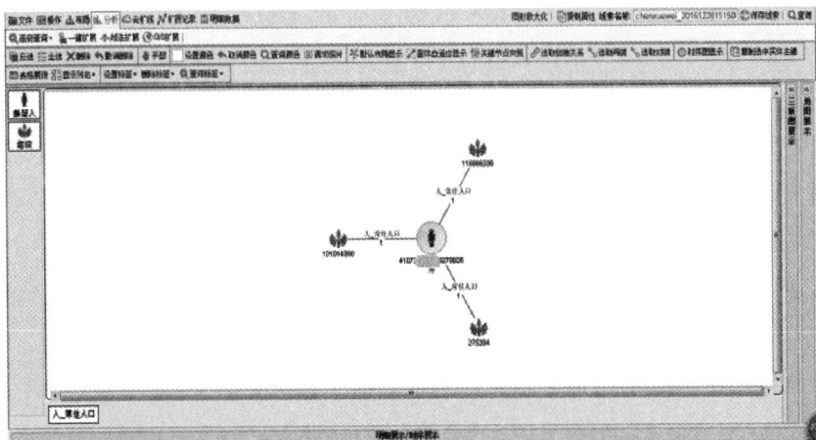

图 8-40　图形分析

（五）一键核查

常用的蓝灯一键核查有以下几种，如图 8-41 所示。

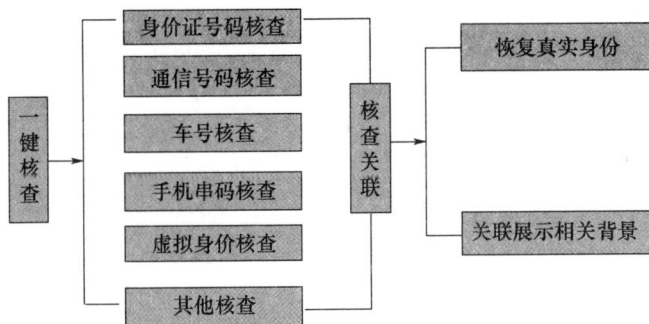

图 8-41　一键核查

以下介绍几种核查操作：

1. 身份证一键核查

身份证核查，就是核查身份证本身及身份证上的内容是否属实。身份证一键核查依托全国公民身份信息系统进行。

核查时，核查人向系统提供被核查人的姓名和身份证号码，系统将核查人提供的信息与全国公民身份信息系统进行比对，并向核查人反馈比对结果。系统仅提示比对结果是否一致，如一致则显示被核查人照片。不提供除此之外的任何其他信息，不涉及公民隐私。身份证核对系统为核查人辨别被核查人身份真伪提供权威的信息。此核查具有权威性、全面性、即时性和多样性的特点。

身份证一键核查具体操作：身份证一键核查主要是通过身份证号码选择对应的战法资源，把数据库中所有跟身份证号码有关系的用户选择的战法包含的资源全部找出来，可以查询一个，也可以查询多个。身份证号码核查支持模糊查询，在查询数字前后加%即可。

前台_身份证一键核查：左侧为查询时勾选的资源列表，右侧为查询输入框（此处的资源由后台一键核查配置设定）。勾选需要查询的资源，在右侧查询框内输入查询内容，如图8-42所示。

图 8-42　身份证一键核查

还可选择从集合中读取，点击查询，结果如图8-43所示。

点击本地_人_旅馆入住信息，可查看该战法下的数据详情。如图8-44、图8-45所示。

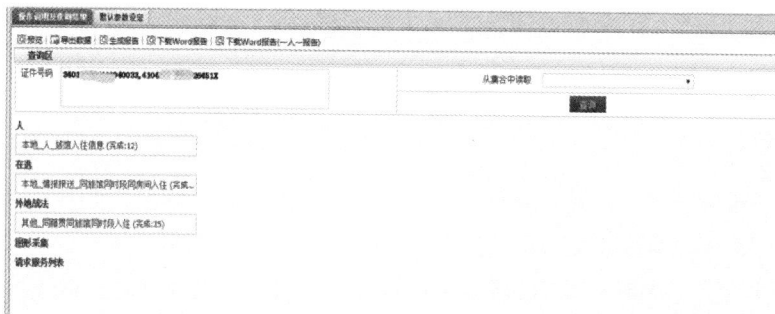

图 8-43　查询结果

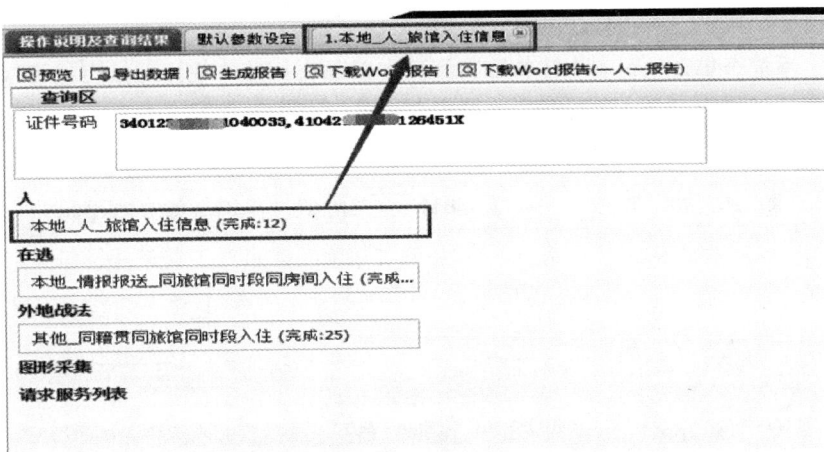

图 8-44　查看战法详情

图 8-45　查询结果

预览：点击预览可进入图形化界面，如图 8-46 所示。

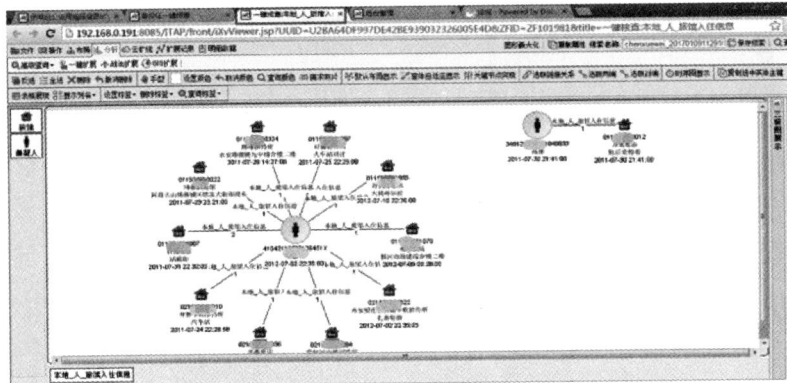

图 8-46　图形化界面

导出数据：点击导出数据，会以 excel 表格形式下载到本地。

添加至集合：可将上述查询数据添加至集合，还可选择性地添加数据至集合。如图 8-47、图 8-48 所示。

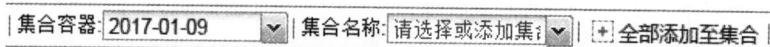

图 8-47　添加至集合

图 8-48　选择添加

默认参数设置：系统设置了默认的参数，如图 8-49 所示，还可对已配置的战法进行查询条件修改。

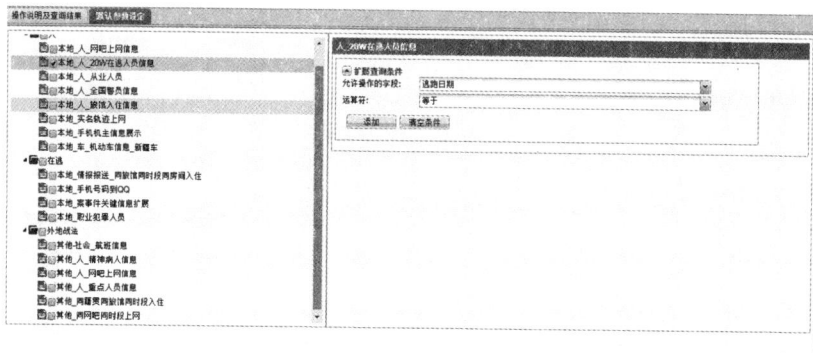

图 8-49　默认参数设置

导出数据：查询结果以 excel 表格形式下载到本地。

生成报告：点击进入生成报告页面，如图 8-50 所示。

下载 word 报告：查询结果以 word 形式下载。

下载 word 报告（一人一档）：每个查询实体一个文档，下载时为压缩包形式。

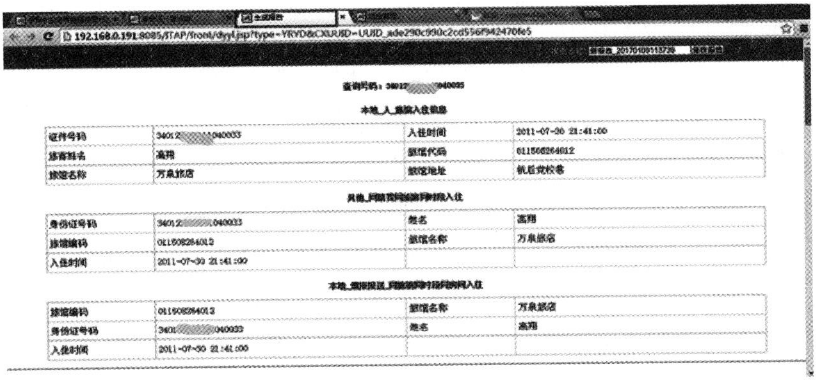

图 8-50　生成报告

2. 手机一键核查

手机号码核查：输入要核查的手机号码，点击确定按钮，系统就会自动去核查当前输入的手机号码是否正常，是否为可疑号码，核查完毕后会在下方显示出相关的核查结果。如图 8-51 所示。

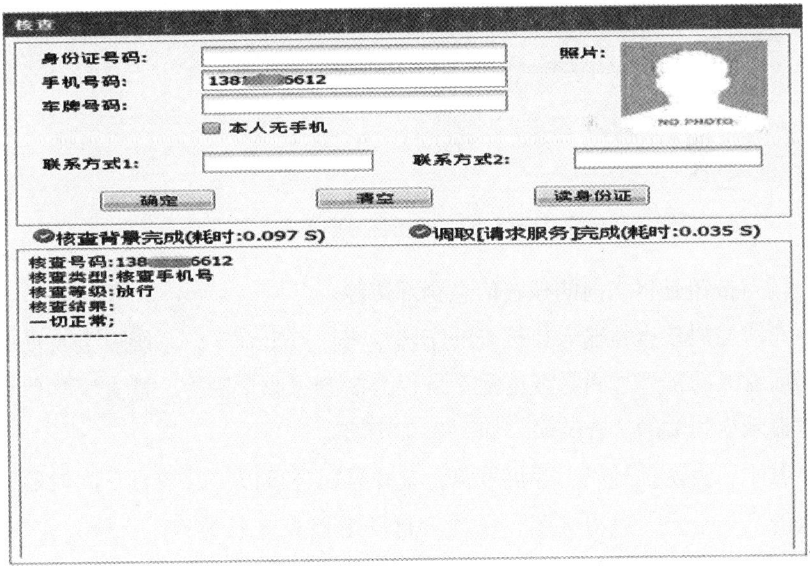

图 8-51　手机一键核查

3. 人员背景核查

身份证作为一种证明公民身份的证件，由于防伪技术不完善，又无便利查询条件，一些不法分子可以通过简单的工序进行制作。侦查中进行身份证核查是常态化工作。

人员背景可以通过身份证号码核查、车牌号码核查等加以实现。

身份证号码核查：输入要核查的身份证号码，勾选本人无手机，或在联系方式1、2中填写一个手机号码，在功能上没有任何区别，只是一个信息的完整性验证。点击确定，系统会自动去核查当前身份证号码是否正常，是否为在逃人员，核查完毕后会在下方显示出相关的核查结果。在核查的过程中，系统还会自动请求公安系统提供服务数据。若请求服务中有当前身份证号码的相关信息，比如，该证件号码的对应人的照片、姓名、民族等数据也会显示出来。如图8-52所示。

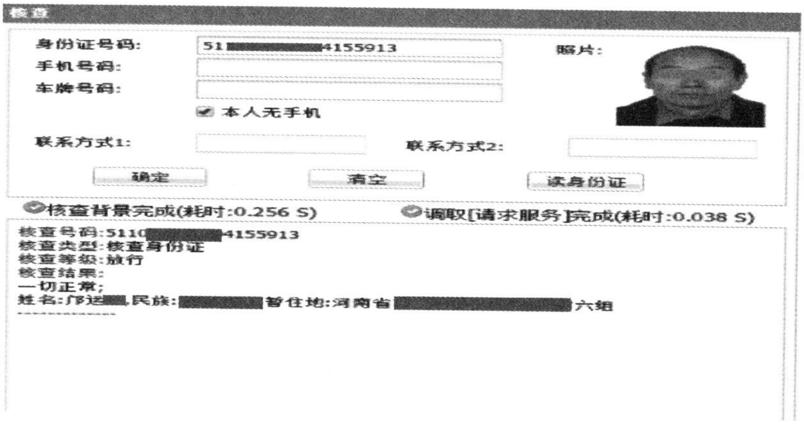

图8-52　身份证号码核查

清空按钮是将当前的核查信息全部清除。

车牌号码核查：输入要核查的车牌号码，点击确定，系统就会自动去核查当前输入的车牌号码是否正常，是否为肇事逃逸车辆等，核查完毕后会在下方显示出相关的核查结果。如图8-53所示。

其中，身份证号码、手机号码、车牌号码还可以一起核查。同时输入要核查的三类号码，点击确定，系统会自动地核查这三类号码，核查完毕后，会将相关的核查结果显示在核查结果栏中。如图8-54所示。

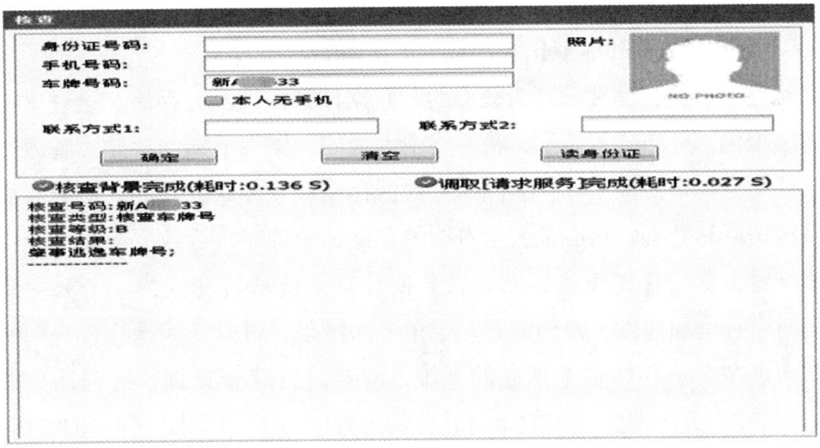

图 8-53　车牌号码核查

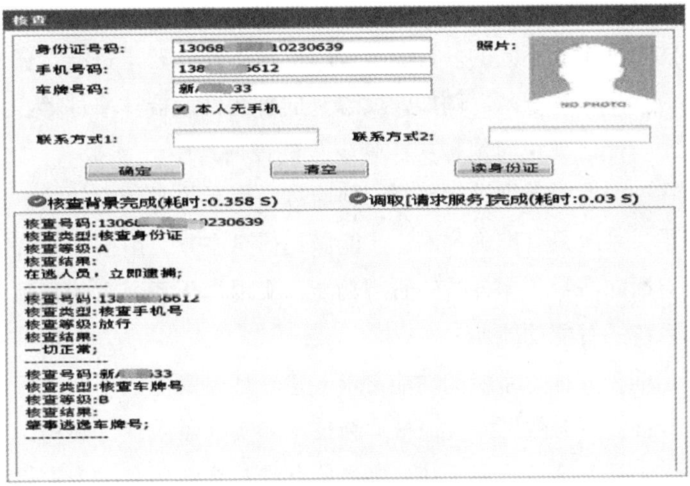

图 8-54　同时核查

（六）云数据智能查询

云数据（Cloud data）是基于云数据计算商业模式应用的数据集成、数据分析、数据整合、数据分配、数据预警的技术与平台的总称。云数据涉及虚拟化、分布式少量数据存储、海量数据管理、分布式编程、计策平台管理等关键技术。

云数据计算既不是一种技术，也不是一种理论，而是一种商业模式的体现方式。准确地说，云数据计算仅描述一类棘手的问题。云数据计算是通过Linux、高性能计算和虚拟化等有关技术实现的。

构建以数据存储和管理为核心的云数据计算系统及云存储，通过集群应用、虚拟化、分布式等技术，将网络中大量的、类型不同的存储设备通过应用软件集合起来协同工作，共同提供数据存储和业务访问功能。当云数据计算系统运算和处理的核心是大量数据的存储和管理时，云数据计算系统中就需要配置大量的存储设备，那么云数据计算系统就转变成为一个云存储系统，对于查询和检索，得到的是基于角色的结果，可以认为是综合查询的结果。而现在由于存在多个独立的系统，需要进行综合查询，特别是数据碰撞。例如，"人肉搜索"的效果将是公安大数据关于案（事）件查询的结果。

智能预警与信息研判。由于事件发生程度级别是一个模糊的问题，实时预警对实战很重要。这种预警要求系统不是简单的四色报警，而是根据业务类型和设置进行自动报警。不同的业务和警种，对预警的响应是不同的，对预警级别的要求也是不同的。智能预警应根据不同的要求进行，还应将预警信息和响应信息保存下来。例如，反恐、刑事案件、群体事件等，预警的对象和级别不一样。现在的预警功能缺少智能性而产生"误报"，预警功能单一。问题在于没有对数据进行研判，即通过应用系统对特定的数据进行挖掘而得出结果。系统只有准确预测，才能做到信息主导，由被动侦查变为主动预警。建立面向海量数据分析的研判功能，实现真正意义上的智慧侦查，这需要应用系统的智能功能。

根据当前公安信息系统的功能需求，建立社会资源数据库进行资源整合是必要的。社会资源数据库应该根据新技术和实战需求设计架构，主要满足以下要求：一是安全性。由于社会资源信息涉及企业信息、个人信息等，要求具有高度的商业保密和个人隐私保密的保证。二是高可用性。能满足长期稳定工作的要求，还可采取必要的技术和配置措施，如硬件冗余、在线诊断等，保证系统不出问题。三是高性能。具有系统备份、冗余技术、在线诊断技术、故障预报警技术、内存纠错技术、热拔插技术、远程诊断技术等，使绝大多数故障能够在不停机的情况下得到及时修复。四是具有并行计算能力。能满足几百万名用户的使用，并且要求不断提高计算能力。五是海量存储。社会资源信息库要求存储一定历史时间段的数据，甚至长期保存数据，加上社会信息来源广、类型多，需要解决数据量大的问题。六是满足大用户终端。按照公安系统计算机总数和经历，要满足300万名用户终端的访问。

七是分布存储。根据公安工作和现有的机构特点，采用分布计算机、分布存储的架构和服务器集群，能够节省资金、减少运维费用、提高计算机能力和存储能力。特别是采用云数据计算架构，能提高整个系统的服务能力。八是不可信任的节点。对于节点服务器，被看作不可信任的节点，有可能随时出故障。但是不能让用户感觉到服务器有故障，因而要求对用户屏蔽任何故障。九是跨地域的中心。计算机中心可以是在跨地域的不同地方，中心之间进行协调整合，并为数据存储提供跨地域的数据安全保证级别。十是同时从事密集的数据搜索和计算。在海量数据中进行数据碰撞、数据挖掘、视频图像处理，通过公安信息资源库和社会信息资源库的接口进行比对和关联等，有计算密集的需求，也有数据密集搜索的需求。十一是具有适应各种应用的能力。也就是要保证各种业务不互相影响，数据不冲突。对用户来说，不需要知道后台是什么，只要能满足自己的服务需求，能够随心应用各种资源即可。

按照上述需求分析设计社会资源信息库的基本架构，能够解决如下问题：不可信节点出现故障对用户来说是不可见的；计算与存储整合，以适应计算密集和数据密集的任务；计算资源和数据存储资源虚拟化；在应用层，不同应用和不同用户之间的数据存储和计算隔离；提供应用层接口。

第九章　大数据侦查数据分析

在"大智物移云"时代，情报、信息和数据三者之间的融合度越来越高，人们常常很难将它们区分开来。因此，当论及数据分析时，自然就联系到了信息研判和情报分析。大数据侦查的数据分析其实也是一种信息研判和情报分析。

大数据侦查的数据分析是指根据工作的特定需求，对犯罪、管理和社会信息进行整合、关联碰撞、研究判断，定期定向提炼出带有规律性、普遍性、倾向性、趋势性的信息，归纳出对侦查工作具有指导意义的信息。简言之，数据分析就是将原始、零散的信息数据，转变成有价值的情报产品的过程。本章结合蓝灯 iTap 情报数据分析平台介绍大数据侦查中的一些基本数据分析。

iTap（intelligence Tactical Analysis Platform），简称蓝灯智能情报分析平台，是上海蓝灯数据科技股份有限公司的核心产品。iTap 是国内第一款通过总结大量办案经验，并运用技战法理念、战法联盟思想设计出来的可视化情报数据研判分析平台。该平台主要基于公安机关积累的海量数据提供简单、易用的资源关联挖掘分析、图形化直观研判和重点人员智能预警等应用功能。iTap 基于国际最先进的大数据应用理论进行构建，同时综合运用了拓扑学、图论、社会网络分析、统计等先进算法和成熟技术，性能稳定可靠。借助 iTap 平台可以使分析人员面对分析对象与现实世界的真实对象时做到感知完全相同，可以使分析人员快速地发现隐藏在数据内部的各种关联关系，并以直观的图形形式表现出来。

目前 iTap 平台已在全国 25 个省、直辖市的公安机关使用，国内大部分海关部门也使用 iTap 作为情报分析工具。iTap 已实现与全国 25 个省、直辖市的重点人员信息、民航、列车、旅馆业等庞大数据库资源的共享。依托 iTap 可实现对目标对象的身份背景、活动情况、关系圈等的深入分析。借助 iTap 可以实现对目标对象"关系圈"人员高危背景的综合研判，发现潜在的高危人员。在应用层面，iTap 平台还合成了丰富的战法模型，同时提供了可配置的图形化研判方法和分析手段，提升了平台的可操作性。在硬件方面，iTap 平台通过集成内存数据库一体机实现大数据的分析加速，数据的响应速度控制在秒级之内。

　　iTap 平台在全国各警种中都有很好的实战成效。基于 iTap 平台的战法联盟，可以使全国使用 iTap 的用户实现基于请求服务的数据共享，把异地数据与本地数据结合起来进行分析，这样能极大地提升用户精确打击能力和侦查办案的效率。

一、数据比对

　　数据比对是一种常见的基础分析。通过数据比对碰撞，可以帮助办案人员从海量的信息数据中找到符合条件的信息。通过对符合条件的信息的分析，可以揭示出涉案人物、时间、空间、事件等要素及关系。如图 9-1 所示。

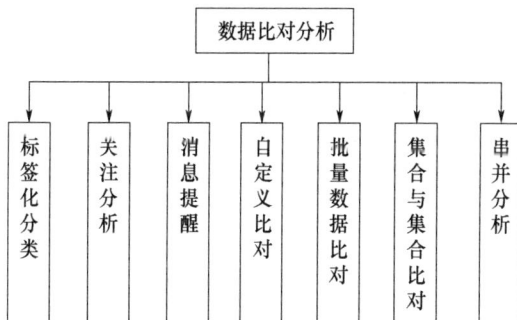

图 9-1　数据比对分析

　　蓝灯公司 iTap 情报数据分析平台的数据比对支持多个、多种数据资源（本地文件、数据库资源、请求服务资源）间的数据比对碰撞；支持交集、并集运算；支持结果集滚动比对、结果集暂存；支持结果集嵌入其他专业工具使用。

（一）自定义数据比对

　　蓝灯数据比对具有针对时间、地点、事件、特点等信息类型来定义数据比对方式的功能。比对结果可通过图形和表格的方式进行展示。展示的结果根据排查的时间、地点、事件等要素的先后顺序，由表格中不同标签的数据量集进行排序。

蓝灯公司 iTap 情报数据分析平台的数据比对主要是通过对团伙比对来拓展更多的线索，该平台还具有数据动态关注、信息提醒等功能。另外，平台可以根据客户需求，自定义设定数据分析提取条件，设置想要的数据结果集，比对结果通过文本格式和图形化的方式展示。对于多类资源（如旅业、网吧、航班、铁路、快递、通信、前科、常暂口等）可进行混合比对。

（二）批量数据比对

批量数据比对采用整合了的数据资源与各级业务系统数据资源。比对时，各资源数据之间互相碰撞，还可以根据客户需求自定义模板，把隐藏的数据交集或者关系以表格或图形的方式展现出来。

（三）集合与集合比对

集合与集合比对的分析模式是一个数据的集。这个集包含了大批的数据。比如，大量的身份证、电话号码等数据。比对时，可以取两个集合之间逻辑上任何方式的比对结果。通过共同交集或非共同交集分类展示。

（四）串并比对

通过对揭示案件（事件）属性、特征的各种要素数据的比对，发现案件（事件）之间的公共元素（辅助分析工具），实现案件（事件）的串并。比对过程中的公共元素等可以通过图形化的方式展现。

二、关系圈分析

人和物、人和人、物和物之间可以有关系描述。如果围绕某人或某物，发现它们之间有联系，且联系不断，循环往复，形成了包含人和物的复杂关系群体，这一群体便被称为某人或某物的关系圈。通过分析，挖掘 1 个或 N 个目标对象（人或物）的无限层关联对象就是关系圈分析。

蓝灯公司 iTap 情报数据分析平台关系圈分析是将查询出来的数据作为主体再次查询其相关的数据，可设置多层查询。如图 9-2 所示。

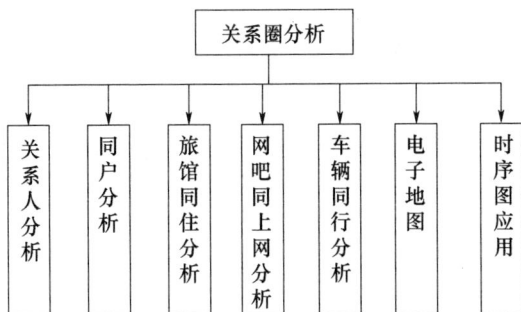

图 9-2　关系圈分析

（一）关系图分析种类

关系挖掘提供对各类标识号关联关系、潜在业务关联关系的挖掘功能。支持数据库、全文索引、请求服务资源访问；支持多层次挖掘；支持多种潜在关系挖掘；支持结果集上路径分析、聚集分析；支持图形化编辑、检索、导出；浏览详细信息、导出详细信息、打印详细信息、导出检索结果、打印检索结果、嵌入使用其他专业工具和研判方法。

1. 关系人分析

关系人可视化展示采用网状图的展示模式，通过图形化展示人员的关系人信息，采用多层数据模型来展示人员之间的关系，使用线条的方式展开关联关系，以人员为中心，连线离中心距离的远近遵循数据关系分值来区分亲密关系（离中心越近表示亲密度越高），人员可视化分析是对人员档案信息的可视化展示。侧重人员的档案信息展示包括人员、地址、物品、轨迹、车辆、通信等各类信息，最终形成一个星状图。人员可视化分析首先展示该人员下所有相关联的人员、地址、机构、案事件、车辆等信息，针对某一类信息，可以进一步挖掘分析，通过层层挖掘，最终形成一个关系网络。

2. 同户分析

根据常住人口基本信息中的同户人员、历史同户人员及户号变动信息等，依赖于同户人员的户号线索信息，以身份证号码为条件，找出与其有关的所有人员关系信息，并以图形化的方式展现给用户。同时，结合公安业务，目前已实现亲戚关系和同城亲戚关系分析模型。

3. 旅馆同住分析

根据旅馆入住信息，分析其在入住旅馆前后一个指定时间内入住同旅馆的人员信息，以从中找出潜在的人员关系。用户通过输入目标人的身份证号码、间隔时间、查询的时间范围等信息，系统就会自动进行查询分析，并将查询的结构进行图形化展现。同时，结合公安实战工作，已完成旅馆同入住人员分析、旅馆同退房人员分析、旅馆同房间人员分析和旅馆异性同房间人员分析等技战法模型。

4. 网吧同上网分析

根据网吧上网人员信息，分析其在上网前后一个指定时间内同时上网的人员信息，以从中找出潜在的人员关系。用户通过输入目标人的身份证号码、间隔时间、查询的时间范围等信息，系统就会自动进行查询分析，并将查询的结构进行图形化展现。同时，结合实战工作，自行配置需求完成网吧同上网人员分析、网吧同下网人员分析等技战法模型。

5. 车辆同行分析

根据卡口车辆信息，分析某一个车在行驶前后一个指定时间内同时出现的车辆信息，以从中找出潜在的车辆之间的关系。通过输入车牌号码、车牌种类、间隔时间、查询的时间范围等信息，系统就会自动进行查询分析，并将查询的结构进行图形化展现。同时，结合实战工作，已完成车辆同行分析等技战法模型。

6. 电子地图

系统支持 PGIS、百度、高德等地图应用。

7. 时序图应用

时序图应用是根据事件发生的时间段、经过或者在某个阶段人员活动轨迹采用时序图的方式展示，能够更好地提供事件分析研判。

（二）关系圈分析操作

以下介绍蓝灯 iTap 情报数据分析平台关系圈分析基本操作。操作步骤如下：

1. 新建

点击新建，跳转到基本参数页面框，如图 9-3 所示。

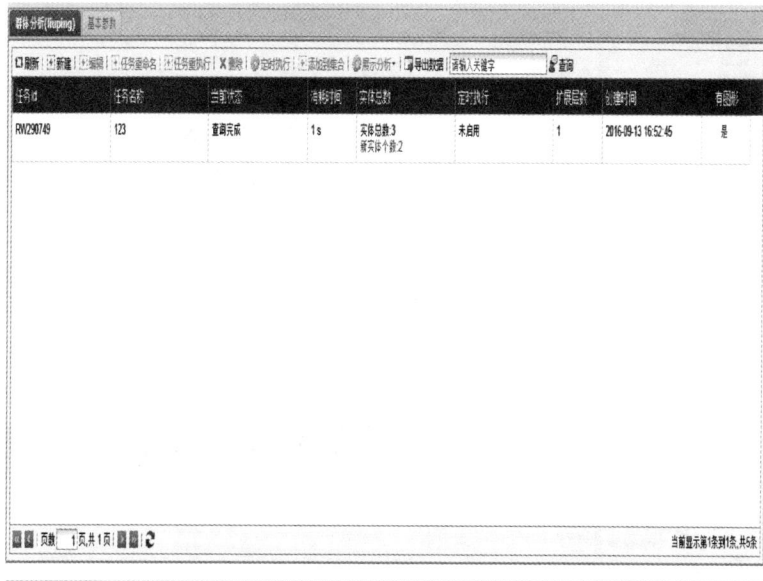

图 9-3　新建任务

2. 基本参数

任务名称、任务描述、目标实体的输入可以通过手动实现，也可以通过读取集合实现。输入获得轨迹总数，选择要扩展的层数（最多扩展 6 层）。

获得轨迹总数是指某个实体通过几种战法扩展出另外一个实体。

扩展层数是指以目标实体为条件查询出的结果作为第二层查询条件，以此类推，扩展 n 层。

接着选择相应的战法，如图 9-4 所示。

3. 创建任务

点击创建任务，弹出提示"任务在后台运行中"，点击确定之后会自动跳转到关系圈分析的界面。如图 9-5 所示。

然后根据自己的选择选定编辑、任务重命名、任务重执行、删除。如图 9-6 所示。

图 9-4 基本参数设置

图 9-5 创建任务配置

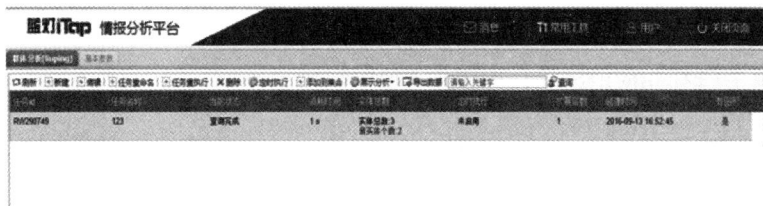

图 9-6 任务创建完成

定时执行：设置指定的执行时间。

添加到集合：选择相应的集合容器，输入集合名称，点击确定。

展示分析里面有查看实体、列出项目、生成图像并预览选项，如图 9-7 所示。

图 9-7 展示分析

展示分析_查看实体：将之前的配置参数输入的实体以表格的形式列出。如图 9-8 所示。

图 9-8 展示分析之查看实体

展示分析_列出项目：输出详细地配置参数，点击下载可把对应的信息下载下来。如图 9-9 所示。

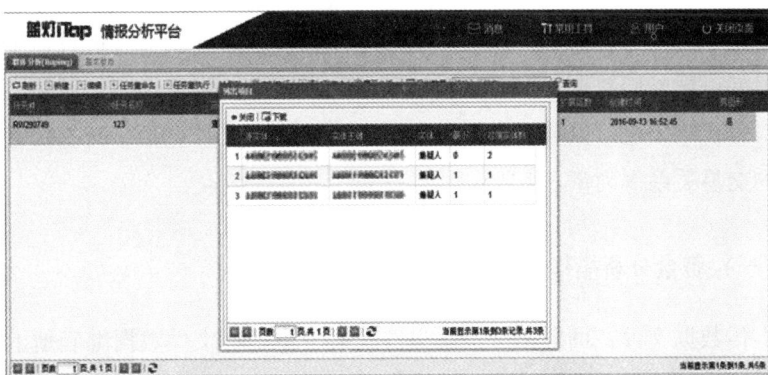

图 9-9 展示分析之列出项目

展示分析_生成图像并预览：选中要图形展现的关系圈，点击生成图像文件并预览，选中的关系圈在图形展现中显示。如图 9-10 所示。

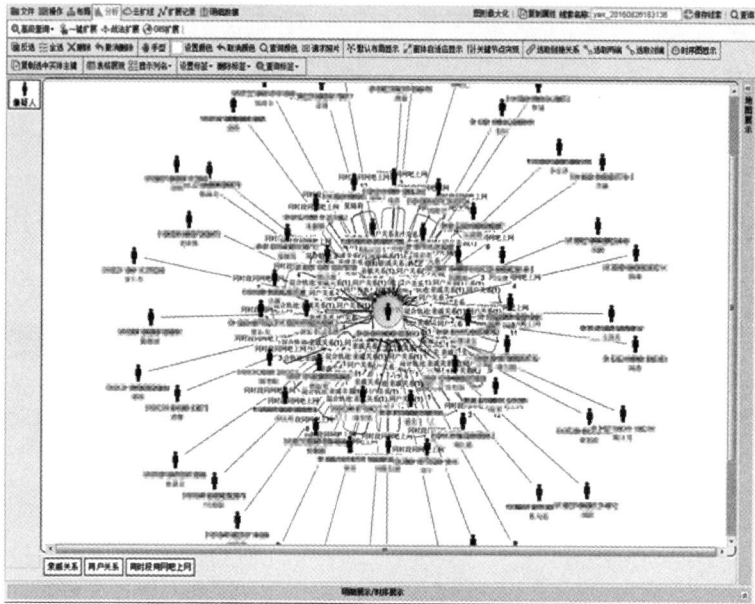

图 9-10　展示分析之生成图像并预览

三、资金分析

资金分析是蓝灯 iTap 情报数据分析平台极为重要的功能。分析时将交易记录数据导入系统，借助平台对巨量的数据进行归类筛选，分析目标嫌疑人群，追溯可疑号码数据，保存分析结果，分析结果以可视化图形展示。根据需要，分析结果也可以数据表格形式列举。比如以交易金额、交易次数、账户间的交易关系等列举。

（一）资金分析操作步骤

上传数据文件：面对银行调单文件，第一步是将文件数据准确地上传到平台。平台支持的文件格式有：＊.xls、＊.xlsx、＊.csv、＊.txt、＊.tpecs，且支持同类型的多个 sheet 文件。

操作时在功能页面点击上传，在弹出的文件上传页面上填写案件类别、文件来源。其他文本填入输入框。如图 9-11 所示。

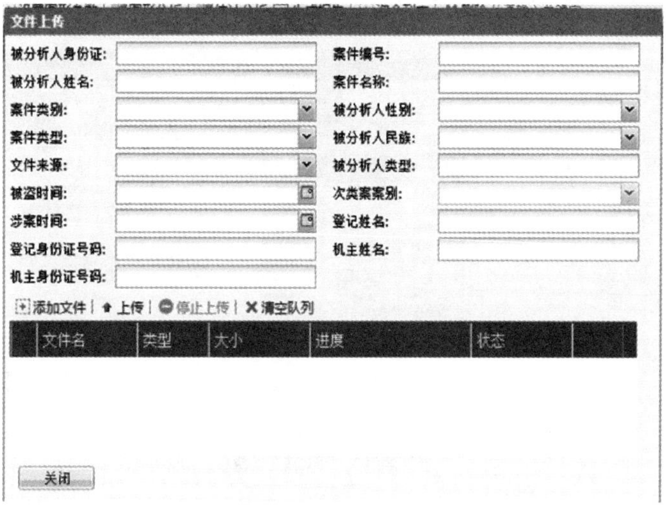

图 9-11 文件上传

上传成功后，任务列表将新增一条任务，系统会自动给任务命名。任务名称默认命名规则是：上传 excel 文件名称_ 数据在 excel 所在 sheet 的名称_ 任务创建时间，点击分析或任务重命名可修改任务名。

解析文件：文件上传成功后，后台会自动解析文件。如果解析状态列显示成功，则表示文件解析成功。如图 9-12 所示。

图 9-12 解析文件

点击预览数据可以预览文件中解析的数据。图中"1"表示的是上传文件的列名，"2"表示的是数据入库对应的列名。如图 9-13 所示。

如果数据匹配有问题则需要手动配置。在图 9-13 中，文件中的交易日

期，入库数据对应成交易方式，说明匹配不准确，需手动匹配。点击窗口右
上角的解析，再点击解析列名。如图 9-14 所示。

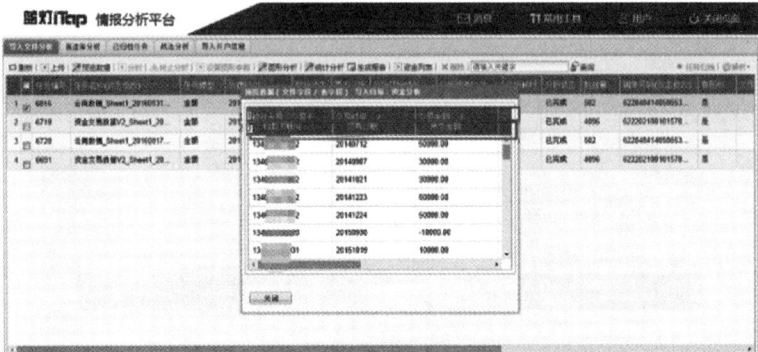

图 9-13　预览数据

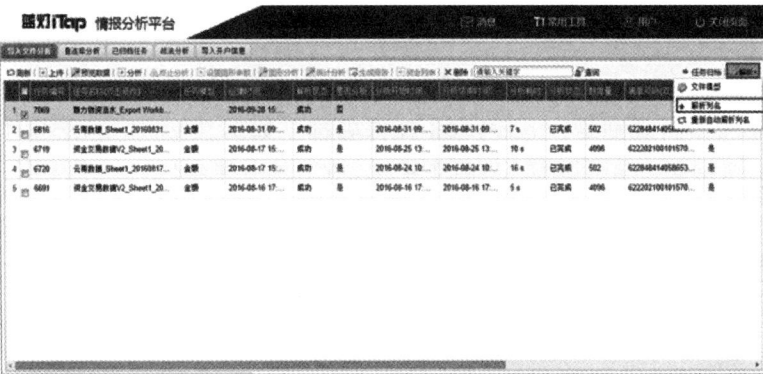

图 9-14　解析列名

选择文件中交易方式与数据库中交易方式对应，如果文件中没有相应的
列，就选择未匹配。匹配完成后，点击确定，以保证文件中的数据入库准
确。如图 9-15 所示。

如果文件上传后，解析状态显示失败（图 9-16），说明系统没有将文
件解析入库。这时需要检查文件是否从第一行第一列开始。打开上传的文
件，文件显示是从第四行第二列开始有了有效数据。如图 9-17 所示。

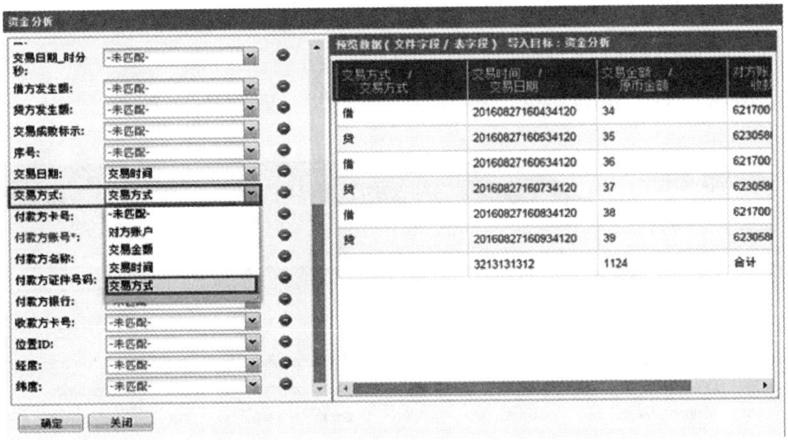

图 9-15　列名校验

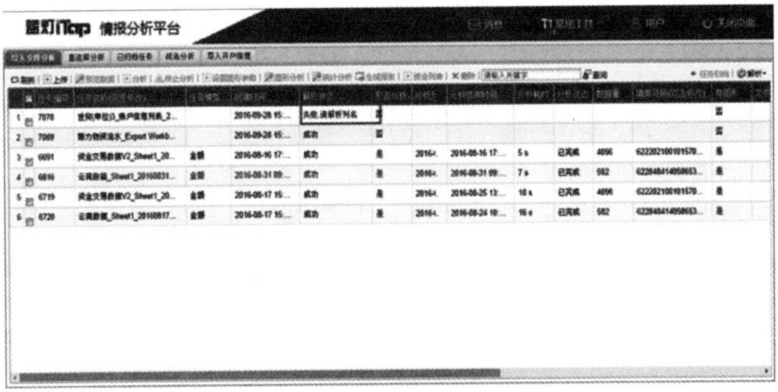

图 9-16　解析失败提醒

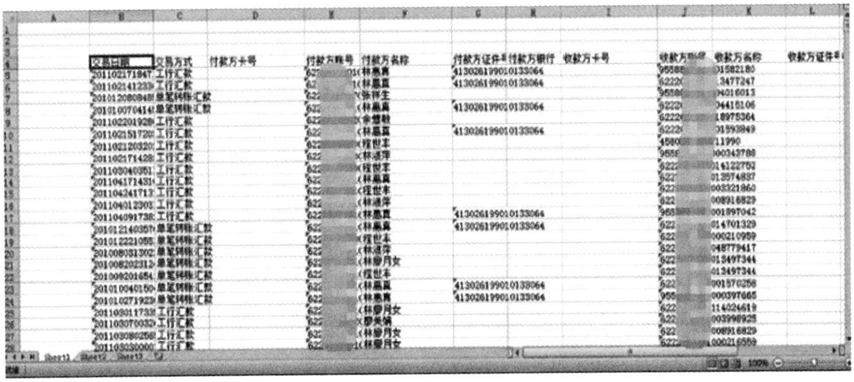

图 9-17　检查源文件数据格式

如果对已经分析后的文件进行解析列名，则重新导入数据。没有进行分析任务，则点击解析列名不重新导入数据。

点击窗口右上角的解析，再点击文件模型。如图 9-18 所示。

图 9-18　文件模型

文件模型为设置系统从 excel 中第几行第几列的有效数据开始解析，点击确定。如图 9-19 所示。

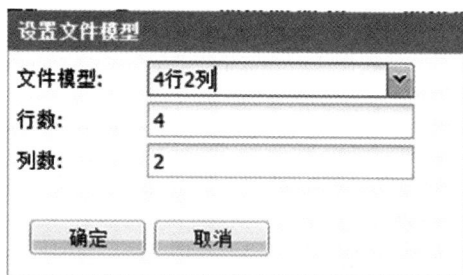

图 9-19　设置文件模型参数

设置好解析模型后，系统会重新解析文件，解析的状态会更新为成功，重复上述操作，保证文件中的数据入库准确。如图 9-20 所示。

资金快速分析中上传的文件，文件内容前 10 行是空的，文件上传完毕后会提示该文件是空的，点击关闭则任务不会被创建。如图 9-21 所示。

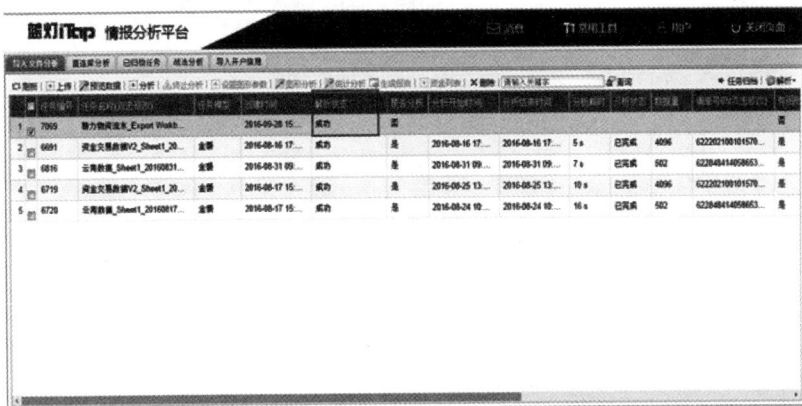

图 9-20　解析成功

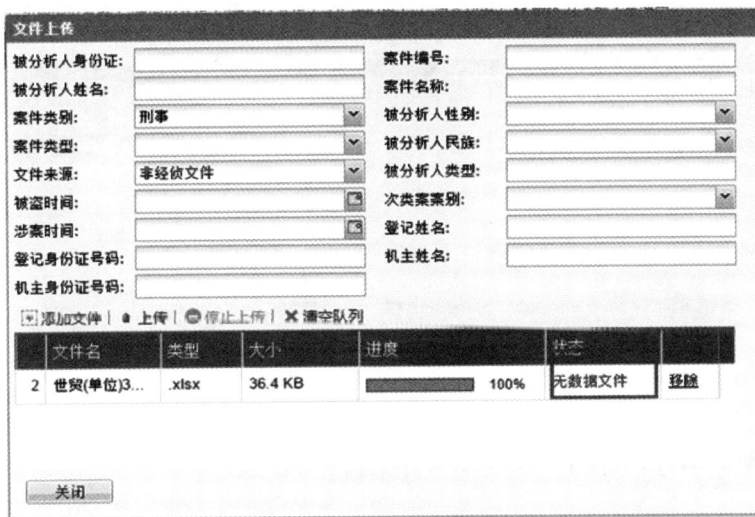

图 9-21　空文件自动提示

　　分析文件：上传文件入库准确匹配后，点击分析，在弹出的页面中选择分析模型。模型分别是：资金分析_金额、资金分析_净值。如果选择资金分析_金额模型，进入图形分析页面，账户与账户之间的关系就是交易金额。如果选择资金分析_净值模型，进入图形分析页面，账户与账户之间的关系就是交易净值。默认的分析模型是资金分析_金额，点击确定便开始进行分析。如图 9-22 所示。

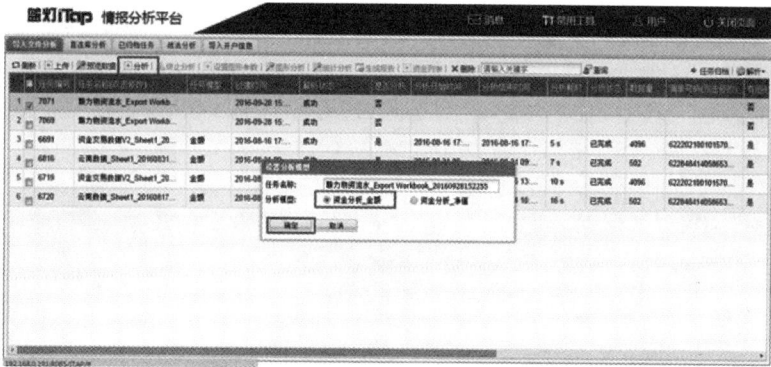

图 9-22　设置分析模型

分析结束后，会在资金任务行列里显示如下信息，如图 9-23 所示。

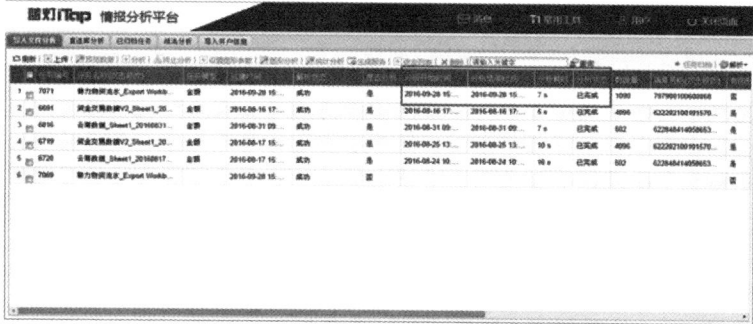

图 9-23　任务分析结果

设置图形参数：给分析的数据进行分段设置，如图 9-24 所示，设置为
0～2000、2000～10000、≥10000 三个分段。

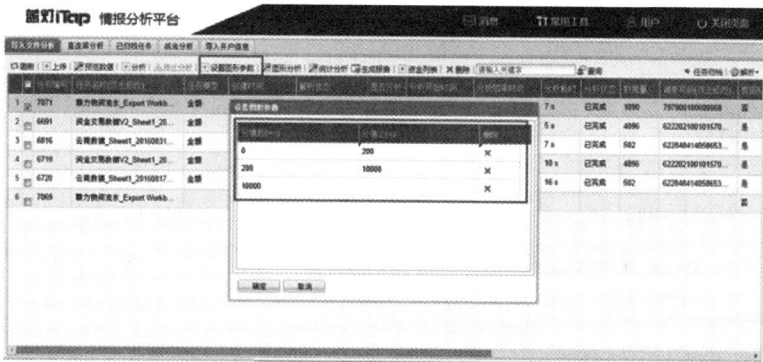

图 9-24　设置图形参数

　　所分的三个段会在图形展示界面左下方显示。设置好图形参数后，点击确定保存，同时设置图形参数页面自动退出，弹出询问是否要查看图形对话框。点击确定，打开图形展示页面。点击取消，则对话框消失，仍停留在功能页面。如图 9-25 所示。

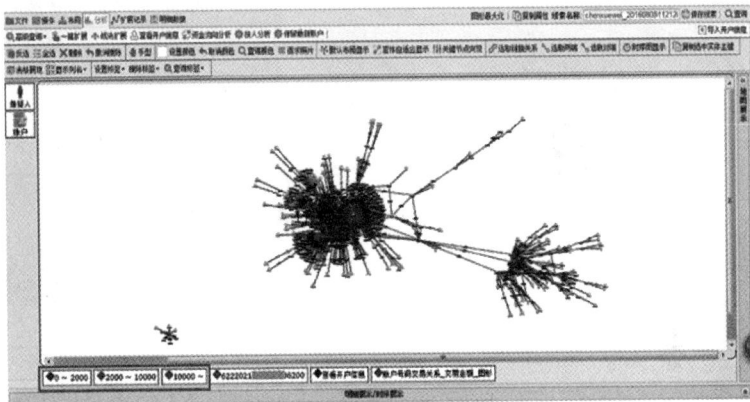

图 9-25　图形参数标签化展示

　　结果展示_ 图形分析：选中一个分析完成的资金任务，点击工具栏中的图形分析，转入图形化分析页面。图形化界面分为六个部分，如图 9- 26 所示。

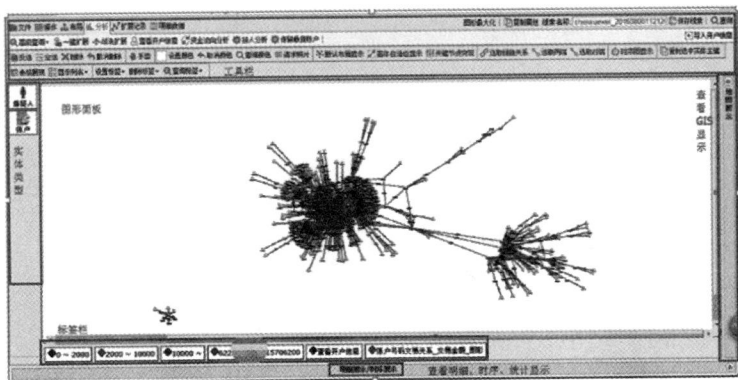

图 9-26　图形分析界面介绍

　　最上方为工具栏：表示进入图形页面可以对图形进行的操作。
　　左侧是实体类型：显示当前图形中的实体类型。
　　中间是图形面板：显示资金任务中图形展示的方式和效果。

右侧是地图展示：点击工具栏明细数据中的查看 GIS 按钮，当前图形化页面 GIS 展示效果会在右侧弹出。如图 9-27 所示。

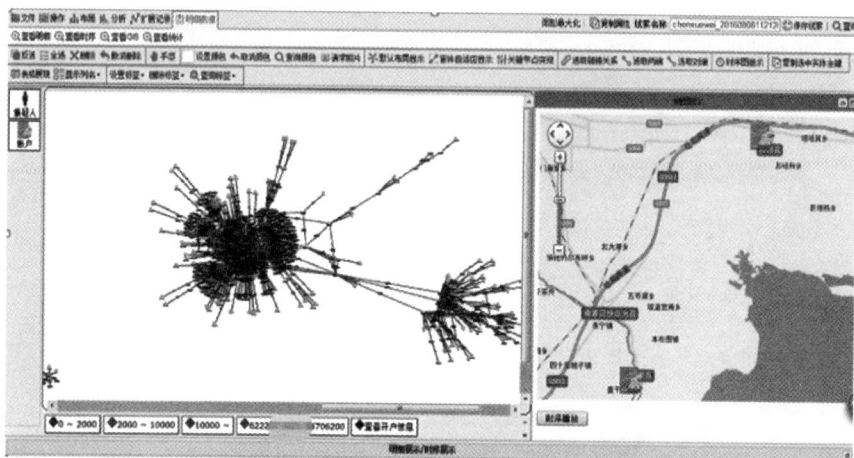

图 9-27　GIS 展示效果

需要注意的是，可在对应关系中增加位置 ID、经度、纬度信息。资金快速分析支持查看 GIS。如果该文件直接有经度和纬度，就可以直接使用这个位置信息。否则，应根据位置 ID 去 QB＿DLWZ 表中获取。如图 9-28、图 9-29所示。

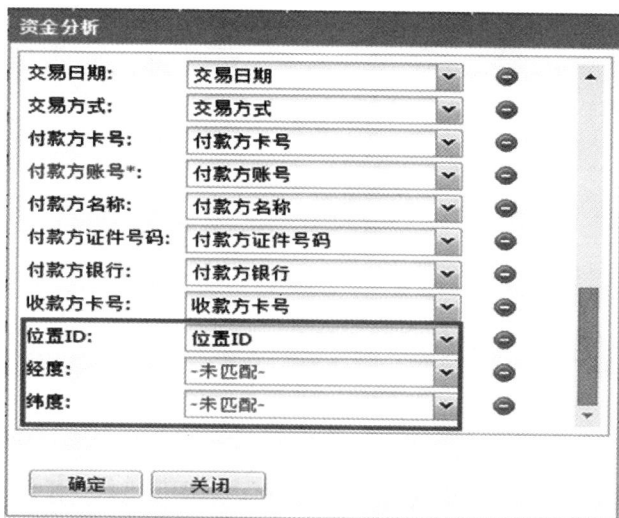

图 9-28　位置信息配置

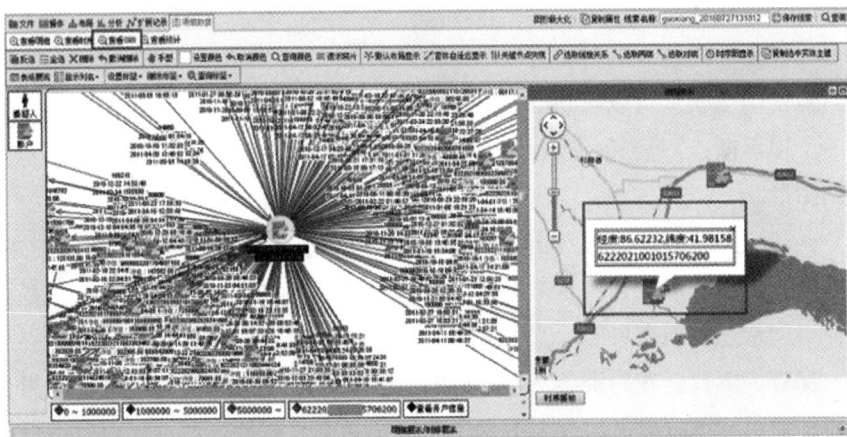

图 9-29　查看 GIS

图形面板的下方：显示图形中涉及的标签。

标签栏的下方：点击工具栏明细数据中的查看明细，分别点击查看时序、查看统计按钮时，下方会弹出显示相关数据的明细、时序及统计。如图 9-30所示。

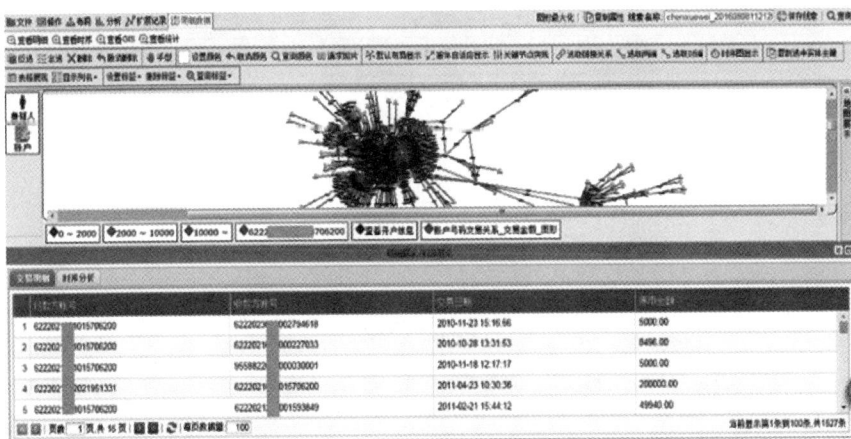

图 9-30　明细数据

工具栏中相关按钮说明：图形化分析页面的工具栏显示文件、操作、布局、分析、扩展记录、明细数据功能按钮。

选择文件按钮，二级工具栏显示保存全部、保存选中目标、历史图形、上传图形文件、保存为图片、新页面打开选中目标、单页打印、多页打印、纸张设置功能按钮。

其中，保存全部、保存选中目标是将图形保存为 ＊.vlx 的文件，输入文件名称和文件描述，点击确定即可保存。

点击历史图形可以看到已保存下来的图形。选择刚刚保存的图形，会弹出一个提示框："是当前窗口展示还是新窗口展示？"选其中一个即可展示保存的图形。

＊.vlx 文件可以通过点击上传图形文件上传，输入文件名、文件描述，选择要上传的图形文件，点击提交。上传完成后会弹出一个提示框："是当前窗口展示还是新窗口展示？"随机选择其一即可。

保存为图片：在对资金文件分析的过程中，如果想将当前的分析结果保存成图片，就可以点击保存为图片。选择要保存的图片区域，可以对图形界面进行截图保存。

新页面打开选中目标：在对银行调单文件分析时，想对一个或多个账户进行分析，可以通过选中一个或多个账户、账户之间的关系线，点击新页面打开选中目标，选中的账户和相关的关系线会在新打开的页面中以图形化的方式显示。如图9-31 所示。

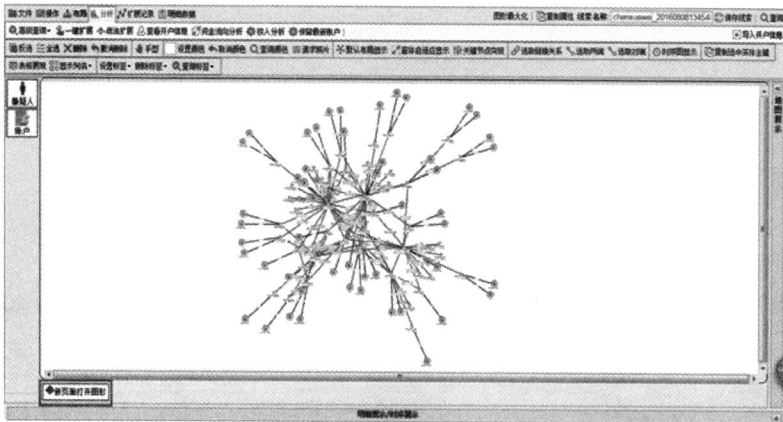

图9-31　新页面打开图形

点击分析项下的资金流向分析，可以对选中的账户进行资金流向分析。通过对新页面打开的分析账户进行资金流向分析，可以与之前整体的图形进行对比。通过多层的资金流向分析可以找到一些与被分析账户存在潜在关系的银行账户。如图9-32 所示。

当该账户已经没有与其他账户有资金交易，再次点击资金分析会提示

"没有扩展出新的实体或关系！"

单页打印、多页打印、纸张设置：打印设置项，将当前页面打印出来。

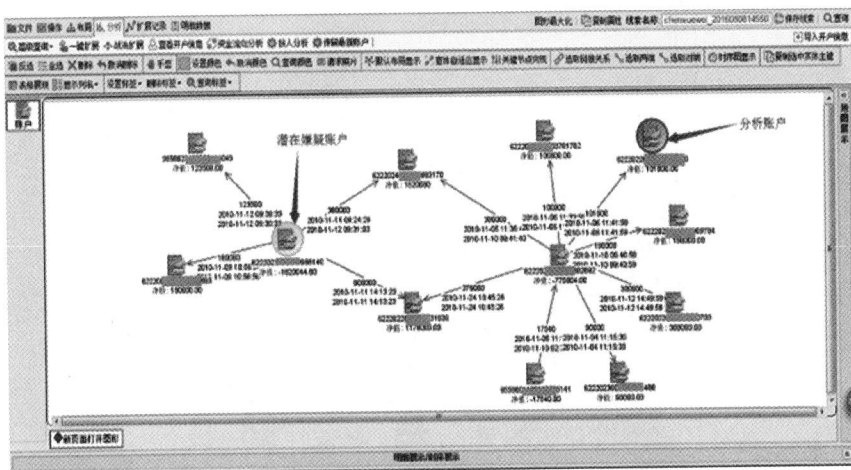

图9-32　资金流向分析

选择操作按钮，二级工具栏显示添加实体、添加关系、添加选中实体到集合、多实体合并、合并同类实体、查看实体、拆分实体、锁定、解锁、放大选中区域功能按钮。

添加实体：点击添加实体，页面左侧弹出添加实体框。文本框中输入实体主键，选择颜色，自动匹配或手动选择实体类型，点击确定，此时这个实体被新增到图形界面上。如图9-33、图9-34所示。

添加关系：点击添加关系，页面左侧弹出添加关系框。在显示文本中输入关系线上想要显示的文字，选择关系线颜色为关系类型，选择关系线粗细、关系线方向和关系线类型，点击开始添加关系。分别选择想要添加关系的两端实体，点击停止添加关系，则添加关系完成。如图9-35所示。

添加实体和添加关系的操作主要应用于对图形的自定义。

添加选中实体到集合：点击该按钮可将选中的实体添加到集合中。这个集合位于系统基础应用的集合管理中。在集合管理中可查看被添加到集合的实体。

图 9-33　添加实体

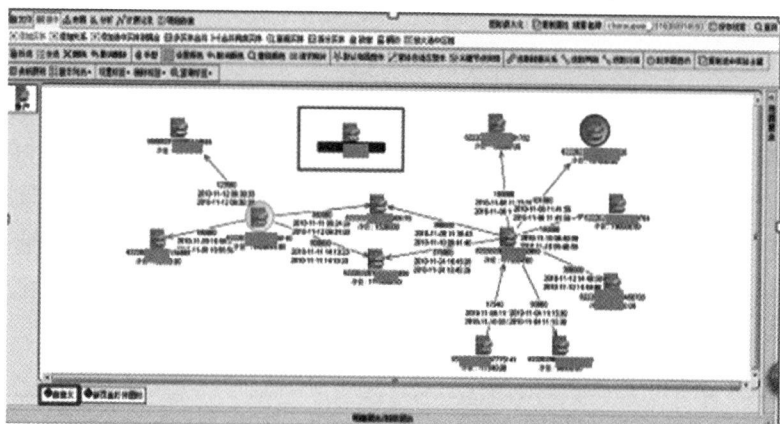

图 9-34　添加实体成功

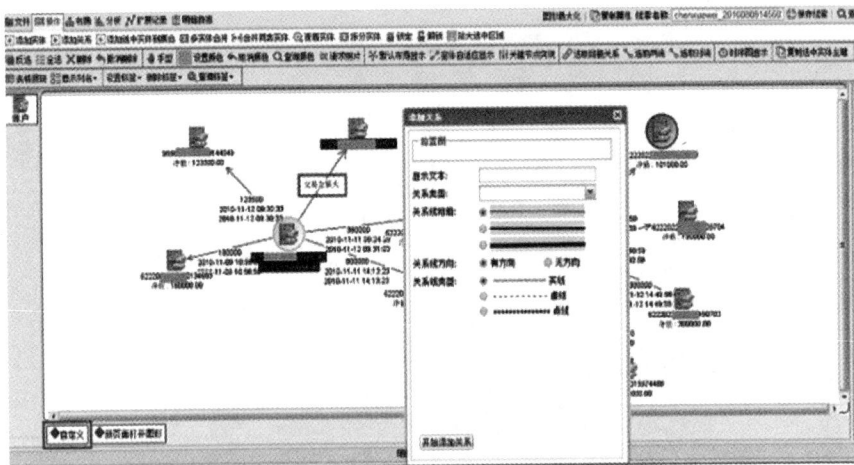

图 9-35　添加关系

　　多实体合并：选中多个实体（账户），点击多实体合并，可将多个实体合并成一个实体。操作时会提示用哪个实体主键。如图 9-36 所示。

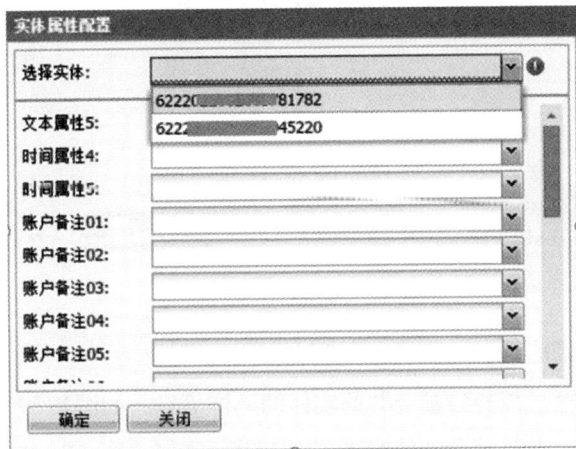

图 9-36　多实体合并

　　合并同类实体：选择一个或多个实体（账户），点击合并同类实体，系统会将选中实体（账户）的对端实体（交易账户），按照相同的实体类型进行合并。有几类实体就合并成几个。合并后每种实体类型，只会保留一根关系线。

　　例如，选中图 9-37 中的实体，点击合并同类实体，将会合并成两个实体：一个是账户实体，另一个是嫌疑人实体。如图 9-38 所示。

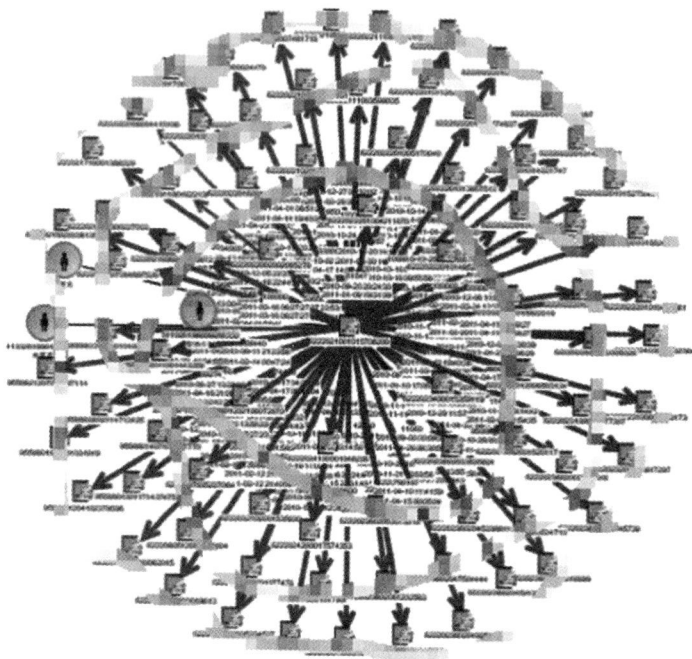

图 9-37　合并同类实体前

图 9-38　合并同类实体后

查看实体：可以查看被合并的实体的具体信息，如图 9-39 所示。

拆分实体：选择被合并的实体，点击拆分实体，实体被拆分为合并前的状态。

锁定：选中一个或多个实体，点击锁定，这些实体将被锁定，无法通过鼠标进行拖动。

解锁：选中被锁定的实体，点击解锁，这些实体将被解锁，可以进行拖动。

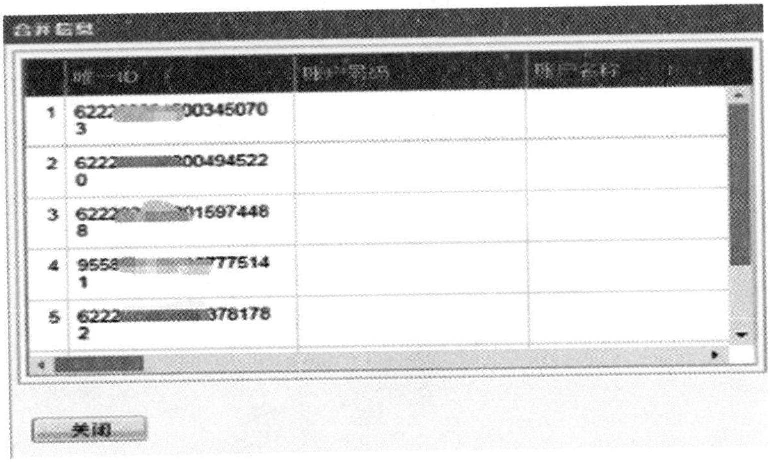

图 9-39　查看合并实体信息

放大选中区域：选中一个或多个实体后，点击该按钮，会将选择的实体放大显示。

每种布局方式都是图形展示的一种，不同的布局方式，展示的效果有所不同。选中布局按钮，二级工具栏显示圆形布局显示、分组布局显示、分层布局显示功能按钮。

圆形布局：点击圆形布局显示，图形化分析显示图形结果如图 9-40 所示。

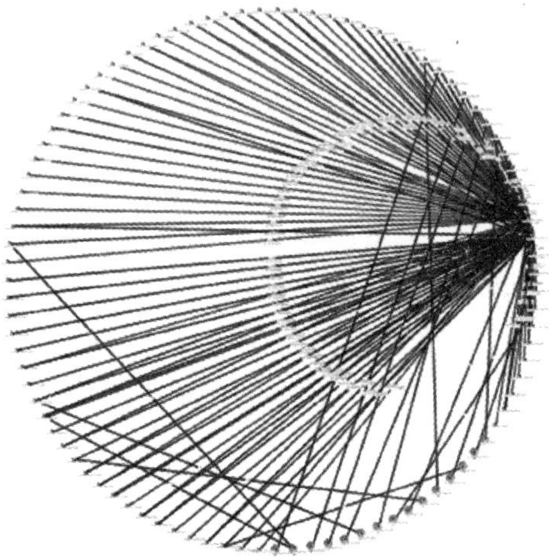

图 9-40　圆形布局

分组布局显示：点击分组布局显示，图形化分析显示图形结果如图9-41所示。

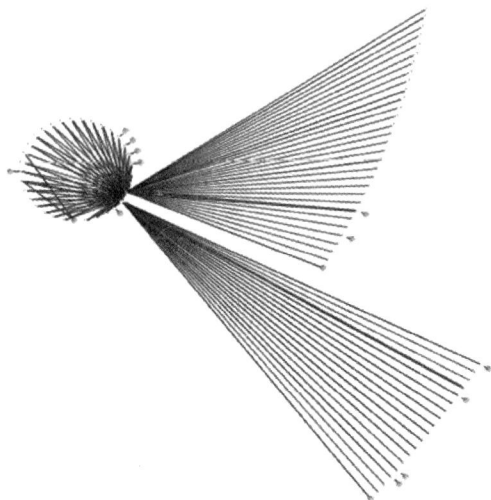

图9-41 分组布局

分层布局显示：点击分层布局显示，图形化分析显示图形结果如图9-42所示。

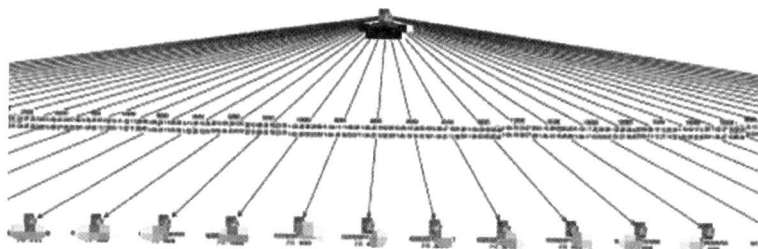

图9-42 分层布局

文件、操作、布局仅对图形进行了一些基本的操作，分析则是对图形中的实体（账户等）进行分析，通过分析挖掘重要的信息。选择分析按钮，二级工具栏显示高级查询、一键扩展、战法扩展、查看开户信息、资金流向分析等功能操作按钮。

高级查询：选择高级查询，下拉菜单如图9-43所示。

图 9-43　高级查询

两账户交易分析：查询的是两账户的交易信息，如收款方账号、付款方账号等，点击两账户交易分析，弹出战法查询框。如图 9-44 所示。

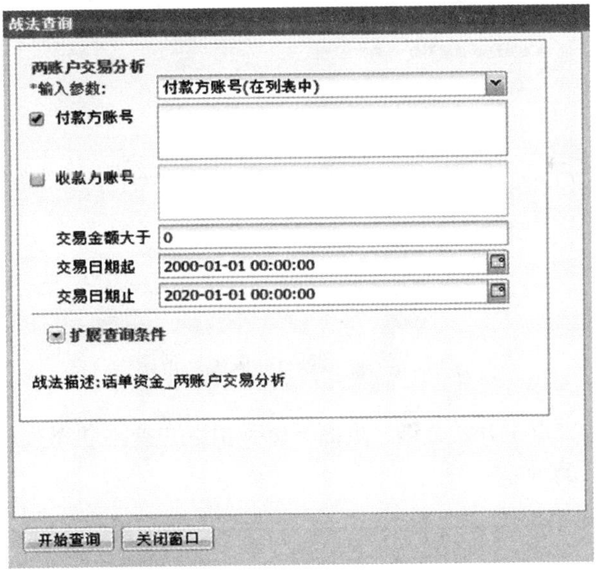

图 9-44　两账户交易分析条件设置

输入交易起止时间参数等，点击开始查询，页面下侧弹出两账户交易分析列表，显示查询结果。如图 9-45 所示。

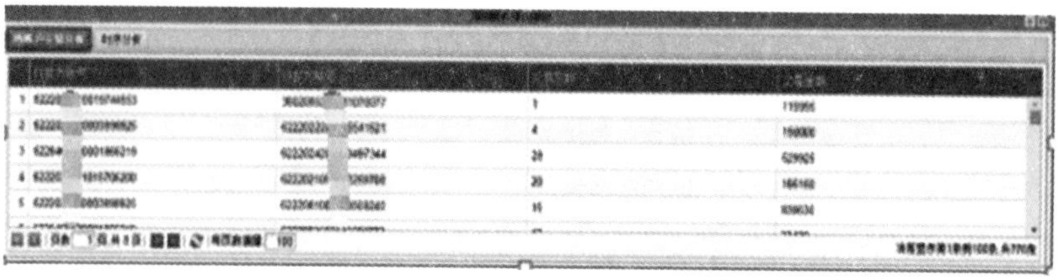

图 9-45　两账户交易分析结果

账户交易状态：查询的是一个或多个账户的交易状态，如平均交易金额，单笔交易最大、最小值，最早、最晚交易时间。点击账户交易状态，弹出战法查询框。如图 9-46 所示。

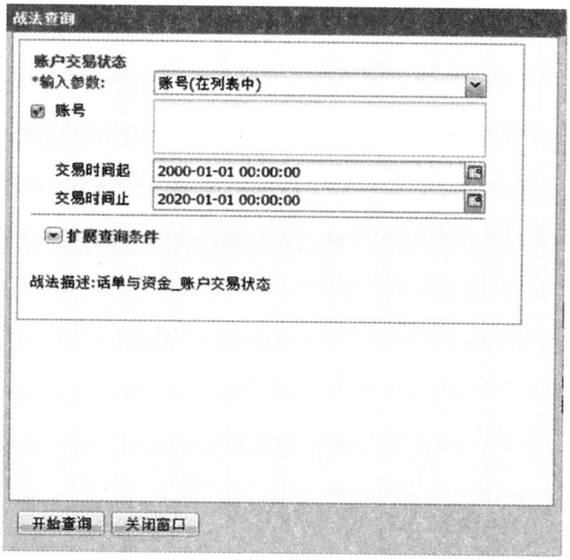

图 9-46　账户交易状态参数设置

输入参数，点击开始查询，页面下侧弹出账户交易状态列表，显示查询结果。如图 9-47 所示。

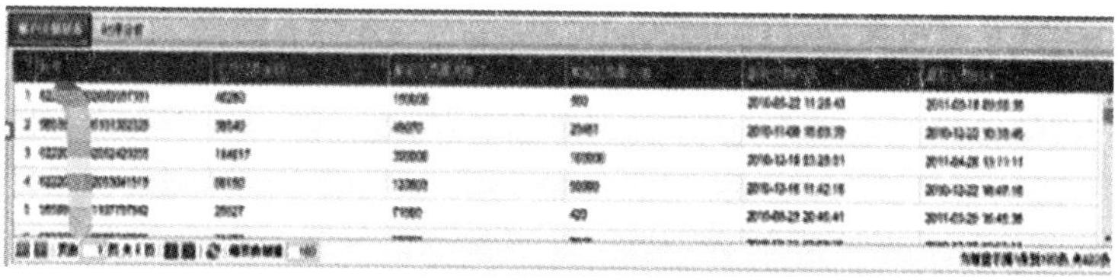

图 9-47　查询结果

账户交易统计：统计账户的交易信息，如账号、净值、对端账号个数等。点击账户交易统计，弹出战法查询框。如图 9-48 所示。

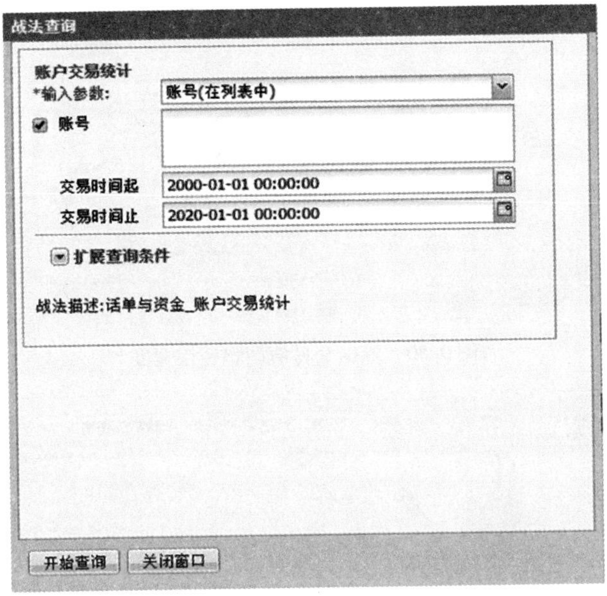

图 9-48　账户交易统计条件设置

输入参数，点击开始查询，页面下侧弹出账户交易统计列表，显示查询结果。如图 9-49 所示。

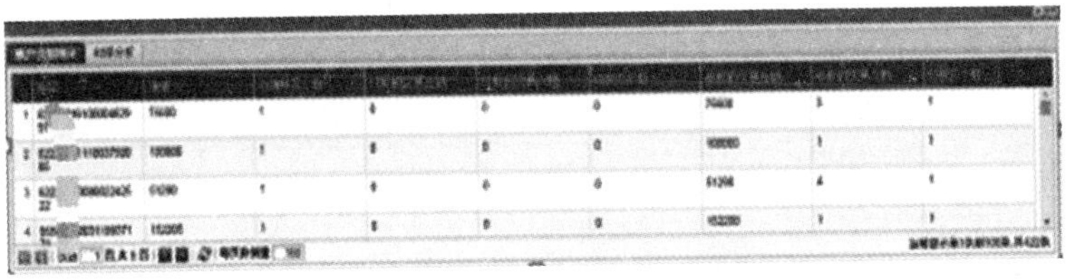

图 9-49　查询结果

依据交易值调整链接宽度：点击依据交易值调整链接宽度，系统会根据关系线上的数据将交易金额较大的关系线加粗显示。如图 9-50 所示。

点击删除单一对端实体，将图形中单一对端的实体（账户）剔除，留下多对端实体，找出相对可疑银行账号。删除前，如图 9-51 所示；删除后，如图 9-52 所示。

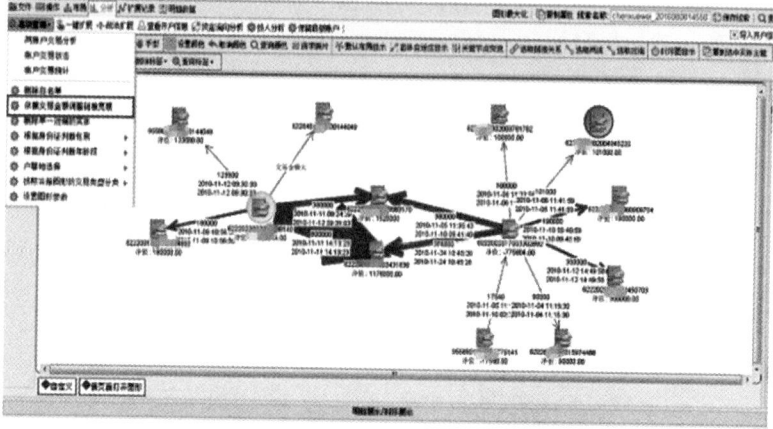

图 9-50　依据交易值调整链接宽度

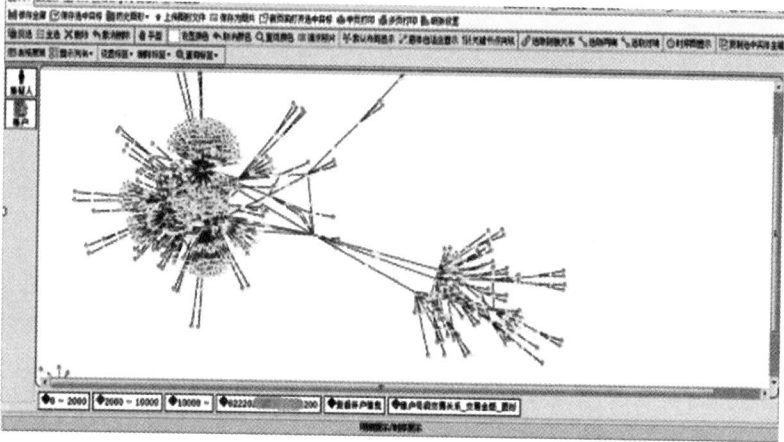

图 9-51　删除前实体图

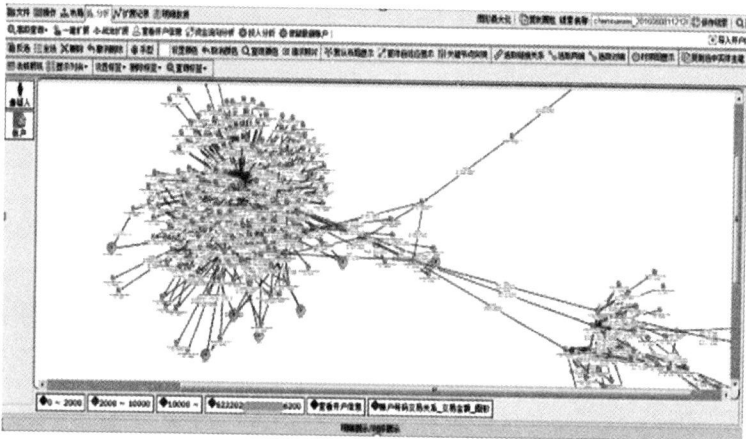

图 9-52　删除后结果图

　　根据身份证判断性别：选择根据身份证判断性别，弹出下级菜单，可以选择选中男性和选中女性，如果图形中实体主键为身份证号，可以选择选中男性或选中女性。如图9-53所示。

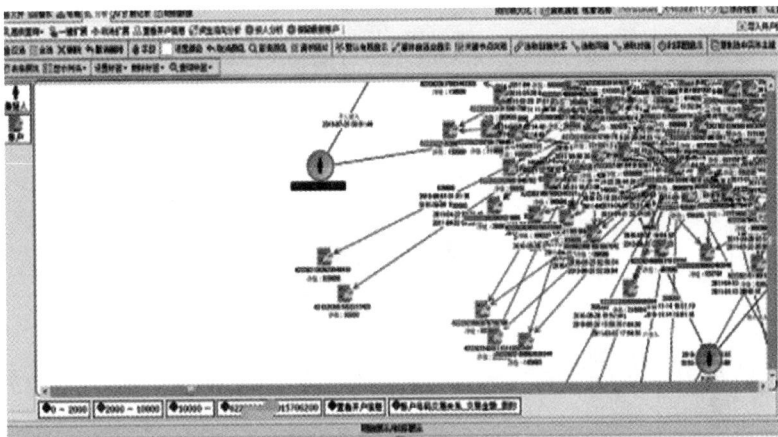

图9-53　根据身份证判断性别

　　根据身份证判断年龄段：选择根据身份证判断年龄段，弹出下级菜单，填写最小年龄和最大年龄，点击选中，可将图形中主键为身份证号且处于该年龄段之间的实体全部选中。如图9-54所示。

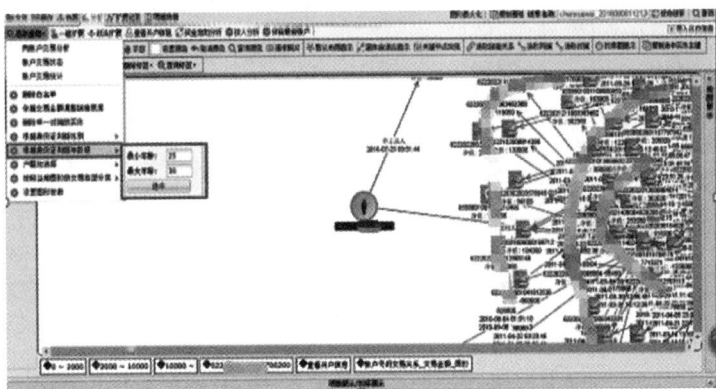

图9-54　根据身份证判断年龄段

　　根据身份证判断性别和根据身份证判断年龄段也是一种查询方式，针对的实体是嫌疑人。当对某个账户进行查看户主信息操作时，通过根据身份证判断性别和根据身份证判断年龄段判断嫌疑人是男性还是女性，多大年龄，从而对嫌疑人进行基本定性。

　　户籍地选择：根据身份证前 6 位判断户籍地。当前图形中显示的是身份证所属的户籍地。勾选其中一个可选中图中符合要求的身份证。如图 9-55 所示。

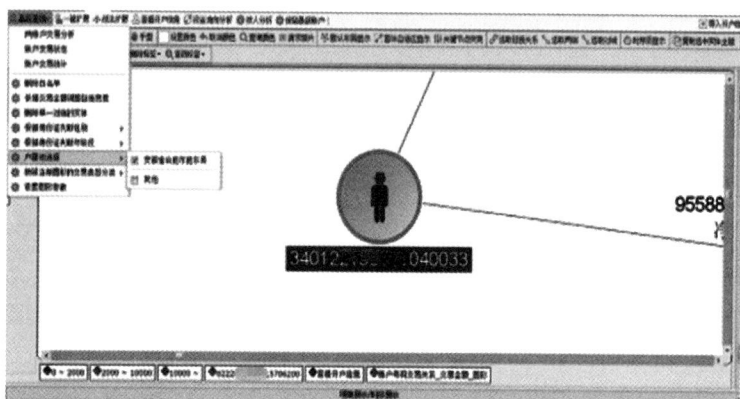

图 9-55　户籍地选择

　　按照当前图形的交易类型分类：点击该按钮，找到相关的交易类型数据。如图 9-56 所示。

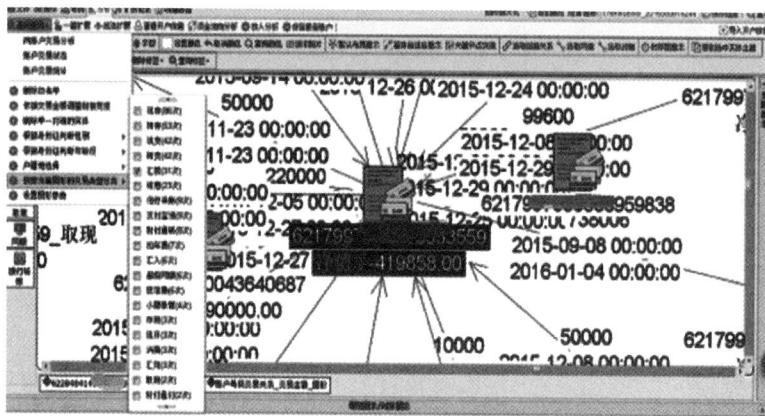

图 9-56　按照当前图形的交易类型分类

　　设置图形参数：与导入文件创建分析任务页面中工具栏设置图形参数一致，点击设置图形参数，可以修改图形下方参数的标签。

　　一键扩展：一键扩展就是用图中已有的实体，选择要扩展的内容，找到相应的数据。这些数据是针对当前实体作进一步分析的结果。如图 9-57 所示。

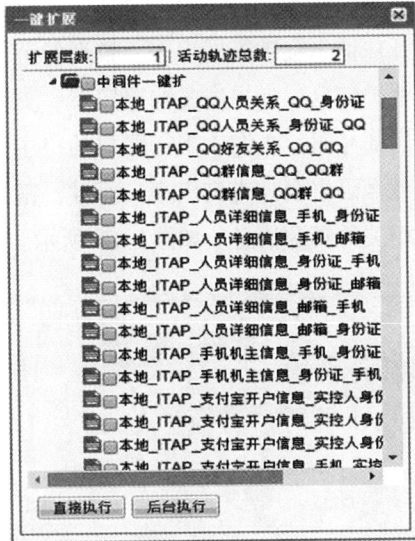

图 9-57 一键扩展

战法扩展：战法扩展和一键扩展的目的是一致的，都属于对当前图形中的电话、嫌疑人做进一步数据挖掘工作。两者的区别在于：一键扩展属一键点击扩展，战法扩展属选择性扩展，需要扩展什么就扩展什么。如图 9-58 所示。

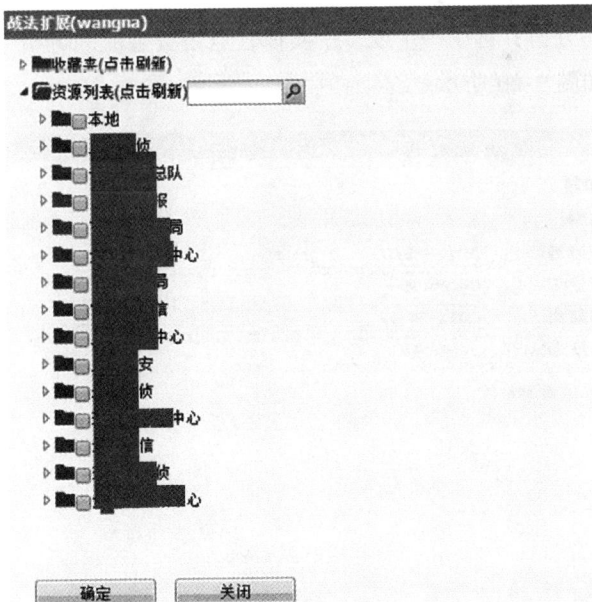

图 9-58 战法扩展

查看开户信息：选择一个或多个实体（账户），点击查看开户信息。这时这些实体所对应的开户信息会被扩展出来。查询的范围既包含当前导入的户主信息，也包含其他类信息。如果房主购置房屋、支付宝等资源信息里面有银行账户对应的身份证号码，查询该银行账户的户主信息时，购置房屋资源信息中对应的身份证号码也会被查询出来。而且，银行账户与证件号码之间的关系线上会显示相关的资源信息。如图9-59所示。

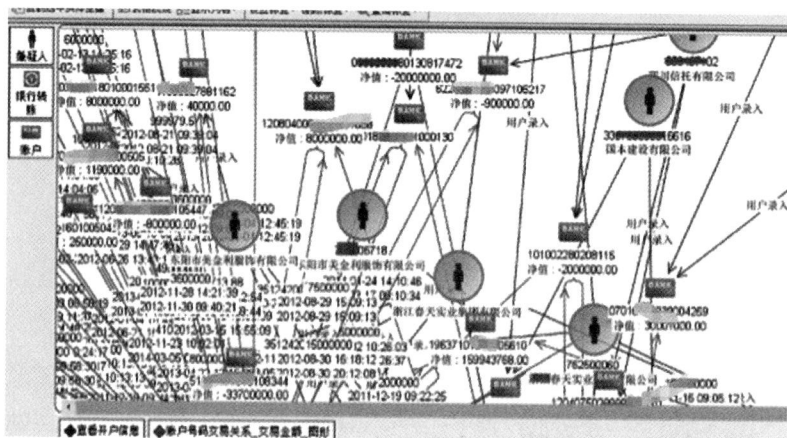

图9-59　查看开户信息

资金流向分析：选中一个或多个实体，点击资金流向分析，弹出资金流向分析框。如图9-60所示。

图9-60　资金流向分析条件配置

　　填写查询条件，点击确定，符合查询条件的资金流向记录都将被扩展出来。如图 9-61 所示。

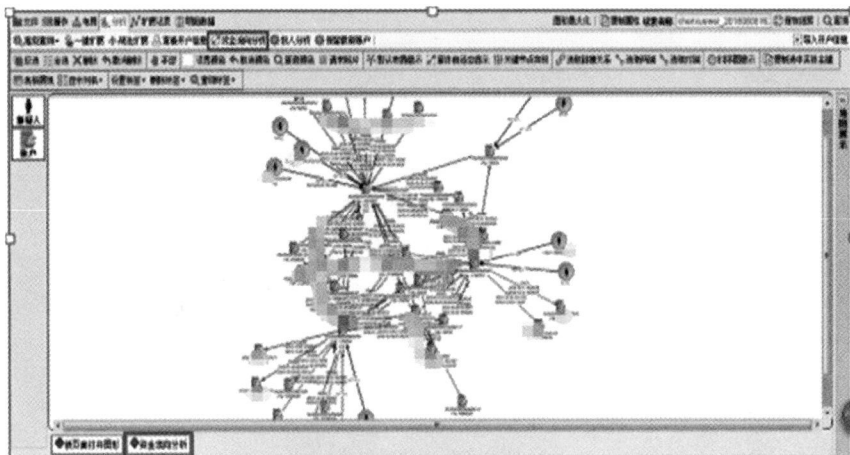

图 9-61　资金流向结果

　　通过银行账户查看开户信息，可以看到一个账户的多层资金流向。通过对多层资金流向进行分析，可以找到一些与被分析账户有关系的潜在交易账户。

　　按人分析：针对多个账户属于同一个人进行的分析。点击按人分析可将某一嫌疑人的多个账户信息合并到该嫌疑人上。这一操作可以更直接地找到嫌疑账户与对端嫌疑账户对应嫌疑人之间的关系。如图 9-62 所示。

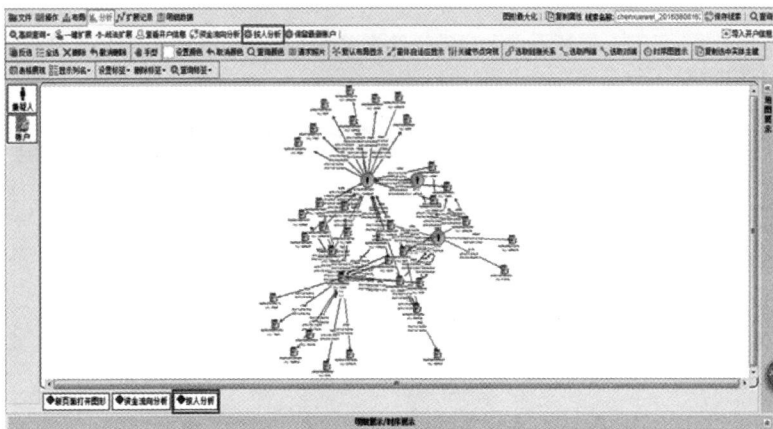

图 9-62　按人分析

　　如果出现一个账户链接多个嫌疑人时，点击按人分析，会弹出提示框，勾选其中一个身份证作为该账户对应的户主。如图 9-63 所示。

图 9-63　选择户主

保留最新账户：点击保留最新账户，系统会根据图中现有实体，判断与嫌疑人关系的时间属性。有时间关系的会被保留，没有时间关系的会被直接删除。

录入开户信息：在该选项中，银行账户为必选，证件号码和姓名至少选一个。点击录入开户信息，选择文件上传即可。文件上传操作同导入文件分析。如图 9-64 所示。

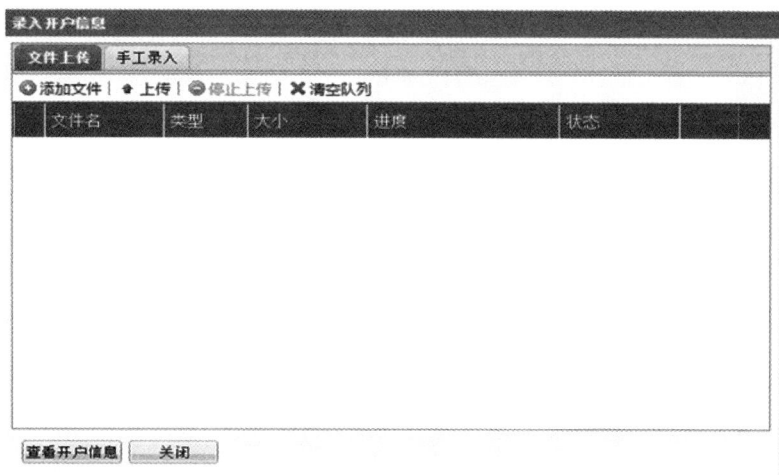

图 9-64　录入开户信息

　　选择手工录入，可以在图形化页面上手动添加银行账户对应的户主信息。这种操作比文件上传更直接，且直接能在图形中显示。如图9-65所示。

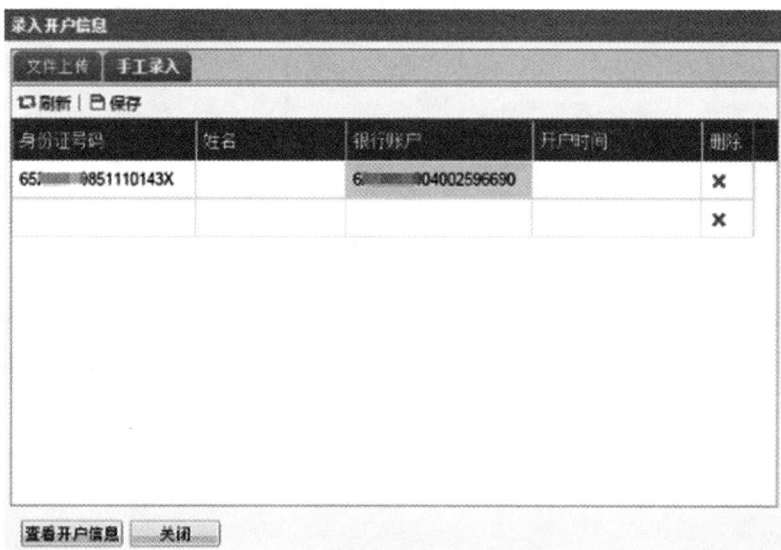

图9-65　手工录入

　　点击扩展记录，可以针对图形中的实体进行一键扩展和资金流向分析操作。把操作结果记录下来，方便查看每次扩展和分析的内容。如图9-66所示。

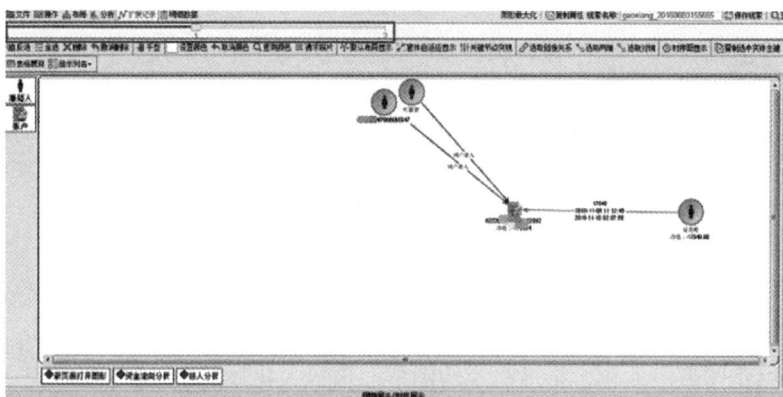

图9-66　扩展记录

　　点击明细数据，这时二级工具栏显示查看明细、查看时序、查看GIS、查看统计。

选中实体，点击查看明细，可以查看相关实体的明细数据。如图 9-67所示。

图 9-67　查看明细

选中实体，点击查看时序，可以查看相关实体的时序数据，也可以定位到某一时间段的某个账户，查看该账户与谁进行了交易及交易金额等信息，这些信息都可以显示出来。如图 9-68 所示。

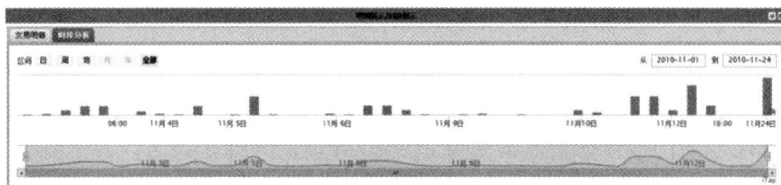

图 9-68　查看时序

选中实体，点击查看统计，可以查看相关实体的报表信息。如图9-69所示。

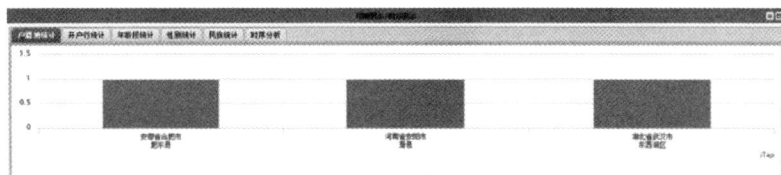

图 9-69　查看统计

明细数据的右侧还有图形最大化、复制属性、查询等功能按钮。

点击图形最大化，将被缩小的图形面板最大化显示。

选中实体，点击复制属性，该实体的相关属性数据就会被复制到粘贴板上。

点击查询，可以查询符合条件的实体。当数据过多时可以通过查询来寻找相关实体。点击查询，弹出相关内容的查询框，填入想查的相关数据，选定相关的查询条件，点击确定，此时符合条件的任务就能被查出来。

统一工具栏：如图 9-70 所示。

图 9-70　统一工具栏

反选：选中一个或多个实体，点击反选，可以将一个或多个号码、号码间的关系线以外的实体和关系线选中。

全选：就是将图形中所有的实体和关系全部选中。

删除：就是将当前选中实体从图形中删除。

撤销删除：就是将前一步被删除的实体和关系还原。

手型：就是将鼠标形状改变为小手形状，便于操作，点击鼠标右键就可以将小手形状还原成鼠标原始状态。

设置颜色：先选择一个颜色，再选中一个或多个实体，点击设置颜色。此时选中的实体会被圈上相应的颜色，通过对实体进行添加颜色可以增加识别度。如图 9-71 所示。

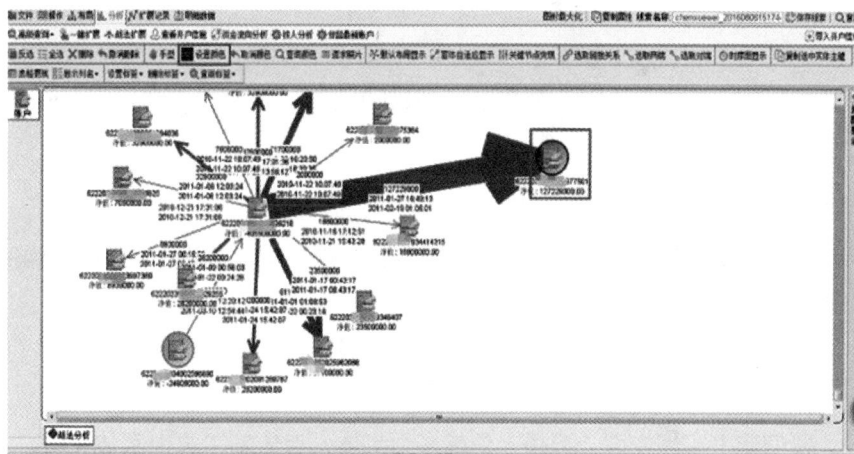

图 9-71　设置颜色

取消颜色：选中被设置颜色的实体，点击取消颜色，实体的颜色就会被取消。

查询颜色：点击查询颜色按钮，如果图形中有和目前显示的颜色相同的实体会被选中。

默认布局：就是将图形按照系统默认的方式布局。

窗体自适应显示：如果图形过于庞大，一页显示不全，点击此按钮，可以将图形缩放至正好一页。如果不小心将图形缩放得太小，点击此按钮，可将图形还原至一页。

关键节点突现：点击此按钮，可将关键节点的实体放大显示。所谓节点，是指关系连接线中心的实体。放大后的效果如图 9-72 所示。

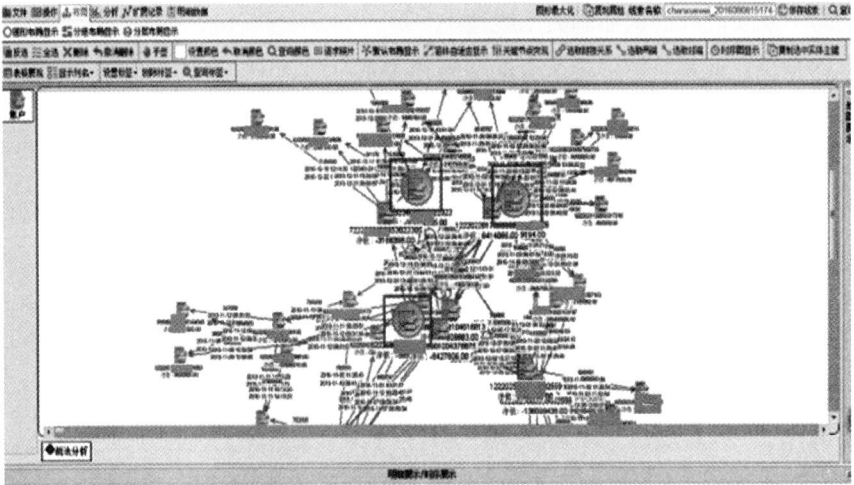

图 9-72　关键节点突现

选取链接关系：选择一个或多个实体（账户），点击选取链接关系，被选择的实体（账户）所对应的所有链接关系都将被选中。

选取两端：选择一个或多个关系，点击选取两端，被选择的关系两端的实体将被选中。

选取对端：选择一个实体，点击选取对端，选中的内容是当前实体（账户）的对端实体。

复制选中实体主键：选择一个或多个实体，点击复制选中实体主键，页面左侧弹出一个选中实体主键区框，显示选中的所有实体主键。如图 9-73 所示。

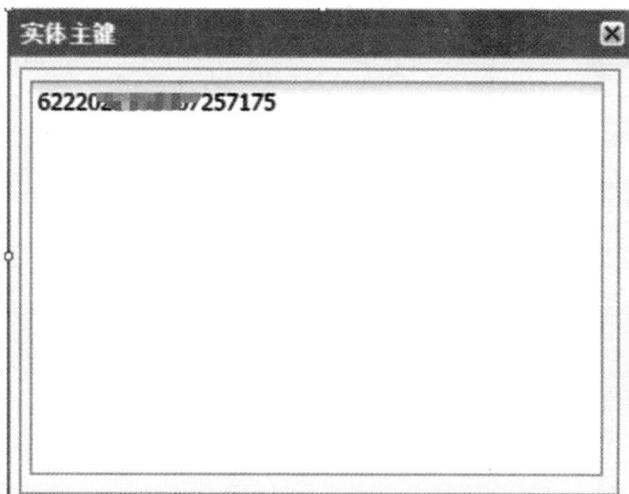

图 9-73　复制选中实体主键

表格展现：点击表格展现，新页面中以表格形式展现当前图形，分为操作实体和操作链接两个页面。操作实体列出的是图形上的所有实体，操作链接列出的是图形上的所有关系。如图 9-74、图 9-75 所示。

图 9-74　操作实体

在操作实体页面，可以查看选中目标、删除选中目标、保存至文件，也可以根据实体类型筛选查看，还也可以进行实体查询。

查看选中目标：选择一个或多个实体记录，点击查看选中目标，回到图形化界面，选择的实体在图形化界面中被选中。

删除选中目标：选择一个或多个实体记录，点击删除选中目标，这些记录在表格中会被删除。

图 9-75　操作链接

保存至文件：选择保存至文件，弹出保存至文件提示框。填写好文件名称，选择是否导出对端实体，点击确定，所有的实体以 excel 文件形式保存。

查看实体类型：可根据实体类型查看实体。如图 9-76 所示。

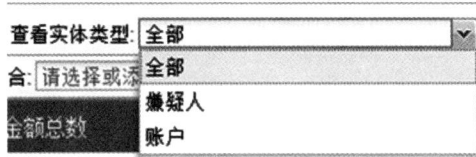

图 9-76　查看实体类型

设置颜色：可以通过表格展现对图形中的实体标注颜色。

实体查询：选择实体查询，弹出实体查询框。如图 9-77 所示。输入查询条件，点击确定，查询到的实体在表格中显示出来。如图 9-78 所示。

查看选中目标：选择一个或多个链接记录，点击查看选中目标，回到图形化界面，选择的关系在图形化界面中会被选中。

保存至文件：选择保存至文件，提示填写文件名称，点击确定，所有的关系线以 excel 文件形式保存。

链接查询：选择链接查询，弹出链接查询框。如图 9-79 所示。输入查询条件，点击确定，查询到的链接在表格中显示出来。如图 9-80 所示。

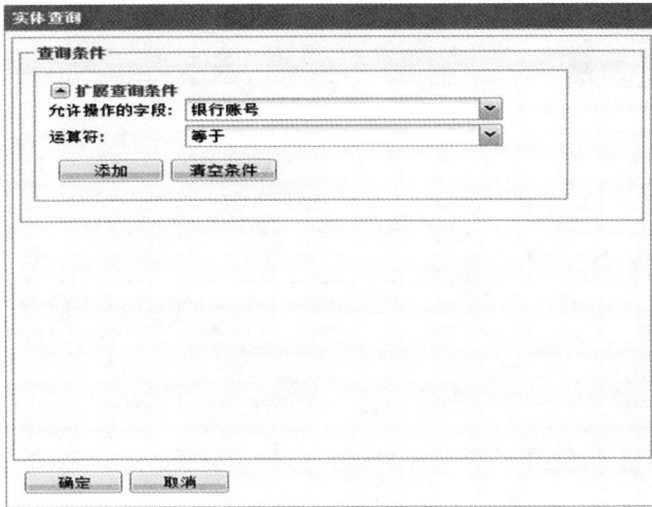

图 9-77　实体查询

图 9-78　查询结果

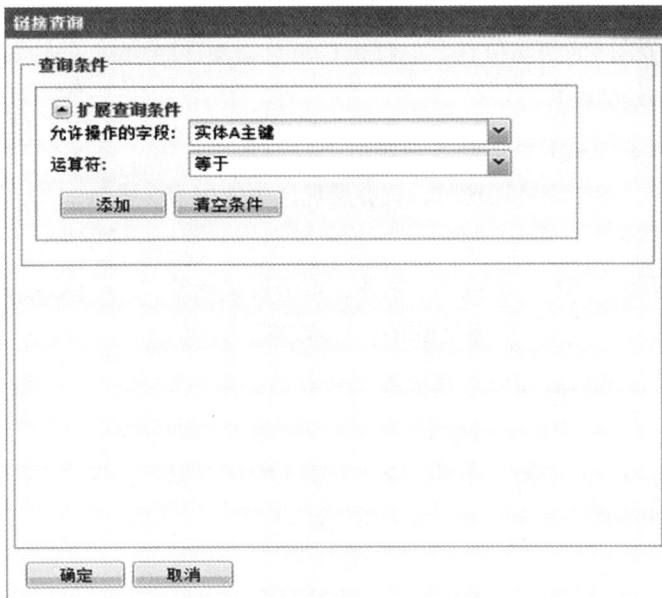

图 9-79　链接查询

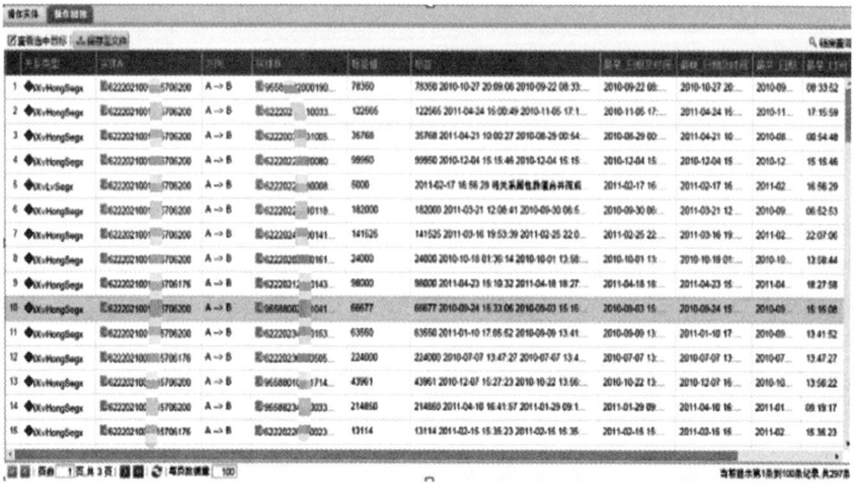

图 9-80   表格展现

　　表格展现的主要功能是，当在表格中找到可疑银行账户时，选中这条记录，点击查看选中目标，回到图形页面，可以看到相关的账户被选中。这时可以通过表格和图形结合的方式，找出首要的分析对象（账户）。通过对首要分析对象的分析，找出相关的信息。

　　表格展现的另一功用是，可以整体地看出当前分析银行调单文件的交易信息，如打入打出总金额、净值、交易两端的账户等。

　　显示列名：点击显示列名，弹出下拉勾选框，勾选相关内容，点击表格展现时，就会展现选中的内容。如图 9-81 所示。

　　设置标签：选择一个或多个实体，点击设置标签，勾选标签编号，点击下拉条底部的设置标签即可添加。可通过对实体进行添加标签来增加识别度。如图 9-82 所示。

　　删除标签：点击删除标签，勾选需删除的标签编号，点击下拉条底部的删除标签即可进行删除。如图 9-83 所示。

图 9-81   显示列名

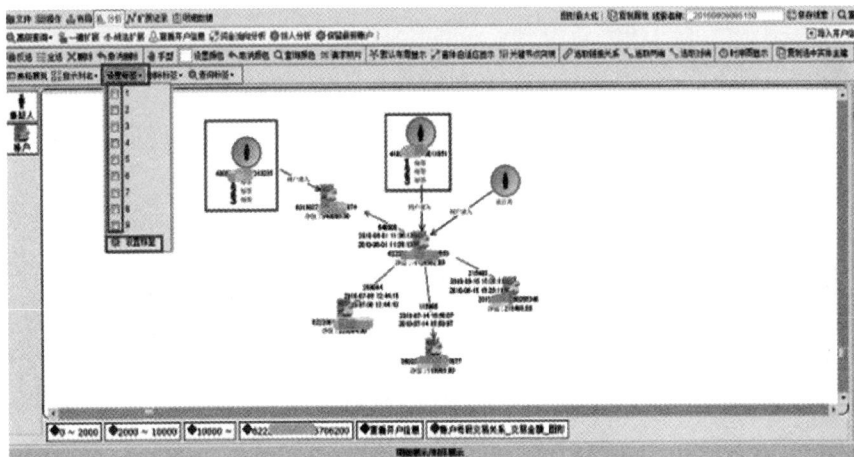

图 9-82　设置标签

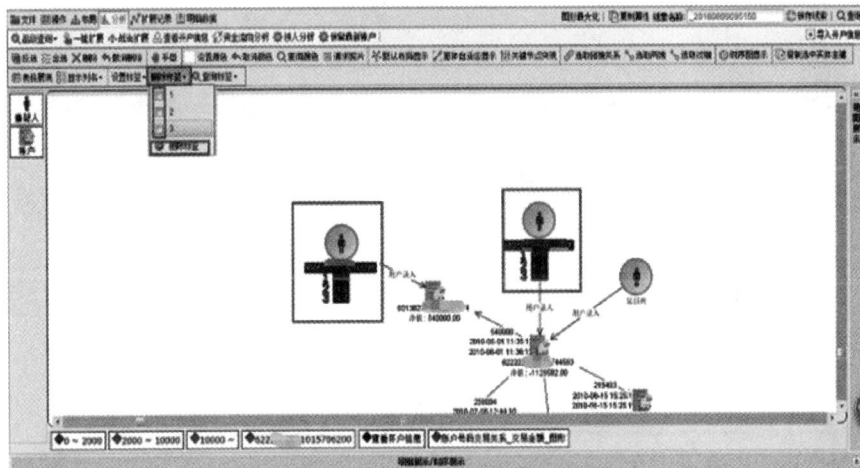

图 9-83　删除标签

查询标签：点击查询标签，勾选需要查询的标签编号，点击下拉条底部的查询标签即可进行查询。如图 9-84 所示。

结果分析_ 统计分析：可以对单个或多个任务同时进行分析。选择任务，点击统计分析可进入统计分析界面。如图 9-85 所示。

交易时间点统计：按时间段统计，可以找出目标账户某个时间段的交易明细。如图 9-86 所示。

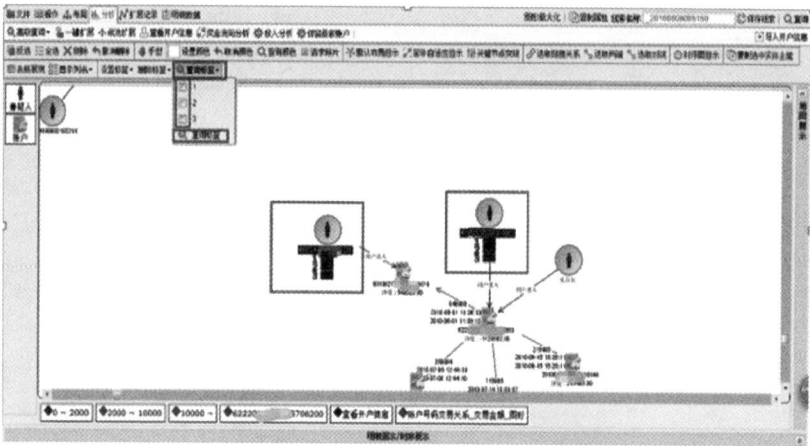

图 9-84　查询标签

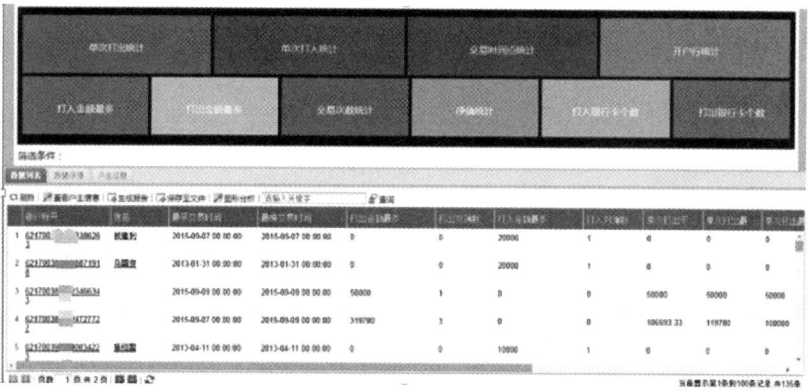

图 9-85　统计分析

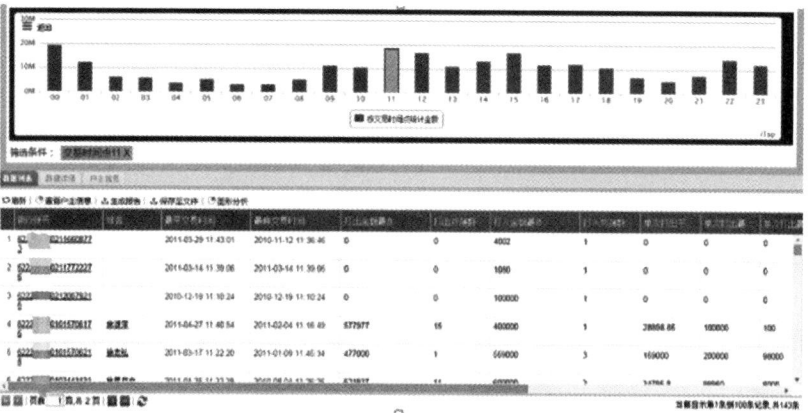

图 9-86　交易时间点统计

开户行统计：按开户行统计，可以看出每个账户的开户行及其交易信息，还可以通过柱状统计图看出当前银行调单文件的账户开户行的整体情况。如图 9-87 所示。

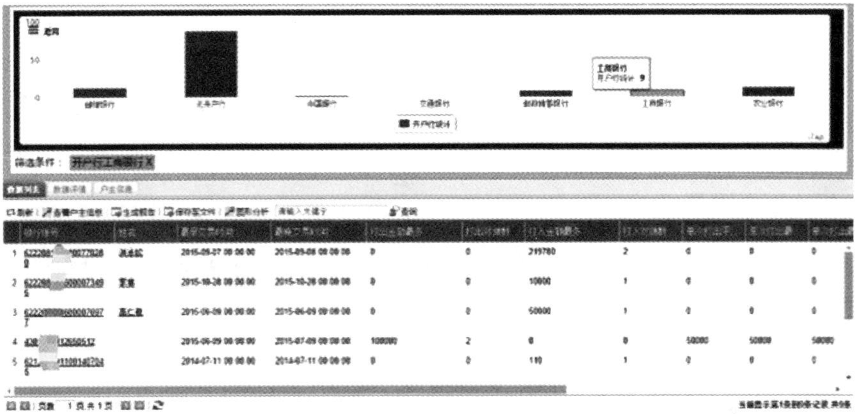

图 9-87　开户行统计

单次打出统计、单次打入统计、打入金额最多、打出金额最多、交易次数统计、净值统计、打入银行卡个数、打出银行卡个数是筛选数据最多或最少的选项，可以将数据列表中对应选项的数据进行排序，并支持复选。如图 9-88 所示为打出金额最多的前 50 条。

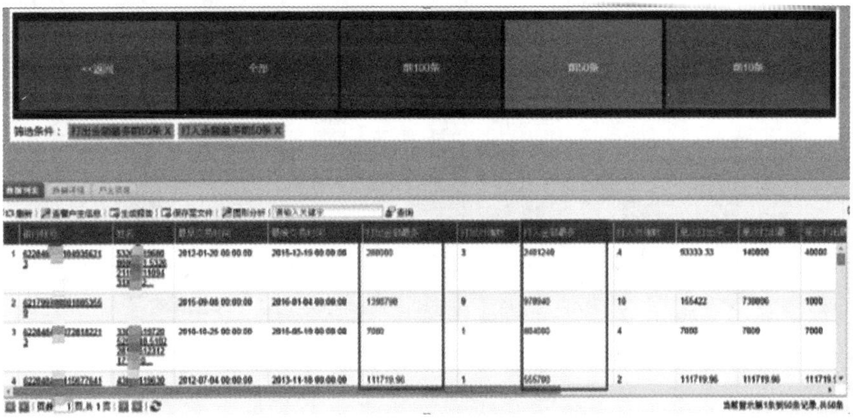

图 9-88　打出金额最多的前 50 条

点击图形分析可查看图形展示界面，图形分析展示的为设置筛选条件后的数据，相关的实体（账户）会用红色（显示屏）标注。如图 9-89 所示居中之处。

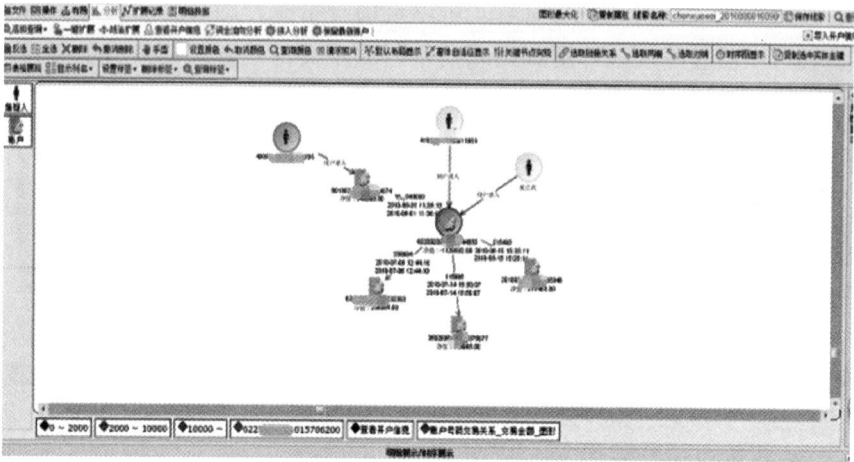

图 9-89　图形展示

生成报告是将分析后的数据导出为 excel 表格，报告的内容主要有：单次打出最大值前 50 条、单次打出最小值前 50 条、打入打出平均值前 50 条等。如图 9-90 所示。

图 9-90　生成报告

保存至文件是将数据列表保存导出，导出的内容可以是全部的统计内容，也可以是加筛选条件的统计内容。如图 9-91 所示。

通过对银行资金文件的统计分析，可以通过柱状图、列表、图形等方式，展现出对资金文件的分析结果。

统计分析中有搜索框可供用户根据需要进行查询。如图 9-92 所示。

图 9-91　保存至文件

图 9-92　搜索框

导入文件分析_ 生成报告：此处的生成报告功能与统计分析中的生成报告功能一致。如图 9-93 所示。

图 9-93　导入文件分析之生成报告

结果展示_ 资金列表：资金列表是将分析的资金文件以表格的形式展示出来，与图形分析中的表格展现所展现的内容完全一致。两者的区别在于：图形分析中的表格展现可以通过查看选中目标与图形结合起来分析；而资金列表只能看表格，不能与图形一起查看。

任务重命名：双击任务名称可重命名（修改），将原来创建的任务重新命名。如此操作方便后期对以前分析资金文件的理解及查阅。如图 9-94 所示。

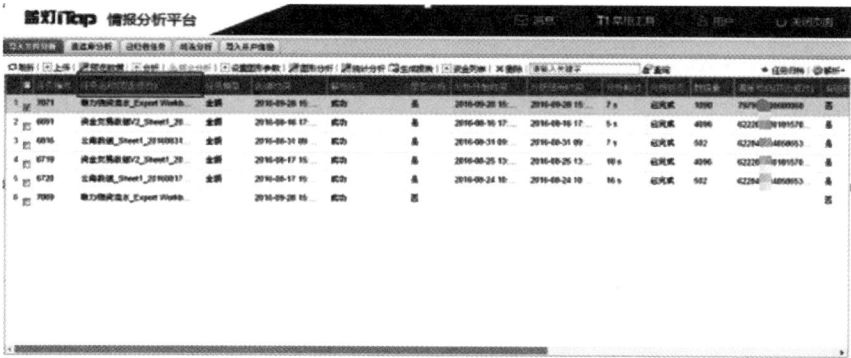

图 9-94　任务重命名

删除：删除可以将已经创建好的资金分析任务删掉。点击删除会提示是否删除。如图 9-95 所示。

图 9-95　删除

任务归档：将已经分析完毕的任务进行归档处理，方便后期用户查阅。选中要归档的任务，点击任务归档，填写相关任务的案事件类型、编号、名称，点击确定，任务即归档成功。如图 9-96 所示。

归档后的任务在已归档任务标签栏中查阅。如图 9-97 所示。在已归档任务下可以进行图形分析、统计分析操作，该操作与导入文件分析相同。

（二）资金直连库分析

资金直连库分析功能简介：直连库分析是通过配置选择系统中所有的资金数据，对想要选取的数据进行筛选分析，设置完成后可将分析结果用图形关系进行展示，列出详细的数据列表及保存分析结果。

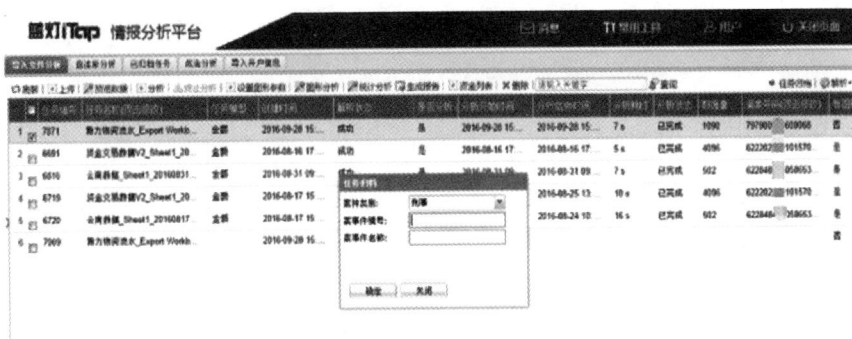

图 9-96　任务归档

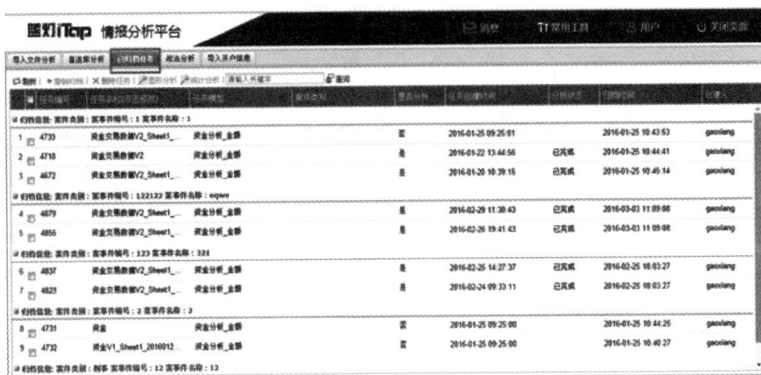

图 9-97　已归档任务

资金直连库分析功能操作：

创建任务：进入直连库功能模块界面，点击创建任务弹出窗口，任务名称可以修改，其中除对应模型、案件类别、文件来源为必填外，其他可填可不填。另外，任务创建面板中，显示的下拉框或输入框，都可以根据个人想法配置显示出来，输入完成后点击下一步。如图 9-98 所示。

界面窗口左侧选择要提取数据的数据库，右侧点击扩展查询条件，可以设置多种数据筛选条件，如原币金额（交易金额）大于等于 10000。如图 9-99 所示。

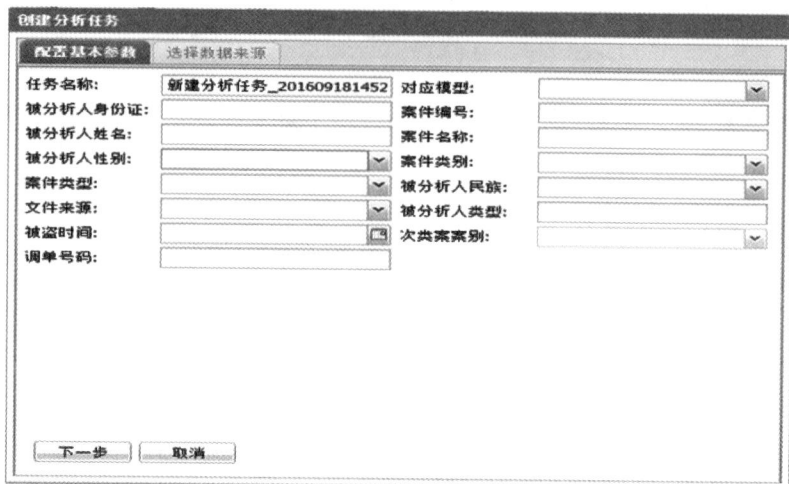

图 9-98　配置基本参数

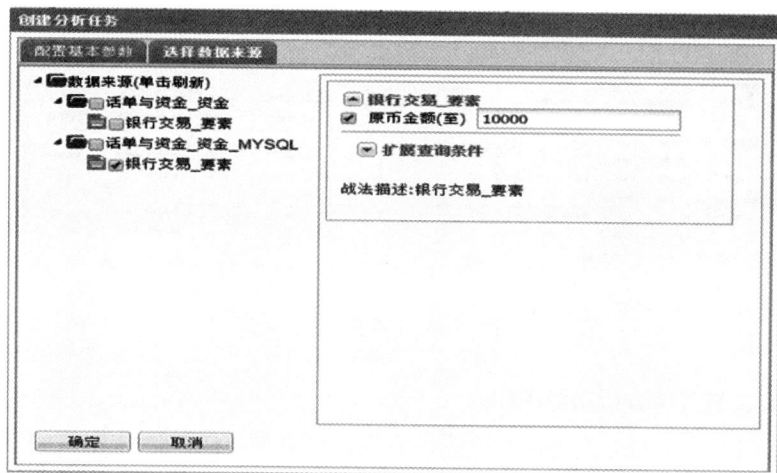

图 9-99　设置筛选条件

创建任务完成后系统会自动分析，分析完成后会在分析状态下显示已完成，此时点击菜单栏中的图形分析可进入图形展示界面。点击编辑任务进入选中任务的编辑界面，与创建任务窗口一致。对新建的直连库分析任务可以进行图形分析、统计分析、表格展现、任务重执行、任务重命名、删除任务操作。这些功能与导入文件分析中的功能一致，具体功能介绍及操作详见导入文件分析各功能介绍。如图 9-100 所示。

图 9-100　直连库分析

（三）资金战法分析

资金战法分析功能简介：资金战法分析是通过输入银行账号，设置起止时间，在现有的数据库中查询结果。分析结果用图形关系展示。

资金战法分析功能操作：

交易团伙分析：分析查询账户在一段时间内所有的资金流向。进入战法分析页面，输入银行账号和交易起止时间，点击确定查询。如图 9-101 所示。

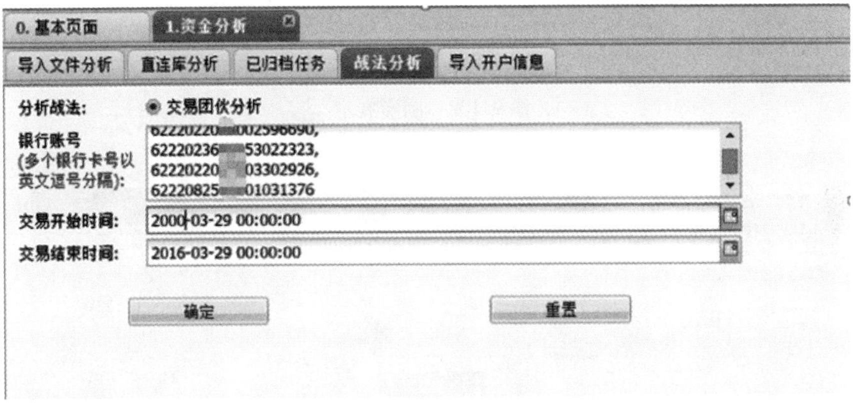

图 9-101　交易团伙分析

查询结果直接以图形关系展示，如图 9-102 所示。

战法分析中，当查询不到数据时，会提示"没有查询到数据！"同时不打开图形展现页面。如图 9-103 所示。

（四）资金导入开户信息

资金导入开户信息功能简介：通过导入含有银行账户和证件号码开户信

息的文件，将开户信息导入数据库。

资金导入开户信息功能操作：

上传：进入导入开户信息页面，点击上传，弹出文件上传框。添加文件，点击上传，文件被上传到页面列表中。上传的文件格式与资金导入文件格式一致，支持 *.xls、*.xlsx、*.csv、*.txt、*.tpecs 格式文件。如图9-104 所示。

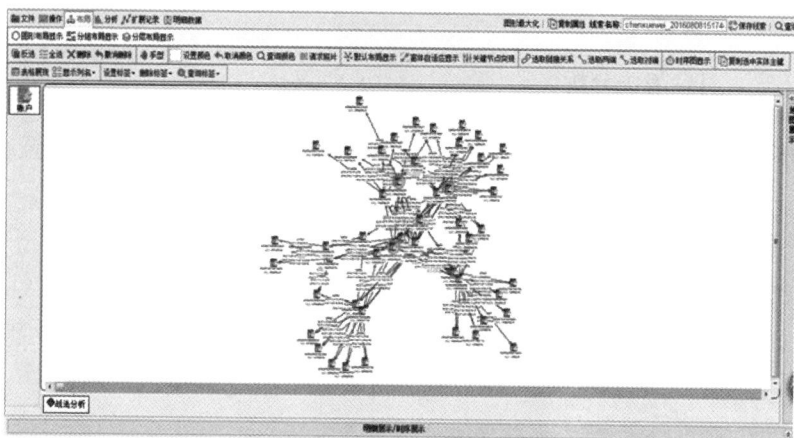

图 9-102　图形展示

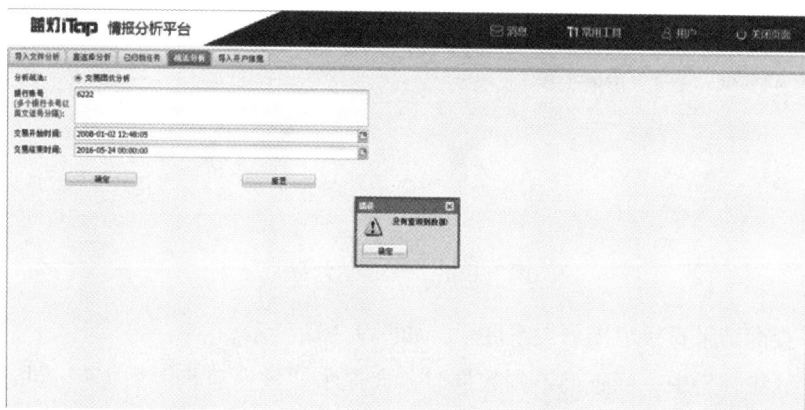

图 9-103　无数据提示

如果解析状态显示成功，则可以进行预览。如图 9-105 所示。如果解析失败，则会提示失败原因。

预览数据：点击预览数据，预览文件中的部分数据。预览数据只显示上传文件中的前 11 条。图 9-106 中的 "1" 表示上传文件的列名，"2" 表示数据入库对应的列名。

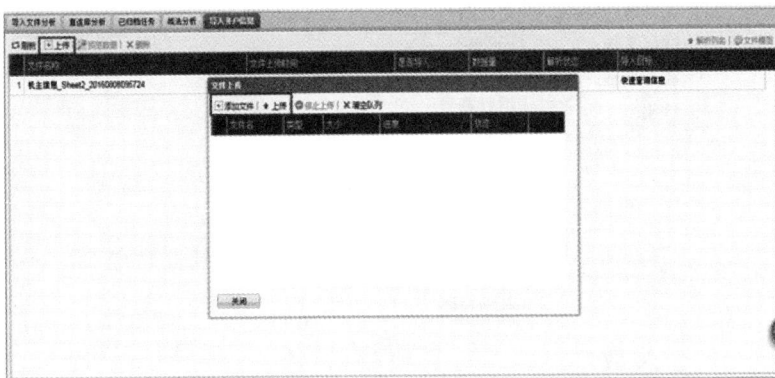

图 9-104 上传文件

图 9-105 解析成功

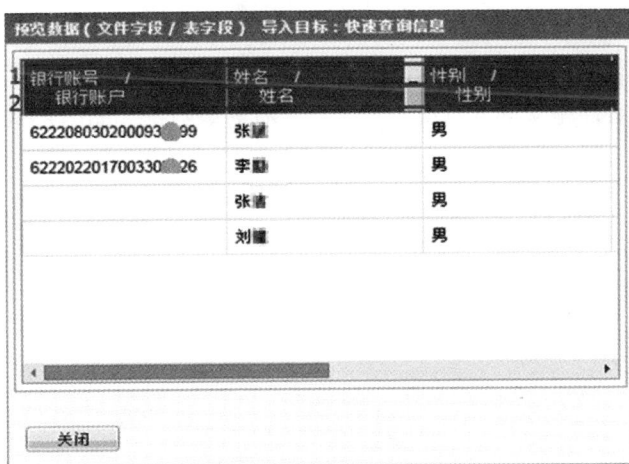

图 9-106 预览数据

如果图中 "1" 和 "2" 的列名不匹配，则点击任务列表右上角的解析列名将列名一一匹配，点击确定。如图 9-107 所示。

如果解析状态显示 "失败，请解析列名"，如图 9-108 所示，说明系统没有将户主信息的文件解析入库。

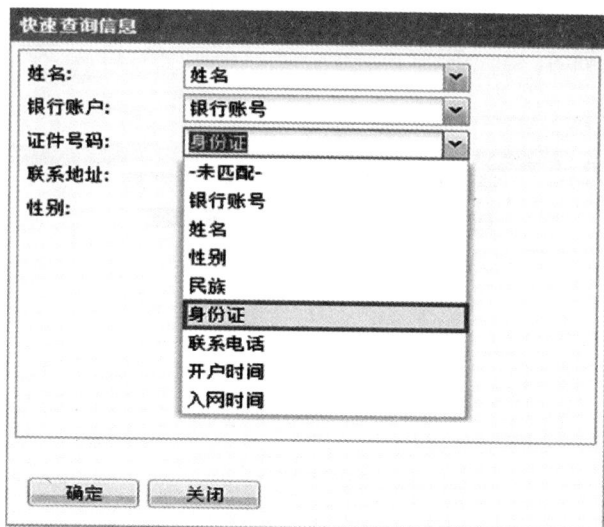

图 9-107　匹配列名

图 9-108　解析失败

这时需要检查文件是否从第一行第一列开始。打开解析失败的上传文件发现，该文件是从第五行第一列开始才有有效数据。如图 9-109 所示。

图 9-109　检查文件

文件模型设置系统从 excel 表格中第几行第几列的有效数据开始解析，选好文件模型（若文件模型没有，可手动创建），点击确定。如图 9-110 所示。

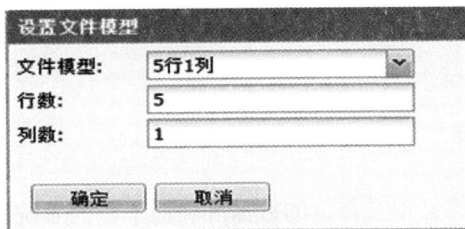

图 9-110　设置文件模型

　　设置好解析模型后，系统会重新解析文件。如果解析正确，解析的状态就会更新为"成功"。重复预览数据中的操作，保证户主信息文件中的数据入库准确。

　　回到图形分析页面，查看开户信息之后导入的户主信息也会相应地在图形上显示。如图 9-111 所示，关系线上显示的是用户录入。

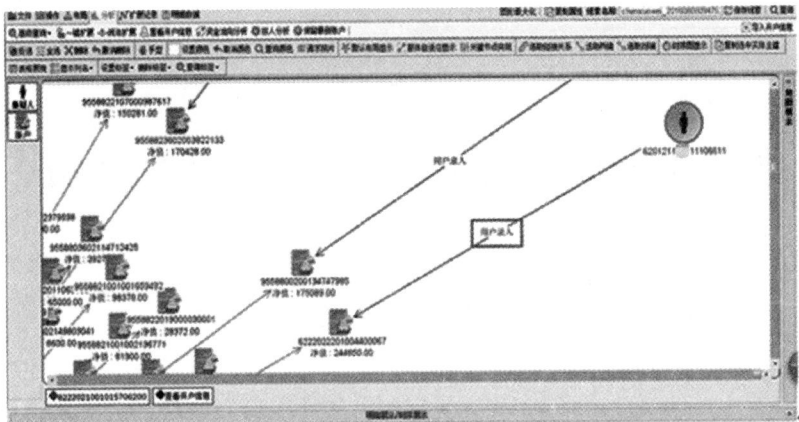

图 9-111　图形显示户主信息

四、话单分析

（一）功能简介

　　导入通话记录数据文件，对繁杂的数据进行归类筛选分析，可以以图形展示分析结果，也可以以数据表格形式列举。展示的内容包括通话时长、通话次数、通话起止时间、手机号码之间的关系等。在分析结果中找出要分析的可疑号码，追溯可疑号码的数据，保存分析结果，辅助案件侦查或领导作出决策。

（二）功能操作

上传文件：先将话单文件里的数据准确地上传到系统里，支持的文件格式有 ＊.xls、＊.xlsx、＊.csv、＊.txt、＊.tpecs（支持同类型的多是 sheet 文件）。在功能页面点击上传，在弹出的文件上传页面中，案件类别和文件来源必须填写，其他文本输入框填不填均可，对功能没有影响。另外，上传面板中的所有信息都可以配置。用户可以根据需求和想法，选择一些字段上传。如图 9-112 所示。

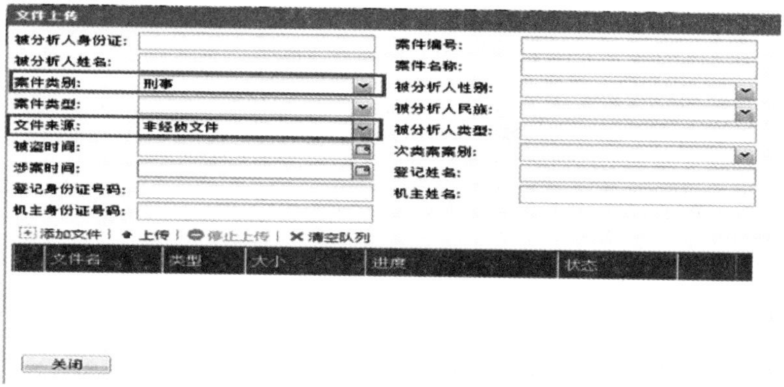

图 9-112　文件上传

如果上传的文件内容前 10 行是空的，文件上传完毕后，会提示该文件是空的，点击关闭任务不会创建。如图 9-113 所示。

上传成功后，任务列表将新增一条任务，系统会自动给任务命名。任务名称默认命名规则：上传 excel 文件名称_ 数据在 excel 所在 sheet 的名称_ 任务创建时间，点击分析或双击任务名称可修改任务名称。

解析文件：文件上传成功后，后台会自动解析文件。如果解析状态列显示"成功"，点击预览数据可以预览文件中的部分数据。如图9-114所示。

如果数据匹配有问题，就需要手动配置。如果文件中的身份证号码，入库数据对应成"长途类型"，说明匹配不准确，需要手动匹配。如图 9-115 所示。

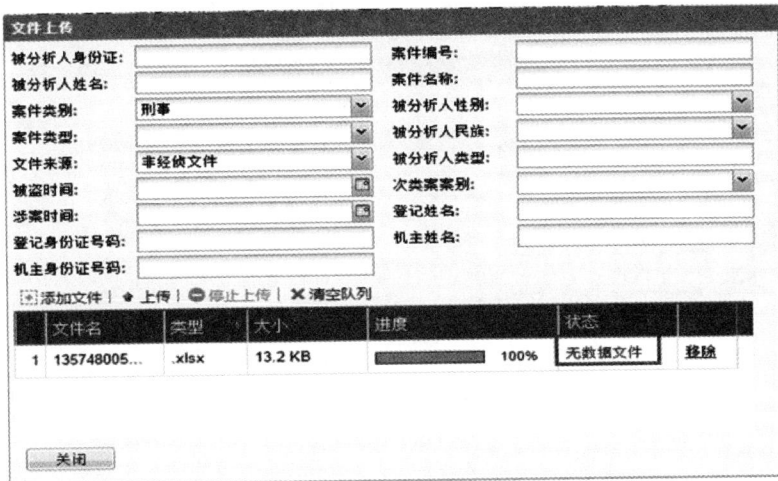

图 9-113　无数据文件

图 9-114　解析成功

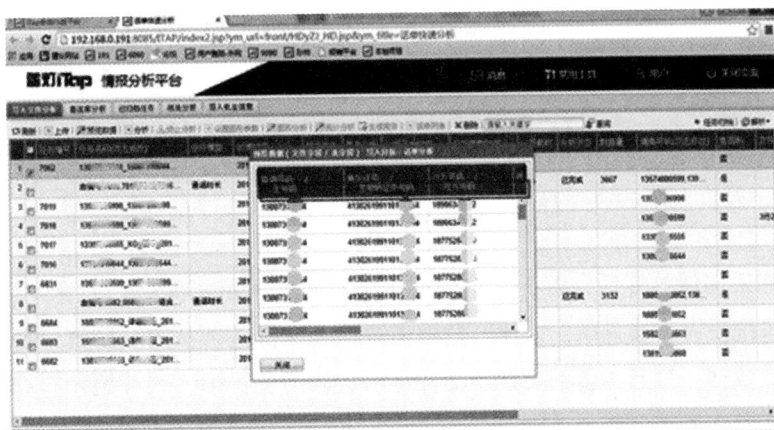

图 9-115　手动匹配

点击窗口右上角的解析，再点击解析列名。如图9-116所示。

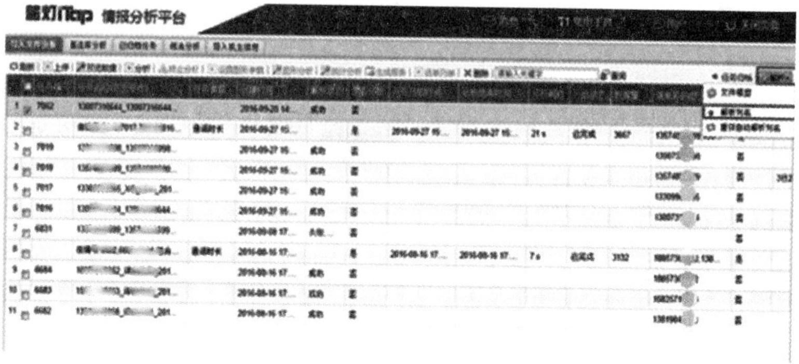

图9-116　解析列名

选择文件中长途类型与数据库中长途类型对应，如果文件中没有相应的列，就选择未匹配。匹配完成后，点击确定，从而保证文件中的数据入库准确。如图9-117所示。

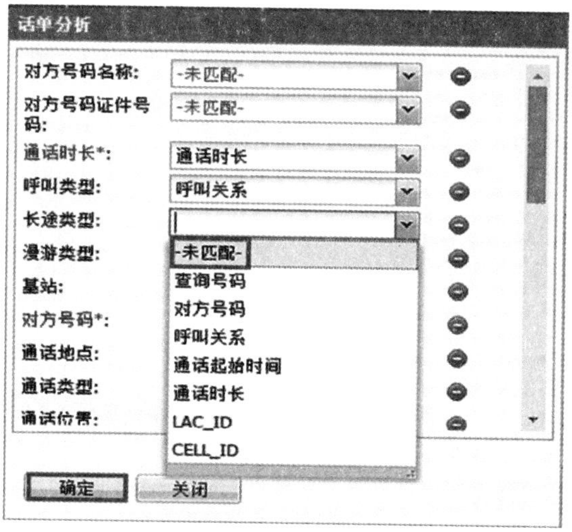

图9-117　匹配列名

如果文件上传后，解析状态列显示"失败，请解析列名"（图9-118），说明系统没有将文件解析入库。这时需要检查文件是否从第一行第一列开始有有效数据。打开上传的文件，文件显示是从第三行第二列开始才有有效数据。如图9-119所示。

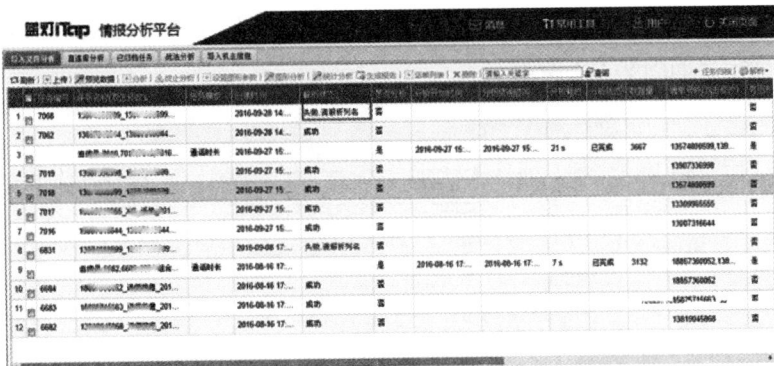

图 9-118 解析失败

图 9-119 打开文件

如果对已经分析后的文件进行解析列名，则重新导入数据。没有进行分析任务，点击解析列名不重新导入。

点击窗口右上角的解析，点击文件模型。如图 9-120 所示。

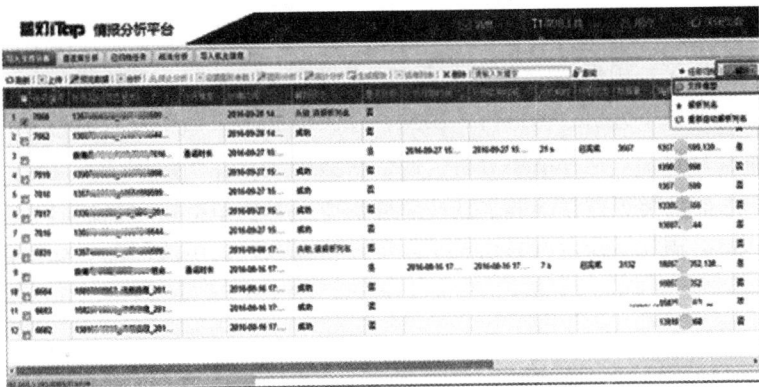

图 9-120 文件模型

文件模型为设置系统从 excel 表格中第几行第几列的有效数据开始解析，点击确定。如图 9-121 所示。

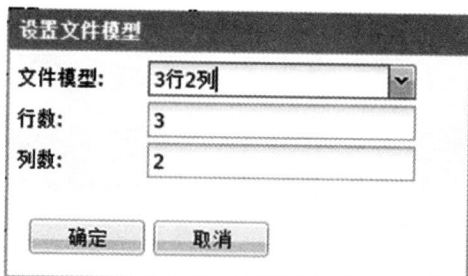

图 9-121　设置文件模型

设置好解析模型后，系统会重新解析文件。解析的状态会更新为"成功"，重复上述操作，保证文件中的数据入库准确。如图 9-122 所示。

图 9-122　解析文件

分析文件：保证上传文件入库准确匹配后，点击分析，在弹出的页面中选择分析模型，出现的模型分别是：话单分析_ 通话时长和话单分析_ 通话次数。选择话单分析_ 通话时长模型，在图形展示页面中，号码与号码之间的关系就是时长。选择话单分析_ 通话次数模型，在图形展示页面中，号码与号码之间的关系就是次数，默认的分析模型是话单分析_ 通话时长。除了选择分析模型外，还可以对任务名称进行重命名，点击确定即开始分析。如图 9-123 所示。

分析结束后，会在话单任务行列里显示如下信息，如图 9-124 所示。

设置图形参数：为需要分析的数据分段设置。设置为 0≤通话时长≤60，以及通话时长＞60两个分段。如图9-125所示。

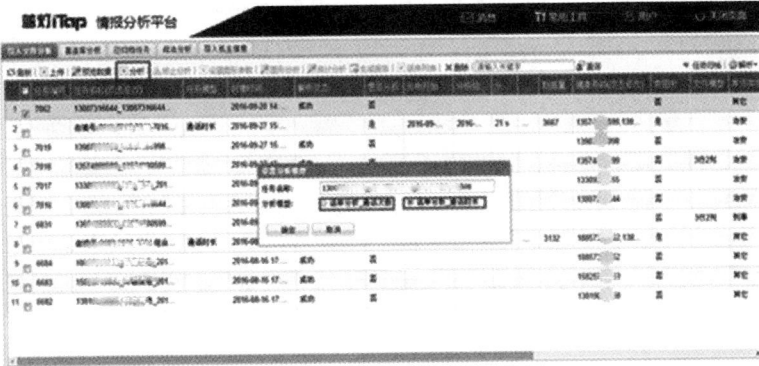

图9-123　分析文件

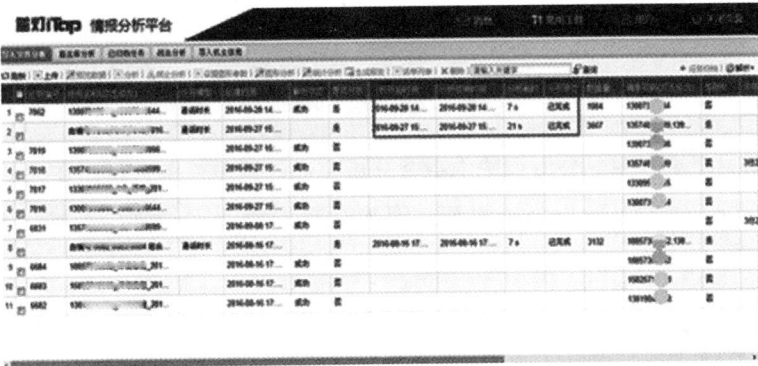

图9-124　分析完成

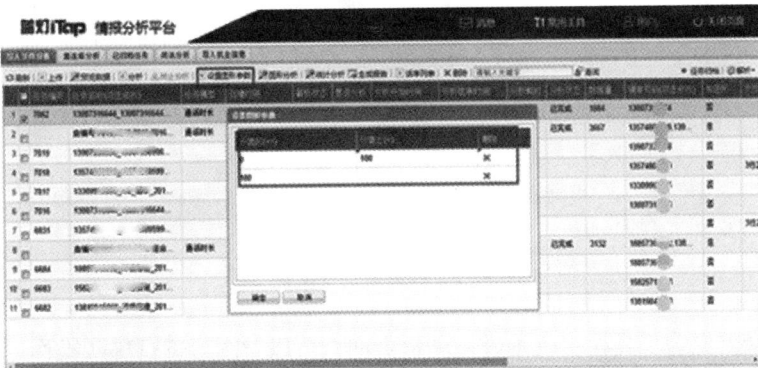

图9-125　设置图形参数

这两个分段会在图形展示界面左下方显示。设置好图形参数后，点击确定保存，同时设置图形参数页面退出，弹出询问是否要查看图形的对话框。点击确定，打开图形展示页面；点击取消，对话框消失，仍停留在功能页面。如图 9-126 所示。

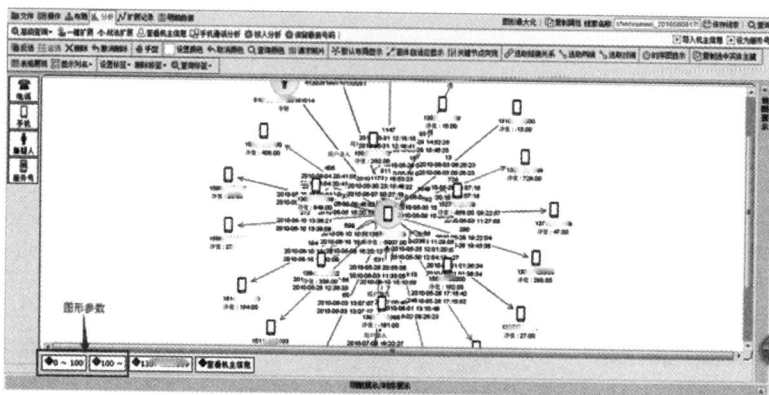

图 9-126　图形展示

结果展示_ 图形分析：选中一个分析完成的话单任务，点击工具栏中的图形分析，转入图形化分析页面。图形化界面分为六个部分，如图 9-127 所示。

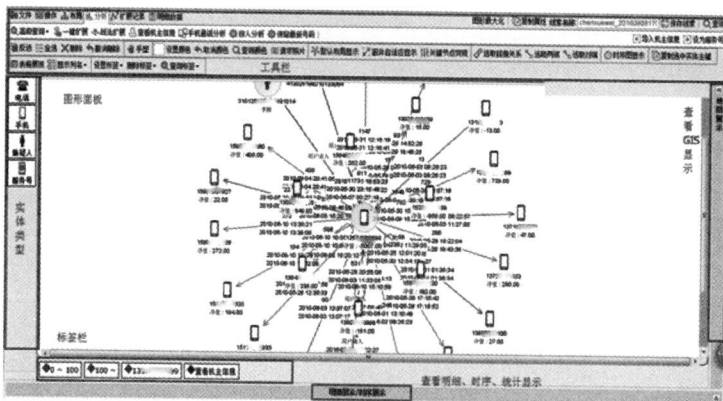

图 9-127　结果展示之图形分析

最上方为工具栏：表示进入图形页面，可以对图形进行哪些操作。

左侧是实体类型：显示当前图形中的实体类型。

中间是图形面板：显示话单任务中用图形方式展现的效果。

　　右侧是地图展示：当点击工具栏明细数据中的查看 GIS 按钮时，右侧会弹出显示当前图形化页面的 GIS 展示效果。如图 9-128 所示。

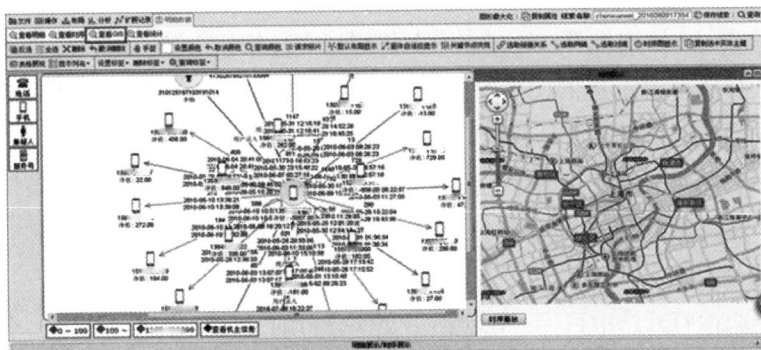

图 9-128　GIS 展示

　　图形面板下方：显示图形中涉及的标签。

　　明细展示：当点击工具栏明细数据中的查看明细、时序、统计按钮时，下方会弹出显示相关数据的明细、时序及统计。如图 9-129 所示。

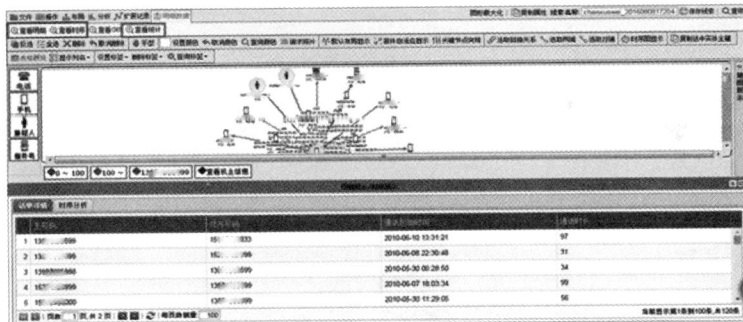

图 9-129　明细展示

　　工具栏中相关按钮说明：图形化分析页面的工具栏显示文件、操作、布局、分析、扩展记录、明细数据功能按钮。

　　选择文件按钮，二级工具栏显示保存全部、保存选中目标、历史图形、上传图形文件、保存为图片、新页面打开选中目标、单页打印、多页打印、纸张设置功能按钮。

　　其中，保存全部、保存选中目标是将图形保存为 ＊.vlx 文件，输入文件名称和文件描述，点击确定即可保存。

点击历史图形可以看到已保存下来的图形。选择刚保存的图形，会弹出一个提示框，提示选择的展现方式：是当前窗口展示还是新窗口展示。选择其中一个即可展示出保存的图形。

这个 ∗.vlx 文件可以通过点击上传图形文件按钮上传。输入文件名、文件描述、选择要上传的图形文件，点击提交。上传完成后会弹出一个提示框：是当前窗口展示还是新窗口展示，随机选择一个即可。

保存为图片：在对话单文件分析的过程中，想将当前的分析结果保存为图片，可以点击保存为图片。选择要保存的图片区域，可以对图形界面进行截图保存。

新页面打开选中目标：在对话单文件分析的过程中，想对确定一个或多个手机号码进行分析，可以通过选中一个或多个手机号码、号码之间的关系线，点击新页面打开选中目标，选中的号码和相关的关系线会在新打开的图形化页面中显示。如图 9-130 所示。

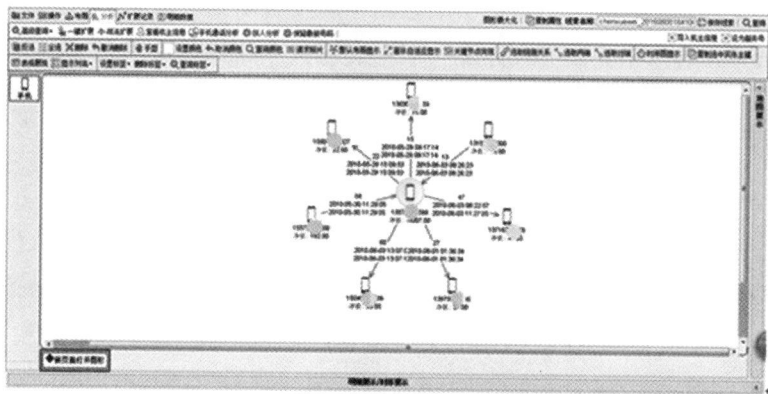

图 9-130　新页面打开选中目标

单页打印、多页打印、纸张设置：设置打印项，将当前页面打印出来。

操作：选择操作按钮，二级工具栏会显示添加实体、添加关系、添加选中实体组合、多实体合并、合并同类实体、查看实体、拆分实体、锁定、解锁、放大选中区域等功能按钮。

添加实体：点击添加实体按钮，页面左侧弹出添加实体框。在文本框中输入实体主键，选择颜色，自动匹配或手动选择实体类型，点击确定，这个实体会被新增到图形界面上。如图 9-131、图 9-132 所示。

图 9-131　添加实体

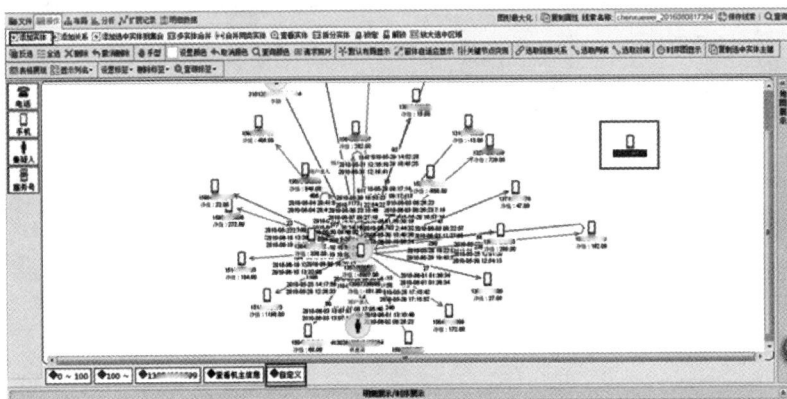

图 9-132　图形展示

　　添加关系：点击添加关系按钮，页面左侧弹出添加关系框。在显示文本中输入关系线上想要显示的文字，选择关系线颜色为关系类型，选择关系线粗细、关系线方向和关系线类型，点击开始添加关系。分别选择想要添加关系的两端实体，点击停止添加关系，则添加关系完成。如图9-133所示。

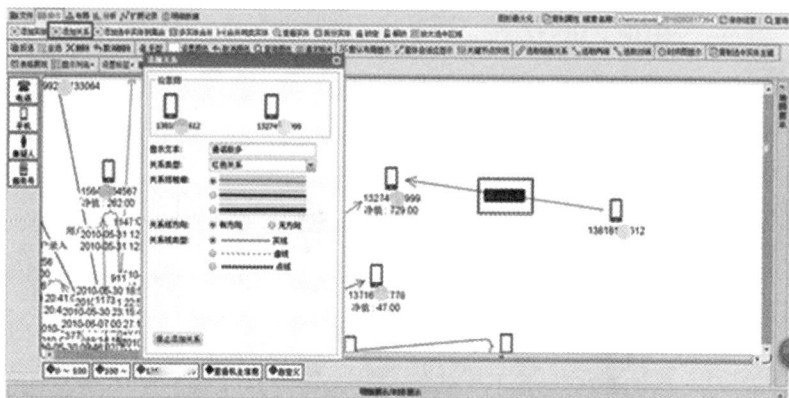

图9-133　添加关系

添加实体和添加关系的操作主要应用于对图形的自定义。

添加选中实体到集合：该按钮是将选中的实体添加到集合中。在系统基础应用集合管理中可查看被添加到集合的实体。

多实体合并：选中多个实体（手机），点击多实体合并，将多个实体合并成一个实体，会提示用哪个实体作为主键。如图9-134所示。

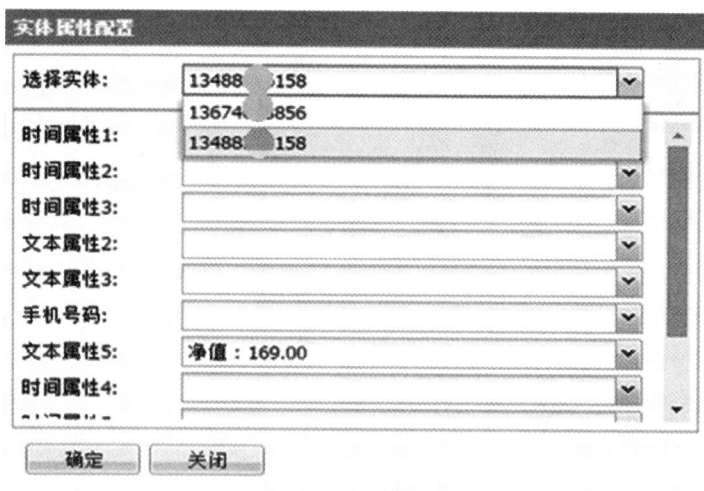

图9-134　多实体合并

合并同类实体：选择一个或多个实体（手机），点击合并同类实体，系统会将选中的实体（手机）的对端实体（对方号码），按照相同的实体类型

进行合并。有几类实体就合并成几个，合并后，每种实体类型只会保留一根
关系线。

例如，选中图9-135中的实体，点击合并同类实体，将会合并成三个实
体：一个是手机实体，一个是电话实体，一个是服务号实体。如图9-136
所示。

图 9-135　合并同类实体

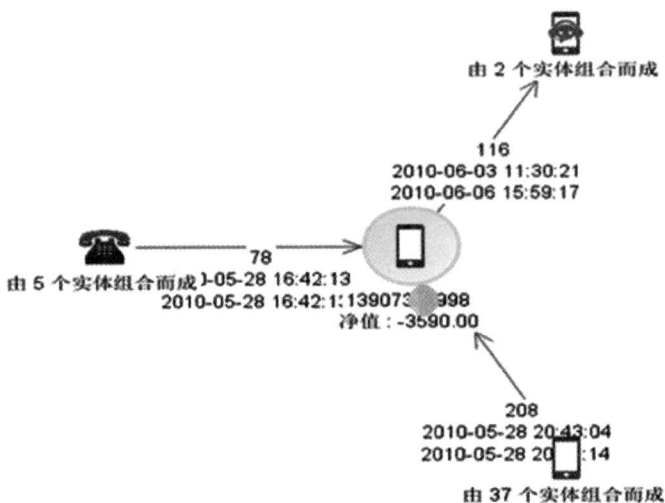

图 9-136　合并同类实体

查看实体：可以查看被合并的实体的具体信息，如图 9-137 所示。

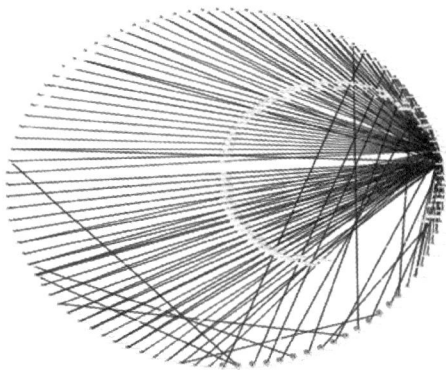

图 9-137　查看实体

拆分实体：选择被合并的实体，点击拆分实体，实体被拆分为合并前的状态。

锁定：选中一个或多个实体，点击锁定，这些实体将被锁定，无法通过鼠标进行拖动。

解锁：选中被锁定的实体，点击解锁，这些实体将被解锁，可以进行拖动。

放大选中区域：选中一个或多个实体后，点击此按钮，会将选择的实体放大显示。

每种布局方式都是图形展示的一种方式，不同的布局方式，展示的效果也不同。选中布局按钮，二级工具栏显示圆形布局显示、分组布局显示、分层布局显示按钮。如图 9-138、图 9-139 和图 9-140 所示。

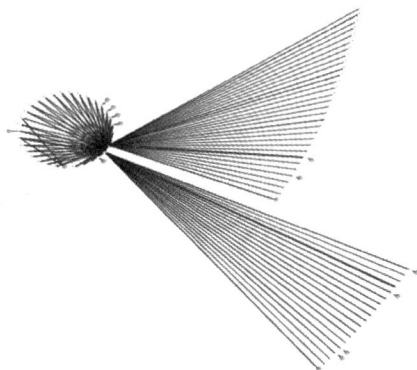

图 9-138　圆形布局　　　　　　　　　　图 9-139　分组布局

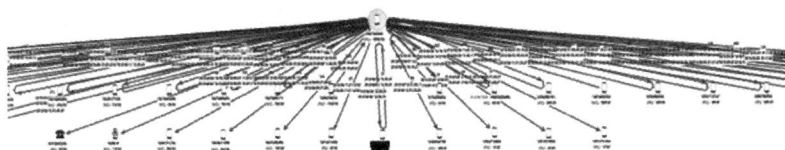

图 9-140　分层布局

文件、操作、布局仅仅是对图形进行了一些基本操作，分析则是对图形中的实体（手机等）进行分析，深入挖掘相关的数据。选择分析按钮，二级工具栏显示高级查询、一键扩展、战法扩展、查看机主信息、手机通话分析、按人分析、保留最新号码、导入机主信息、设为服务号等功能按钮。

高级查询：如图 9-141 所示。

点击 A 电话通话统计，弹出战法查询框，如图 9-142 所示。

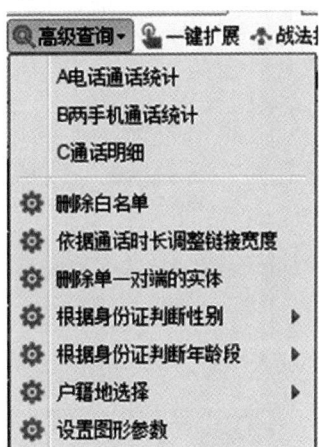

图 9-141　高级查询

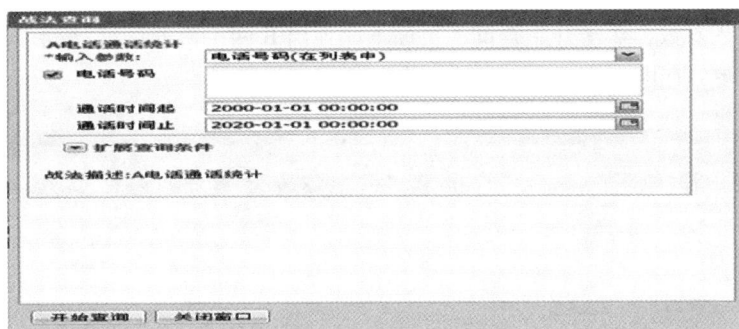

图 9-142　战法查询框

输入参数，点击开始查询，页面下侧弹出 A 电话通话统计列表，显示查询结果。如图 9-143 所示。

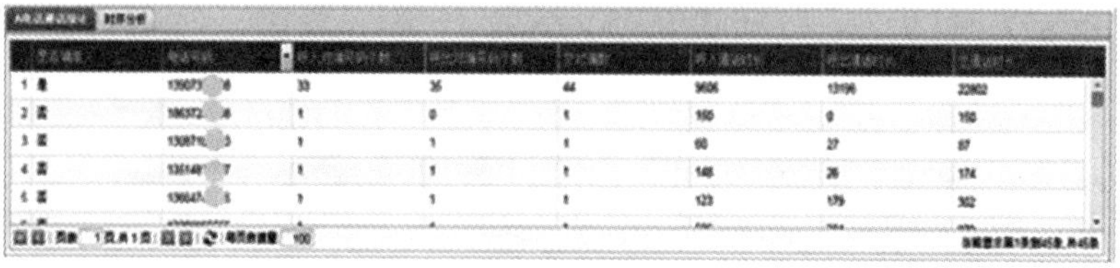

图 9-143　查询结果

点击 B 两手机通话统计，弹出战法查询框。如图 9-144 所示。

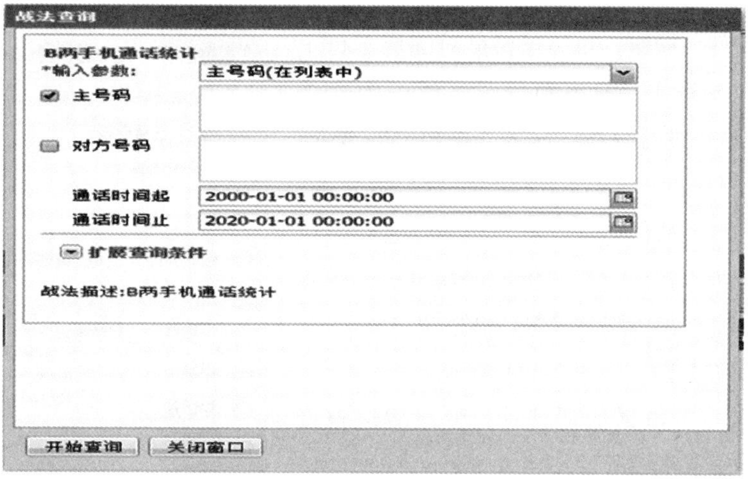

图 9-144　战法查询框

输入参数，点击开始查询，页面下侧弹出 B 两手机通话统计列表，显示查询结果。如图 9-145 所示。

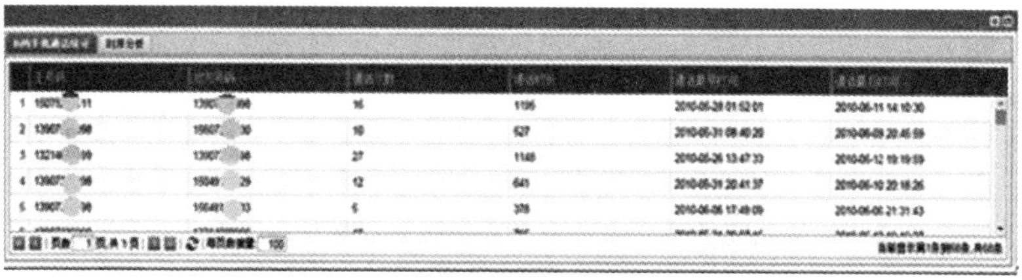

图 9-145　查询结果

点击 C 通话明细，弹出战法查询框。如图 9-146 所示。

输入参数，点击开始查询，页面下侧弹出 C 通话明细列表，显示查询结果。如图 9-147 所示。

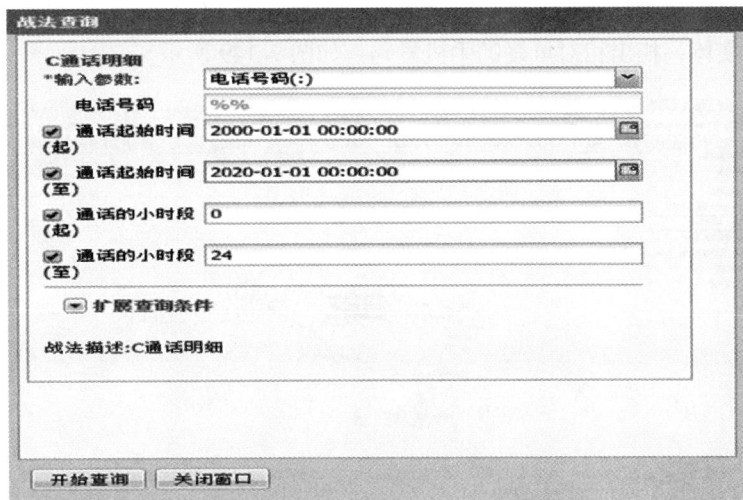

图 9-146　战法查询框

图 9-147　查询结果

点击依据通话时长调整链接宽度，会根据关系线上的数据将通话时长长的加粗显示，找出通话时长较长的数据。如图 9-148 所示。

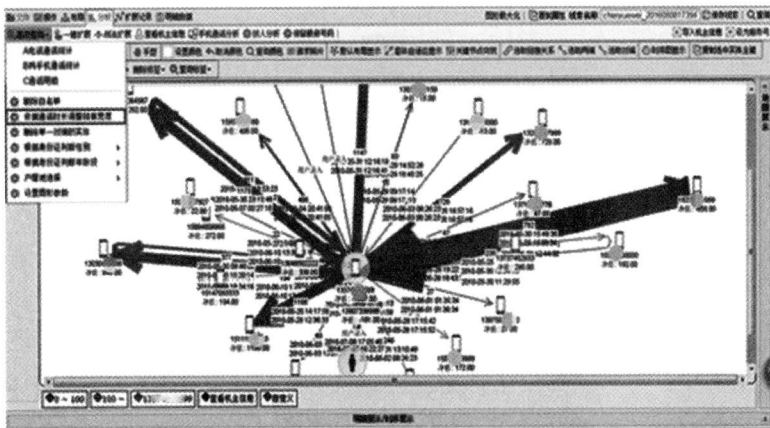

图 9-148　依据通话时长调整链接宽度

点击删除单一对端实体，将图形中单一对端的实体（手机）删除，留下
多对端实体，找出相对可疑的手机号码。如图 9-149 所示。

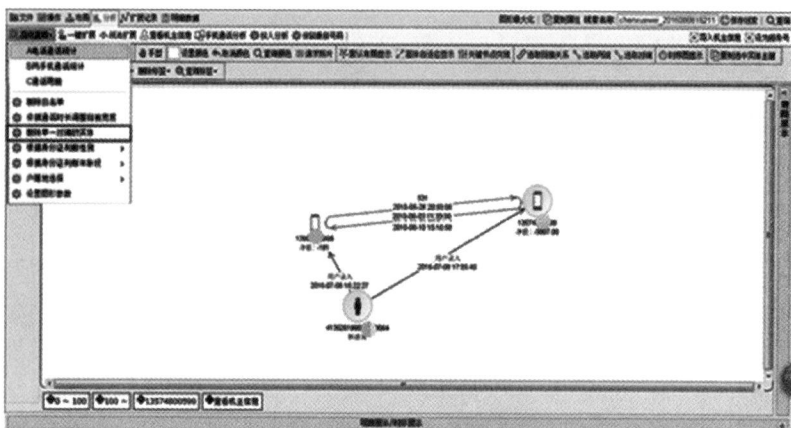

图 9-149   删除单一对端实体

选择根据身份证判断性别，弹出下级菜单，可以选择选中男性和选中女
性。如果图形中有实体主键为身份证的实体，可以选择选中男性或选中女
性。如图 9-150 所示。

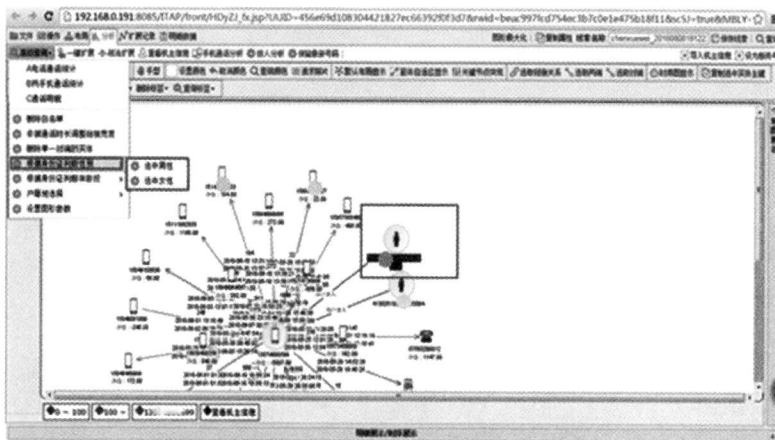

图 9-150   根据身份证判断性别

点击根据身份证判断年龄段，弹出下级菜单，填写最小年龄和最大年
龄，点击选中，可将图形中主键为身份证且处于这个年龄段之间的实体全部
选中。如图 9-151 所示。

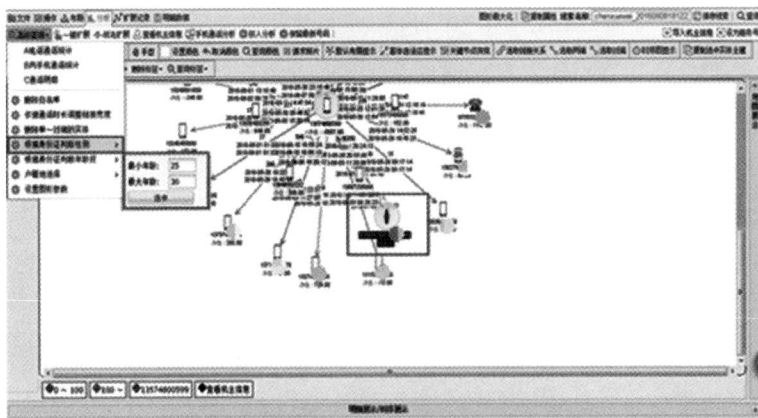

图 9-151　根据身份证判断年龄段

点击户籍地选择，勾选相关的户籍地，图形中会自动选中该户籍地的嫌疑人。如图 9-152 所示。

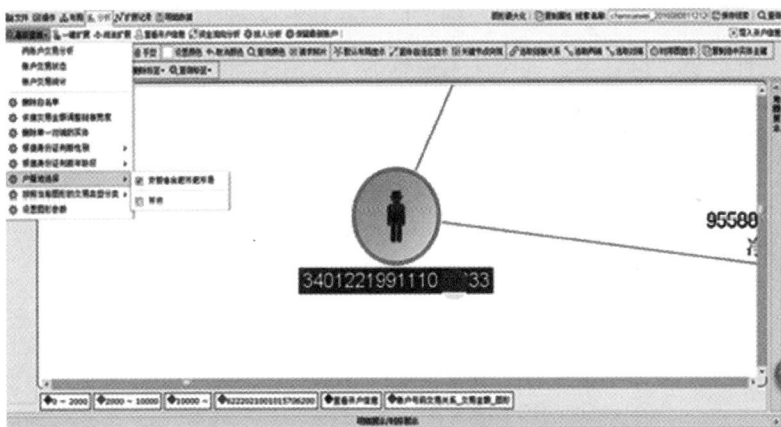

图 9-152　户籍地选择

设置图形参数：和导入文件创建分析任务页面工具栏中的设置图形参数一致，点击设置图形参数，可以修改图形下方参数的标签。

一键扩展：就是用图中已有的实体，选择要扩展的内容，找到相应的数据。这些数据是针对当前实体作进一步分析的结果。如图 9-153 所示。

图 9-153　一键扩展

战法扩展：战法扩展和一键扩展的目的是一致的，都是对当前图形中的电话、嫌疑人作进一步的数据挖掘。区别在于：一键扩展单一，战法扩展是想扩展什么就扩展什么。如图 9-154 所示。

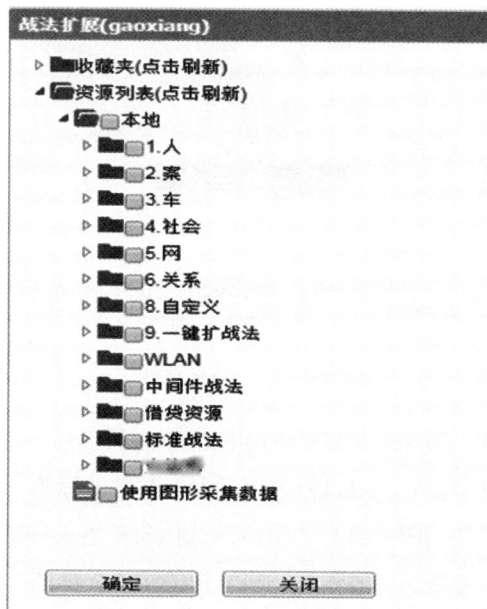

图 9-154　战法扩展

　　查看机主信息：选择一个或多个实体（号码），点击查看机主信息，这些实体所对应的机主信息会被扩展出来。查询的范围不只是当前导入的机主信息文件，当购置房屋、支付宝等信息里有手机号码对应的身份证号码时，查询该手机号码的机主信息，购置房屋信息中对应的机主号码也会被查出来，且手机号码与证件号码之间的关系线上会显示相关的资源信息。如图9-155 所示。

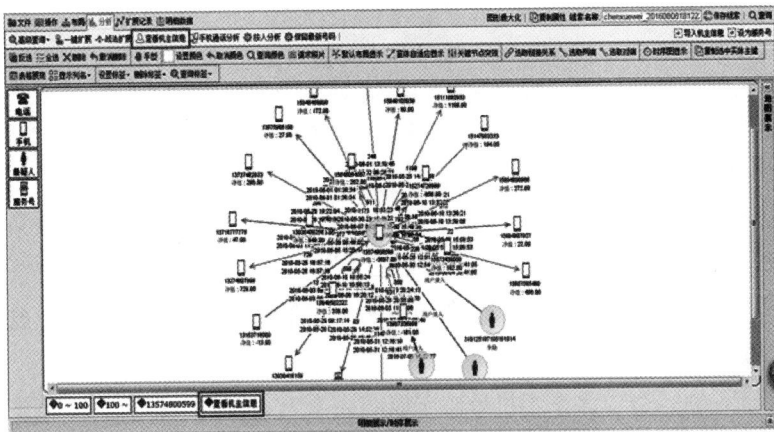

图 9-155　查看机主信息

　　手机通话分析：选中一个或多个实体，点击手机通话分析，弹出手机通话分析框。如图 9-156 所示。

图 9-156　手机通话分析

填写查询条件，点击确定，符合查询条件的通话记录都将被扩展出来。
如图 9-157 所示。

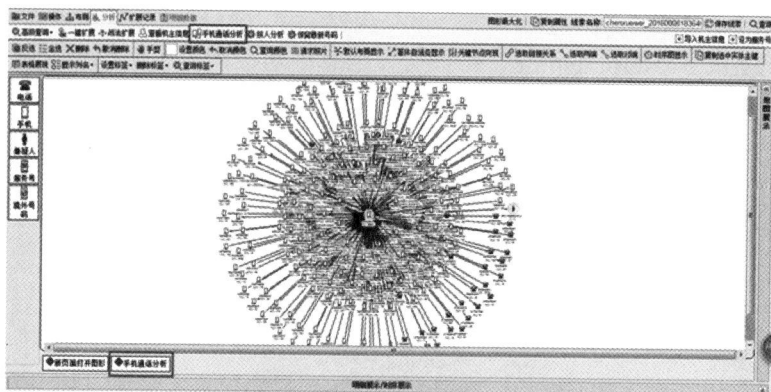

图 9-157　通话记录

通过对手机号码的通话分析和相关的机主信息，可以找到一些与被分析
号码有关联的潜在手机号码。

按人分析：针对多个手机号码所属同一个人进行的分析。点击按人分析
可将一个嫌疑人下的多个号码的信息合并到嫌疑人上，这样可以更直接地找
到嫌疑号码与对端嫌疑号码对应的嫌疑人之间的关系。如图 9-158 所示。

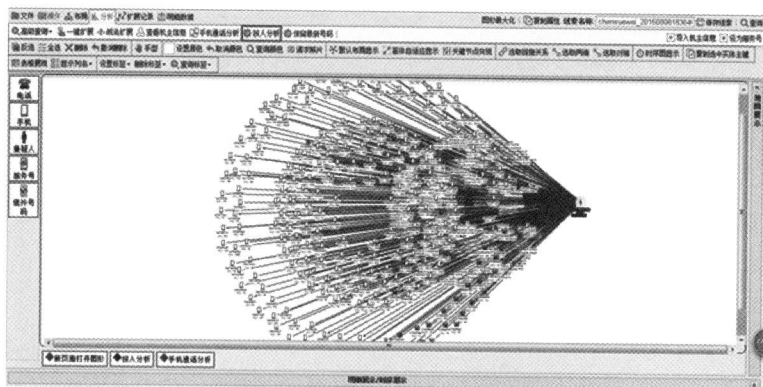

图 9-158　按人分析

还有一种情况是，如果出现一个号码连接多个嫌疑人，点击按人分析会
弹出提示框，勾选其中一个身份证作为该号码对应的机主。如图 9-159所示。

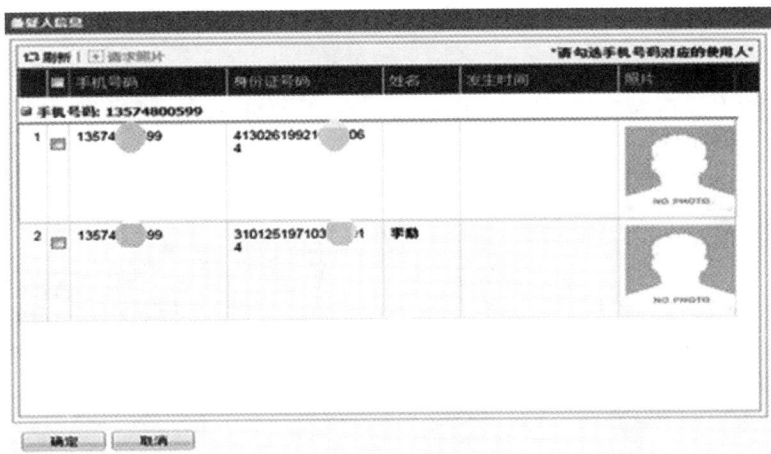

图 9-159　勾选机主

保留最新号码：点击保留最新号码，系统会根据图形中现有的实体，判断和嫌疑人之间关系上的时间属性，保留最晚时间的关系，没有时间关系的则直接删除。

导入机主信息：点击导入机主信息，选择文件上传，如图 9-160 所示。该操作在下文中有详细论述。

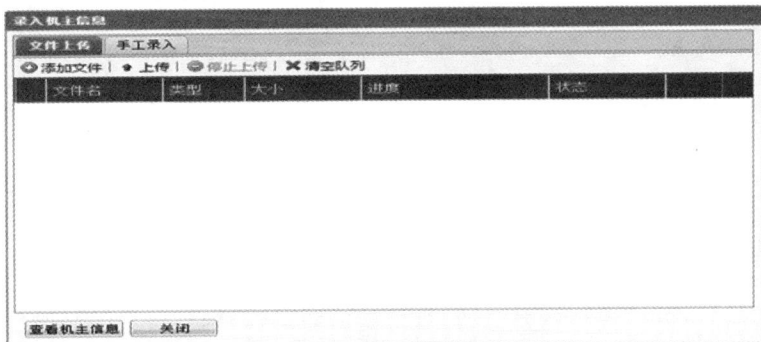

图 9-160　导入机主信息

选择手工录入，可以在图形化页面上手动添加手机号码对应的机主信息，比文件上传更直接，且能在图形中直接显示。如图 9-161 所示。

设为服务号：经常遇到一些号码是打进来推销商品或者是广告之类的，这类号码可以通过设置为服务号来剔除，通过剔除避免对分析造成干扰。设置成功后，会提示重新分析，图形即可重新生成。如图 9-162 所示。

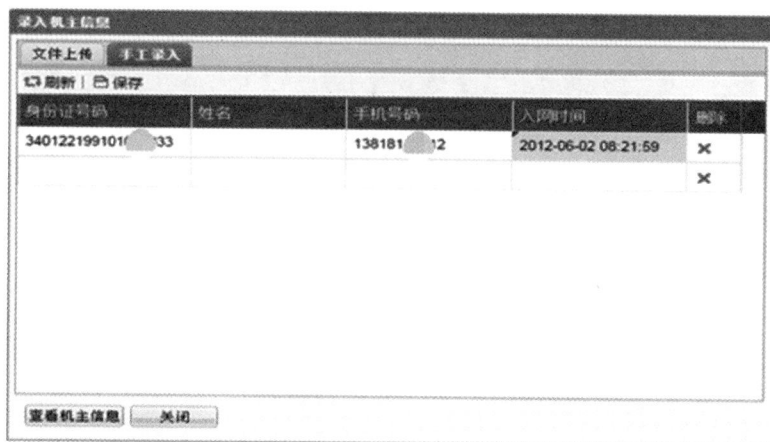

图 9-161　手工导入

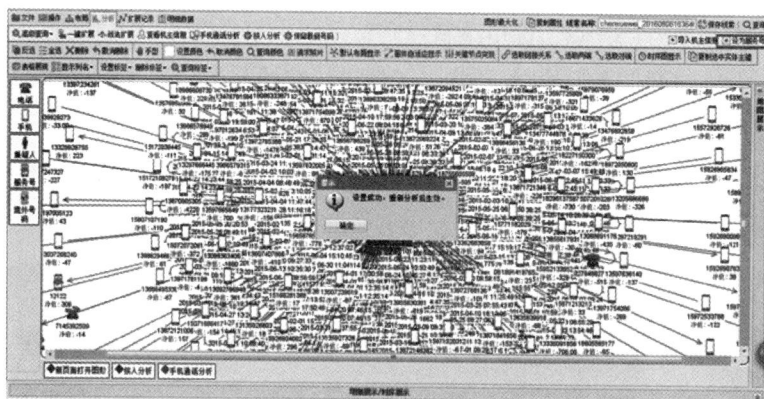

图 9-162　设为服务号

点击扩展记录可以针对图形中的实体进行一键扩展和手机通话分析操作，方便查看每次扩展和分析的内容。如图 9-163 所示。

点击明细数据，二级工具栏显示查看明细、查看时序、查看 GIS、查看统计。

选中实体，点击查看明细，可以查看相关实体的明细数据。如图 9-164 所示。

选中实体，点击查看时序，可以查看相关实体的时序数据。该功能可以定位到某部手机在某一时间段与谁进行了通话、通话的时长等，这些信息都可以显示出来。如图 9-165 所示。

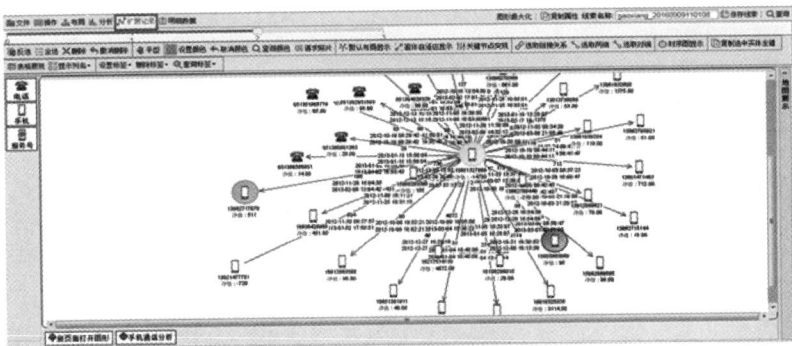

图 9-163　扩展记录

图 9-164　查看明细

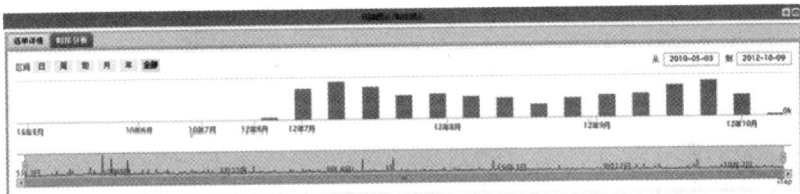

图 9-165　查看时序

　　选中实体，点击查看 GIS，可以查看相关实体的地理位置信息。如图 9-166所示。

　　选中实体，点击查看统计，可以查看相关实体的报表信息。如图9-167所示。

　　明细数据右侧工具栏，有图形最大化、复制属性、查询等功能按钮。

　　点击图形最大化，将被缩小的图形面板最大化显示。

　　选中实体，点击复制属性，该实体的相关属性数据会被复制到粘贴板上。

　　点击查询，可以查询符合条件的实体。当数据过多时可以通过查询来寻找相关实体。操作时，在弹出的查询框里填入想查的相关数据，也就是填写相关的查询条件，点击确定即可将符合条件的任务查询出来。如图 9-168 所示。

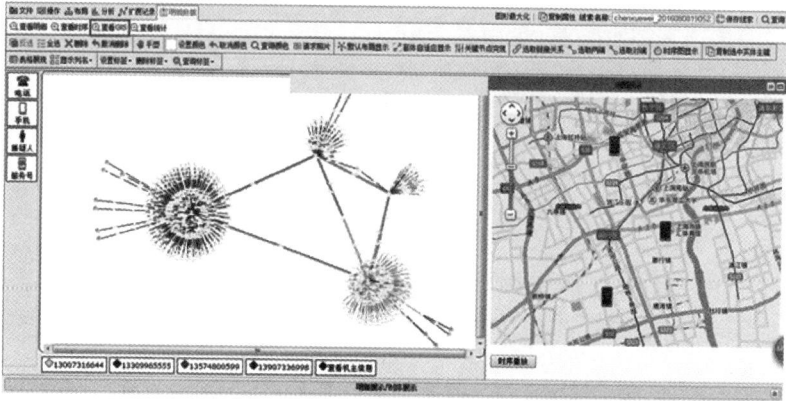

图 9-166　GIS 展示

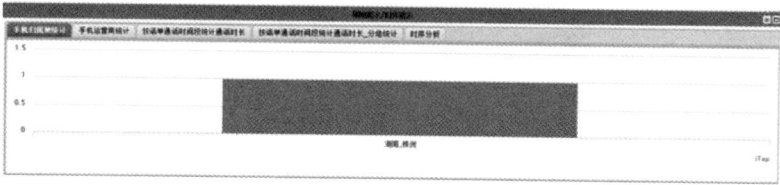

图 9-167　查看统计

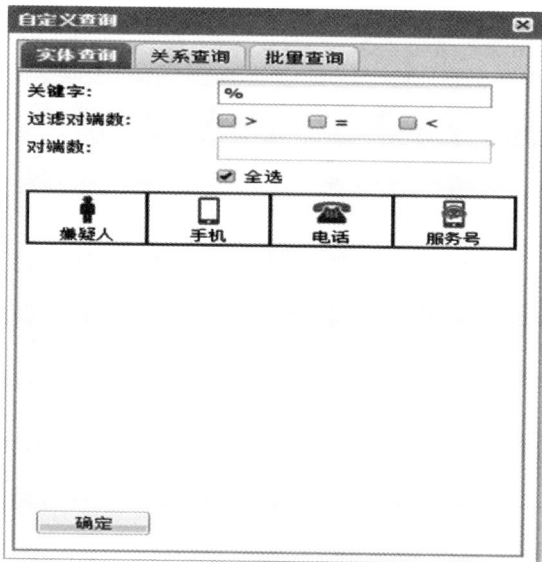

图 9-168　实体查询

统一工具栏：如图 9-169 所示。

图 9-169　统一工具栏

反选：选中实体，点击反选，就可以将一个或多个号码、号码间的关系线以外的实体和关系线被选中。

全选：就是将图形中所有的实体和关系全部选中。

删除：就是将当前选中的实体从图形中删除。

撤销删除：就是将前一步被删除的实体和关系还原回来。

手型：就是将鼠标形状改变为小手形状，方便操作。点击鼠标右键可以将小手形状还原成鼠标原始状态。

设置颜色：先选择一个颜色，再选中一个或多个实体，点击设置颜色，则选中的实体将会被圈上相应的颜色。可以通过对实体进行添加颜色来增加识别度。如图 9-170 所示。

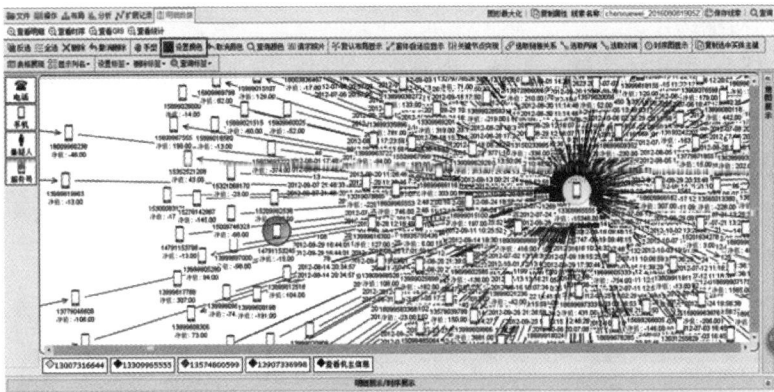

图 9-170　设置颜色

取消颜色：选中被设置颜色的实体，点击取消颜色，实体的颜色被取消。

查询颜色：点击查询颜色，如果图形中有和目前显示的颜色相同的实体，这些实体将被选中。

默认布局：就是将图形按照系统默认的方式布局。

窗体自适应显示：如果图形过于庞大，一页显示不全，可以点击此按钮。点击此按钮可以将图形缩放至正好一页，看到全貌。如果不小心将图形缩得太小，点击此按钮，也可将图形还原至正好一页大小。

关键节点突现：点击此按钮，会将关键接点的主体放大显示。这里所说的接点，通常是指调单号码，在图形上一般系显示在黄色光圈内的实体，也有可能是处于关系连接线中心的实体。放大后的效果如图 9-171 所示。

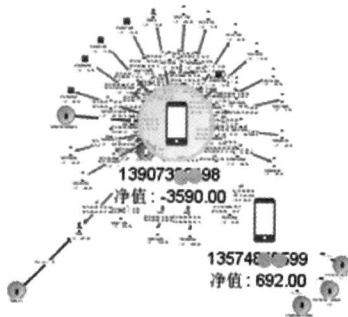

图 9-171　关键节点突现

选取链接关系：选择一个或多个实体（号码），点击选取链接关系，被选择的实体（号码）所对应的所有链接关系都将被选中。

选取两端：选择一个或多个关系，点击选取两端，被选择的关系两端的实体将被选中。

选取对端：选择一个实体，点击选取对端，选中的内容是当前实体（手机）的对端实体。

复制选中实体主键：选择一个或多个实体，点击复制选中实体主键，页面左侧会弹出一个选中实体主键区框，显示选中的所有实体主键。

表格展现：点击表格展现，新页面中以表格形式展现当前的图形，分为操作实体和操作链接两个页面。操作实体列出的是图形上的所有实体，操作链接列出的是图形上的所有关系。如图 9-172、图 9-173 所示。

图 9-172　操作实体

图 9-173　操作链接

操作实体页面，可以查看选中目标、删除选中目标、保存至文件，可以根据实体类型筛选查看，也可以进行实体查询。

查看选中目标：选择一个或多个实体记录，点击查看选中目标，回到图形化界面，选择的实体在图形化界面中被选中。

删除选中目标：选择一个或多个实体记录，点击删除选中目标，这些记录将在表格中被删除。

保存至文件：选择保存至文件，弹出保存至文件提示框。填写好文件名称以及选择是否导出对端实体，点击确定，所有的实体以 excel 形式保存。

查看实体类型：可根据实体类型查看实体。如图 9-174 所示。

设置颜色：可以通过表格展现对图形中的实体标注颜色。

设为服务号：同图形化分析页面中的设为服务号功能。

实体查询：选择实体查询，弹出实体查询框。如图 9-175 所示。

输入查询条件，点击确定，查询到的实体在表格中显示出来。如图 9-176 所示。

查看选中目标：选择一个或多个链接记录，点击查看选中目标，回到图形化界面，选择的关系在图形化界面中被选中。如图 9-177 所示。

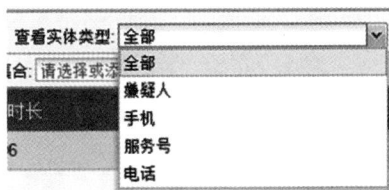

图 9-174　查看实体类型

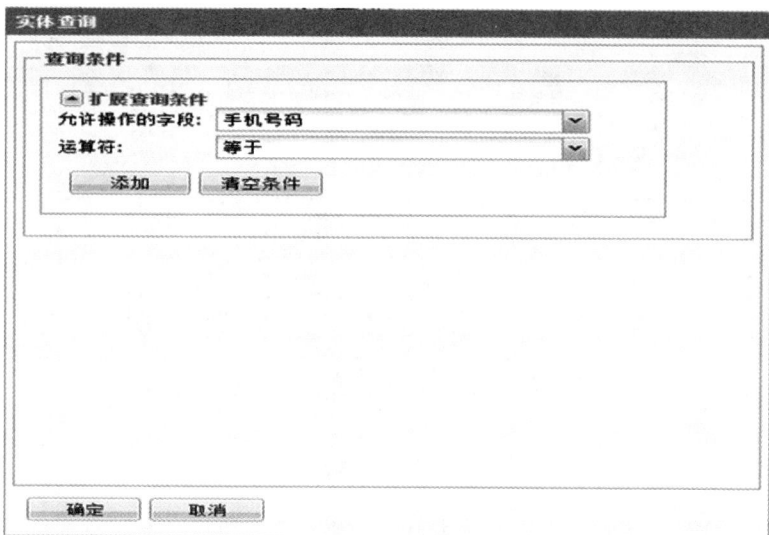

图 9-175　实体查询

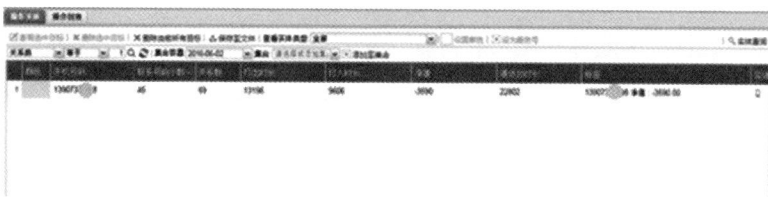

图 9-176　结果表格显示

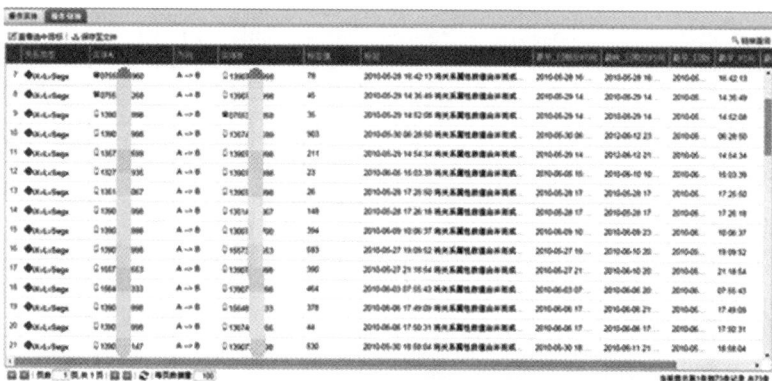

图 9-177　查看选中目标

保存至文件：选择保存至文件，提示填写文件名称，点击确定，所有的关系线以 excel 文件形式保存。

链接查询：选择链接查询，弹出链接查询框。如图9-178所示。

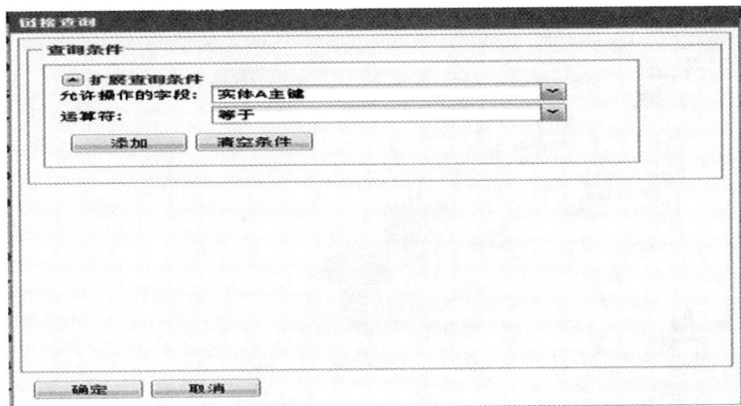

图9-178　链接查询

输入查询条件，点击确定，查询到的链接在表格中显示出来。如图9-179所示。

图9-179　结果表格显示

表格展现的主要功能是，当在表格中找到一些可疑的号码时，选中该记录，点击查看选中目标，回到图形页面，可以看到相关的实体被选中。这样可以通过表格和图形结合的方式，找出首要的分析对象（手机），并对其进行分析，发现相关的信息。表格展现还具有从整体上查看当前分析话单的通话信息。比如打入、打出时长，通话两端的手机号码等。

显示列名：点击显示列名，弹出下拉勾选框，勾选相关内容，点击表格展现，展现勾选的内容。如图9-180所示。

设置标签：选择一个或多个实体，点击设置标签，勾选标签编号，点击下拉条底部设置标签即可添

图9-180　显示列名

加。可通过对实体添加标签来增加识别度。如图 9-181 所示。

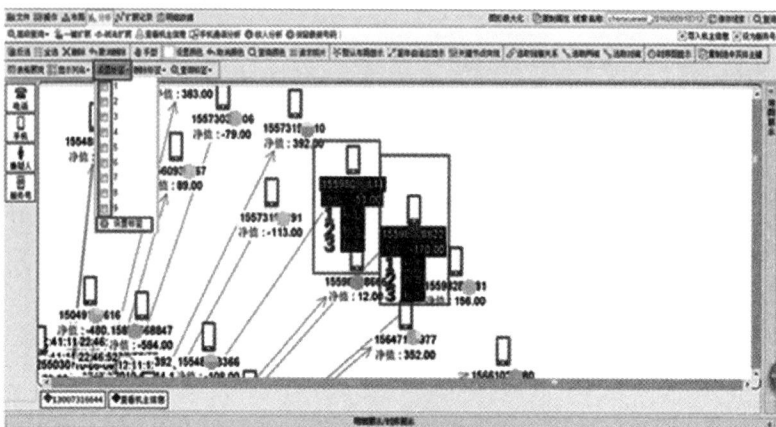

图 9-181　设置标签

删除标签：点击删除标签，勾选需删除的标签编号，点击下拉条底部的删除标签，即可删除。如图 9-182 所示。

查询标签：点击查询标签，勾选需要查询的标签编号，点击下拉条底部的查询标签，即可进行查询。如图 9-183 所示。

结果展示_ 统计分析：选择一条任务，点击统计分析，出现的统计分析界面如图 9-184 所示。

通话时间段和归属地统计用柱状图展示统计数据，支持复选。如图 9-185 所示。

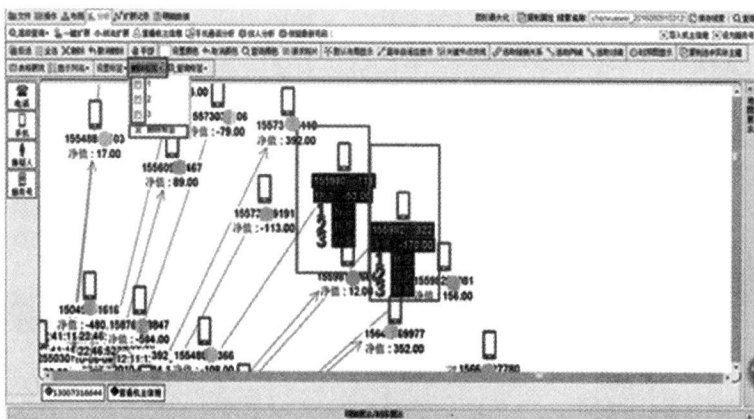

图 9-182　删除标签

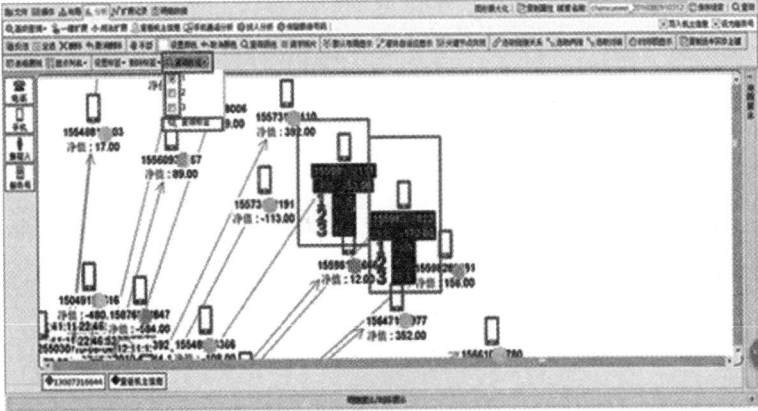

图 9-183　查询标签

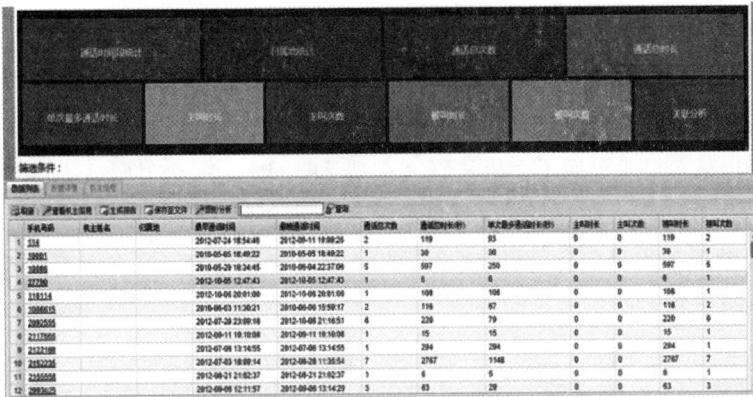

图 9-184　结果展示之统计分析

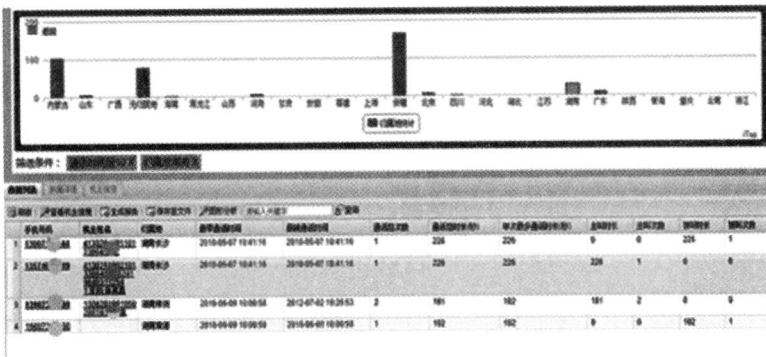

图 9-185　柱状图展示统计数据

　　通话总次数、通话总时长、单次最多通话时长、主叫次数、被叫次数是筛选数据最多的选项，将数据列表中对应选项的数据进行排序。如图 9-186 所示，显示通话总时长和主叫次数最多的前 10 条。

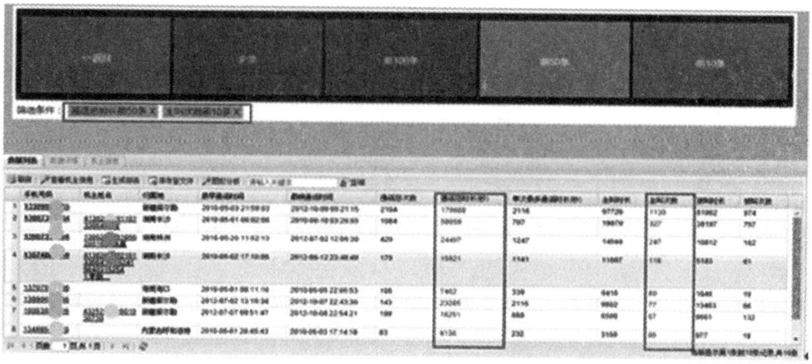

图 9-186　通话总时长和主叫次数最多的前 10 条

　　关联分析包括消失电话分析、新可疑电话分析、共同联系号码、机主地址、关系紧密度分析。关联分析中的消失电话分析至少需要四个调单号码，用来分析某人是否更换了手机号码（在某一时间之前一个号码 A 与至少两个号码 C 和 D 联系，在此时间之后 A 不再联系而更换为号码 B 与 C 和 D 联系，称 A 为 B 的消失号码）。共同联系号码显示与调单号码间互有联系的手机号码。如图 9-187 所示。

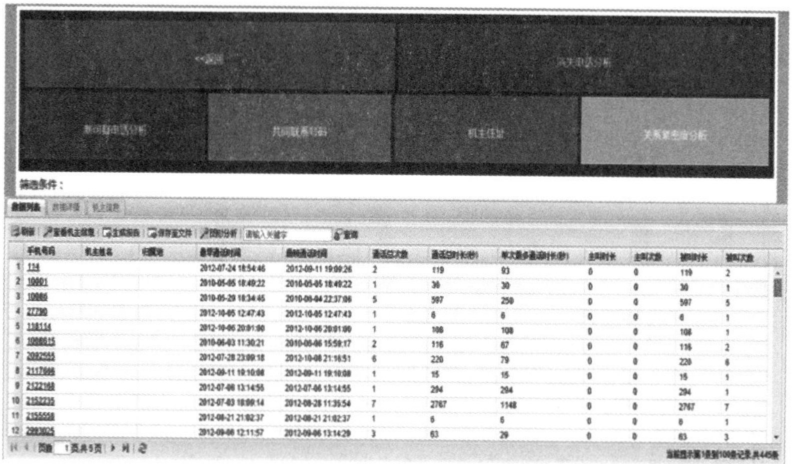

图 9-187　关联分析

　　生成报告是将分析后的数据导出为 excel 表格，如图 9-188 所示。

图 9-188　生成报告

点击保存至文件：如图 9-189 所示。

图 9-189　保存至文件

点击图形分析可查看图形展示界面，图形分析展示的为设置筛选条件后的数据，红色圈（显示屏）及调单号码就是符合条件的相关数据。如图 9-190 所示。

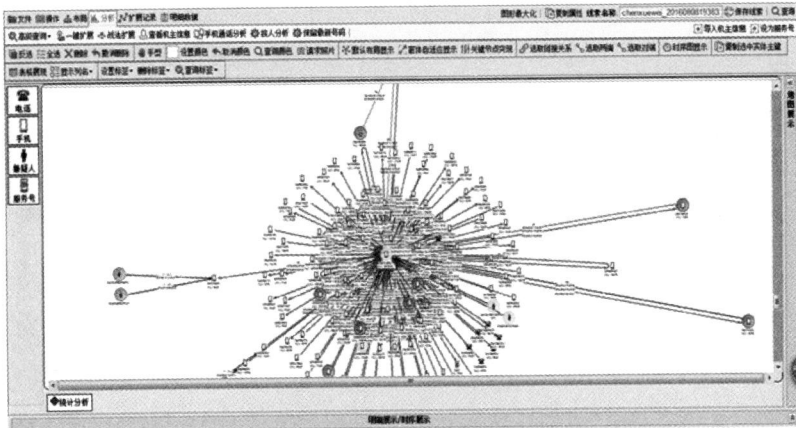

图 9-190　图形展示界面

统计分析中有搜索框可供用户去查寻需要查询的内容，如图9-191所示。

图9-191　搜索框

导入文件分析_ 生成报告：此处的生成报告功能与统计分析中的生成报告功能一致。

结果展示_ 话单列表：话单列表是将分析的话单文件以表格的形式展现出来，与图形分析中表格展现的内容完全一致。两者的区别在于：图形分析中的表格展现可以通过查看选中目标与图形结合起来分析，而基本列表只能看表格，不能与图形一起查看。

任务归档：将已经分析完毕的任务进行归档处理，方便后期用户查阅。

选中要归档的任务，点击任务归档按钮，填写相关任务的案件类别、案事件编号、案事件名称，点击确定，任务及归档成功。如图9-192所示。

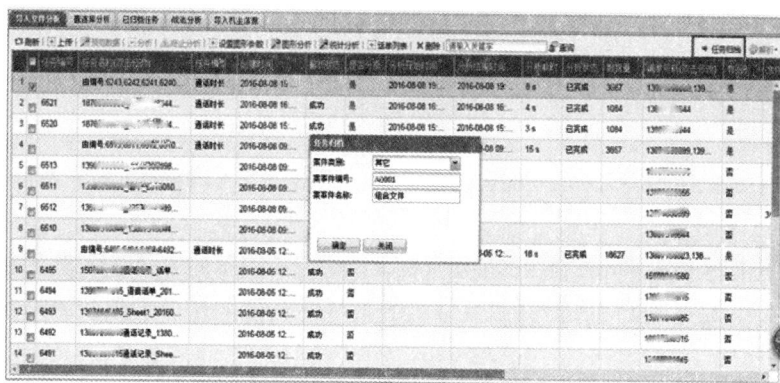

图9-192　任务归档

归档后的任务在已归档任务标签栏中查阅，如图9-193所示。

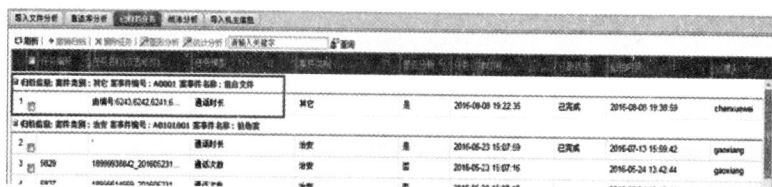

图9-193　已归档任务

在已归档任务下可以进行图形分析和统计分析操作。该操作与导入文件分析相同。

任务重命名：可以将原来创建的任务重新命名，方便后期对以前分析话单文件的理解及查阅。在任务列表中可以双击任务名修改任务名称。如图9-194所示。

删除：可以将已经创建好的话单分析任务删掉，点击删除会提示是否删除。如图9-195所示。

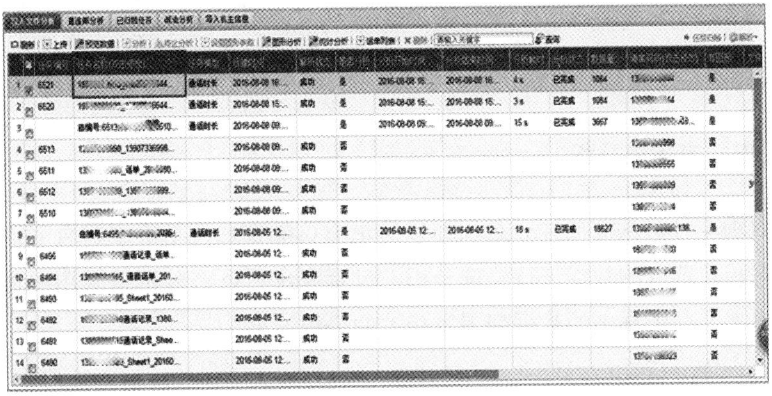

图9-194　任务重命名

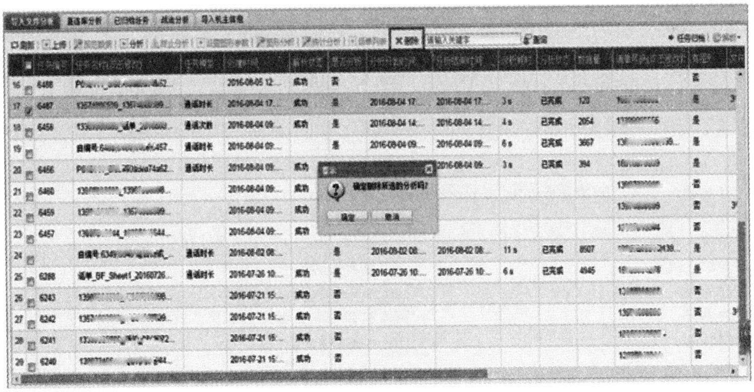

图9-195　删除

调单号码重命名：双击调单号码进行重命名。如图9-196所示。

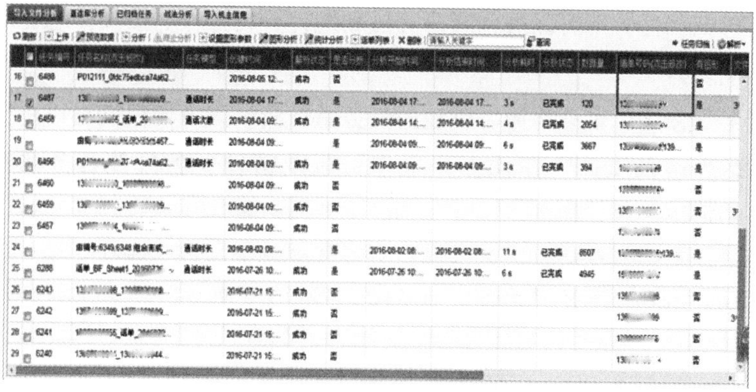

图 9-196　调单号码重命名

（四）直连库分析

直连库分析功能简介：直连库分析是通过配置选择系统中所有的话单数据，对想要选取的数据进行筛选分析，设置完成后可将分析结果用图形关系展示出来，列出详细的数据列表及相关的分析结果。

直连库分析功能操作：

创建分析任务：进入直连库功能模块界面，点击创建分析任务，弹出窗口。页面中的任务名称可以修改，对应模型根据需求选择通话时长或者通话次数，其他的输入项可以通过自行配置在任务创建面板中显示，其中案件类别和文件来源必填，其他的可填可不填。输入完成后点击下一步。如图9-197所示。

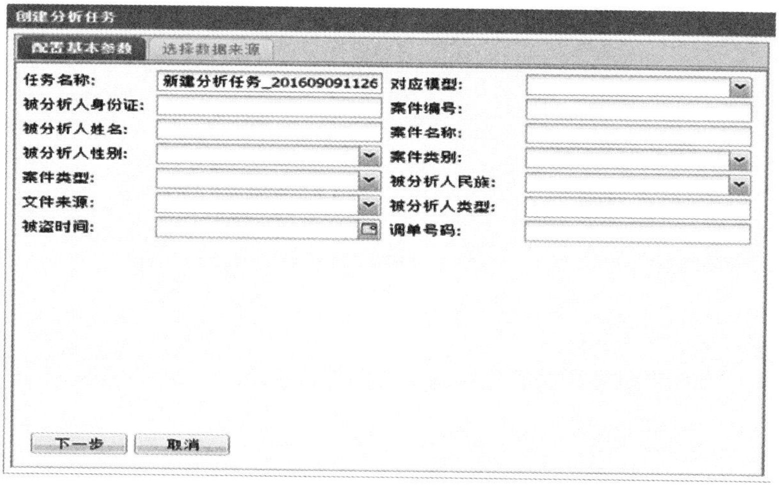

图 9-197　创建分析任务

　　界面窗口左侧选择要提取数据的数据库，右侧点击扩展查询条件。可以设置多种数据筛选条件。图9-198中要求查询的数据为调单号码。

　　创建任务完成后系统会自动分析，分析完成后会在分析状态下显示已完成。此时点击菜单栏中的图形分析可进入图形展示界面。点击编辑会进入选中任务的编辑界面，编辑界面同创建任务窗口。表格展现以列表展示数据分析。如果任务重新执行，可以对数据进行更新分析。如图9-199所示。

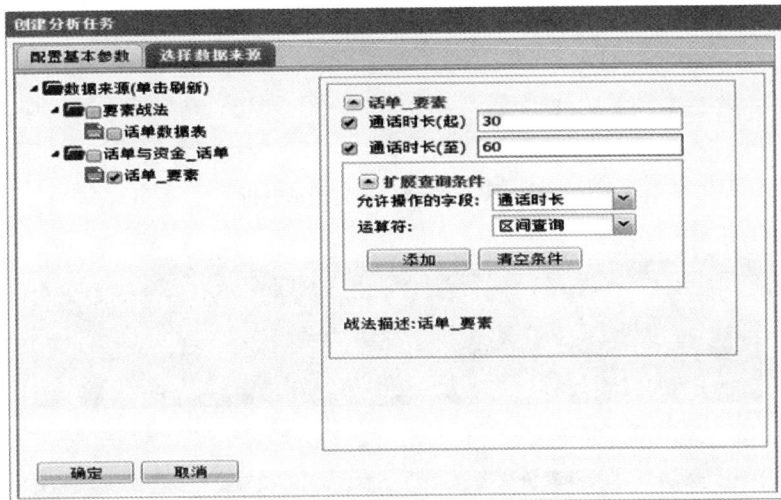

图9-198　设置筛选条件

图9-199　数据分析

　　结果展示_ 图形分析：点击图形分析可进入图形展示界面。左下侧为创建任务时选择的对应模型。图形展示界面功能和导入文件分析操作相同。如图9-200 所示。

　　结果展示_ 统计分析：点击直连库模块的统计分析，可以对从数据库中搜索出的数据进行列表展示，并进行归类分析筛选。上方的色块代表某一个筛选条件，每个筛选条件中都有数据分段。多个色块中的内容支持复选。点击手机号码列下的号码可以查看该号码的详细信息。点击图形分析可进入图形展示界面。具体操作同导入文件分析和统计分析。如图9-201 所示。

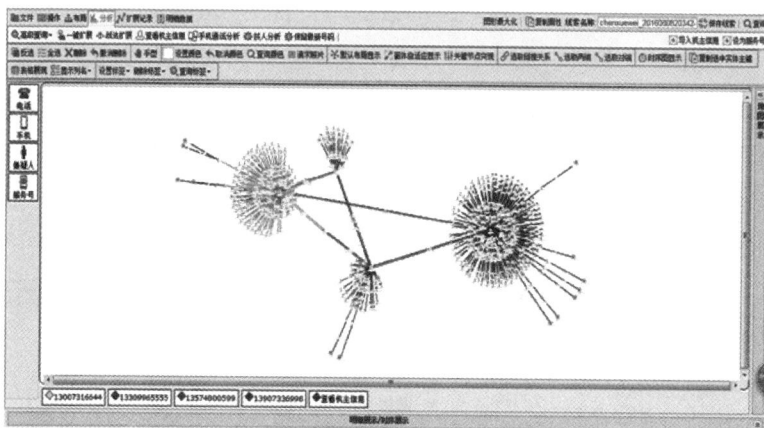

图 9-200　结果展示之图形分析

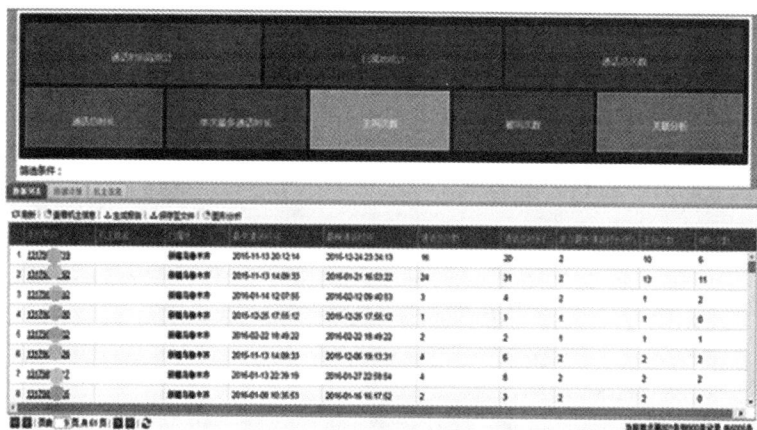

图 9-201　结果展示之统计分析

（五）战法分析

战法分析功能简介：战法分析是通过输入一个或多个手机号码，设置起止时间，在现有的数据库中查询结果。分析结果用图形关系展示。

战法分析功能操作：

新可疑电话分析：进入战法分析页面，选择新可疑电话分析战法，输入手机号码和通话起止时间，点击确定查询。如图 9-202 所示。

点击确定，查询到的结果直接以图形关系展示，找出源号码的新可疑电话。如图 9-203 所示。

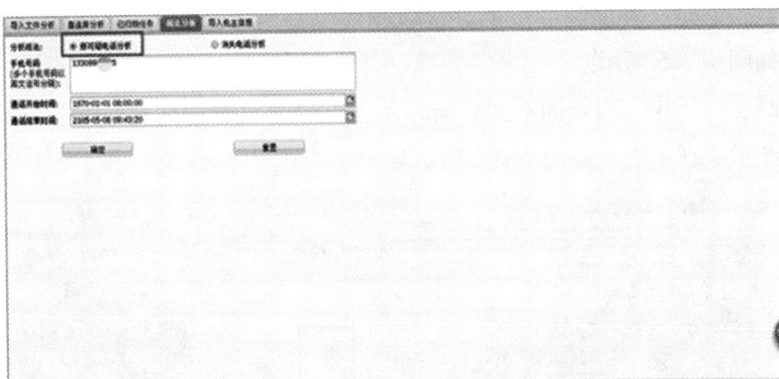

图 9-202　新可疑电话分析

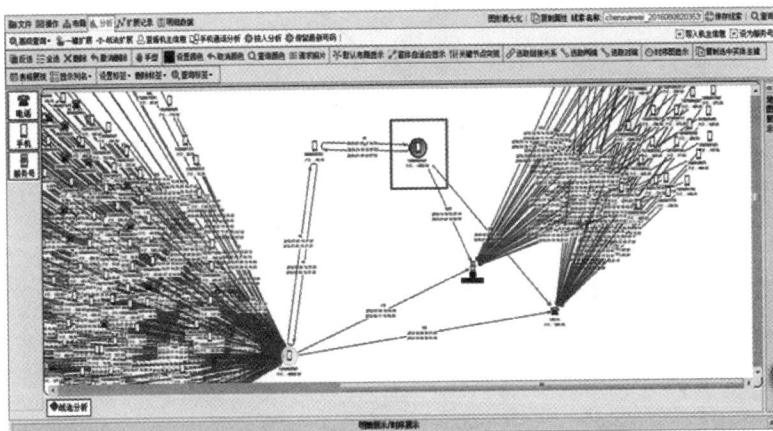

图 9-203　图形关系展示

消失电话分析：进入战法分析页面，选择消失电话分析战法，输入手机号码和通话起止时间，点击确定查询。如图 9-204 所示。

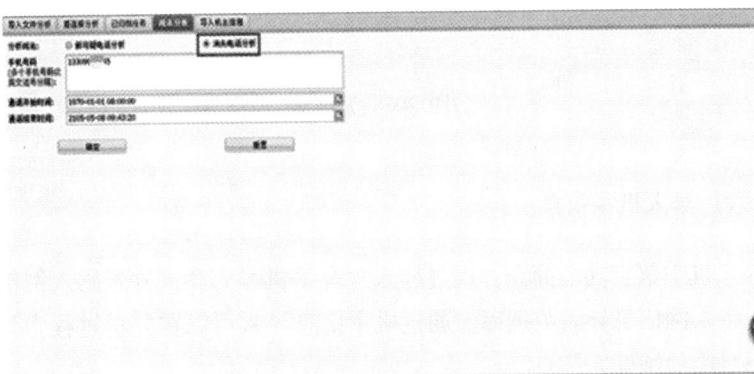

图 9-204　消失电话分析

点击确定，查询到的结果直接以图形关系展示，找出源号码的消失电话。如图9-205所示。

战法分析中，当查询不到数据时，会提示"没有查询到数据"，同时不打开图形展现页面。如图9-206所示。

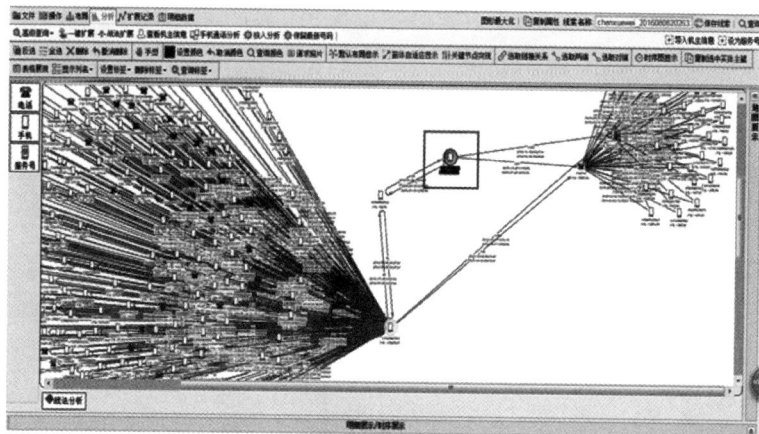

图9-205　图形关系展示

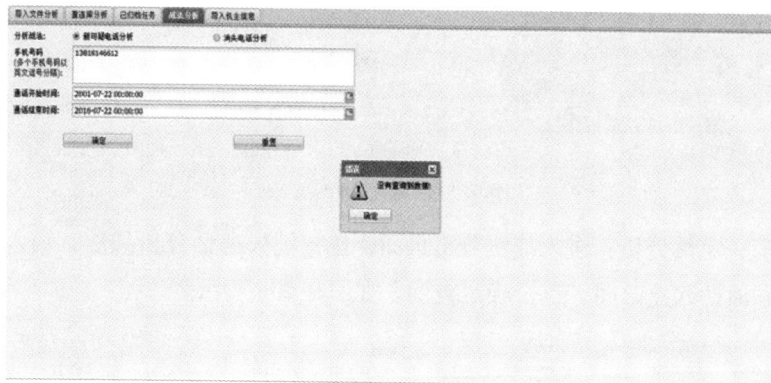

图9-206　无数据

（六）导入机主信息

导入机主信息功能简介：通过导入含有手机号码和证件号码入网信息的文件，将入网信息导入数据库。通过机主信息导入可以在分析过程中找出可疑号码对应的嫌疑人信息。

导入机主信息功能操作：

文件上传：进入导入开户信息页面，点击上传，弹出文件上传框。添加文件，点击上传，文件被上传到页面列表中。上传的文件格式与话单导入文件格式一致，支持 *.xls、*.xlsx、*.csv、*.txt、*.tpecs 格式文件。如图 9-207 所示。

上传文件后，如果判断为可以直接导入，则直接导入，否则，会提示缺少必要列。导入机主信息时，联系电话必选，证件号码和姓名至少选一个。如果解析状态显示"成功"，则说明成功导入。

预览数据：点击预览数据预览文件中的部分数据。图 9-208 中"1"表示上传文件的列名，"2"表示数据入库对应的列名。

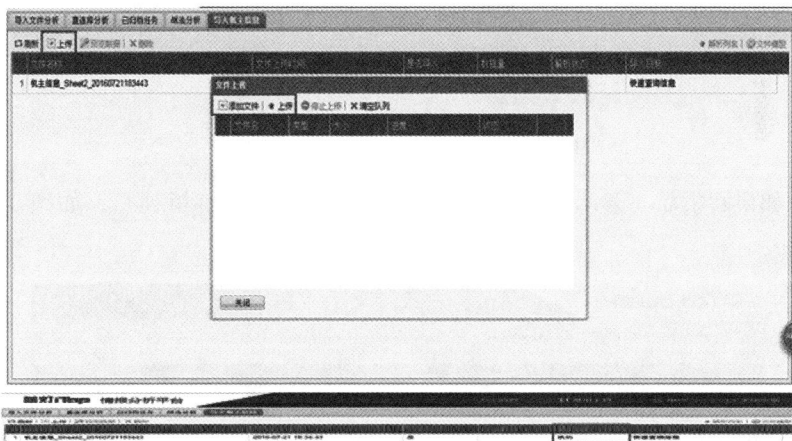

图 9-207 文件上传

图 9-208 预览数据

　　如果图中"1"和"2"的列名不匹配，点击任务列表右上角的解析列名将列名一一匹配，点击确定。如图 9-209 所示。

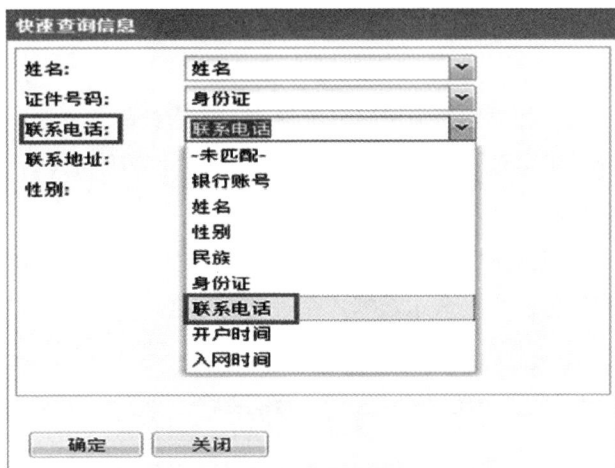

图 9-209　匹配列名

　　如果解析状态显示"失败，请解析列名"，则需解析列名。如图 9-210所示。

图 9-210　解析列名

　　显示"失败，请解析列名"，说明系统没有将机主信息的文件解析入库。这时需要检查文件中的有效数据是否从第一行第一列开始。比如，图 9-211中，打开上传的文件，文件显示是从第五行第一列才开始有有效数据。

　　文件模型设置系统从 excel 表格中第几行第几列的有效数据开始解析，选好文件模型（若没有文件模型，可手动创建），点击确定。如图 9-212所示。

图 9-211　检查上传文件

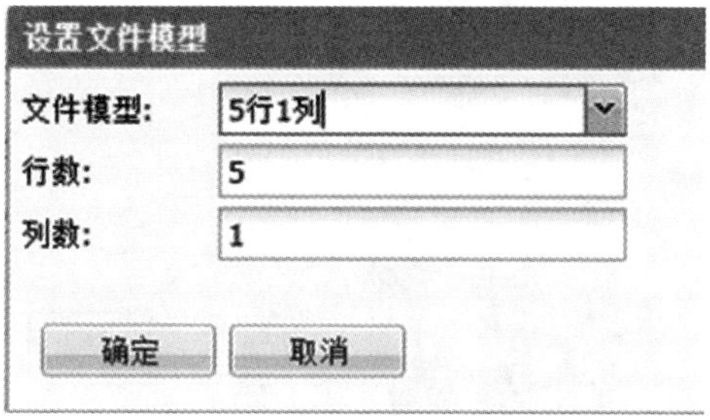

图 9-212　设置文件模型

　　设置好解析模型后，系统会重新解析文件，解析的状态就会更新为"成功"。重复预览数据中的操作，保证机主信息文件中的数据入库准确。如图 9-213 所示。

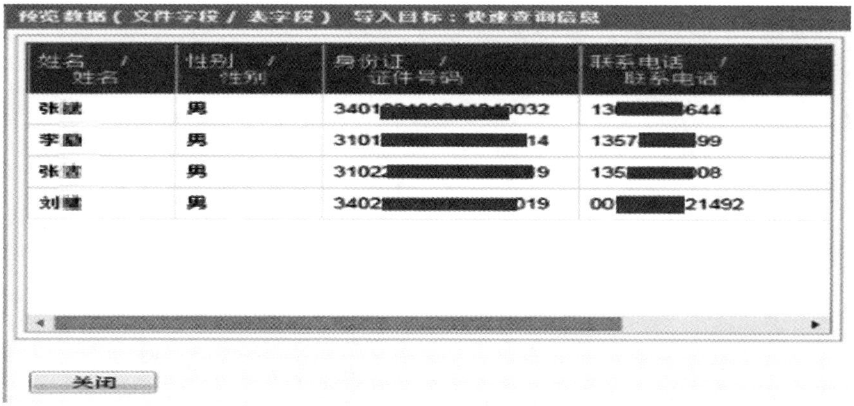

图 9-213　预览数据

　　文件导入：选择一个解析成功的文件，点击导入，数据被导入数据库中。是否导入列显示"是"。如图 9-214 所示。

图 9-214　文件导入

回到图形分析页面，查看开户信息之后导入的机主信息会相应地在图形上显示，关系线上显示的是用户录入。如图 9-215 所示。

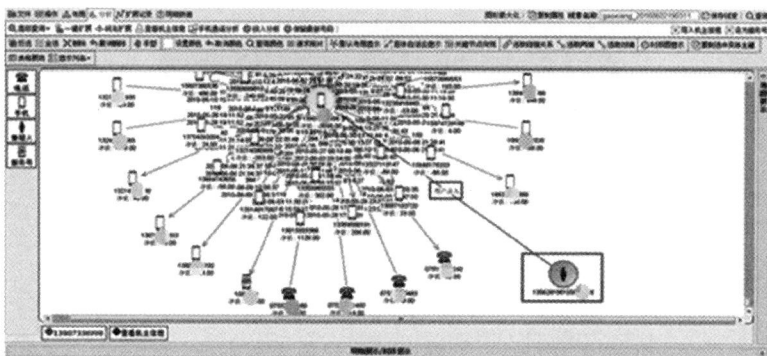

图 9-215　图形展示机主信息

第十章　大数据侦查战法类别与配置

本章以蓝灯 iTap 情报数据分析平台为例，介绍大数据侦查战法的研创与配置。

一、大数据侦查战法类别

图形关联分析是蓝灯 iTap 情报数据分析平台的主要功能之一。图形关联分析主要是通过设置战法模型加以实现。在分析过程中，用户可自行在图形展示中自定义选择相关资源的分析类型和展示方式。

先介绍大数据侦查战法的类别，实战中可将战法分成以下三大类。

（一）要素战法

要素战法是蓝灯 iTap 情报数据分析平台根据数据源配置的基础性查询战法模型，主要是进行同库数据分析，通过要素战法可以实现数据的基础查询。如表 10-1 所示。

表 10-1　常用要素战法

序号	战法名称	战法类型
1	回迁户信息	要素战法
2	综合直补人员信息	要素战法
3	电信移动电话用户信息	要素战法
4	工商单位信息	要素战法
5	有线电视用户缴费信息	要素战法
6	公安出入境记录	要素战法

（二）关系战法

关系战法是蓝灯 iTap 情报数据分析平台根据数据源进行配置的多种关联

关系挖掘战法模型。通过关系战法可以进行人与人、人与物、物与物等之间的关联关系深度挖掘。如表 10-2 所示。

表 10-2　常用关系战法

序号	战法名称	战法类型
1	户号查同户	关系战法
2	同网吧同时段上网	关系战法
3	亲戚关系	关系战法
4	身份证查同户	关系战法
5	违章关系人分析	关系战法

（三）报表战法

报表战法是蓝灯 iTap 情报数据分析平台根据数据源进行配置的，用图表等来显示数据的统计类战法模型。报表战法可用公式表示为：报表战法 = 多样的战法格式 + 动态的数据。如表 10-3 所示。

表 10-3　常用报表战法

序号	战法名称	战法类型
1	战法使用记录报表	报表战法
2	要素战法数据量监控	报表战法
3	iTap 使用情况	报表战法
4	信息采集统计	报表战法
5	情报报送信息来源报表	报表战法
6	iTap 搜索使用次数查询	报表战法

二、大数据侦查战法配置

战法是数据资源和研判思路积累的固化。数据资源和研判思路的积累决定了战法的量与质。前文提及的战法种类也是数据和研判经验积累的结果。

实战中，除了上述列出的战法外，办案人员还可以根据经验和实际需要配置特色战法。

蓝灯 iTap 情报数据分析平台的战法配置符合人通常的思维方式。战法配置通过图形驱动的查询模型进行自定义。在战法配置时，不需要任何编码，只需拖入图标、生成连接线即可完成模型配置，真正实现所想即所得。这是一种能真正投入实战使用的图形化驱动模型。

蓝灯 iTap 情报数据分析平台战法配置功能可以实现在图形展示界面手动设置想要搜索的关系类型，通过手动拖拽设置来查找满足某些关系的数据。比如，查找与某一案件某一犯罪嫌疑人相关的其他嫌疑人时，可以通过自定义配置关联模式，实现搜索结果的图形化或列表化展示。当需要配置复杂的关系战法时，可以在战法管理里进行。

（一）动态战法配置

用户可以根据资源拥有情况结合实际需要配置战法，实现战法的动态化配置。这种动态化配置是侦查中各种思路、方法的模型化与固化。当把思路和方法模型化和固化后即成战法。如图 10-1 所示。

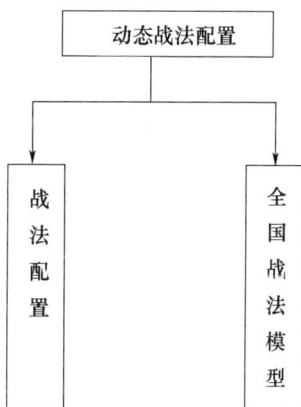

图 10-1　动态战法配置

（二）动态战法配置操作

1. 创建从人到案战法

该战法的内容为两人入住旅馆，其中一人有前科。如果符合这一模型，在图右侧就会显示，如图 10-2 所示。具体操作步骤如下：

在左侧图标和关系类型中选择需要的实体关系，点击预览，符合模型的数据会在图下方显示，如图 10-3 所示。在显示的同时也会将数据自动保存在任务中。

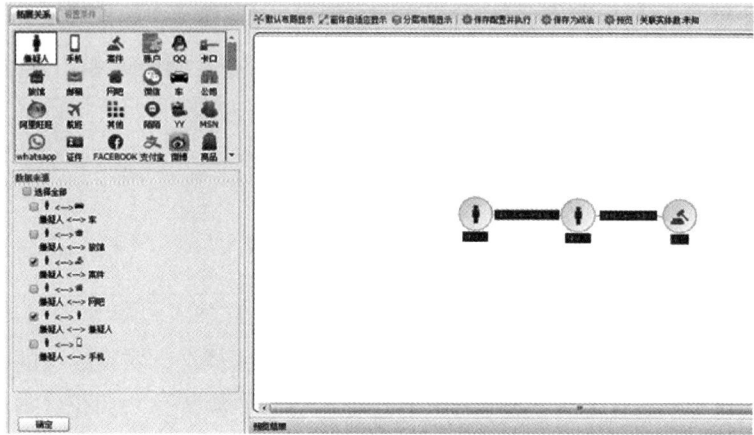

图 10-2　创建从人到案战法

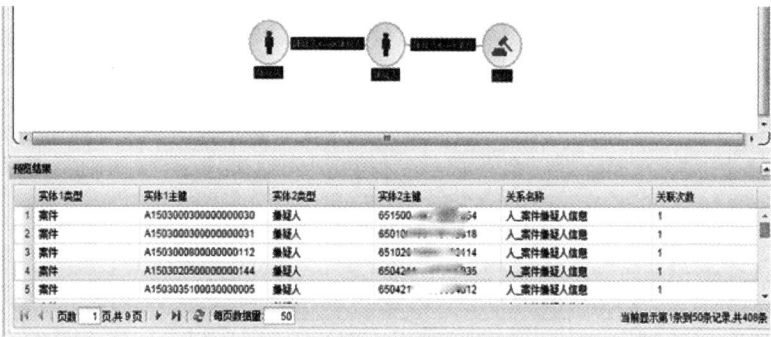

图 10-3　预览

　　需要指出的是，这个按钮也可以实现用户试错。如果点击该按钮，没有出现预览结果，就意味着没有符合该战法模型的数据。此时便需要调整战法模型。

　　在图形中进行原有模型的修改，选中任务，点击编辑，如果其中一名嫌疑人有物（手机、车等），便需添上关系线，点击预览，此时图上就会显示该嫌疑人有物。如图 10-4 所示。点击保存为战法，该战法模型就创建完成了。

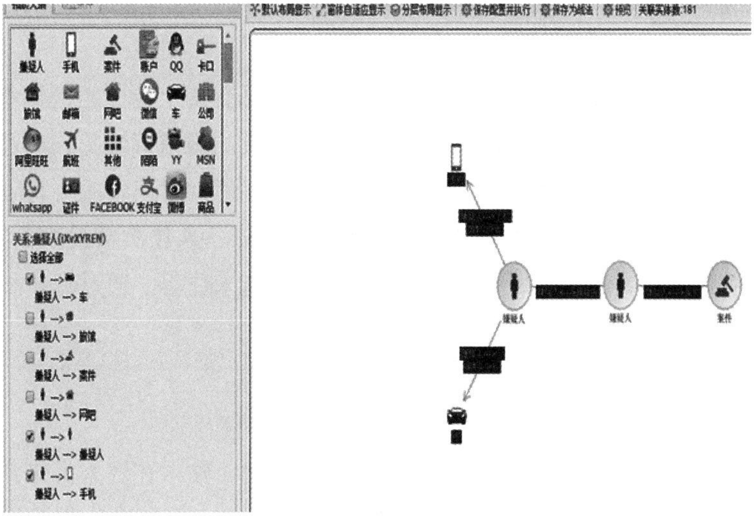

图 10-4　修改原有模型

2. 其他常用战法模型配置

其他战法模型配置主要有同库、同房间入住、旅馆住宿等战法配置。

（1）同库战法是指通过对处于同一个数据库的数据进行分析比对，发现线索。

（2）同房间入住战法是指当发现目标与其他人同住一房间时，通过入住次数及其他数据分析同住人及同住人与其他人的关联。

（3）旅馆住宿主要是依托战法模型库对酒店入住情况进行分析。

此外，还可以配置在逃人员、部级重点人员战法等。这样就可以将数据资源与侦查工作结合，实现从人到案的多方位分析。还可以根据需求，配置特定的战法与战法组合。比如，可以配置案件热点分析、信息任意交叉比对碰撞。

三、大数据侦查战法应用

蓝灯 iTap 情报数据分析平台目前汇聚的战法有 3000 多种。这些战法不但用于侦查，还可用于其他警务活动。下面介绍几种常用的战法。

（一）单一资源应用战法

针对单个数据资源配置的战法，利用单一资源展开多维度、透彻的分析。

1. 旅馆入住信息分析

通过对所有入住旅馆人员数据的分析，发现具有特定特征的数据集，利用数据集分析同籍贯同时段同房间、同籍贯同时段同旅馆等情况；通过对旅馆入住数据的分析，发现犯罪嫌疑人的入住情况，通过对记录的分析发现犯罪嫌疑人的轨迹特点。比如，最近一次入住的酒店、入住次数最多的酒店、是否经常入住酒店、案发时是否在案发地附近酒店入住等。通过分析把人与案关联起来。

案情：查询在逃人员张某的旅店住宿情况。

工具：蓝灯 iTap 情报数据分析平台单资源分析功能。

分析过程：找到国内旅客住宿信息的战法资源，输入在逃人员张某的证件号码或其他特征（姓名、旅客编号等），点击查询，系统会根据配置的战法，自动输出在逃人员张某的所有旅店住宿信息。如图 10-5 所示。

图 10-5 国内旅客住宿信息

通过预览功能，可以进一步挖掘和分析相关的数据和隐含的情报线索，并进行可视化展现。通过数据关联、分析挖掘算法等技术，分析出数据间隐含的各种关联关系，挖掘出数据内在的价值。如图 10-6 所示。

2. 小区人员、访客、车辆数据分析

小区人员、访客、小区车辆、访客车辆在进出小区时，会通过人脸识别的闸机形成数据记录。通过对这些记录数据的分析，可以发现同时段进入同小区人员、车辆情况。

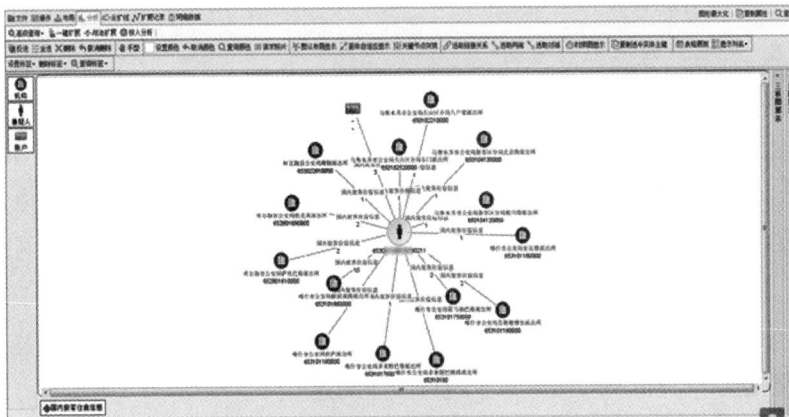

图 10-6　分析数据间隐含的关联关系

3. 网吧上网数据分析

网吧上网数据是人们在网吧上网登记时形成的数据记录。从全维战法的视角看，网吧上网数据的用途是由其所包含的数据主题决定的，当与其他数据组合应用时，可以适用于大部分的基本战法。

4. 民航乘机数据分析

民航乘机数据是民航乘客在乘机购票及办理登机牌时形成的数据记录。与旅店业数据、网吧上网数据类似，民航乘机数据包含了轨迹战术主题，可适用于所有以轨迹数据作为输入条件的基本战法。

5. 通信记录数据分析

很多公安机关从不同角度对实战界的通信记录分析方法进行了总结，也有相当数量的研判人员将通信记录分析方法与软件研发结合起来，研制出了很多贴近实战的话单分析工具。

6. 银行交易记录分析

利用情报数据分析平台对特定的机构或账户做深层次的交易分析。通过分析可以得到可疑账户之间的交易关系、资金流向、交易路径、交易规律及趋势等。

7. 物流数据记录分析

应用于侦查的物流资源，主要包括物品运输的各类单据数据、单据查询数据、单据扩展数据等。利用这些数据，如人员姓名、地址、通信号码等数据，结合公安内部数据、社会数据、互联网数据开展查找，核实寄件人或收件人的身份情况，发现可疑之处。

8. 互联网数据记录分析

互联网数据，是指使用者在上网过程中有意或无意间遗留的点滴信息或数据。侦查中，通过公安网和互联网的反复求证，可以发现侦查线索。比如，对包含 QQ 号码好友关系和聊天记录等数据进行分析，可以搞清犯罪团伙人际关系和关键字等。通过这样的分析，可以确定犯罪的网络关系圈。

除以上八类数据分析之外，实战中还可以对铁路轨迹、进出港信息、社会类数据以及其他平台接口数据进行战法配置。

（二）组合资源应用战法

有效地利用多种数据资源进行综合分析，可以获取更多、更全面的有效线索，有利于提高办案效率。

蓝灯 iTap 情报数据分析平台的每个资源既可以单独分析，又可以将多个资源结合起来分析。该平台的每一项基本战法都不是孤立的流程环节，而是一个节点，该节点与其他战法节点可以组合应用，形成一个精密的作战流程系统。

在实战的不同阶段，分析人员采用不同方式对各种基本战法进行组合应用。通过组合，办案人员几乎可以完成面临的所有分析研判任务。组合资源应用将基础的东西固化为主模型，除了可以满足一般人使用外，还可以与案件的关注点结合。面对不同的案件，办案人员可以进行不同的组合战法应用。即使是同一个案件，不同的办案人员也可以有自己的分析方法与战法组合。

举例1　根据身份证查询手机号码

分析目的：这是一种综合多种身份信息和通信标识信息的战法。运用此战法可以实现从人到手机号码的连线分析，还可以将此战法简化为针对目标嫌疑人员的通信标识查询。操作时，输入身份证号码，利用该身份证操作过的所有数据记录便显示了出来。据此，办案人员便实现了对目标人员的初步了解。

可利用的数据：各类留有联系方式的数据战法资源。如旅店业信息、巡检记录、民航订票乘机记录等。

具体操作：打开身份证一键核查工具，勾选身份证一键核查功能，找到左侧战法资源树，选择其中含有联系方式和身份证号码的数据战法资源。在查询区输入框中输入嫌疑人的证件号码，点击查询即可实现从人（证件号码）到手机号码的连线分析。如图10-7所示。

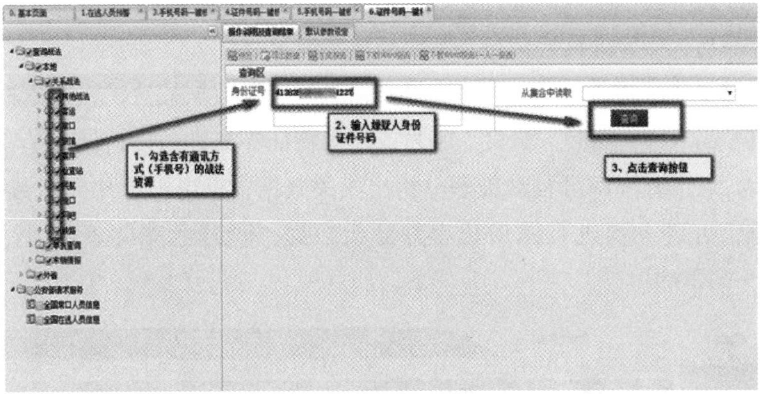

图10-7　身份证一键核查

查询出相关结果后，可以通过上方工具栏中的预览功能，实现图形化分析，进一步分析相关要素间的关联。如图10-8所示。

图10-8　分析相关要素间的关联

举例2　案件串并图形展现分析

分析目的：通过图形方式，将大量存在于公安内网的各类案件数据以图形的方式展现出来，进而对数据和数据间的关联进行描述和展现，帮助办案人员将大量的、未知质量的、低关联性的、低价值的数据信息转化为少量的、易于理解的、高关联性的、高价值的、可操作的情报。图形分析非常适用于案件侦查的串并分析。实战中，可以根据手机号码、银行账户、嫌疑人编号、作案特征等串并案件。

　　可以利用的数据：从数据情报线索核查调度系统、数据情报报送系统或其他案件类平台中接入的案件类数据资源均可利用。如案件嫌疑人信息、案件证人信息、接警处接警信息、案件简要案情等。

　　具体操作：进入对象，勾选案件类信息的资源数据战法，在搜索框中输入手机号码、银行账户、嫌疑人编号或作案特征等查询条件，设置单资源输入条数，点击查询即可自动关联分析出相关数据，点击图形化展示数据/导出数据，可进一步进行图形化串并分析数据，同时也支持表格展示。如图10-9—12所示。

图 10-9　案件串并图形展现分析 1

图 10-10　案件串并图形展现分析 2

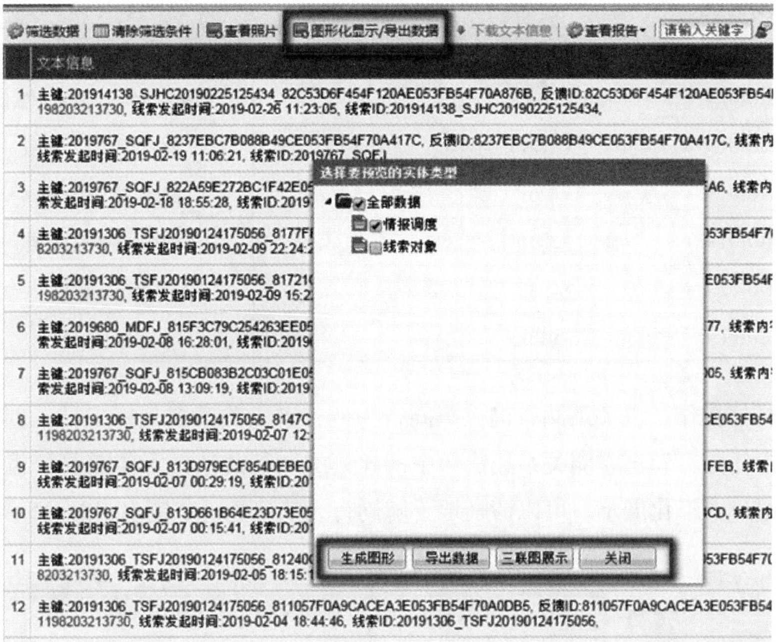

图 10-11 案件串并图形展现分析 3

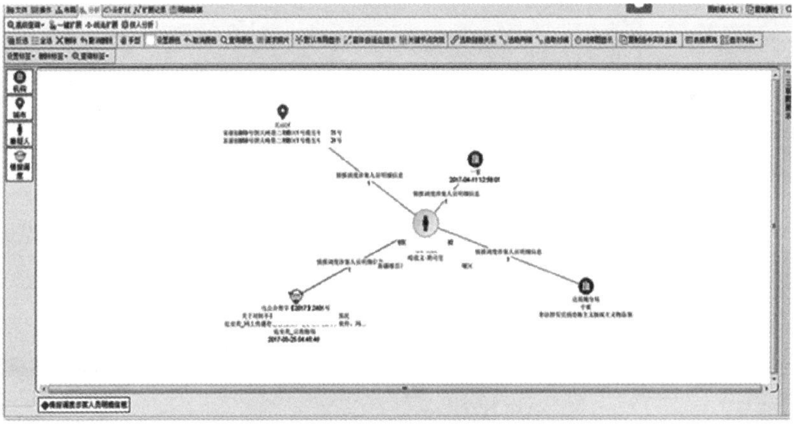

图 10-12 案件串并图形展现分析 4

举例 3 要素资源组合之关系圈分析

功能描述：对于多类轨迹数据资源，如旅业、网吧、航班、铁路、快递、通信等，在进行混合比对时，系统运用独特的算法向用户提供单个人同时出现在多种资源中的轨迹信息。

表 10-4　多类轨迹数据资源

人员	资源数	资源
310101 * * * * * * * *2340	4	旅业、网吧、航班、铁路
310101 * * * * * * * *1221	3	旅业、网吧、航班
410101 * * * * * * * *4201	3	旅业、网吧、铁路
410101 * * * * * * * *3391	3	网吧、航班、铁路
620102 * * * * * * * *0931	2	网吧、航班
320101 * * * * * * * *0101	2	网吧、航班

　　具体操作：以关系圈查询火车同行为例，进入关系圈分析工具，创建一个分析任务，勾选左侧关系战法树中的轨迹类同行战法，上传需要分析的数据，通过图形化展示，可以清晰地了解同行人的信息。如图 10-13—15 所示。

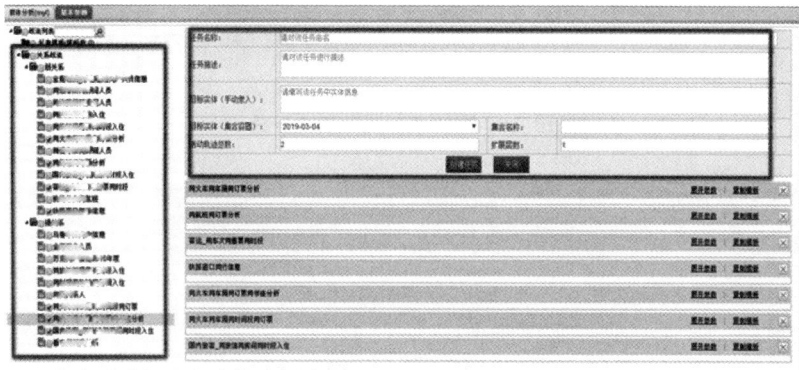

图 10-13　要素资源组合之关系圈分析 1

图 10-14　要素资源组合之关系圈分析 2

　　在图形化展示页面中，可以选中某一个实体，点击上方的一键扩展，选择需要扩展的战法，可以快速以该实体为依据，进行深入扩展。如图 10-16 所示。

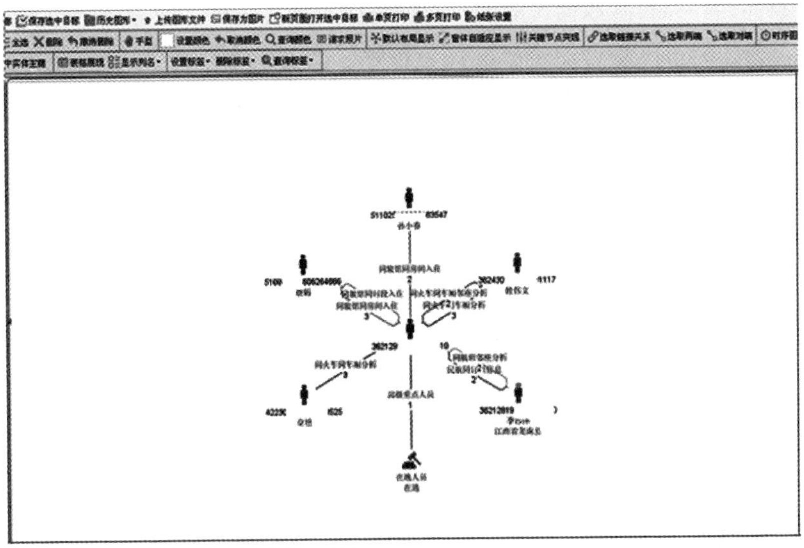

图 10-15 要素资源组合之关系圈分析 3

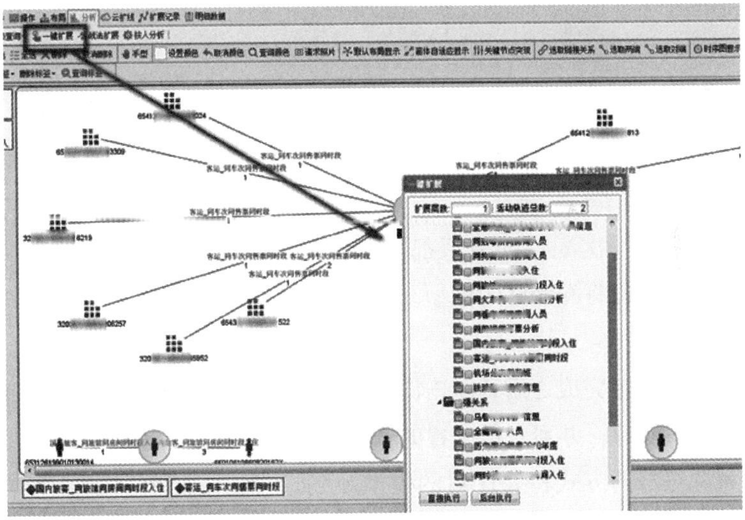

图 10-16 要素资源组合之关系圈分析 4

举例 4 要素资源组合比对战法

蓝灯 iTap 情报数据分析平台的数据比对碰撞模型包含指定比对碰撞的条件、比对碰撞的周期、有效时间、比对碰撞的优先级、比对碰撞的结果处理以及方案的浏览和历史方案管理等功能。

分析目的：找出本地旅店住宿中有前科的犯罪嫌疑人。

　　具体操作：打开数据比对模块，输入比对任务名称。任务名称可以自动生成。操作时可以用自动生成的任务称呼，也可以将自动生成的名称删掉，重新填写。操作时选择需要比对的战法，比如，选择案件信息战法和旅馆住宿信息战法。选择之后，会在图的右边框中显示选中的两种战法模型。如果要增加查询字段，则需要在扩展查询条件处点小三角按钮，添加允许操作的字段。如图 10-17 所示。

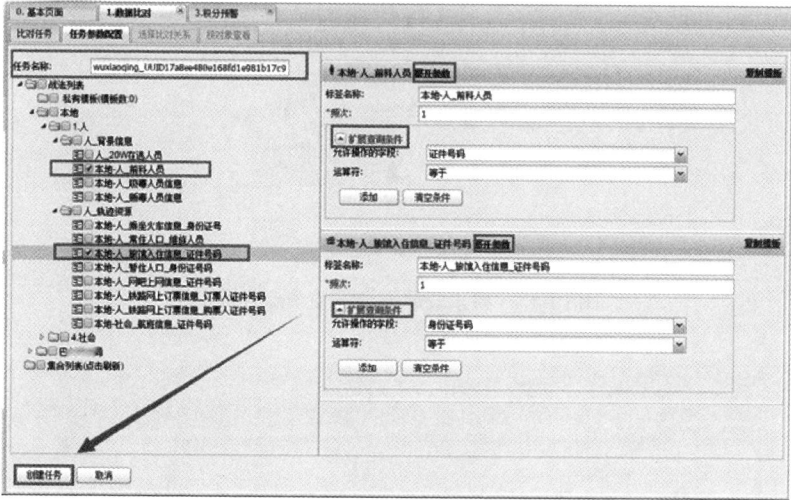

图 10-17　要素资源组合比对战法 1

　　私有模板：每次配置的模型都需要重新添加扩展条件，这种方式很麻烦。办案人员可以将配置好的模型复制下来加以保存。这样，下次操作时就可以直接使用了。

　　任务参数配置完成之后，点击图下部的创建任务。点击后会跳到下一步选择比对关系窗口。办案人员配置的资源都会显示在所有资源中。此时可以用拖动或者双击的方式将要比对的模型放到选择的资源中。如图 10-18—19 所示。

　　选择好之后，点击保存模型，此模型就会加到左边的比对组合中。如果生成多种模型，就保存多次。如果不需要此模型，可以点击重置，此时资源就会回到所有资源中。

　　当选择的是单一资源时，点击保存模型，此时会弹出提示框，提示请选择至少两个以上的资源。如图 10-20 所示。

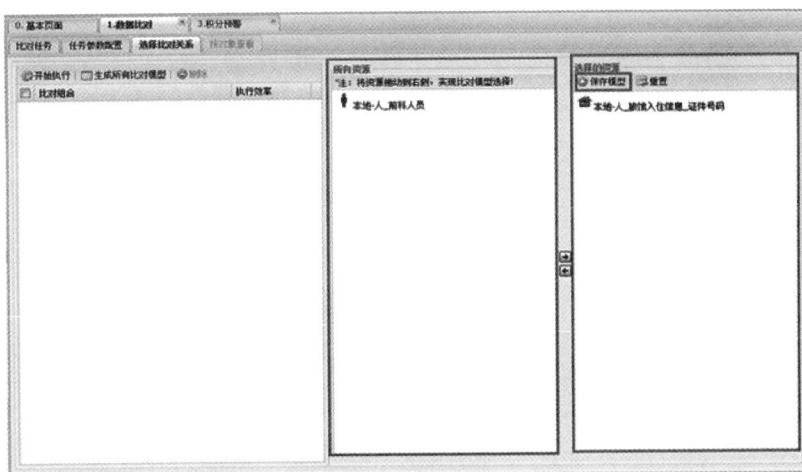

图 10-18　要素资源组合比对战法 2

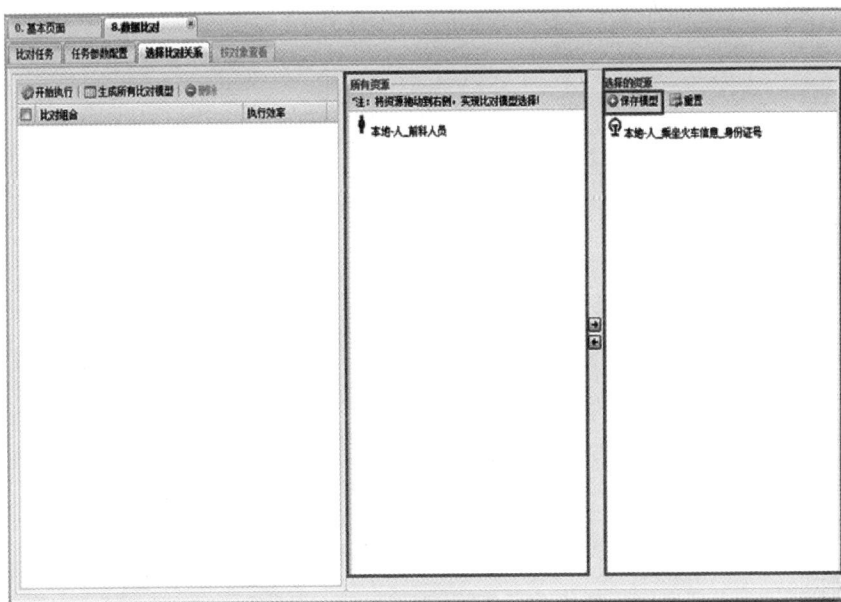

图 10-19　要素资源组合比对战法 3

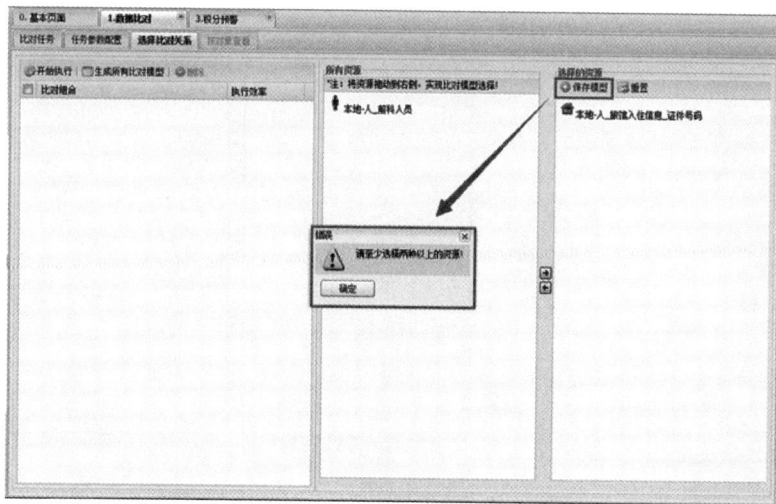

图 10-20　要素资源组合比对战法 4

如果选择了两个或两个以上的资源，点击保存模型，资源会加入比对组合列表中。如图 10-21 所示。

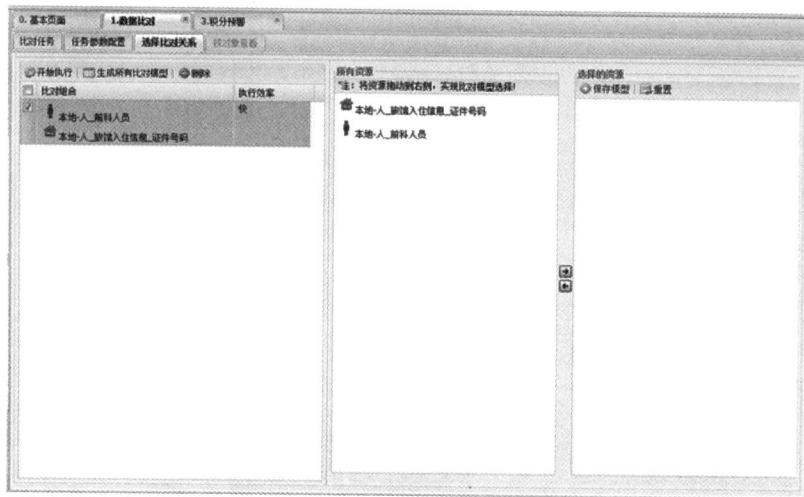

图 10-21　要素资源组合比对战法 5

开始执行：点击开始执行，会弹出"任务已经在后台开始运行"的提示框。如图 10-22 所示。

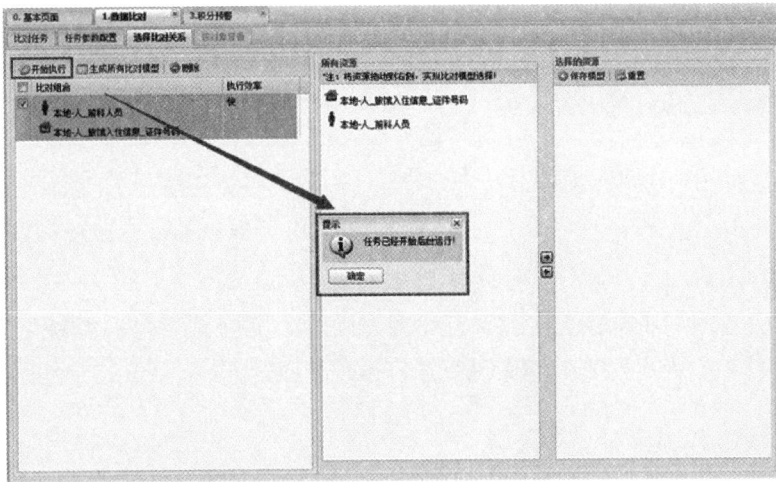

图 10-22　要素资源组合比对战法 6

点击确定，会跳转到比对任务中，并在任务栏中显示刚才创建的任务。如图 10-23 所示。

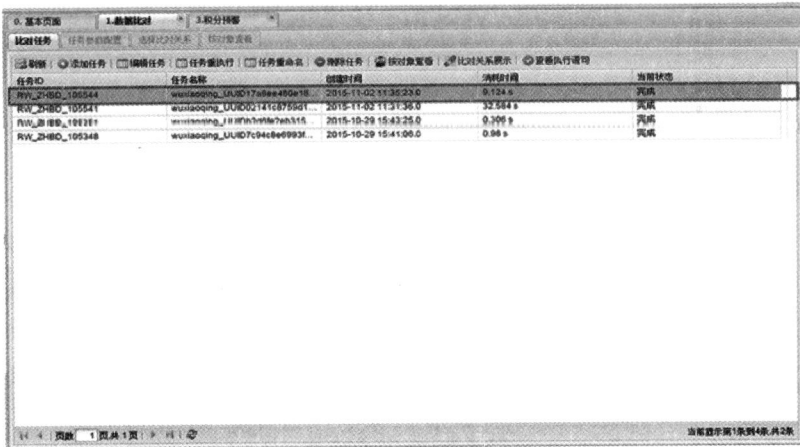

图 10-23　要素资源组合比对战法 7

生成所有比对模型：无须手动选择，即可将多种资源类型排列生成的所有模型自动加入比对组合中。如图 10-24 所示。

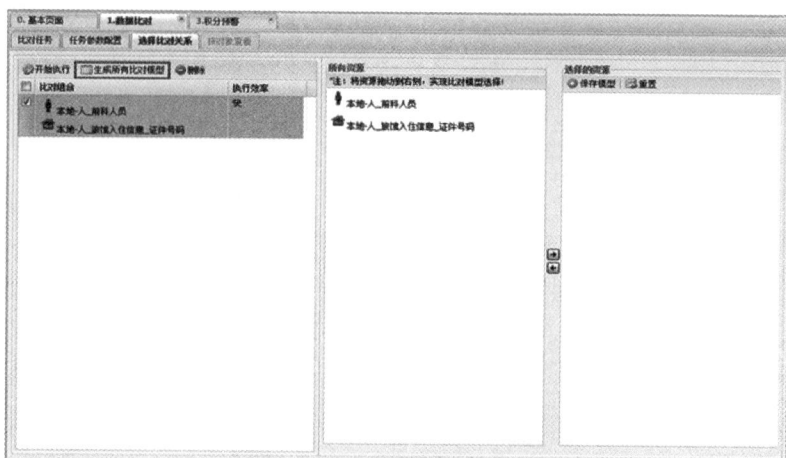

图 10-24　生成所有比对模型

删除：选择比对组合的小选项框，点击删除就会将此模型删掉。如图
10-25 所示。

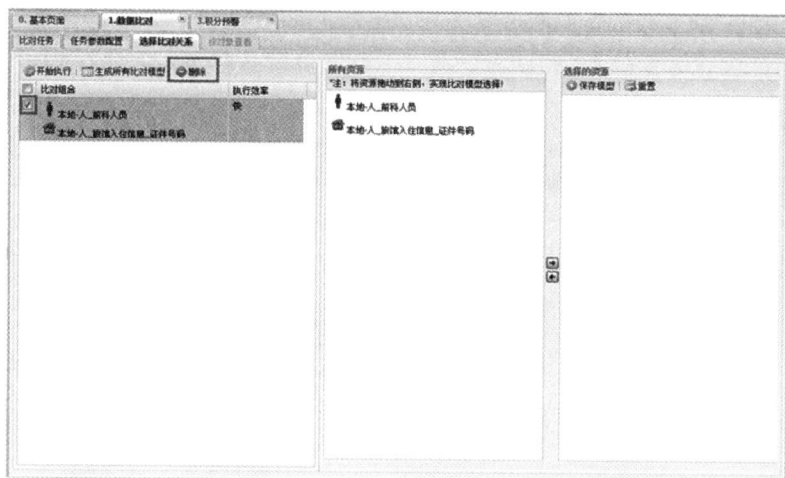

图 10-25　删除模型

编辑任务：选中一个比对任务后，点击编辑任务就会对其进行重新
编辑。

任务重执行：选中一个比对任务后，点击任务重执行，就会将任务重新
执行一遍。

任务重命名：选中任务，点击任务重命名，此时会出现一个提示窗口，

输入新的任务名称，确定即可。

删除任务：选中任务，点击删除任务，会出现一个提示窗口，点击确定，任务即被删除。

按对象查看：选中任务，点击按对象查看，此时会跳到按对象查看页面。页面的左边是比对出来的数据量。双击任务，数据会显示在查看组合框中。组合框中的数据是比对出来的结果。点击导出该组合数据，可以导出数据，也可以导出选中数据到集合中。

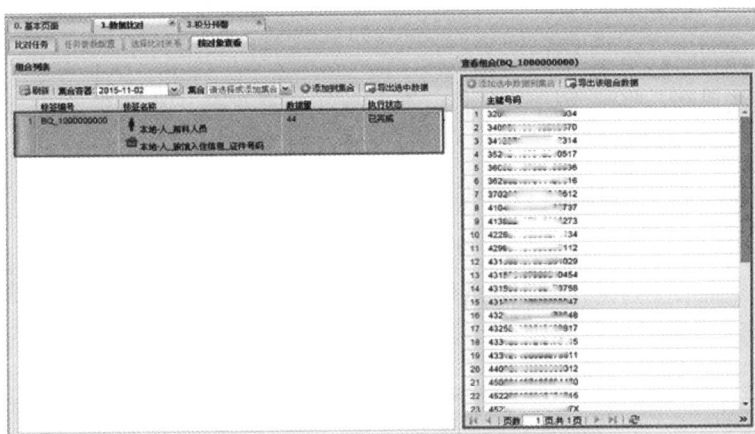

图 10-26　按对象查看

比对关系展示：选中任务，点击比对关系展示，此时会将比对结果以图形的方式显示出来。图的两侧显示的是设置的两个模型，中间的组合图标是标明比对出的结果。

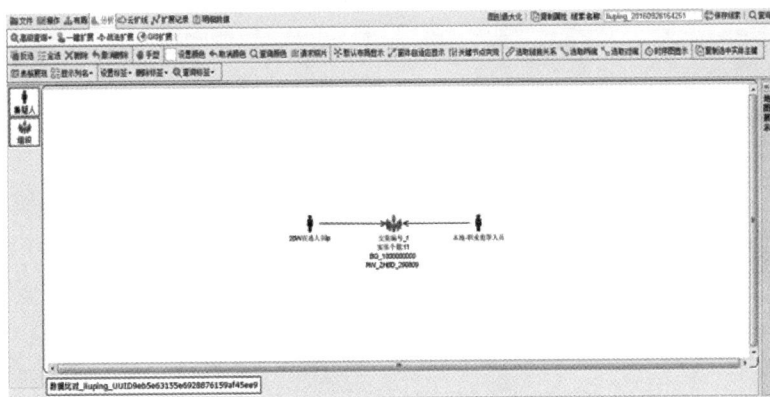

图 10-27　比对关系展示

举例 5　要素资源组合之预警

预警：通过定义预警分析模型，计算机后台计算发现模型关注情况，当符合预警条件时系统发布预警信息，并根据预警情况进行继续研判。

预警模型主要包括犯罪团伙预警模型、人员轨迹预警模型、高危人群预警模型、警情预警模型、类案预警模型、涉案物品轨迹模型、十必查二必比对二必研判技战法分析模型等。模型预警贯穿整个研判分析过程。

分析目的：掌握吸毒人员酒店入住情况。

需求：发现多名吸毒人员在同一家酒店入住时便即时向用户预警。

所需数据：旅馆入住记录信息＋吸毒人员信息。

战法思路：将一天内有多名吸毒人员（超过 3 名）入住的酒店预警给用户。

预警功能是系统自行运行的，无须人为操作，当满足预警条件时，就会预警给用户。

在系统的工具里找到预警选项，在左侧列表找到战法模型吸毒人员聚集酒店预警。如图 10-28 所示。

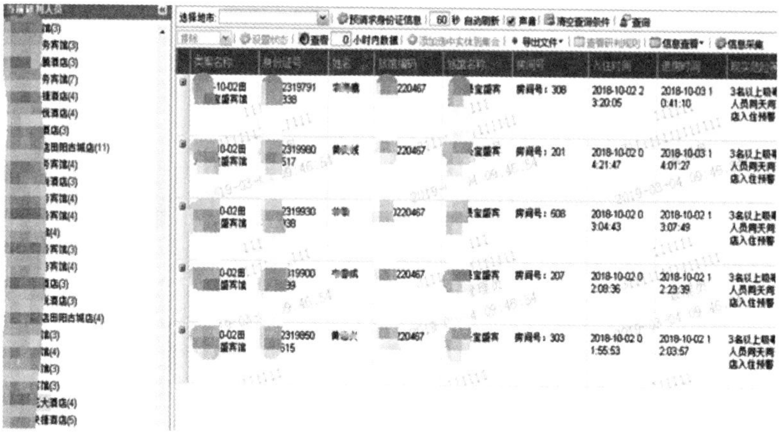

图 10-28　要素资源组合之预警

当符合条件的人员入住时，系统就会自动预警，并会提醒重点关注。

四、战法模型共享

蓝灯 iTap 情报数据分析平台支持战法模型的异地共享。目前该平台已将全国25个省市、近60个地级市民警根据不同情况创制的战法列入了战法模型库。通过平台可以实现各地战法共享。

（一）战法决策支持

战法决策支持是指为了实现重点人员与案事件分析，对摸排碰撞系统使用的碰撞模型、战法进行配置和管理，主要包括比对碰撞模型管理、战法管理、数据源管理等。

通过平台工具和功能的组合，利用数据、模型和知识，调用各种信息资源和分析工具，以图形、图表、动画等方式直观地展示各种数据以及关联状况，为基于大数据的摸排碰撞提供支持。

（二）战法管理

通过战法分析可实现数据情报分析、案件推演等。战法管理功能主要包括新增摸排碰撞战法、战法组合管理、战法共享等。

战法管理负责管理所有的战法，包括创建、删除、修改操作，其界面如图10-29所示。

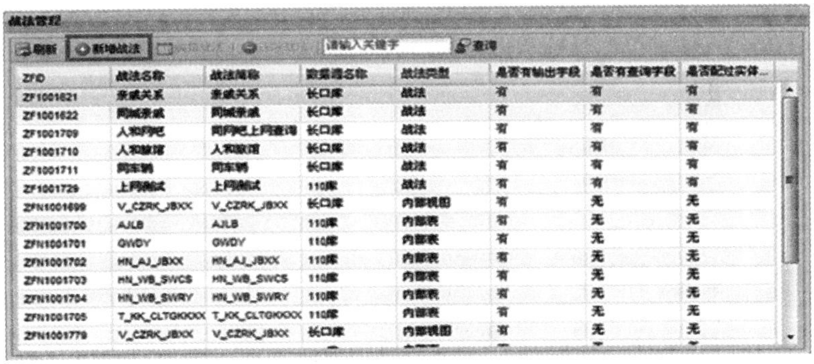

图10-29　战法管理

新增战法：点击新增战法弹出添加战法窗口。如图10-30所示。

其中ZFID是自动生成的。战法名称、战法简称、战法描述、战法类别、数据源名称和战法类型是必须填写的。视频名称按实际情况选择。

配置要素战法时，战法可以无查询条件，但是选择战法类别的时候一定要选择要素战法。战法语句格式可以为无查询条件的战法，如select * FROM AJXYR。

校验战法：本战法所属的数据源必须选择。填写战法语句后，点击校验战法。如果校验通过，会提示战法校验通过信息。

编辑战法：选择要编辑的战法，点击编辑战法，弹出编辑战法对话框，修改内容后，点击保存。如图 10-31 所示。

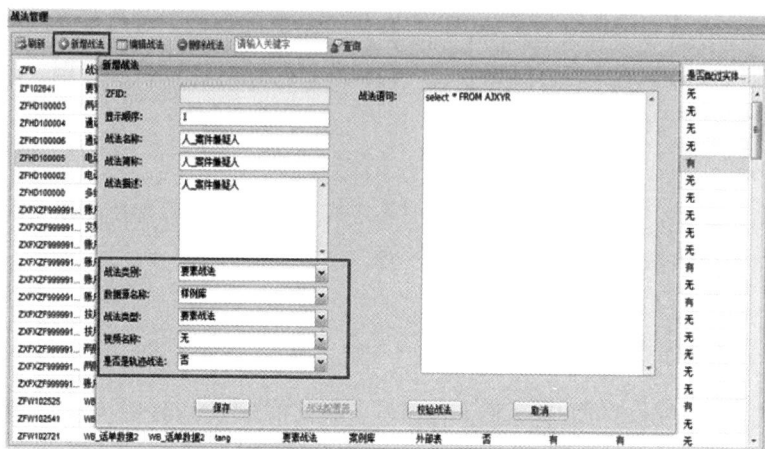

图 10-30　新增战法

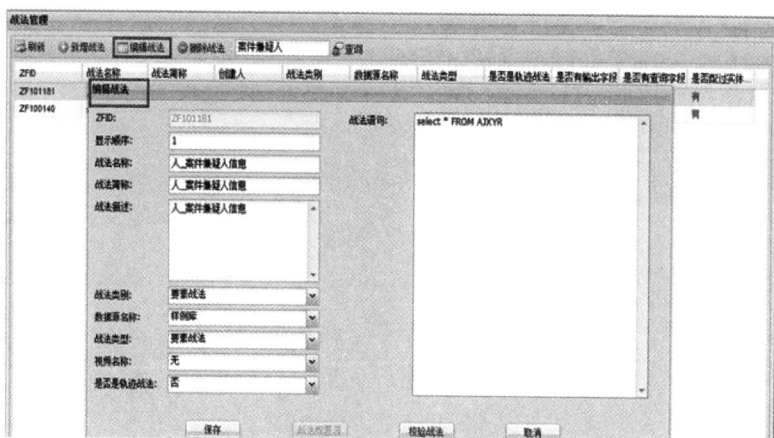

图 10-31　编辑战法

删除战法：选择要删除的战法，点击删除战法，弹出提示框，提示信息"你确定要删除选中的战法么"，点击确定，战法将被删除。如图 10-32 所示。

图 10-32　删除战法

（三）数据源管理

在创建新增战法时会被要求选择数据源。数据源的下拉选项，是在数据源管理中进行创建的。如图 10-33 所示。

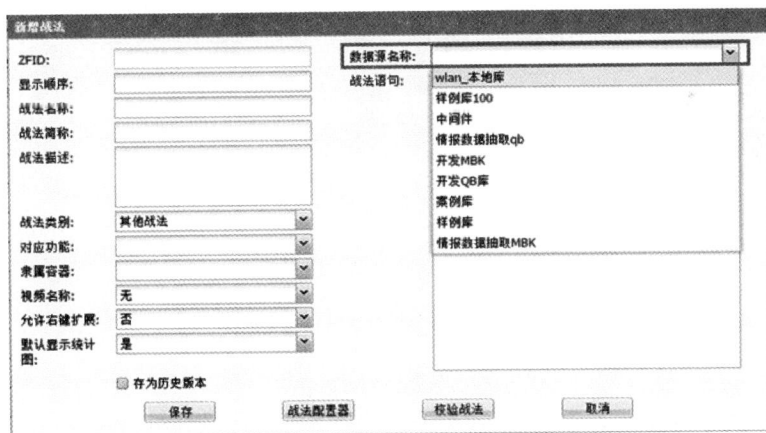

图 10-33　数据源管理

进入后台点击数据源管理。

数据源 ID：不用填写，自动创建。

数据源名称：对当前数据源设定一个名称。

数据源类型：下拉选择对应的数据源类型，是哪种类型的数据库。

相关参数输入完成后，点击测试数据源连通性，弹出"数据库访问成功！"窗口。

数据源正确创建后，点击新增，完成数据源的创建，再次回到战法管理中就可以下拉选择该数据源，根据该数据源进行创建战法。

第十一章 大数据侦查人车核查战法
与数据分析的可视化

一、人车核查战法

人车核查战法是围绕人、车构建的一种综合战法。核查功能为人员、车辆及物品的核录，延伸功能为核查战果的统计与分析。根据不同的使用目的、不同的使用场景可以研发出不同的版本。人车核查战法是利用数据侦查的一种十分常用战法。此战法也用于安保、路面核录、派出所登记、监所登记等。依据不同目的研发的系统通常包括分析软件本身与服务接口。近年来，蓝灯公司就人车核查还开发了手机 App。

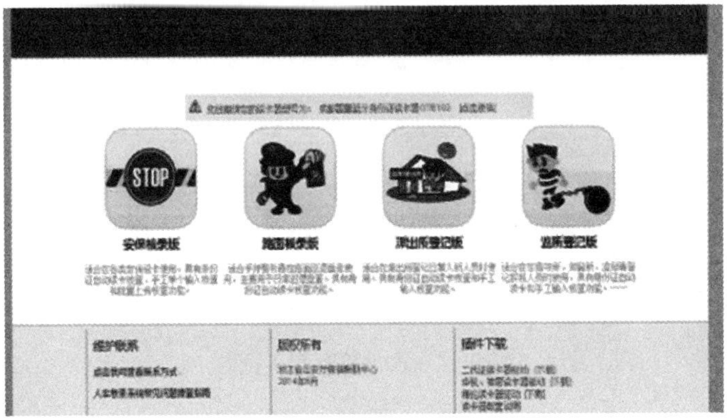

图 11-1 人车核查电脑端用户界面

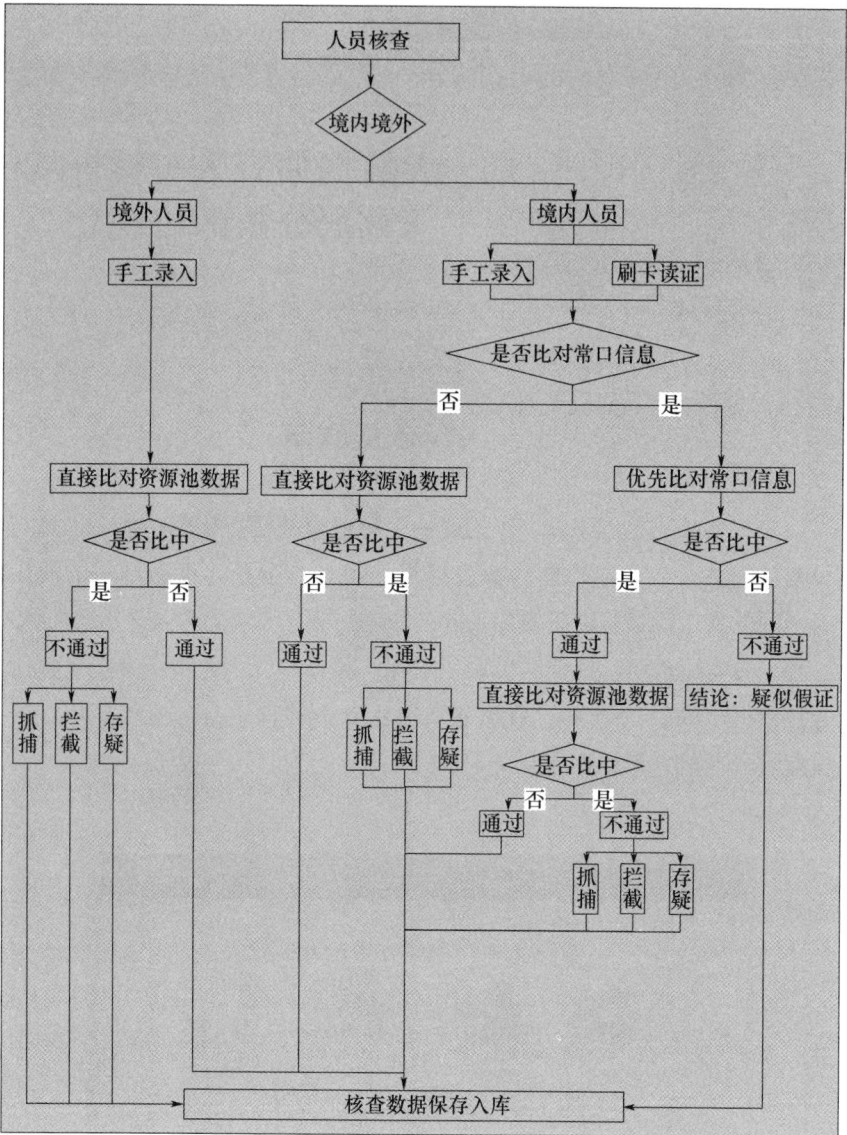

图 11-2　人员核查基本流程

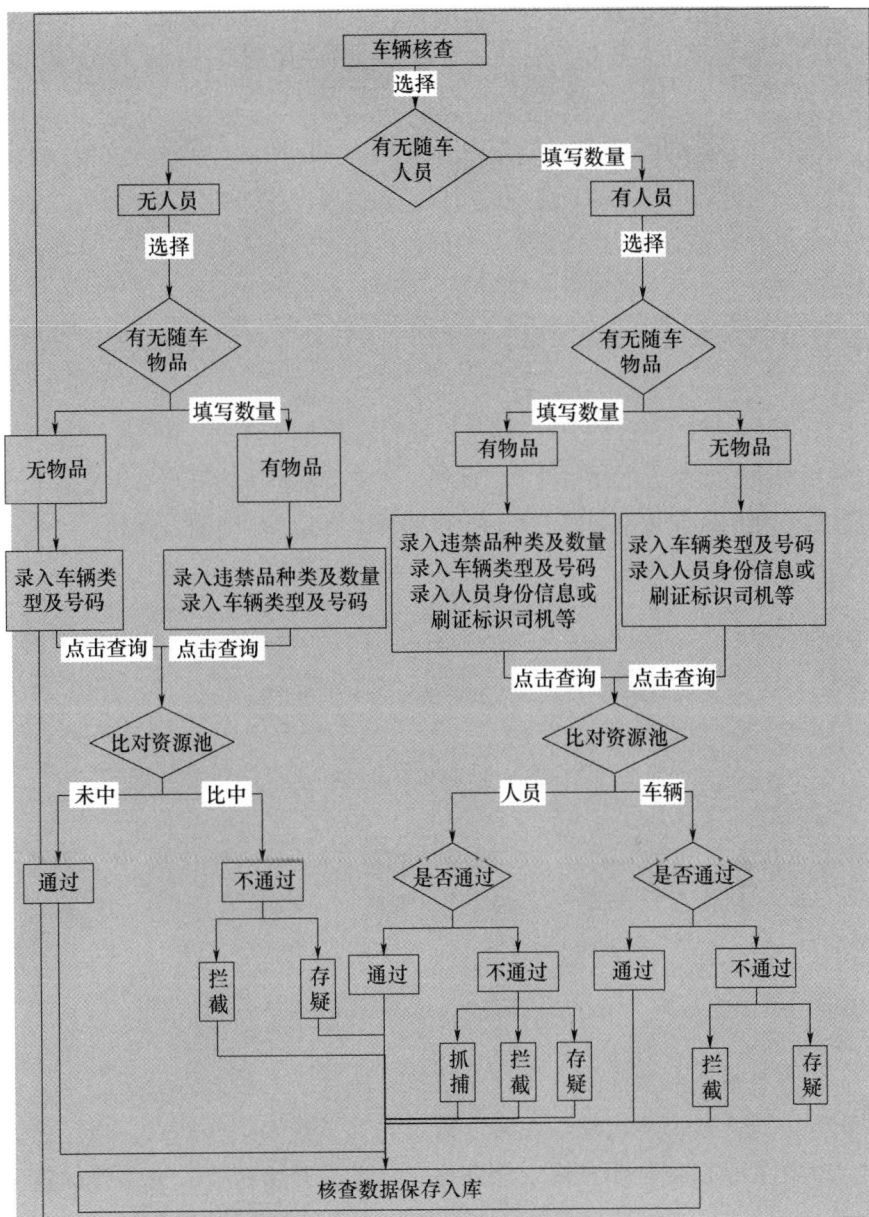

图 11-3　车辆核查基本流程

（一）用于安保的版本——安保核录版

安保核录版适用于各大型会议、大型活动设定的安保区域内过往人员、车辆和物品的核查。核录的目的在于阻止黑名单对象进入安保区域。安保核录版要求核录严格。与其他版本比较，安保核录版接入的核查资源最丰富。

安保核录版的使用有时间、个人和单位方面的限制。系统允许情报中心的管理员通过版本状态的开启或关闭以实现对用户访问的限制。当版本处于关闭状态时，除了授权可以在某一时间段内使用的个人或单位外，其他用户均无法使用。如果不在授权时间段内，即使是获得授权的个人或单位也无法使用安保核录版进行核录。而当版本处于开启状态时，所有系统用户均可使用。

在图 11-4 中，支持用户按照身份证号、开通时间段、所属单位来开通或撤销对单位或个人的使用授权。此外，还支持用户点击开启查询查看当前系统授权使用安保核录版的个人和单位的具体情况。如图 11-5 所示。

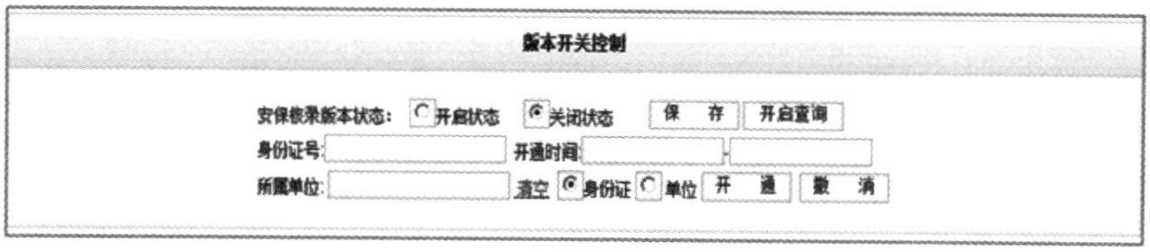

图 11-4　版本开关控制

图 11-5　已开通权限的单位或个人

安保核录版的功能有人车核录、核录统计、人员查询分析、车辆查询分析。进入该版本启动核查时，需要先手工输入核查地点，地点描述要求大于 4 个汉字。用户输入核查地点，点击开始核查，进入安保核录版核查。

在安保核录版中，人员核查结论包括通过和不通过。不通过包括抓捕（红色）、拦截（橙色）、存疑（黄色），如果因人员存在多重背景身份而出现多重核查结论时，系统将按抓捕→拦截→存疑的优先级进行处理。

车辆核查结论包括通过和不通过。不通过包括拦截（橙色）、存疑（黄

色），如果因车辆存在多重背景身份而出现多重核查结论时，优先级按拦截
→存疑的先后顺序进行处理。

1. 人车核录

人车核录功能实现了录入即核查，核查即录入。即在核查人员、车辆背
景信息的同时，又将此次核查行为本身采集的信息作为鲜活的数据资源录入
系统数据库。

点击安保核录版中的人车核录菜单，进入人车核查的主页面。由人车核
录和核录结果两部分构成。

在图 11-6 中，支持用户根据人员有无车辆选择无车辆核查或有车辆核
查。有无车辆对应的核查信息稍有差异。

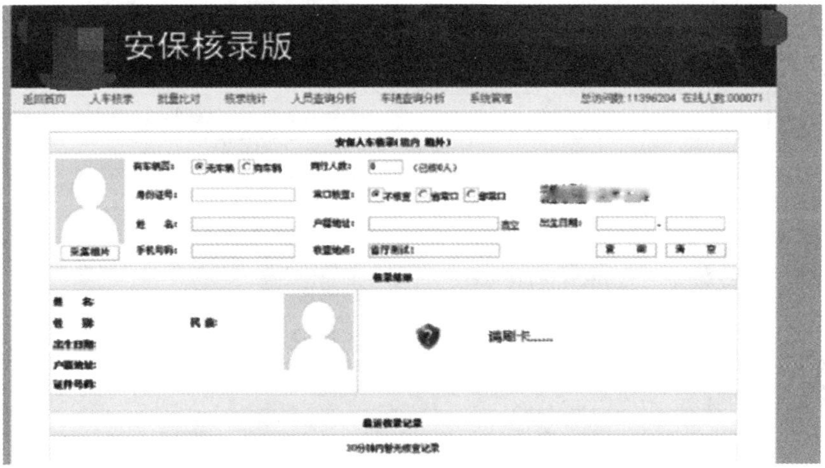

图 11-6　人车核录

进入人车核查时，录入人员、车辆、违禁物品等信息，实现信息数据的
采集；同时，将录入的信息与资源池的黑名单对象进行比对，发现可疑人、
车、物。

人车核录涉及的字段为：有车辆否、同行人员（随车人数）、随车物
品、违禁物品、车辆号码、车辆类型、是否司机、身份证号、常口核查、
姓名、户籍地址、出生日期、采集照片、手机号码、核查地点等。

表 11-1　人员核录数据项

序号	字段名	类型	必填	注释
1	XM	VARCHAR2（30）	Y	姓名
2	SFZH	VARCHAR2（18）	Y	身份证号
3	XB	VARCHAR2（1）	Y	性别
4	CSRQ	DATE	Y	出生日期
5	MZ	VARCHAR2（10）	Y	民族
6	HJDQH	VARCHAR2（6）	Y	户籍地区划
7	HJDXZ	VARCHAR2（70）	Y	户籍地详细地址
8	SJHM	VARCHAR2（20）	Y	被核查人员手机号码
9	ZP	CLOB	Y	照片
10	GLCLZJ	VARCHAR2（100）	Y	关联车辆主键（安保、路面版）
11	SXRY	VARCHAR2（20）	Y	同行人员、随车人员字段值一致为随行人员
12	RYLB	VARCHAR2（4000）	Y	核查人员类别标记，记录优先级最高配置表数据库 ID
13	HCJG	VARCHAR2（2）	Y	核查结果（4：抓捕，3：拦截，2：存疑，1：通过），默认为 1
14	RYLBBJ	VARCHAR2（4000）	Y	核查人员类别标记，记录配置表数据库 ID
15	SFHCCK	VARCHAR2（2）	Y	是否核常口（01：不核查，02：省常口，03：部常口），默认为 01
16	CKKZT	VARCHAR2（4）	Y	常口库状态
17	BJXX	CLOB	Y	背景信息，封装界面上需要展示的人员背景信息
18	HCDZ	VARCHAR2（1000）	Y	核查地址
19	ZJLX	VARCHAR2（2）	Y	证件类型（外籍人员）
20	JNJW	VARCHAR2（2）	Y	境内境外人员（01：境内，02：境外），默认为 01
21	SFSJ	VARCHAR2（2）	Y	是否司机（1：表示司机，其他：表示不是司机）
22	HCRLXDH	VARCHAR2（11）	Y	核查人联系电话

表 11-2　车辆核录数据项

序号	字段名	类型	必填	注释
1	ZJ	VARCHAR2（100）	N	主键
2	CLLX	VARCHAR2（20）	Y	车辆类型

续表

序号	字段名	类型	必填	注释
3	CLHP	VARCHAR2（20）	Y	车辆号牌
4	SCRS	VARCHAR2（20）	Y	随车人数
5	SJHM	VARCHAR2（20）	Y	手机号码
6	CLLB	VARCHAR2（20）	Y	车辆类别，存储优先级最高比中结果
7	HCJG	VARCHAR2（2）	Y	核查结果（3：拦截，2：存疑，1：通过），默认为1
8	CLLBBJ	VARCHAR2（4000）	Y	车辆类别，存储多个比中结果
9	BJXX	CLOB	Y	车辆核查结果背景信息
10	HCDZ	VARCHAR2（1000）	Y	核查地址
11	JNJW	VARCHAR2（2）	Y	境内境外人员（01：境内，02：境外），默认为01
12	SCWPS	VARCHAR2（20）	Y	随车物品数量
13	WJWP	CLOB	Y	违禁物品信息
14	HCRLXDH	VARCHAR2（11）	Y	核查人联系电话

（1）人员无车辆。人员无车辆时，可关联同行人员，即录入同行人数。同行人数默认为0，如果同行人数不为0，则核录时必须依次核录完所有同行人员，实现人员关联。

人员核查既可手工输入人员信息进行核查，也可直接自动读卡核查人员背景信息。手工输入人员信息包含按身份证号精准核查和以"姓名＋户籍地址＋出生日期"组合条件模糊核查两种方式，组合条件核查需要3个条件均录入信息，缺一不可。

人员核查时可选择是否核查部常口。如果选择不核查部常口，刷卡或手工录入人员身份信息后点击查询，系统将人员的身份信息与资源池（黑名单）的身份信息进行比对，根据比对结果返回核查结论，比中则不通过（含抓捕、拦截、存疑），核录结果中人员的基本信息一栏仅显示录入的信息。如果选择核查部常口，系统将调用部常口的服务接口进行核查，然后再比对资源池（黑名单）。响应速度会低于不核查常口的响应速度，核录结果中人员的基本信息一栏会从常口中抽取姓名、性别、出生日期、户籍地址、证件号码、二代身份证照片予以展示。

（2）人员有车辆。人员有车辆时，除了实现人员与车辆的关联外，还允许关联随车物品（违禁物品），实现对随车物品的核录及人车物的关联。人员有车辆时，人员的核录和上述无车辆时的核录相同，而车辆的核录仅支持手工录入车牌号码进行核查。不允许单独对车辆进行核查，即当用户选择有车辆时，随车人数不能为0。只有当随车人员均被核录后才允许用户继续进行核录。

如果人员有车辆，则可核录随车物品，并记录随车物品中违禁物品的数量和种类，同时标注司机身份。违禁物品主要包括被盗车辆、假套车牌、枪支、仿真枪、子弹、炸药、雷管、烟花爆竹、危化学品、毒品、管制刀具、非法出版物、低慢小目标、其他物品。如图11-7所示。

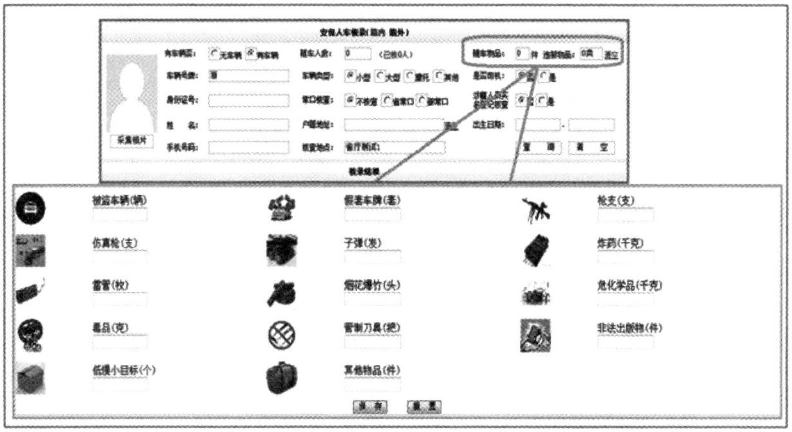

图11-7　核录随车物品

当车辆核录完成后，仍可修改核录时填写的车辆信息，修改保存后，系统将自动记录更新后的随身物品和违禁物品的数量及种类。

人员有车辆时，系统优先将车辆信息与资源池（黑名单）进行比对，返回车辆核查结论，然后再比对人员信息，返回人员核查结论。

对于核查结果部分，有车辆核查和无车辆核查唯一不同之处在于有车辆时核查结论中除了人员的核查结论外，还有车辆的核查结论。

核查结果部分包含人员的基本信息和人（车）核查结论。基本信息在页面上展示：姓名、性别、出生日期、户籍地址、证件号码、民族及二代身份证照片。核查结论分人员的核查结论和车辆的核查结论，其中人员的核查结论包括通过、不通过（抓捕、拦截、存疑），车辆的核查结论包括通过、不通过（拦截、存疑）。

表 11-3　车辆核录涉及数据项

序号	字段名	类型	必填	注释
1	XM	VARCHAR2（30）	Y	姓名
2	SFZH	VARCHAR2（18）	Y	身份证号
3	XB	VARCHAR2（1）	Y	性别
4	CSRQ	DATE	Y	出生日期
5	MZ	VARCHAR2（10）	Y	民族
6	HJDXZ	VARCHAR2（70）	Y	户籍地详细地址
7	ZP	CLOB	Y	照片
8	HCJG	VARCHAR2（2）	Y	核查结果（4：抓捕，3：拦截，2：存疑，1：通过），默认为1

录入采集信息后，点击人车核录页面上的查询按钮（刷卡则无须点击），系统将给出比对结果，并能有效核录出资源池中的黑名单对象，包括人员、车辆。

点击图 11-8 核查结果中车辆的核查结论，即"存疑：重点车辆"，可通过超链接查看车辆的背景详情。点击图 11-8 核查结果中人员的核查结论，即"拦截：非访人员"，可通过超链接查看人员的背景详情。

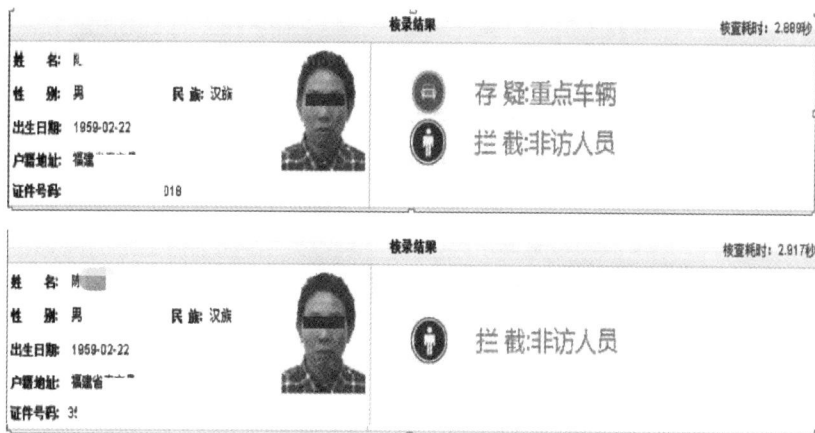

图 11-8　核录出资源池中的黑名单对象

在图 11-9 和图 11-10 中的人车核查详情页面，支持打印页面、挂接第三方系统关于人员或车辆信息的页面。

图 11-9　人车核录详情 1

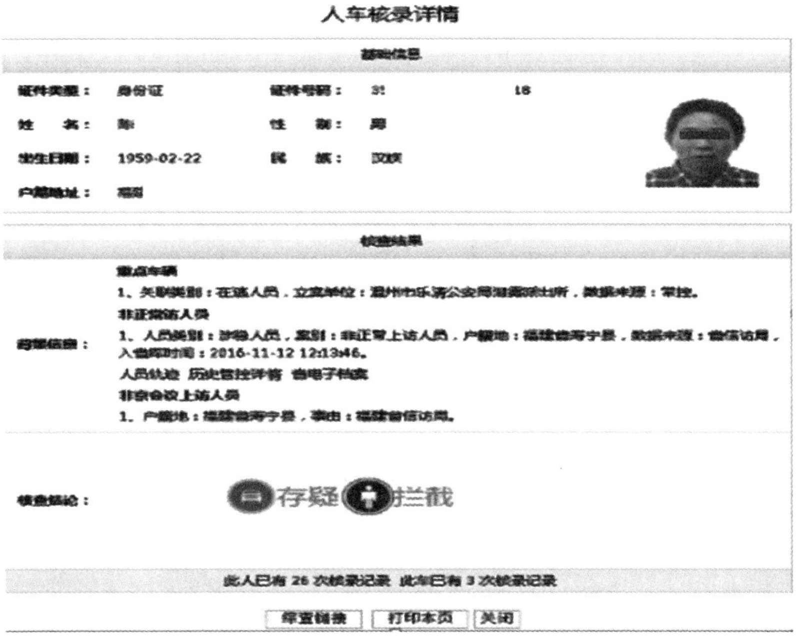

图 11-10　人车核录详情 2

2. 核录统计

统计条件包括统计时间（默认为当天）、统计方式（人次、人头，且默认为人次）、核查类型（人员、车辆，且默认为人员）。

核查统计结果展示的字段包括单位（本市及下辖各区县，区县下辖的派出所）、核查数、通过数、不通过数（抓捕、拦截、存疑、小计）。如图 11-11—12 所示。

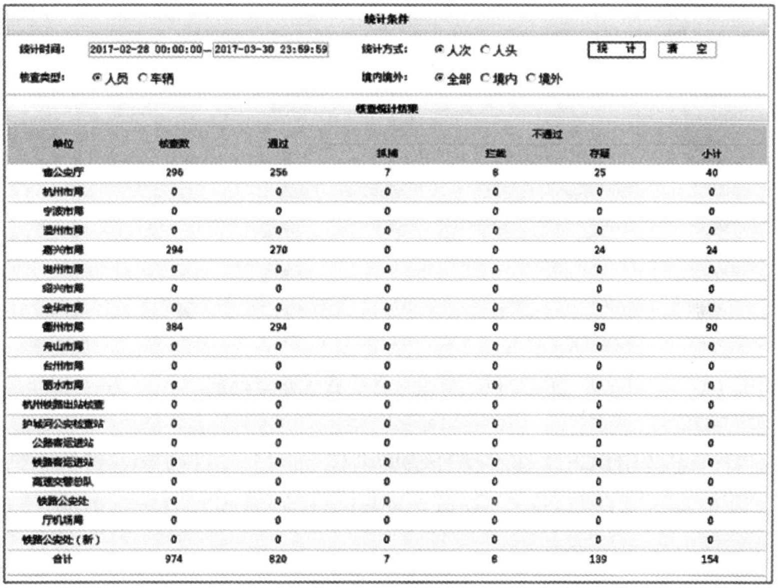

图 11-11　核查统计结果（人员）

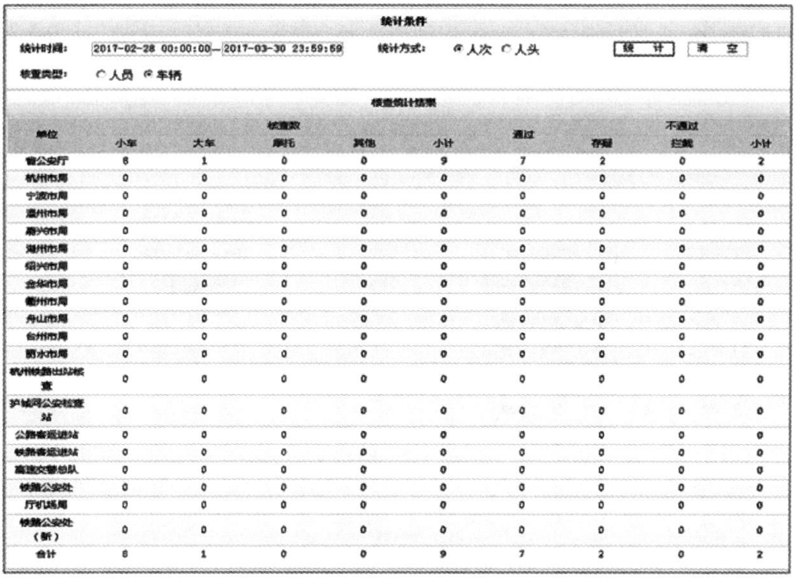

图 11-12　核查统计结果（车辆）

支持用户点击核查统计结果下单位所在列各单位名称，查看其下属各单位在本统计条件下的核录情况。如点开图 11-11 中的嘉兴市局，可以看到嘉兴市局下属各单位在 2017 年 2 月 28 日到 2017 年 03 月 30 日之间使用安保核录版核录人员的统计情况。如图 11-13 所示。

图 11-13   下属单位的核查统计结果

同时，支持用户点击核查统计结果中任何一个统计数字查看该数字代表的核查结果列表及核录详情。如点击图 11-11 中省公安厅核录出的不通过人员小计对应的数字（图中为 40），出现查询结果列表，列表展示了核录时的详细信息，包括核查对象姓名、证件号码、户籍/国籍、手机号码、人员核查结果、人员类别、车牌号码、车辆核查结果、核查地址、核查人、核查单位、核查时间及数据来源（能区分是界面核查和调用接口核查，以界面和接口标识）。如图 11-14 所示。

图 11-14   不通过人员的详细信息

　　系统以新页面的形式支持用户点击图 11-14 人员核查结果和车辆核查结果中的结论查看人员或车辆的核录详情。如图 11-15—16 所示，人员夏×××·吾买尔对应的是"存疑"，其车辆是"通过"，点击存疑或通过，系统以新页面的形式展示详情。

图 11-15　人车核录详情 1

图 11-16　人车核录详情 2

此外，系统支持用户以 excel 文件的形式导出查询结果列表。点击页面下方的 excel 导出按钮，即可导出结果。如图 11-17 所示。

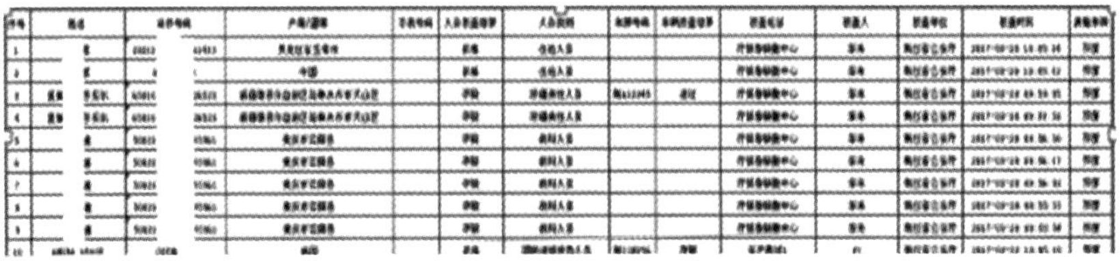

图 11-17　以 excel 文件形式导出查询结果列表

3. 人员查询分析

系统提供人员查询分析功能，支持按条件查询人员被用户使用安保核录版核录的历史情况，包括界面核查和接口核查。

查询条件部分包含的字段有：核查时间、核查民警、核查单位（字典项）、身份证号（支持模糊查询）、姓名、户籍的区划（字典项）、民族（字典项）、核查结果（字典项）、核查地点（支持模糊查询）、手机号码、车牌号码、核查版本（字典项）。

输入查询条件，如输入核查时间为 2017-01-10 到 2017-01-18，点击查询，出现查询结果列表。

查询结果列表包括序号、姓名、证件号码、户籍/国籍、手机号码、人员核查结果、人员类别、车牌号码、车辆核查结果、核查地址、核查人、核查单位、核查时间、数据来源（能区分是界面核查和调用接口核查，以界面和接口标识）等信息。如图 11-18 所示。

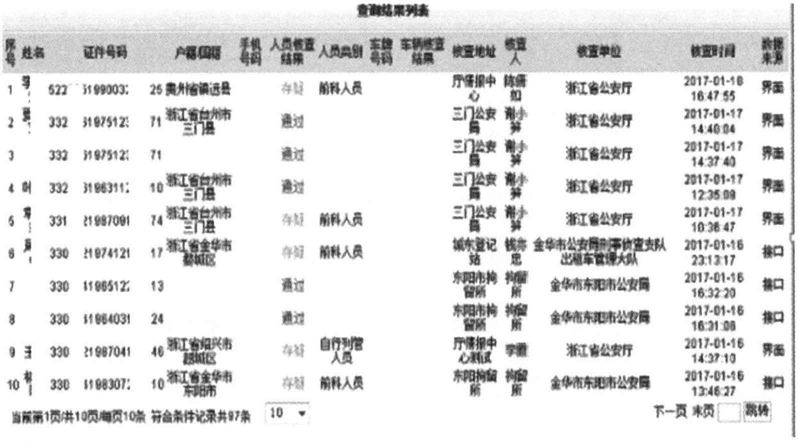

图 11-18　查询结果列表

系统以新页面的形式支持用户点击图 11-18 人员核查结果中的结论查看人员的核录详情，如图 11-19 中，人员李××对应的是"存疑"，点击存疑后系统以新页面的形式展示人员核录详情。

图 11-19　人员核录详情

此外，系统支持用户以 excel 文件的形式导出查询结果列表，点击页面下方的 excel 导出按钮，即可导出结果。

4. 车辆查询分析

系统提供车辆查询分析功能，支持按条件查询车辆被用户使用安保核录版核录的历史情况，包括界面核查和接口核查。

查询条件部分包含的字段有：核查时间、核查民警、核查单位（字典项）、车牌号码（支持模糊查询）、车辆类型（字典项）、核查结果（字典项）、核查地点（支持模糊查询）等。

输入查询条件，如输入核查时间 2016-09-01 到 2016-09-01，点击页面上的查询，得到查询结果列表。

查询结果列表展示了包括序号、核查版本、车辆类型、车牌号码、核查结果、车辆类别、随车人数、核查地址、核查人、核查单位、核查时间、数据来源（能区分是界面核查和调用接口核查，以界面和接口标识）等在内的各种信息。

系统以新页面的形式支持用户点击图 11-20 核查结果中的结论查看车辆的核录详情，如图 11-21 所示，车辆浙×××对应的是"通过"，点击"通过"后系统以新页面的形式展示人员核录详情。

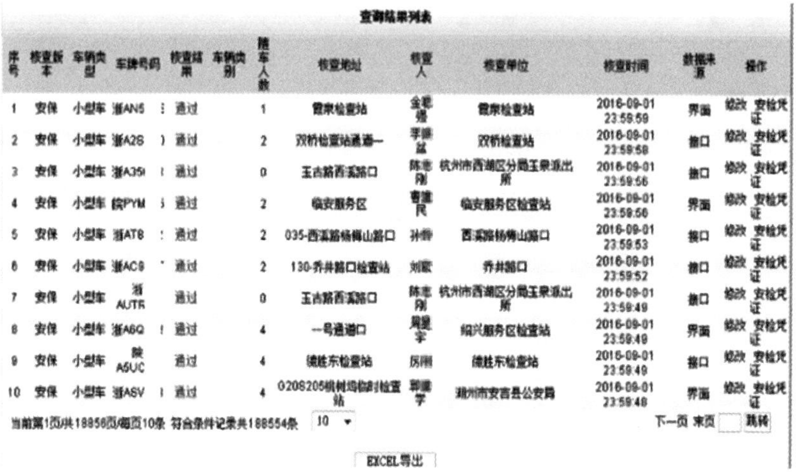

图 11-20　车辆查询结果列表

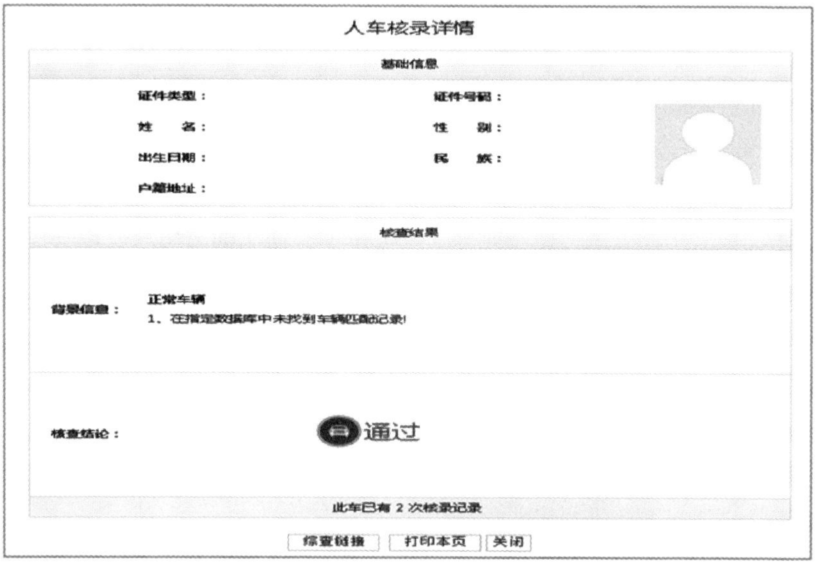

图 11-21　人车核录详情

此外，系统支持用户以 excel 文件的形式导出查询结果列表，点击页面下方的 excel 导出按钮，即可导出结果。

（二）用于路面核录的版本——路面核录版

路面核录版适用于路面巡逻、车站、机场等场所内的人员、车辆和物品的核查，主要用于抓捕或查找黑名单对象。路面核录版执行的策略重在抓捕，接入的核查资源比安保核录版少。路面核录版的使用没有限制，支持全天 24 小时访问使用。路面核录版包括人车核录、核录统计、人员查询分析、车辆查询分析等功能。

路面核录版与安保核录版在功能上没有差异，二者的区别在于核查结论策略的配置不同（系统设置中的配置）。如果同一个人在安保核录版中核查结论为拦截，则路面核录版可能为通过。如图 11-22 所示。

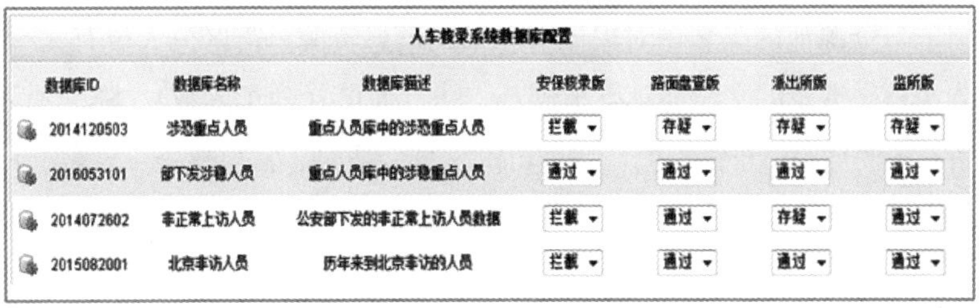

人车核录系统数据库配置

数据库ID	数据库名称	数据库描述	安保核录版	路面盘查版	派出所版	监所版
2014120503	涉恐重点人员	重点人员库中的涉恐重点人员	拦截	存疑	存疑	存疑
2016053101	部下发涉稳人员	重点人员库中的涉稳重点人员	通过	通过	通过	通过
2014072602	非正常上访人员	公安部下发的非正常上访人员数据	拦截	通过	存疑	通过
2015082001	北京非访人员	历年来到北京非访的人员	拦截	通过	通过	通过

图 11-22　人车核录系统数据库配置

进入该版本启动核查时，需要先手工输入核查地点，地点描述要求大于 4 个汉字。用户输入核查地点，点击开始核查，进入路面核录版核查。

人员核查结论包括通过和不通过。不通过包括抓捕（红色）、拦截（橙色）、存疑（黄色）。如果因人员存在多重背景身份而出现多重核查结论时，系统将按抓捕→拦截→存疑的优先级顺序进行处理。

车辆核查结论包括通过和不通过。不通过包括拦截（橙色）、存疑（黄色），如果因车辆存在多重背景身份而出现多重核查结论时，系统将按拦截→存疑的先后顺序进行处理。

1. 人车核录

人车核录功能实现了录入即核查，核查即录入的目的，即在核查人员、车辆背景信息的同时，将该核查行为本身采集的数据录入系统数据库。

点击路面核录版中的人车核录菜单，进入人车核查的主页面，由路面核录版人车核录和核录结果两部分构成。

在图 11-23 中，支持用户根据人员有无车辆选择无车辆核查或有车辆核查，有无车辆对应的核查信息稍有差异。

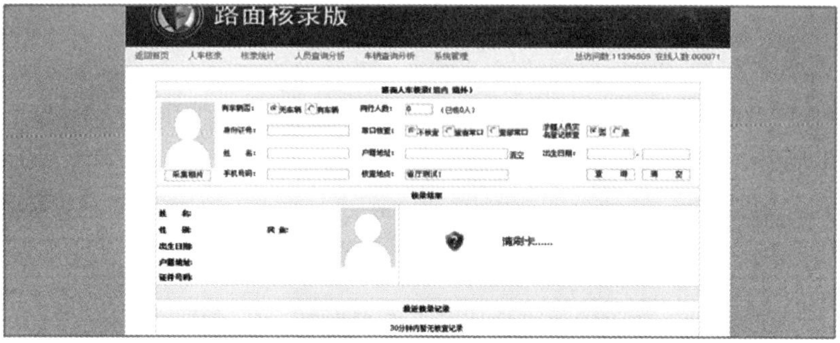

图 11-23　路面人车核录

人车核录的功能在于录入需核录的人员、车辆、违禁物品的信息及关联关系，用于与资源池的黑名单对象比对和采集信息资源。需区分人员有无车辆。

人车核录涉及的字段为：有车辆否、同行人员（随车人数）、随车物品、违禁物品、车辆号码、车辆类型、是否司机、身份证号、常口核查、姓名、户籍地址、出生日期、采集照片、手机号码、核查地点。

表 11-4　人员核录数据项

序号	字段名	类型	必填	注释
1	XM	VARCHAR2（30）	Y	姓名
2	SFZH	VARCHAR2（18）	Y	身份证号码
3	XB	VARCHAR2（1）	Y	性别
4	CSRQ	DATE	Y	出生日期
5	MZ	VARCHAR2（10）	Y	民族
6	HJDQH	VARCHAR2（6）	Y	户籍地区划
7	HJDXZ	VARCHAR2（70）	Y	户籍地详细地址
8	SJHM	VARCHAR2（20）	Y	被核查人员手机号码
9	ZP	CLOB	Y	照片
10	GLCLZJ	VARCHAR2（100）	Y	关联车辆主键（安保版、路面版）
11	SXRY	VARCHAR2（20）	Y	同行人员、随车人员字段值一致为随行人员
12	RYLB	VARCHAR2（4000）	Y	核查人员类别标记，记录优先级最高配置表数据库 ID
13	HCJG	VARCHAR2（2）	Y	核查结果（4：抓捕，3：拦截，2：存疑，1：通过），默认为 1

续表

序号	字段名	类型	必填	注释
14	RYLBBJ	VARCHAR2（4000）	Y	核查人员类别标记，记录配置表数据库ID
15	SFHCCK	VARCHAR2（2）	Y	是否核常口（01：不核查，02：省常口，03：部常口），默认为01
16	CKKZT	VARCHAR2（4）	Y	常口库状态
17	BJXX	CLOB	Y	背景信息，封装界面上需要展示的人员背景信息
18	HCDZ	VARCHAR2（1000）	Y	核查地址
19	ZJLX	VARCHAR2（2）	Y	证件类型（外籍人员）
20	JNJW	VARCHAR2（2）	Y	境内境外人员（01：境内；02：境外），默认为01
21	SFSJ	VARCHAR2（2）	Y	是否司机（1：表示司机，其他：不是司机）
22	HCRLXDH	VARCHAR2（11）	Y	核查人联系电话

表11-5　车辆核录数据项

序号	字段名	类型	必填	注释
1	ZJ	VARCHAR2（100）	N	主键
2	CLLX	VARCHAR2（20）	Y	车辆类型
3	CLHP	VARCHAR2（20）	Y	车辆号牌
4	SCRS	VARCHAR2（20）	Y	随车人数
5	SJHM	VARCHAR2（20）	Y	手机号码
6	CLLB	VARCHAR2（20）	Y	车辆类别，存储优先级最高比中结果
7	HCJG	VARCHAR2（2）	Y	核查结果（3：拦截，2：存疑，1：通过），默认为1
8	CLLBBJ	VARCHAR2（4000）	Y	车辆类别，存储多个比中结果
9	BJXX	CLOB	Y	车辆核查结果背景信息
10	HCDZ	VARCHAR2（1000）	Y	核查地址
11	JNJW	VARCHAR2（2）	Y	境内境外人员（01：境内，02：境外），默认为01
12	SCWPS	VARCHAR2（20）	Y	随车物品数量
13	WJWP	CLOB	Y	违禁物品信息
14	HCRLXDH	VARCHAR2（11）	Y	核查人联系电话

（1）人员无车辆。

人员无车辆时，可关联同行人员，即录入同行人数。同行人数默认为0，如果同行人数不为0，则核录时必须依次核录完所有同行人员，实现人员关联人员。

人员核查既可手工输入人员信息进行核查，也可直接自动读卡核查人员背景信息。手工输入人员信息包含按身份证号精准核查和以"姓名 + 户籍地址 + 出生日期"组合条件模糊核查两种方式，组合条件核查需要 3 个条件均录入信息，缺一不可。

人员核查时可选择是否核查部常口。如果选择不核查部常口，刷卡或手工录入人员身份信息后点击查询，系统将人员的身份信息与资源池（黑名单）的身份信息进行比对，根据比对结果返回核查结论，比中不通过（含抓捕、拦截、存疑）则核录结果中人员的基本信息一栏仅显示录入的信息；如果选择核查部常口，系统将调用部常口的服务接口进行核查，然后再比对资源池（黑名单），响应速度会慢于不核查常口的响应速度。核录结果中人员的基本信息一栏会从常口中抽取姓名、性别、出生日期、户籍地址、证件号码、二代身份证照片予以展示。

（2）人员有车辆。

人员有车辆时，除了实现人员与车辆的关联外，还允许关联随车物品（违禁物品），实现对随车物品的核录及人车物的关联。在人员有车辆的情况下，人员的核录和上述无车辆时的核录相同，而车辆的核录仅支持手工录入车牌号码进行核查。不允许单独对车辆进行核查，即当用户选择有车辆时，随车人数不能为 0。只有当随车人员均被核录后才允许用户继续进行核录。

如果人员有车辆，则可核录随车物品，并记录随车物品中违禁物品的数量和种类，同时标注司机身份。违禁物品主要包括被盗车辆、假套车牌、枪支、仿真枪、子弹、炸药、雷管、烟花爆竹、危化学品、毒品、管制刀具、非法出版物、低慢小目标、其他物品。如图 11-24 所示。

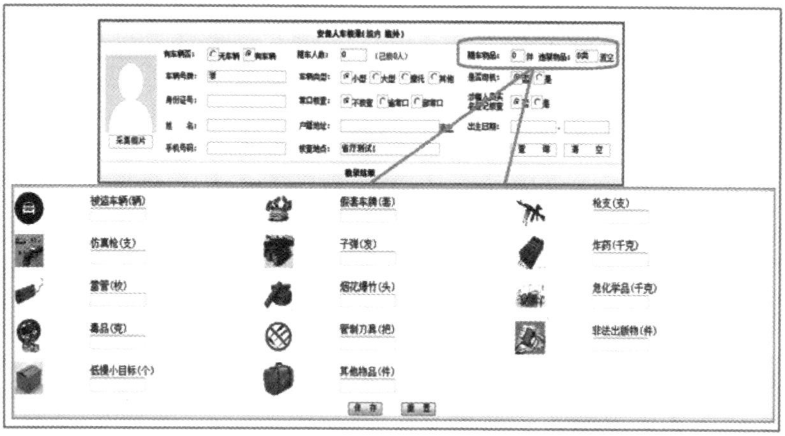

图 11-24 核录随车物品

当车辆核录完成后，仍可修改核录时填写的车辆信息；修改保存后，系统将自动记录更新后的随身物品和违禁物品的数量及种类。

人员有车辆时，系统优先将车辆信息与资源池（黑名单）进行比对，返回车辆核查结论，然后再比对人员信息，返回人员核查结论。

对于核查结果部分，有车辆核查和无车辆核查唯一不同之处在于，有车辆时核查结论中除了人员的核查结论外，还有车辆的核查结论。

核查结果部分包含人员的基本信息和人（车）核查结论。基本信息在页面上展示姓名、性别、出生日期、户籍地址、证件号码、民族及二代身份证照片。核查结论分人员的核查结论和车辆的核查结论，其中人员的核查结论包括通过、不通过（抓捕、拦截、存疑），车辆的核查结论包括通过、不通过（拦截、存疑）。

表 11-6　核录结果涉及的数据项

序号	字段名	类型	必填	注释
1	XM	VARCHAR2（30）	Y	姓名
2	SFZH	VARCHAR2（18）	Y	身份证号
3	XB	VARCHAR2（1）	Y	性别
4	CSRQ	DATE	Y	出生日期
5	MZ	VARCHAR2（10）	Y	民族
6	HJDXZ	VARCHAR2（70）	Y	户籍地详细地址
7	ZP	CLOB	Y	照片
8	HCJG	VARCHAR2（2）	Y	核查结果（4：抓捕，3：拦截，2：存疑，1：通过），默认为1

录入采集信息后，点击人车核录页面上的查询按钮（刷卡则无须点击），系统将给出比对结果，系统能有效核录出资源池中的黑名单对象，包括人员和车辆。如图 11-25 所示。

点击图 11-25 核查结果中车辆的核查结论，即"存疑：重点车辆"，可通过超链接查看车辆的背景详情；点击图 11-25 核查结果中人员的核查结论，即"拦截：非访人员"，可通过超链接查看人员的背景详情。如图 11-26—27 所示。

图 11-25 核录出资源池中的黑名单对象

图 11-26 人车核录详情 1

图 11-27 人车核录详情 2

在人车核查详情页面，支持打印页面、挂接第三方系统关于人员或车辆信息的页面。

2. 核录统计

统计条件包括统计时间（默认为当天）、统计方式（人次、人头，且默认为人次）、核查类型（人员、车辆，且默认为人员）。

核查统计结果展示的字段包括单位（本市及下辖各区县，区县下辖的派出所）、核查数、通过数、不通过数（抓捕、拦截、存疑、小计）。如图 11-28—29 所示。

统计条件

统计时间：2017-02-28 00:00:00 - 2017-03-30 23:59:59 统计方式：⦿人次 ○人头 [统 计] [清 空]
核查类型：⦿人员 ○车辆 境内境外：○全部 ⦿境内 ○境外

核查统计结果

单位	核查数	通过	不通过			
			抓捕	拦截	存疑	小计
省公安厅	296	256	7	8	25	40
杭州市局	0	0	0	0	0	0
宁波市局	0	0	0	0	0	0
温州市局	0	0	0	0	0	0
嘉兴市局	294	270	0	0	24	24
湖州市局	0	0	0	0	0	0
绍兴市局	0	0	0	0	0	0
金华市局	0	0	0	0	0	0
衢州市局	384	294	0	0	90	90
舟山市局	0	0	0	0	0	0
台州市局	0	0	0	0	0	0
丽水市局	0	0	0	0	0	0
杭州铁路出入境	0	0	0	0	0	0
护城河公安核查	0	0	0	0	0	0
公路客运进站	0	0	0	0	0	0
铁路客运进站	0	0	0	0	0	0
高速交警总队	0	0	0	0	0	0
铁路公安处	0	0	0	0	0	0
厅机场局	0	0	0	0	0	0
铁路公安处（新）	0	0	0	0	0	0
合计	975	820	7	8	139	154

图 11-28 核查统计结果（人员）

统计条件

统计时间：2017-02-28 00:00:00 - 2017-03-30 23:59:59 统计方式：⦿人次 ○车辆 [统 计] [清 空]
核查类型：○人员 ⦿车辆

核查统计结果

单位	核查数					通过	不通过		
	小车	大车	摩托	其他	小计		存疑	拦截	小计
省公安厅	8	1	0	0	9	7	2	0	2
杭州市局	0	0	0	0	0	0	0	0	0
宁波市局	0	0	0	0	0	0	0	0	0
温州市局	0	0	0	0	0	0	0	0	0
嘉兴市局	0	0	0	0	0	0	0	0	0
湖州市局	0	0	0	0	0	0	0	0	0
绍兴市局	0	0	0	0	0	0	0	0	0
金华市局	0	0	0	0	0	0	0	0	0
衢州市局	0	0	0	0	0	0	0	0	0
舟山市局	0	0	0	0	0	0	0	0	0
台州市局	0	0	0	0	0	0	0	0	0
丽水市局	0	0	0	0	0	0	0	0	0
杭州铁路出入境核查	0	0	0	0	0	0	0	0	0
护城河公安核查	0	0	0	0	0	0	0	0	0
公路客运进站	0	0	0	0	0	0	0	0	0
铁路客运进站	0	0	0	0	0	0	0	0	0
高速交警总队	0	0	0	0	0	0	0	0	0
铁路公安处	0	0	0	0	0	0	0	0	0
厅机场局	0	0	0	0	0	0	0	0	0
铁路公安处（新）	0	0	0	0	0	0	0	0	0
合计	8	1	0	0	9	7	2	0	2

图 11-29 核查统计结果（车辆）

支持用户点击图 11-29 中核查统计结果下单位所在列各单位名称查看其下属各单位在本统计条件下的核录情况。如点开图 11-29 中的嘉兴市局，得到嘉兴市局下属各单位在 2017 年 2 月 28 日到 3 月 30 日之间使用路面核录版核录人员及车辆的统计情况。如图 11-30 所示。

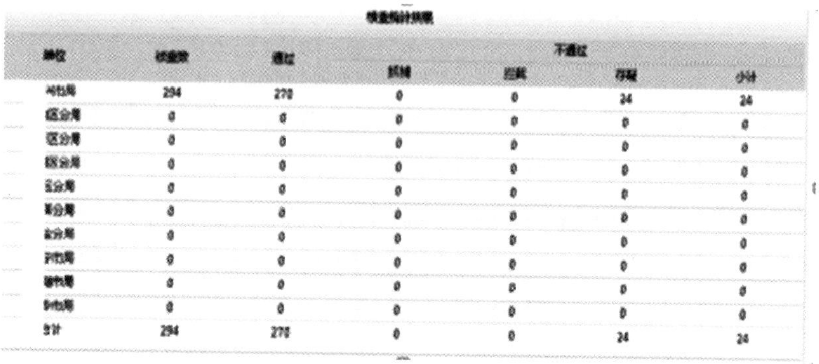

图 11-30　下属单位的核查统计结果

同时，支持用户点击核查统计结果中任意一个统计数字查看该数字代表的核查结果列表及核录详情，如点击图 11-28 中省公安厅核录出的不通过人员小计对应的数字（图中为 40），出现查询结果列表。列表展示了核录时的详细信息，包括核查对象姓名、证件号码、户籍/国籍、手机号码、人员核查结果、人员类别、车牌号码、车辆核查结果、核查地址、核查人、核查单位、核查时间及数据来源（能区分是界面核查和调用接口核查，以界面和接口标识）。如图 11-31 所示。

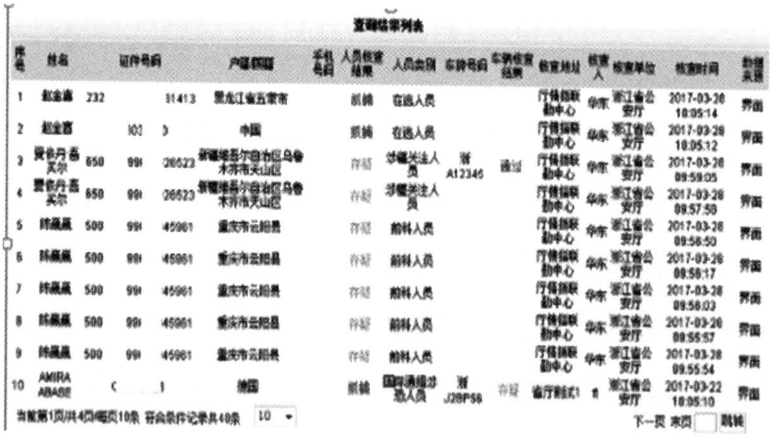

图 11-31　不通过人员的详细信息

　　系统以新页面的形式支持用户点击图 11-31 人员核查结果和车辆核查结果中的结论查看人员或车辆的核录详情，如图 11-32—33 所示，人员夏××·吾买尔对应的是"存疑"，其车辆是"通过"，点击"存疑"或"通过"，系统以新页面的形式展示详情。

图 11-32　人车核录详情 1

图 11-33　人车核录详情 2

此外，系统支持用户以 excel 文件的形式导出查询结果列表，点击页面下方的 excel 导出，即可导出结果。

3. 人员查询分析

系统提供人员查询分析功能，支持按条件查询人员被用户使用路面核录版核录的历史情况，包括界面核查和接口核查。

查询条件部分包含的字段：核查时间、核查民警、核查单位（字典项）、身份证号（支持模糊查询）、姓名、户籍的区划（字典项）、民族（字典项）、核查结果（字典项）、核查地点（支持模糊查询）、手机号码、车牌号码、核查版本（字典项）。

输入查询条件，如输入核查时间为 2017-01-10 到 2017-01-18，点击查询，出现查询结果列表。

查询结果列表展示了包括序号、姓名、证件号码、户籍/国籍、手机号码、人员核查结果、人员类别、车牌号码、车辆核查结果、核查地址、核查人、核查单位、核查时间、数据来源（能区分是界面核查和调用接口核查，以界面和接口标识）等在内的各种信息。如图 11-34 所示。

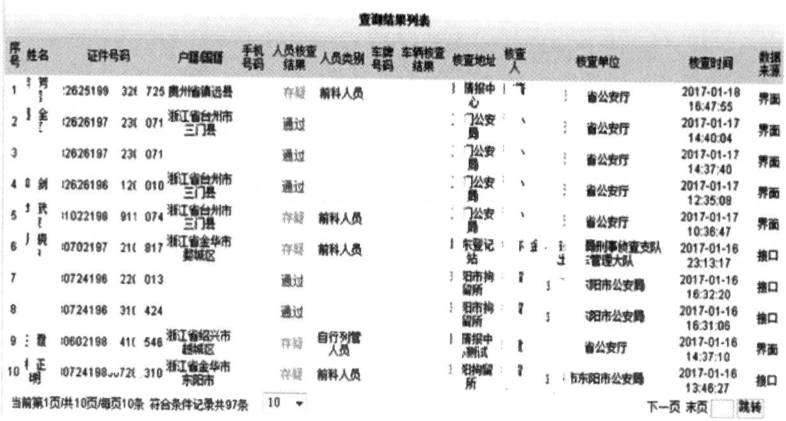

图 11-34　人员查询结果列表

系统以新页面的形式支持用户点击图 11-34 人员核查结果中的结论查看人员的核录详情，如图 11-35 中，人员"李××"对应的是"存疑"，点击"存疑"后系统以新页面的形式展示人员核录详情。

此外，系统支持用户以 excel 文件的形式导出查询结果列表，点击页面下方的 excel 导出，即可导出结果。

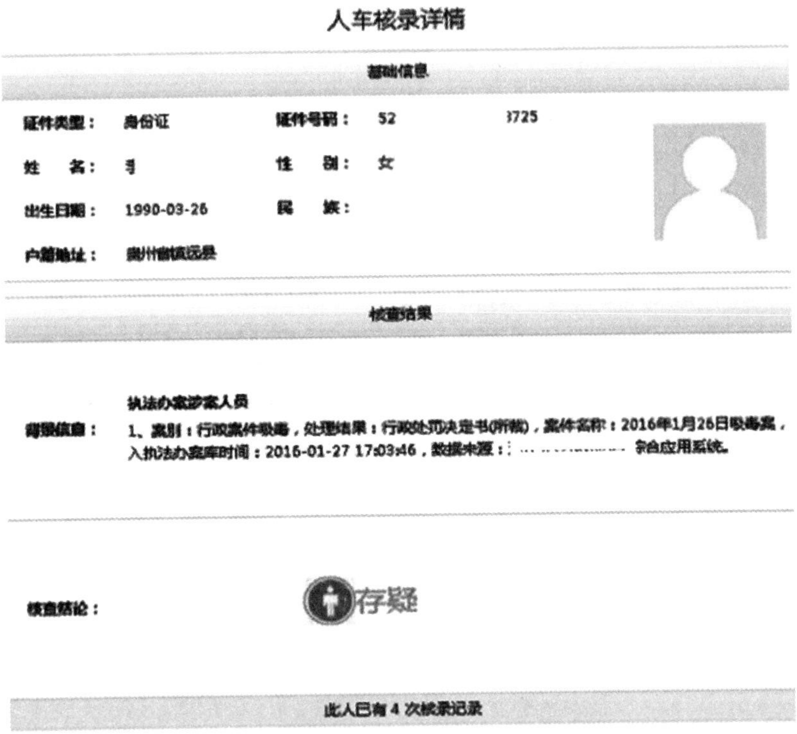

图 11-35　人车核录详情

4. 车辆查询分析

系统提供车辆查询分析功能，支持按条件查询车辆被用户使用路面核录版核录的历史情况，包括界面核查和接口核查。

查询条件部分包含的字段：核查时间、核查民警、核查单位（字典项）、车牌号码（支持模糊查询）、车辆类型（字典项）、核查结果（字典项）、核查地点（支持模糊查询）等。输入查询条件，如输入核查时间 2017-02-15 到 2017-03-15，点击页面上的查询，得到查询结果列表。

查询结果列表展示了包括序号、核查版本、车辆类型、车牌号码、核查结果、车辆类别、随车人数、核查地址、核查人、核查单位、核查时间、数据来源（能区分是界面核查和调用接口核查，以界面和接口标识）等在内的各种信息。如图 11-36 所示。

系统以新页面的形式支持用户点击图 11-36 核查结果中的结论查看车辆的核录详情，如图 11-37 所示，车辆浙×××对应的是"通过"，点击"通过”后系统以新页面的形式展示人员核录详情。

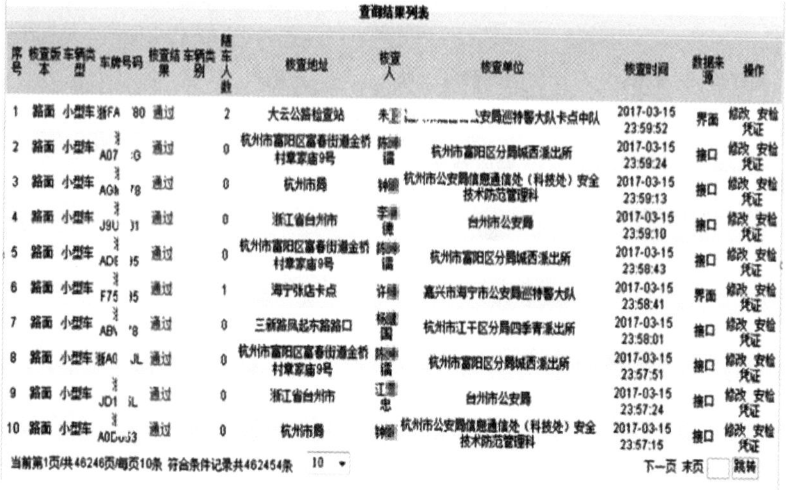
查询结果列表

序号	核查版本	车辆类型	车牌号码	核查结果	车辆类别	随车人数	核查地址	核查人	核查单位	核查时间	数据来源	操作
1	路面	小型车	浙FA　80	通过		2	大云公路检查站	朱	公安局巡特警大队卡点中队	2017-03-15 23:59:52	界面	修改 安检凭证
2	路面	小型车	浙A07　G	通过		0	杭州市富阳区富春街道金桥村章家庙9号	陈	杭州市富阳区分局城西派出所	2017-03-15 23:59:24	接口	修改 安检凭证
3	路面	小型车	浙AG　78	通过		0	杭州市局	钟	杭州市公安局信息通信处（科技处）安全技术防范管理科	2017-03-15 23:59:13	接口	修改 安检凭证
4	路面	小型车	浙J9U　1	通过		0	浙江省台州市	李	台州市公安局	2017-03-15 23:59:10	接口	修改 安检凭证
5	路面	小型车	浙AD　5	通过		0	杭州市富阳区富春街道金桥村章家庙9号	陈	杭州市富阳区分局城西派出所	2017-03-15 23:58:43	接口	修改 安检凭证
6	路面	小型车	浙F75　5	通过		1	海宁张店卡点	许	嘉兴市海宁市公安局巡特警大队	2017-03-15 23:58:41	界面	修改 安检凭证
7	路面	小型车	浙AB　8	通过		0	三新路凤起东路路口	杨国	杭州市江干区分局四季青派出所	2017-03-15 23:58:01	接口	修改 安检凭证
8	路面	小型车	浙A0　JL	通过		0	杭州市富阳区富春街道金桥村章家庙9号	陈	杭州市富阳区分局城西派出所	2017-03-15 23:57:51	接口	修改 安检凭证
9	路面	小型车	浙JD1　L	通过		0	浙江省台州市	江忠	台州市公安局	2017-03-15 23:57:24	接口	修改 安检凭证
10	路面	小型车	浙A0D　3	通过		0	杭州市局	钟	杭州市公安局信息通信处（科技处）安全技术防范管理科	2017-03-15 23:57:15	接口	修改 安检凭证

当前第1页/共46246页/每页10条 符合条件记录共462454条　10　下一页 末页 跳转

图 11-36　车辆查询结果列表

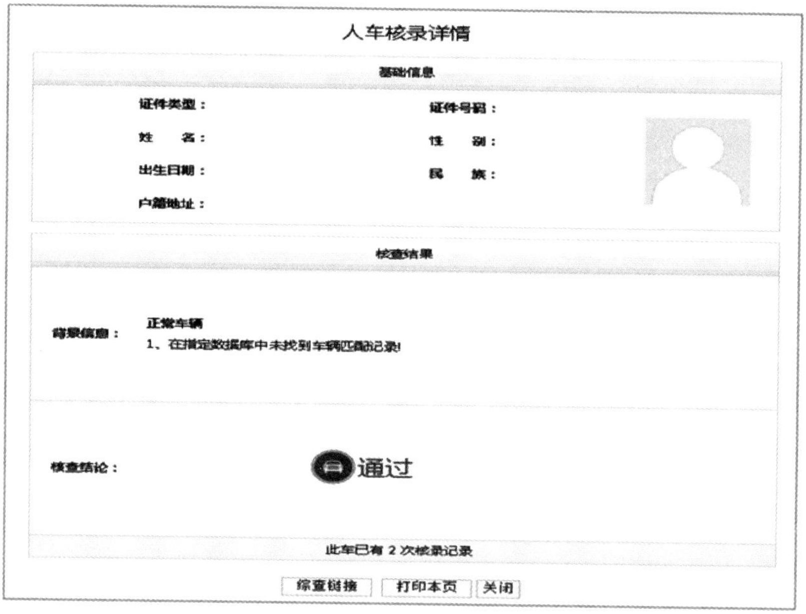

图 11-37　人车核录详情

此外，系统支持用户以 excel 文件的形式导出查询结果列表，点击页面下方的 excel 导出按钮，即可导出结果。

（三）用于派出所登记的版本——派出所登记版

派出所登记版是供派出所使用的一种版本。使用该系统的目的在于借助该系统核查了解各入所人员的背景信息，并借助该系统收集相关人员的基础信息。派出所登记版没有时间、单位等条件限制，支持全天 24 小时访问使用。

派出所登记版仅支持对境内人员的核查，不支持对境外人员和车辆的核查。

派出所登记版包含的功能有：人员登记、核录统计、查询分析。

进入该版本启动核查时，需先手工输入用户所在的派出所名称作为核查地点。地点的描述要求大于 4 个汉字。用户输入核查地点，点击开始核查，进入派出所登记版核查。

核查结论包括通过和不通过。不通过包括逮捕（红色）、拦截（橙色）、存疑（黄色）。如果因人员存在多重背景身份而出现多重核查结论时，系统将按逮捕→拦截→存疑的顺序进行处理。

1. 人员登记

来所人员登记功能实现了录入即核查，核查即录入。即在核查人员背景信息的同时，又将人员身份信息、来所原因等数据录入系统。点击派出所登记版中的人员登记菜单，进入来所人员登记的主页面。如图 11-38 所示。

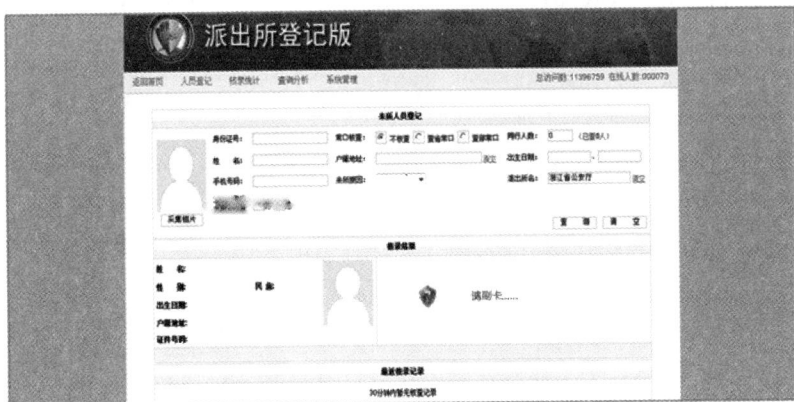

图 11-38 来所人员登记

人员登记由来所人员登记和核录结果两部分构成。

（1）来所人员登记。人员登记的目的在于采集来所人员的信息与资源池的黑名单对象进行比对，从而实现对人员背景的调查。

采集的来所人员信息包括身份证号、常口核查（不核查、省常口、部常口，且默认为不核查）、同行人数（默认为0）、姓名、户籍地址、出生日期、采集照片、手机号码、来所原因（字典项）、派出所名称（字典项）等。

表11-7　来所人员信息涉及的数据项

序号	字段名	类型	必填	注释
1	XM	VARCHAR2（30）	Y	姓名
2	SFZH	VARCHAR2（18）	Y	身份证号
3	LSSY	VARCHAR2（4）	Y	来所事由
4	CSRQ	DATE	Y	出生日期
5	MZ	VARCHAR2（10）	Y	民族
6	HJDQH	VARCHAR2（6）	Y	户籍地区划
7	HJDXZ	VARCHAR2（70）	Y	户籍地详细地址
8	SJHM	VARCHAR2（20）	Y	被核查人员手机号码
9	ZP	CLOB	Y	照片
10	SXRY	VARCHAR2（20）	Y	同行人员
11	RYLB	VARCHAR2（4000）	Y	核查人员类别标记，记录优先级最高配置表数据库ID
12	HCJG	VARCHAR2（2）	Y	核查结果（4：抓捕，3：拦截，2：存疑，1：通过），默认为1
13	RYLBBJ	VARCHAR2（4000）	Y	核查人员类别标记，记录配置表数据库ID
14	SFHCCK	VARCHAR2（2）	Y	是否核常口（01：不核查，02：省常口，03：部常口），默认为01
15	CKKZT	VARCHAR2（4）	Y	常口库状态
16	BJXX	CLOB	Y	背景信息，封装界面上需要展示的人员背景信息
17	HCDZ	VARCHAR2（1000）	Y	此处为派出所名

来所人员登记既可手工输入人员信息进行核查，也可通过直接自动读卡核查人员背景信息。手工输入人员信息进行核查既支持仅输入身份证号进行核查，又支持输入"姓名＋户籍地址＋出生日期"3个组合条件进行核查。

人员核查时可选择是否核查部常口。如果选择不核查部常口，刷卡或手工录入人员身份信息后点击查询，系统将人员的身份信息与资源池（黑名单）的身份信息进行比对，根据比对结果返回核查结论。比中不通过（含抓捕、拦截、存疑），核录结果中人员的基本信息一栏仅显示录入的信息。如果选择核查部常口，系统将调用部常口的服务接口进行核查，然后再比对资源池（黑名单），响应速度会慢于不核查常口的响应速度。核录结果中人员的基本信息一栏会从常口中抽取姓名、性别、出生日期、户籍地址、证件号码、二代身份证照片予以展示。

　　输入入所人员的信息，选择查询常口与否，点击来所人员登记页面上的查询按钮，系统会自动查询比对后给出核查结论。

　　（2）核录结果。核查结果部分包含人员的基本信息和核查结论。基本信息在页面上展示：姓名、性别、出生日期、户籍地址、证件号码、民族及二代身份证照片。核查结论包括：通过和不通过（抓捕、存疑）。系统能够有效核录出黑名单对象，如抓捕、拦截、存疑人员。如图 11-39 所示。

图 11-39　核录出资源池中的黑名单对象

　　点击图 11-39 核查结果中人员的核查结论，即"拦截：非访人员"，可通过超链接查看人员的背景详情。如图 11-40 所示。

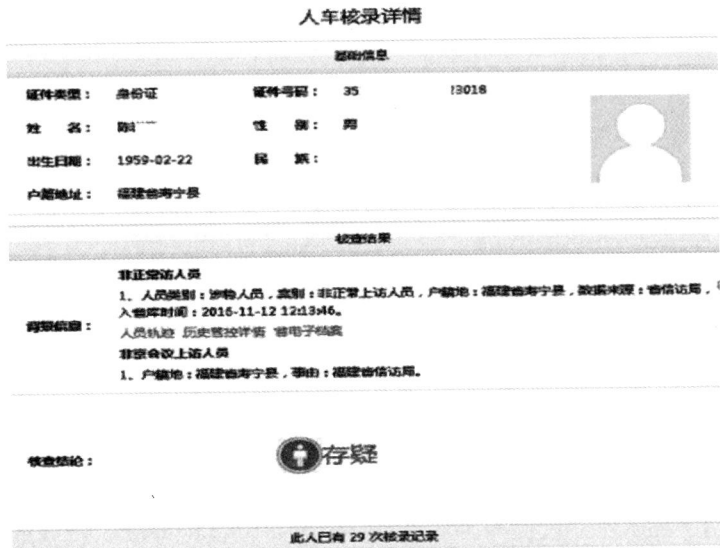

图 11-40　人车核录详情

在人车核查详情页面，支持打印页面、挂接第三方系统关于人员信息的页面。

2. 核录统计

统计条件包括统计时间（默认为当天）和统计方式（人次、人头，且默认为人次）。

核查统计结果展示的字段包括单位（本市及下辖各区县，区县下辖的派出所）、核查数、通过数、不通过数（抓捕、拦截、存疑、小计）。如图11-41所示。

<table>
<thead>
<tr><th colspan="8">统计条件</th></tr>
</thead>
</table>

| 统计时间: | 2017-03-31 00:00:00 — 2017-03-31 23:59:59 | | 统计方式: | ⊙人次 ○人头 | | 统计 | 清空 |

			核查统计结果				
单位	核查数	通过	不通过				
			抓捕	拦截	存疑	小计	
省公安厅	174	156	0	0	18	18	
杭州市局	0	0	0	0	0	0	
宁波市局	1266	1204	4	0	58	62	
温州市局	0	0	0	0	0	0	
嘉兴市局	3264	3101	3	0	160	163	
湖州市局	252	225	0	0	27	27	
绍兴市局	15	9	3	0	3	6	
金华市局	643	505	2	0	136	138	
衢州市局	103	96	1	0	6	7	
舟山市局	0	0	0	0	0	0	
台州市局	0	0	0	0	0	0	
丽水市局	126	98	0	0	28	28	
杭州铁路出协处核查	0	0	0	0	0	0	
护城河公安核查站	0	0	0	0	0	0	
公路客运站	0	0	0	0	0	0	
铁路客运站	0	0	0	0	0	0	
高速交警总队	0	0	0	0	0	0	
铁路公安处	0	0	0	0	0	0	
厅机场局	0	0	0	0	0	0	
铁路公安处（新）	0	0	0	0	0	0	
合计	5843	5394	13	0	436	449	

图 11-41　核查统计结果

支持用户点击图11-41核查统计结果下单位所在列各单位名称，查看该其下属各单位在本统计条件下的核录情况。如点击图11-41中的湖州市局，得到湖州市局下属各单位在2017年3月31日到2017年3月31日之间使用派出所登记版核录人员的统计情况。如图11-42所示。

核查统计结果						
单位	核查数	通过	不通过			
			抓捕	拦截	存疑	小计
湖州市局	0	0	0	0	0	0
南浔区分局(新)	0	0	0	0	0	0
德清县公安局	29	24	0	0	5	5
德清分局治安大队	0	0	0	0	0	0
看守所	0	0	0	0	0	0
长兴县公安局	133	126	0	0	7	7
安吉县公安局	32	23	0	0	9	9
太湖旅游度假区分局	0	0	0	0	0	0
开发区分局	5	4	0	0	1	1
湖州市局吴兴区分局	16	16	0	0	0	0
南浔区分局	14	14	0	0	0	0
湖州市公安局织里分局	29	24	0	0	5	5
合计	258	231	0	0	27	27

图 11-42　下属单位的核查统计结果

同时，支持用户点击核查统计结果中任意一个统计数字查看该数字代表的核查结果列表及核录详情。如点击图 11-41 中湖州市局核录出的不通过人员小计对应的数字（图中为 27）。出现查询结果列表，列表展示了核录时的详细信息，包括核查对象姓名、证件号码、手机号码、人员核查结果、人员类别、来所原因、派出所名、核查人、核查单位、核查时间及数据来源（能区分是界面核查和调用接口核查，以界面和接口标识）。如图 11-43 所示。

查询结果列表											
序号	姓名	证件号码	手机号码	人员核查结果	人员类别	来所原因	派出所名	核查人	核查单位	核查时间	数据来源
1	盛	330 3810 1232	13 7291288	存疑	前科人员	其他	浙江省湖州市公安局织里分局织南派出所	李[illegible]	浙江省湖州市公安局织里分局织南派出所	2017-03-31 11:19:34	接口
2	向	432 909 3517	13 5199998	存疑	前科人员	其他	浙江省湖州市公安局织里分局织南派出所	李[illegible]	浙江省湖州市公安局织里分局织南派出所	2017-03-31 11:11:57	接口
3	范	330 707 3296		存疑	前科人员	其他	浙江省湖州市公安局织里分局织北派出所	范[illegible]华	浙江省湖州市公安局织里分局织北派出所	2017-03-31 11:04:22	接口
4	谢	532 1204 0320		存疑	前科人员	其他	湖州市德清县公安局禹越派出所	徐[illegible]	湖州市德清县公安局禹越派出所	2017-03-31 10:39:08	接口
5	谭	500 0709 1095	10 3235223	存疑	前科人员	咨询	湖州市安吉县公安局梅溪派出所	李[illegible]	湖州市安吉县公安局梅溪派出所	2017-03-31 10:35:32	接口
6	朱	330 112 1311	13 3280629	存疑	前科人员	咨询	湖州市安吉县公安局梅溪派出所	李[illegible]	湖州市安吉县公安局梅溪派出所	2017-03-31 10:24:39	接口
7	陆	330 5210 1099		存疑	前科人员	其他	湖州市长兴县公安局交通警察大队	章[illegible]	湖州市长兴县公安局交通警察大队	2017-03-31 10:11:49	接口
8	吴	330 3412 0010	18 3280210	存疑	前科人员	其他	湖州市安吉县公安局递铺派出所	李[illegible]明	湖州市安吉县公安局天子湖派出所	2017-03-31 10:06:04	接口
9	曾	522 602 2228		存疑	前科人员	其他	湖州市安吉县公安局昌硕派出所	李[illegible]吉	湖州市安吉县公安局昌硕派出所	2017-03-31 09:51:31	接口
10	吴	330 311 2837	13 3720278	存疑	前科人员	其他	湖州市安吉县公安局递铺派出所	李[illegible]明	湖州市安吉县公安局天子湖派出所	2017-03-31 09:48:22	接口

当前第1页/共3页/每页10条　符合条件记录共27条　10　　下一页　末页　跳转

图 11-43　不通过人员的详细信息

系统以新页面的形式支持用户点击图 11-43 人员核查结果中的结论查看人员的核录详情，如图 11-44 所示，人员盛 × × 对应的是“存疑”，点击

"存疑"后系统以新页面的形式展示详情。

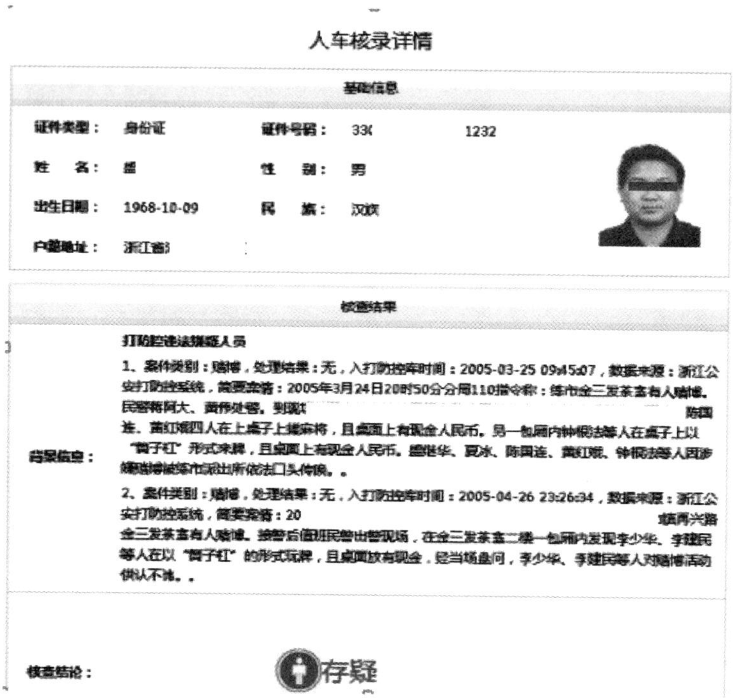

图 11-44　人车核录详情

　　此外，系统支持用户以 excel 文件的形式导出查询结果列表，点击页面下方的 excel 导出按钮，即可导出结果。

　　3. 查询分析

　　系统提供来所人员查询分析功能，支持按条件查询人员被用户使用派出所登记版核录的历史情况，包括界面核查和接口核查。

　　查询分析条件包括：核查时间（默认为当天）、核查民警、核查单位（字典项）、身份证号（支持模糊查询）、姓名、户籍地区划（字典项）、民族（字典项）、核查结果（字典项）、核查地点（支持模糊查询）、手机号码、来所原因（字典项）、人员类别（字典项）。

　　输入查询分析条件，即核查时间为 2017 年 3 月 31 日到 2017 年 3 月 31 日，点击页面上的查询按钮，得到查询结果列表。

　　查询结果列表展示的字段包括序号、姓名、证件号码、手机号码、人员核查结果、人员类别、来所原因、派出所名、核查人、核查单位、核查时间、数据来源等信息。

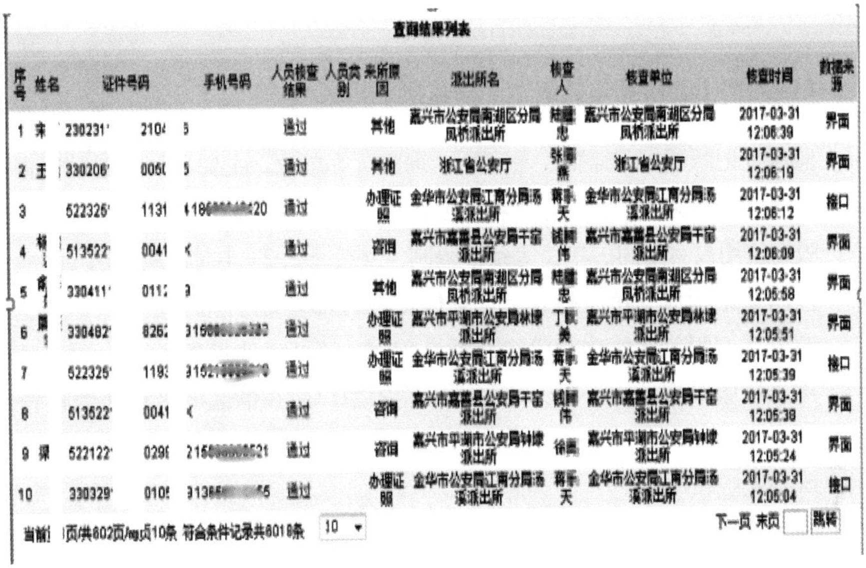

图 11-45　来所人员查询结果列表

系统以新页面的形式支持用户点击图 11-45 人员核查结果中的结论查看人员的核录详情，如图 11- 46 所示，人员宋某对应的是"通过"，点击"通过"后系统以新页面的形式展示人员核录详情。

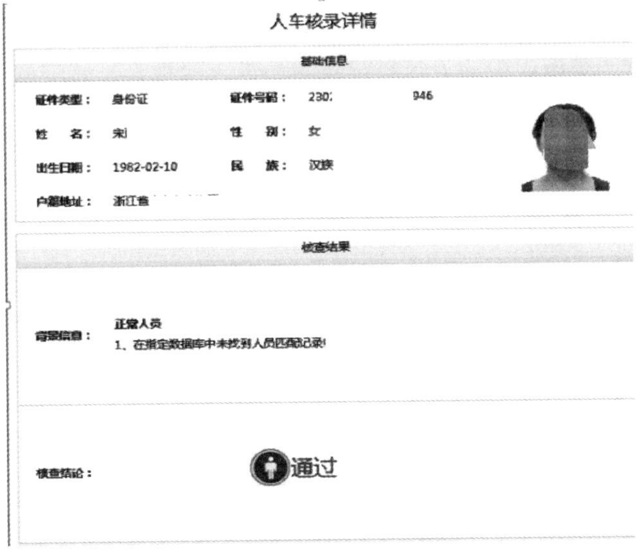

图 11- 46　人员核录详情

此外，系统支持用户以 excel 文件的形式导出查询结果列表，点击页面下方的 excel 导出，即可导出结果。

（四）用于监所登记的版本——监所登记版

监所登记版适用于监狱、看守所、拘留所等单位，主要目的是通过核查了解各探视人员的背景信息，探视者与被在押人员的社会关系及基础信息。监所登记版的使用没有时间、单位等条件限制，支持全天 24 小时访问使用。

监所登记版仅支持境内人员背景核查，同时不支持车辆核查。

监所登记版包含的功能模块有人员登记、核录统计和查询分析。

进入该版本启动核查时，需先手工输入用户所在的监所名称作为核查地点。地点描述要求大于 4 个汉字。用户输入核查地点，点击开始核查，进入派出所登记版核查。

核查结论包括通过和不通过。不通过包括逮捕（红色）、拦截（橙色）、存疑（黄色），如果因人员存在多重背景身份而出现多重核查结论时，系统将按逮捕→拦截→存疑的先后顺序进行处理。

1. 人员登记

探视人员登记功能实现了录入即核查，核查即录入，即在核查探视人背景信息的同时，将探视人的基本信息及探视人与在押人员之间的关系信息作为鲜活的数据资源录入系统。

点击监所登记版中的人员登记菜单，进入探视人员登记的主页面。如图 11-47 所示。

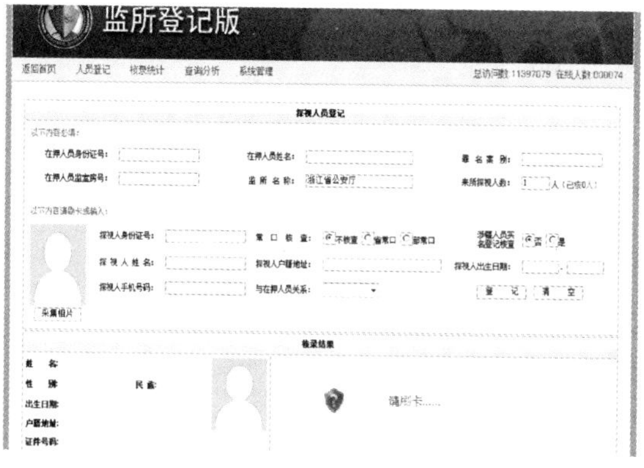

图 11-47　探视人员登记

人员登记由探视人员登记和核录结果两部分构成。

（1）探视人员登记。探视人员登记的目的在于通过探视人信息的登记及与在押人员的信息的关联，揭示探视人与被关押人之间的关系。同时，将探视人信息与资源池的黑名单对象进行比对，进一步进行人员背景调查，挖掘相关人之间的关系。分析的结论可以为人员关联和团伙分析提供依据。

探视人员登记核录的信息分为在押人员信息和探视人信息两部分。

探视登记时要求探视人提供在押人员信息。不允许探视人在不确定在押人员关押信息的情况下进行探视。探视人需向核录用户申报在押人员的信息包括在押人员身份证号、在押人员姓名、罪名案别、在押人员监室房号。

探视人核录信息包括探视人身份证号、常口核查（不核查、省常口、部常口，且默认为不核查）、探视人姓名、探视人户籍地址、探视人出生日期、采集照片、探视人手机号码、与在押人员关系（必填）等。

表 11-8　探视人员登记信息涉及的数据项

序号	字段名	类型	必填	注释
1	XM	VARCHAR2（30）	Y	姓名
2	SFZH	VARCHAR2（18）	Y	身份证号
3	ZYRYGX	VARCHAR2（4）	Y	与在押人员关系
4	CSRQ	DATE	Y	出生日期
5	ZYRYZJ	VARCHAR2（20）	Y	在押人员主键
6	HJDQH	VARCHAR2（6）	Y	探视人户籍地区划
7	HJDXZ	VARCHAR2（70）	Y	户籍地详细地址
8	SJHM	VARCHAR2（20）	Y	探视员手机号码
9	ZP	CLOB	Y	照片
10	ZYRYXM	VARCHAR2（20）	Y	在押人员姓名
11	ZYRYSFZH	VARCHAR2（30）	Y	在押人员身份证号
12	ZYRYXL	VARCHAR2（18）	Y	在押人员案别
13	ZYRYJSH	VARCHAR2（100）	Y	在押人员监室号
14	RYLB	VARCHAR2（4000）	Y	核查人员类别标记，记录优先级最高配置表数据库 ID
15	HCJG	VARCHAR2（2）	Y	核查结果（4：抓捕，3：拦截，2：存疑，1：通过），默认为 1
16	RYLBBJ	VARCHAR2（4000）	Y	核查人员类别标记，记录配置表数据库 ID

续表

序号	字段名	类型	必填	注释
17	SFHCCK	VARCHAR2（2）	Y	是否核常口（01：不核查，02：省常口，03：部常口），默认为01
18	CKKZT	VARCHAR2（4）	Y	常口库状态
19	BJXX	CLOB	Y	背景信息，封装界面上需要展示的人员背景信息
20	HCDZ	VARCHAR2（1000）	Y	此处为监所名

探视人员登记时既可手工输入人员信息进行核查，也可直接自动读卡核查人员背景信息。手工输入人员信息进行核查既支持仅输入身份证号进行核查，又支持输入"姓名＋户籍地址＋出生日期"3个组合条件进行核查。

人员核查时可选择是否核查部常口。如果选择不核查部常口，刷卡或手工录入人员身份信息后点击查询，系统将人员的身份信息与资源池（黑名单）的身份信息进行比对，根据比对结果返回核查结论，比中不通过（含抓捕、拦截、存疑）则核录结果中人员的基本信息一栏仅显示录入的信息。如果选择核查部常口，系统将调用部常口的服务接口进行核查，然后再比对资源池（黑名单），响应速度会慢于不核查常口的响应速度。核录结果中人员的基本信息一栏会从常口中抽取姓名、性别、出生日期、户籍地址、证件号码、二代身份证照片予以展示。

先输入在押人员信息，再输入探视人信息，选择与在押人员关系，点击页面上的登记（或直接刷卡）后系统会自动查询比对得到核录结果。

（2）核录结果。核查结果部分包含人员的基本信息和核查结论。基本信息在页面上展示：姓名、性别、出生日期、户籍地址、证件号码、民族及二代身份证照片。核查结论包括通过、不通过（抓捕、拦截、存疑）。系统能够有效核录出黑名单对象，如抓捕、拦截、存疑人员。如图11-48所示。

图11-48　核录出资源池中的黑名单对象

点击图11-48核查结果中人员的核查结论，即"拦截：非访人员"，可通过超链接查看人员的背景详情。如图 11-49 所示。

图 11-49 人员核录详情

在人车核查详情页面，支持打印页面、挂接第三方系统关于人员信息的页面。

2. 核录统计

统计条件包括统计时间（默认为当天）和统计方式（人次、人头，且默认为人次）。

核查统计结果展示的字段包括单位（本市及下辖各区县，区县下辖的派出所）、核查数、通过数、不通过数（抓捕、拦截、存疑、小计）。如图 11-50 所示。

支持用户点击图 11-50 核查统计结果下单位所在列各单位名称，查看该其下属各单位在本统计条件下的核录情况。如点击图 11-50 中的湖州市局，得到湖州市局下属各单位在 2017 年 3 月 31 日到 2017 年 3 月 31 日之间使用监所登记版核录人员的统计情况。如图 11-51 所示。

同时，支持用户点击核查统计结果中任意一个统计数字查看该数字代表的核查结果列表及核录详情，如点击图 11-51 中湖州市局核录出的不通过人员小计对应的数字（图中为 23），出现查询结果列表。

统计条件

统计时间：2017-03-31 00:00:00—2017-03-31 23:59:59　统计方式：◉人次 ○人头　统　计　清　空

核查统计结果

单位	核查数	通过	不通过			
			抓捕	拦截	存疑	小计
省公安厅	0	0	0	0	0	0
杭州市局	0	0	0	0	0	0
宁波市局	0	0	0	0	0	0
温州市局	0	0	0	0	0	0
嘉兴市局	17	11	0	0	6	6
湖州市局	122	95	1	0	26	27
绍兴市局	0	0	0	0	0	0
金华市局	0	0	0	0	0	0
衢州市局	0	0	0	0	0	0
舟山市局	0	0	0	0	0	0
台州市局	0	0	0	0	0	0
丽水市局	0	0	0	0	0	0
杭州铁路出站核查	0	0	0	0	0	0
护城河公安检查站	0	0	0	0	0	0
公路客运进站	0	0	0	0	0	0
铁路客运进站	0	0	0	0	0	0
高速交警总队	0	0	0	0	0	0
铁路公安处	0	0	0	0	0	0
厅机场局	0	0	0	0	0	0
铁路公安处（新）	0	0	0	0	0	0
合计	139	106	1	0	32	33

统计单位：浙江省公安厅　统计时段：2017-03-31 00:00:00-2017-03-31 23:59:59

EXCEL导出

图 11-50　核查统计结果

核查统计结果

单位	核查数	通过	不通过			
			抓捕	拦截	存疑	小计
湖州市局	75	52	1	0	22	23
南浔区分局(新)	0	0	0	0	0	0
德清县公安局	2	2	0	0	0	0
德清分局治安大队	0	0	0	0	0	0
看守所	0	0	0	0	0	0
长兴县公安局	0	0	0	0	0	0
安吉县公安局	45	41	0	0	4	4
太湖旅游度假区分局	0	0	0	0	0	0
开发区分局	0	0	0	0	0	0
湖州市局吴兴区分局	0	0	0	0	0	0
南浔区分局	0	0	0	0	0	0
湖州市公安局织里分局	0	0	0	0	0	0
合计	122	95	1	0	26	27

统计单位：湖州市公安局　统计时段：2017-03-31 00:00:00-2017-03-31 23:59:59

EXCEL导出

图 11-51　下属单位的核查统计结果

列表展示了核录时的详细信息，包括探视人姓名、探视人证件号码、与关押人关系、手机号码、人员核查结果、人员类别、关押人姓名、关押人身份证、监室号、监所名称、核查人、核查单位、核查时间及数据来源（能区分是界面核查和调用接口核查，以界面和接口标识）。如图 11-52 所示。

图 11-52 不通过人员的详细信息

系统以新页面的形式支持用户点击图 11-52 人员核查结果中的结论查看人员的核录详情，如图 11-53 所示，人员钱某娥对应的是"抓捕"，点击"抓捕"后系统以新页面的形式展示详情。

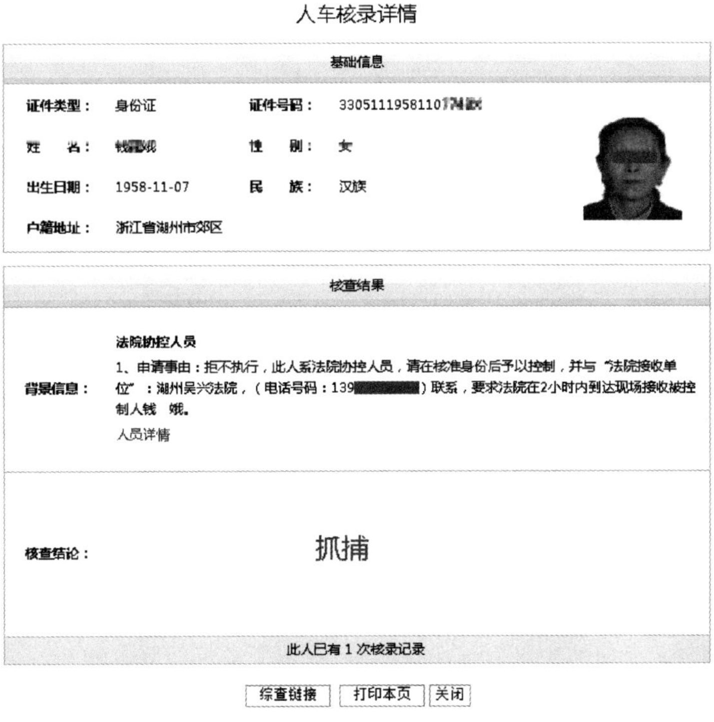

人车核录详情

图 11-53 人员核录详情

此外，系统支持用户以 excel 文件的形式导出查询结果列表，点击页面下方的 excel 导出，即可导出结果。

3. 查询分析

系统提供来所人员查询分析功能，支持按条件查询人员被用户使用监所登记版核录的历史情况，包括界面核查和接口核查。

查询分析条件包括核查时间（默认为当天）、核查民警、核查单位（字典项）、探视人身份证号码（支持模糊查询）、探视人姓名、探视人户籍（字典项）、民族（字典项）、关押人身份证号码（支持模糊查询）、关押人姓名、在押人监室、核查结果（字典项）、监所名称（支持模糊查询）、探视人手机号码、人员类别（字典项）。

输入查询分析条件，即核查时间为 2017 年 3 月 31 日到 2017 年 3 月 31 日，点击页面上的查询按钮，得到查询结果列表。

查询结果列表展示的字段包括：序号、探视人姓名、探视人证件号码、与关押人关系、手机号码、人员核查结果、人员类别、关押人姓名、关押人身份证、监室号、监所名称、核查人、核查单位、核查时间、数据来源等信息。

序号	探视人姓名	探视人证件号码	与关押人关系	手机号码	人员核查结果	人员类别	关押人姓名	关押人身份证	监室号	监所名称	核查人	核查单位	核查时间	数据来源
1	纪■营	32032219930411■■	同事	13868■■■34	通过		胡■俊	4113811985021■■■8		湖州市安吉县公安局看守所	汤■明	湖州市安吉县公安局看守所	2017-03-31 15:38:29	接口
2	方■忠	33052319760322■■■	同事	13587272■	通过		胡■俊	4113811985021■■■6		湖州市安吉县公安局看守所	汤■明	湖州市安吉县公安局看守所	2017-03-31 15:37:39	接口
3	陈■松	41138119870228■■■	亲属关系	15890800■■2	通过		胡■俊	4113811985021■■■		湖州市安吉县公安局看守所	汤■明	湖州市安吉县公安局看守所	2017-03-31 15:21:02	接口
4	胡■彬	41138119890602■■■	亲属关系	1588883■■	通过		胡■俊	4113811985021■■0		湖州市安吉县公安局看守所	汤■明	湖州市安吉县公安局看守所	2017-03-31 15:20:26	接口
5	蒋■华	51132219860805■■	亲属关系	1825838■■6	通过		向■	5112251975091■■■■		嘉兴市海盐县公安局看守所	企■■	嘉兴市海盐县公安局看守所	2017-03-31 15:10:53	界面
6	洋■俊	33262419890925■■	其他非亲属		存疑	解科人员	马■	34032219821299■■■		湖州市拘留所	麦■强	湖州市拘留所	2017-03-31 14:51:29	接口
7	郑■	33050119890406■■	其他非亲属		通过		张■德	3305111966082■■■1		湖州市公安局拘留所	麦■强	湖州市公安局拘留所	2017-03-31 14:49:14	接口
8	张■丽	33050119890529■■	其他非亲属		通过		张■德	33051119660820■■■		湖州市公安局拘留所	麦■强	湖州市公安局拘留所	2017-03-31 14:49:09	接口
9	雷■泉	33050119670910■■	其他非亲属		通过		蒋■接	3305221966092■■		湖州市公安局拘留所	麦■强	湖州市公安局拘留所	2017-03-31 14:48:36	接口
10	吴■春	33050219590307■■	其他非亲属		通过		蒋■接	3305221966092■■		湖州市公安局拘留所	麦■强	湖州市公安局拘留所	2017-03-31 14:48:31	接口

当前第1页/共2335页/每页10条 符合条件记录共23350条　10▼　　　　　下一页 末页 □ 跳转

EXCEL导出

图 11-54　查询结果列表

系统以新页面的形式支持用户点击图 11-54 人员核查结果中的结论查看人员的核录详情，如图 11-55 所示，人员泮某俊对应的是"存疑"，点击"存疑"后系统以新页面的形式展示人员核录详情。

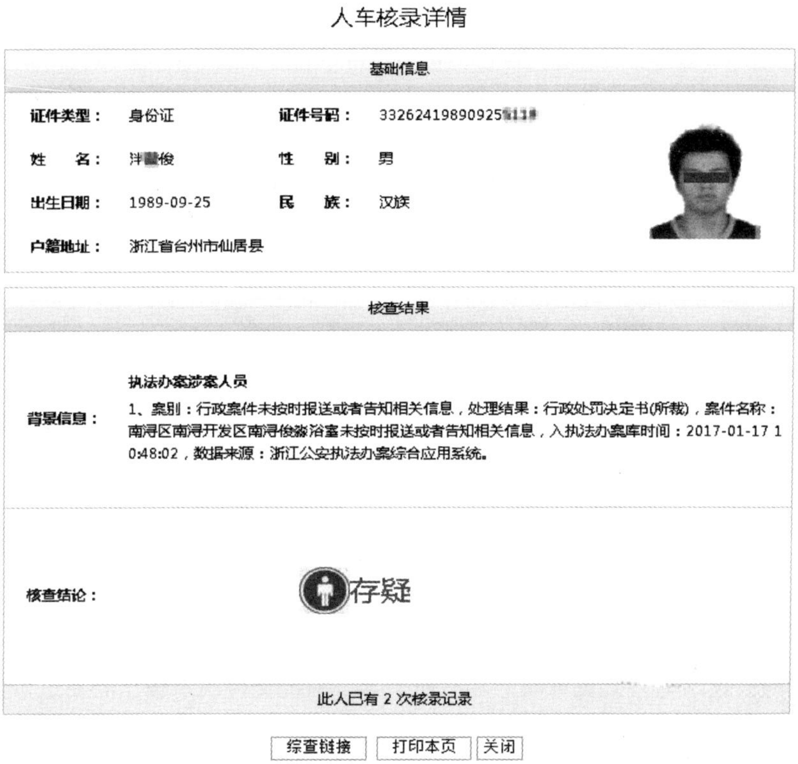

图 11-55　人员核录详情

此外，系统支持用户以 excel 文件的形式导出查询结果列表，点击页面下方的 excel 导出按钮，即可导出结果。

（五）系统的重要构成——后台管理

后台管理的主要包括系统管理、全库核查统计和全库查询分析。

1. 系统管理

系统管理提供对数据及核查结论进行配置、管理的功能。通过系统管理实现用户对支撑系统运行的各个数据资源（黑名单资源池）的增加、删除和修改，实现对各黑名单类型的对象在四个版本中自定义配置不同的核查结论，实现版本访问权限的控制（含时间段、个人和单位）。

操作时点击后台管理页面中的系统管理菜单，进入系统管理的主页面。

在图11-56中，每种黑名单资源均有其对应的数据库ID、数据库名称和数据库描述，系统通过后台实现黑名单数据库的增加和删除。

人车核录系统数据库配置						
数据库ID	数据库名称	数据库描述	安保核录版	路面盘查版	派出所版	监所版
2016081802	涉稳人员(杭州市区必拦)	涉稳人员(杭州市区必拦)	通过	通过	通过	通过
2014072201	部在逃人员	省在逃人员数据库	抓捕	抓捕	抓捕	抓捕
2014120502	戒毒脱失人员	重点人员库中的戒毒脱失人员	抓捕	抓捕	抓捕	抓捕
2014072204	临控抓捕人员	在重点人员动态管控系统中临控需抓捕的人员	抓捕	抓捕	抓捕	抓捕
2014072205	法院协控抓捕人员	在重点人员动态管控系统中布控的全省法院协控人员	抓捕	抓捕	抓捕	抓捕
2014120503	涉恐重点人员	重点人员库中的涉恐重点人员	拦截	存疑	存疑	存疑
2016053101	部下发涉稳人员	重点人员库中的涉稳重点人员	通过	通过	通过	通过
2015121102	部发新疆4.29高危人员	公安部4.29专案中涉及的新疆高危人员	拦截	存疑	存疑	存疑
2015121103	新疆前科人员	新疆共享的涉警人员（前科人员）	存疑	存疑	存疑	存疑
2015121101	个人极端人员	重点人员库中的个人极端人员	拦截	存疑	存疑	存疑

图11-56　人车核录系统数据库配置

每种黑名单资源在安保核录版、路面核录版、派出所登记版和监所登记版中的核查结论（处置策略）均有所差异，系统支持用户根据需要进行自定义配置，核查结论配置完成后点击页面上的保存按钮，最新配置的核查策略即生效，各版本中人员及车辆比中黑名单对象的按最新的核查结论处置。

另外，用户可在系统管理中对安保核录版的访问使用进行时间、单位和个人的限制。只有被授权对象在规定的时间段内才可使用安保核录版进行人车核查，其余情形下均不允许访问使用。

2. 全库核查统计

通过全库核查统计功能可对全库的核查情况进行监控统计，包括全库核查统计、核录排名统计、比中排名统计、异常高频统计、物品核查统计、各类人员统计。

（1）全库核查统计。支持用户按统计时间、核查版本（全部、安保、路面、派出所、监所，且默认全部）、统计方式（人头数、人次数）对全库范围内的核查数据进行统计。输入统计时间段，选择统计方式和核查版本，点击页面上的统计按钮，得到核查统计结果列表。如图11-57所示。

图 11-57　统计条件

核查统计结果列表纵向按单位显示，横向可按核查总数展示和不通过数展示两种方式，用户可点击页面上表头核查总数显示和不通过数展示进行显示切换。如果选择按核查总数展示，则横向显示核查总数（分版本）、通过数（分版本）、不通过数（分版本）。如图 11-58 所示。如果用户选择按不通过数展示，则横向显示各版本及全部版本下存疑、拦截、抓捕及小计数量。如图 11-59 所示。

核查统计结果(核查总数展示　不通过数展示)

单位	核查总数						通过数						不通过数					
	安保版	路面版	派出所版	监所版	校园版	小计	安保版	路面版	派出所版	监所版	校园版	小计	安保版	路面版	派出所版	监所版	校园版	小计
省公安厅	0	1895	26	0	0	1921	0	1863	24	0	0	1887	0	32	2	0	0	34
杭州市局	0	21303	0	0	198	21501	0	20182	0	0	198	20380	0	1121	0	0	0	1121
宁波市局	0	283	180	0	65	528	0	239	163	0	65	467	0	44	17	0	0	61
温州市局	0	151	0	0	73	224	0	101	0	0	72	173	0	50	0	0	1	51
嘉兴市局	0	1510	666	1	113	2290	0	1400	642	1	113	2156	0	110	24	0	0	134
湖州市局	0	275	51	0	68	394	0	261	43	0	68	372	0	14	8	0	0	22
绍兴市局	0	2514	16	0	44	2574	0	2422	11	0	43	2476	0	92	5	0	1	98
金华市局	0	12295	174	16	58	12543	0	11695	139	12	57	11903	0	600	35	4	1	640
衢州市局	0	35	21	0	35	91	0	29	19	0	33	81	0	6	2	0	2	10
舟山市局	0	2062	0	0	5	2067	0	1900	0	0	5	1905	0	162	0	0	0	162
台州市局	0	14050	0	0	34	14084	0	13569	0	0	34	13603	0	481	0	0	0	481
丽水市局	0	0	24	0	26	50	0	0	22	0	26	48	0	0	2	0	0	2
杭州铁路出站核查	0	0	0	0	0	0	0	0	0	0	0	0	0	0	0	0	0	0
护城河公安检查站	0	7	0	0	0	7	0	7	0	0	0	7	0	0	0	0	0	0
公路客运站	0	30929	0	0	0	30929	0	29764	0	0	0	29764	0	1165	0	0	0	1165
铁路客运站	0	220753	0	0	0	220753	0	214979	0	0	0	214979	0	5774	0	0	0	5774
高速交警总队	0	0	0	0	0	0	0	0	0	0	0	0	0	0	0	0	0	0
铁路公安处	0	8162	0	0	0	8162	0	7857	0	0	0	7857	0	305	0	0	0	305
厅机场局	0	31886	0	0	0	31886	0	31052	0	0	0	31052	0	834	0	0	0	834
铁路公安处（新）	0	0	0	0	0	0	0	0	0	0	0	0	0	0	0	0	0	0
合计	0	348110	1158	17	719	350004	0	337320	1063	13	714	339110	0	10790	95	4	5	10894

统计单位：浙江省公安厅　　　　　　统计时段：2017-04-01 00:00:00-2017-04-01 23:59:59

EXCEL导出

图 11-58　核查统计结果（核查总数展示）

核查统计结果（核查总数展示 不通过数展示）

单位	安保版				路面版				派出所版				监所版				校园版				全部版本			
	存疑	拦截	抓捕	小计	存疑	拦截	抓捕	小计	存疑	拦截	抓捕	小计	存疑	拦截	抓捕	小计	存疑	拦截	抓捕	小计	存疑	拦截	抓捕	小计
省公安厅	0	0	0	0	32	0	0	32	2	0	0	2	0	0	0	0	0	0	0	0	34	0	0	34
杭州市局	0	0	0	0	1109	0	12	1121	0	0	0	0	0	0	0	0	0	0	0	0	1109	0	12	1121
宁波市局	0	0	0	0	40	0	4	44	17	0	0	17	0	0	0	0	0	0	0	0	57	0	4	61
温州市局	0	0	0	0	43	0	7	50	0	0	0	0	1	0	0	1	0	0	0	0	44	0	7	51
嘉兴市局	0	0	0	0	109	0	1	110	22	0	2	24	0	0	0	0	0	0	0	0	131	0	3	134
湖州市局	0	0	0	0	14	0	0	14	8	0	0	8	0	0	0	0	0	0	0	0	22	0	0	22
绍兴市局	0	0	0	0	89	0	3	92	2	0	3	5	0	0	0	0	1	0	0	1	92	0	6	98
金华市局	0	0	0	0	600	0	0	600	35	0	0	35	4	0	0	4	1	0	0	1	640	0	0	640
衢州市局	0	0	0	0	6	0	0	6	2	0	0	2	2	0	0	2	0	0	0	0	10	0	0	10
舟山市局	0	0	0	0	162	0	0	162	0	0	0	0	0	0	0	0	0	0	0	0	162	0	0	162
台州市局	0	0	0	0	479	0	2	481	0	0	0	0	0	0	0	0	0	0	0	0	479	0	2	481
丽水市局	0	0	0	0	2	0	0	2	0	0	0	0	0	0	0	0	0	0	0	0	2	0	0	2
杭州铁路站出站核查	0	0	0	0	0	0	0	0	0	0	0	0	0	0	0	0	0	0	0	0	0	0	0	0
护城河公安检查站	0	0	0	0	0	0	0	0	0	0	0	0	0	0	0	0	0	0	0	0	0	0	0	0
公路客运进站	0	0	0	0	1161	0	4	1165	0	0	0	0	0	0	0	0	0	0	0	0	1161	0	4	1165
铁路客运进站	0	0	0	0	5764	0	10	5774	0	0	0	0	0	0	0	0	0	0	0	0	5764	0	10	5774
高速交警总队	0	0	0	0	0	0	0	0	0	0	0	0	0	0	0	0	0	0	0	0	0	0	0	0
铁路公安处	0	0	0	0	302	0	3	305	0	0	0	0	0	0	0	0	0	0	0	0	302	0	3	305
厅机场局	0	0	0	0	834	0	0	834	0	0	0	0	0	0	0	0	0	0	0	0	834	0	0	834
铁路公安处（新）	0	0	0	0	0	0	0	0	0	0	0	0	0	0	0	0	0	0	0	0	0	0	0	0
合计	0	0	0	0	10744	0	46	10790	90	0	5	95	4	0	0	4	5	0	0	5	10843	0	51	10894

统计单位：浙江省公安厅　　统计时段：2017-04-01 00:00:00-2017-04-01 23:59:59

EXCEL导出

图 11-59　核查统计结果（不通过总数展示）

支持用户点击核查统计结果下单位所在列各单位名称查看该其下属各单位在本统计条件下的核录情况，如点击图 11-59 中的温州市局，得到温州市局下属各单位 2017 年 4 月 1 日到 2017 年 4 月 1 日之间使用各版本核录的统计结果。如图 11-60—60 所示。

核查统计结果（核查总数展示 不通过数展示）

单位	核查总数						通过数						不通过数					
	安保版	路面版	派出所版	监所版	校园版	小计	安保版	路面版	派出所版	监所版	校园版	小计	安保版	路面版	派出所版	监所版	校园版	小计
温州市局	0	0	0	0	0	0	0	0	0	0	0	0	0	0	0	0	0	0
鹿城区分局	0	33	0	0	10	43	0	11	0	0	10	21	0	22	0	0	0	22
龙湾区分局	0	6	0	0	0	6	0	5	0	0	0	5	0	1	0	0	0	1
瓯海区分局	0	26	0	0	0	26	0	17	0	0	0	17	0	9	0	0	0	9
开发区分局	0	0	0	0	60	60	0	0	0	0	60	60	0	0	0	0	0	0
洞头分局	0	54	0	0	0	54	0	49	0	0	0	49	0	5	0	0	0	5
永嘉县局	0	6	0	0	20	26	0	3	0	0	19	22	0	3	0	0	1	4
平阳县局	0	7	0	0	4	11	0	3	0	0	4	7	0	4	0	0	0	4
苍南县局	0	6	0	0	0	6	0	3	0	0	0	3	0	3	0	0	0	3
文成分局	0	3	0	0	0	3	0	2	0	0	0	2	0	1	0	0	0	1
泰顺县局	0	13	0	0	1	14	0	13	0	0	1	14	0	0	0	0	0	0
瑞安市局	0	7	0	0	6	13	0	0	0	0	6	6	0	7	0	0	0	7
乐清市	0	4	0	0	0	4	0	3	0	0	0	3	0	1	0	0	0	1
水上分局	0	0	0	0	0	0	0	0	0	0	0	0	0	0	0	0	0	0
交通治安分局	0	4	0	0	0	4	0	2	0	0	0	2	0	2	0	0	0	2
合计	0	169	0	0	101	270	0	111	0	0	100	211	0	58	0	0	1	59

统计单位：温州市公安局　　统计时段：2017-04-01 00:00:00-2017-04-01 23:59:59

EXCEL导出

图 11-60　下属单位的核查统计结果（核查总数展示）

核查统计结果（核查总数展示　不通过数展示）

单位	安保版				路面版				派出所版				监所版				校园版				全部版本			
	存疑	拦截	抓捕	小计	存疑	拦截	抓捕	小计	存疑	拦截	抓捕	小计	存疑	拦截	抓捕	小计	存疑	拦截	抓捕	小计	存疑	拦截	抓捕	小计
温州市局	0	0	0	0	0	0	0	0	0	0	0	0	0	0	0	0	0	0	0	0	0	0	0	0
鹿城区分局	0	0	0	0	20	0	2	22	0	0	0	0	0	0	0	0	0	0	0	0	20	0	2	22
龙湾区分局	0	0	0	0	1	0	0	1	0	0	0	0	0	0	0	0	0	0	0	0	1	0	0	1
瓯海区分局	0	0	0	0	9	0	0	9	0	0	0	0	0	0	0	0	0	0	0	0	9	0	0	9
开发区分局	0	0	0	0	0	0	0	0	0	0	0	0	0	0	0	0	0	0	0	0	0	0	0	0
洞头分局	0	0	0	0	5	0	0	5	0	0	0	0	0	0	0	0	0	0	0	0	5	0	0	5
永嘉县局	0	0	0	0	3	0	0	3	0	0	0	0	0	0	0	0	1	0	0	1	4	0	0	4
平阳县局	0	0	0	0	4	0	0	4	0	0	0	0	0	0	0	0	0	0	0	0	4	0	0	4
苍南县局	0	0	0	0	1	0	0	1	0	0	0	0	0	0	0	0	0	0	0	0	2	0	1	3
文成县局	0	0	0	0	1	0	0	1	0	0	0	0	0	0	0	0	0	0	0	0	1	0	0	1
泰顺县局	0	0	0	0	0	0	0	0	0	0	0	0	0	0	0	0	0	0	0	0	1	0	6	7
瑞安市局	0	0	0	0	0	0	0	0	0	0	0	0	0	0	0	0	0	0	0	0	1	0	0	1
乐清市局	0	0	0	0	0	0	0	0	0	0	0	0	0	0	0	0	0	0	0	0	1	0	0	1
水上分局	0	0	0	0	0	0	0	0	0	0	0	0	0	0	0	0	0	0	0	0	0	0	0	0
交通治安分局	0	0	0	0	2	0	0	2	0	0	0	0	0	0	0	0	0	0	0	0	2	0	0	2
合计	0	0	0	0	48	0	10	58	0	0	0	0	0	0	0	0	0	0	0	1	49	0	10	59

统计单位：温州市公安局　　　　统计时段：2017-04-01 00:00:00-2017-04-01 23:59:59

EXCEL导出

图 11-61　下属单位的核查统计结果（不通过数展示）

同时，支持用户点击核查统计结果中任意一个统计数字查看该数字代表的核查结果列表及核录详情，如点击图 11-61（温州市局核查统计结果按不通过数展示）中鹿城区分局核录出的路面核录版"存疑"对应的数字（图中为 20），出现查询结果列表，列表展示了核录时的详细信息，包括核查对象姓名、证件号码、户籍/国籍、手机号码、人员核查结果、人员类别、车牌号码、车辆核查结果、核查地址、核查人、核查单位、核查时间及数据来源（能区分是界面核查和调用接口核查，以界面和接口标识）。如图 11 – 62 所示。

查询结果列表

序号	姓名	证件号码	户籍/国籍	手机号码	人员核查结果	人员类别	车牌号码	车辆核查结果	核查地址	核查人	核查单位	核查时间	数据来源
1	王█	51113231990021█	四川省蓬安		存疑	前科人员			浙江省温州市公安局鹿城区分局蒲鞋市派出所	潘█	温州市公安局鹿城区分局	2017-04-01 10:34:11	接口
2	杨█	34212719830215█	安徽省阜南		存疑	前科人员			浙江省温州市公安局鹿城区分局蒲鞋市派出所	胡█武	温州市公安局鹿城区分局	2017-04-01 10:13:35	接口
3	吴█成	53212819931021█	云南省昭通市镇雄县		存疑	前科人员			浙江省温州市公安局鹿城区分局义城派出所	徐█	温州市公安局鹿城区分局	2017-04-01 10:11:47	接口
4	连█旺	36232119870410█	江西省上饶县		存疑	前科人员			浙江省温州市公安局鹿城区分局义城派出所	徐█	温州市公安局鹿城区分局	2017-04-01 10:00:58	接口
5	程█	34222419891115█	安徽省灵璧县		存疑	前科人员			浙江省温州市公安局鹿城区分局双屿派出所	刘█	温州市公安局鹿城区分局	2017-04-01 09:54:54	接口
6	徐█平	36028119870128█	江西省乐平市		存疑	前科人员			浙江省温州市公安局鹿城区分局双屿派出所	刘█	温州市公安局鹿城区分局	2017-04-01 09:40:58	接口
7	徐█平	33032419690327█	浙江省温州市永嘉县		存疑	前科人员			浙江省温州市公安局鹿城区分局上戍派出所	叶█艳	温州市公安局鹿城区分局	2017-04-01 09:25:11	接口
8	徐█平	36028119870128█	江西省乐平市		存疑	前科人员			浙江省温州市公安局鹿城区分局双屿派出所	刘█	温州市公安局鹿城区分局	2017-04-01 09:13:54	接口
9	叶█光	33030219640505█	浙江省温州市鹿城区		存疑	前科人员			浙江省温州市公安局鹿城区分局五马派出所	刘█	温州市公安局鹿城区分局	2017-04-01 09:09:45	接口
10	王█师	42022219760413█	湖北省阳新县		存疑	前科人员			浙江省温州市公安局鹿城区分局双屿派出所	刘█	温州市公安局鹿城区分局	2017-04-01 09:05:13	接口

当前第1页/共3页/每页10条　符合条件记录共25条　10 ▼　　　　下一页　末页　[　]跳转

EXCEL导出

图 11-62　不通过人员的详细信息

系统以新页面的形式支持用户点击图 11-62 人员核查结果中的结论查看人员的核录详情，如图 11-63 所示，人员王某对应的是"存疑"，点击"存疑"后系统以新页面的形式展示详情。

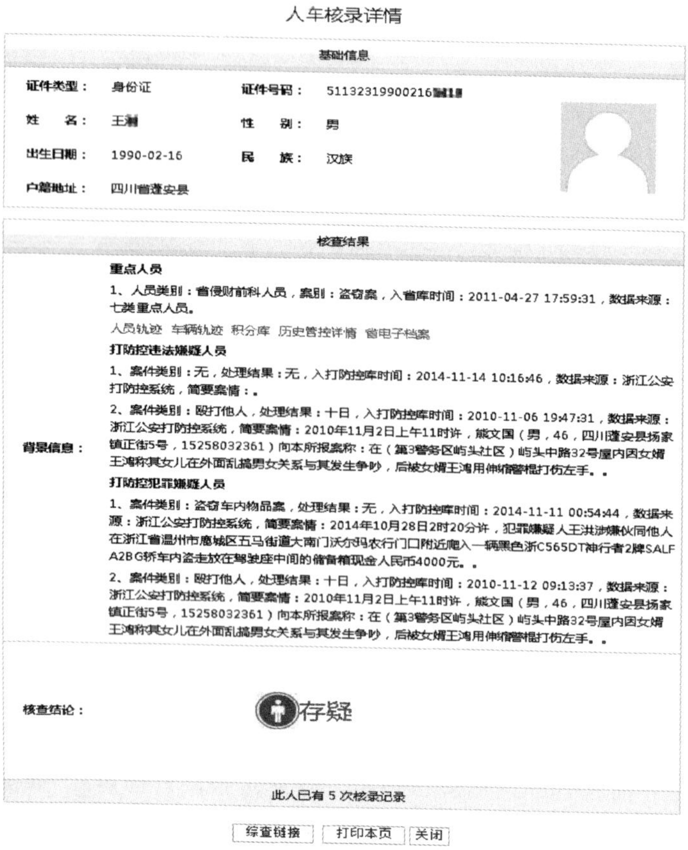

图 11-63　人员核录详情

此外，系统支持用户以 excel 文件的形式导出查询结果列表，点击页面下方的 excel 导出按钮，即可导出结果。

（2）核录排名统计。通过核录排名统计可以实现对辖区内下属各单位人员核录数量的统计，并进行排名，对排名前 20 名（Top20）进行展示。

统计条件部分支持的条件有：统计时间、统计方式（人头、人次，且默认为人次）、所属地市（字典项）。

输入统计时间，选择统计方式和所属地市，点击页面上的统计按钮，得到各单位核录量 Top20 的核查统计结果。如图 11-64 所示。

图 11-64　统计条件

统计结果以列表形式展示，展示内容包括排名、单位名称、所属地市、核查总数（含总数、安保核录版、路面核录版、派出所登记版、监所登记版等）。如图 11-65 所示。

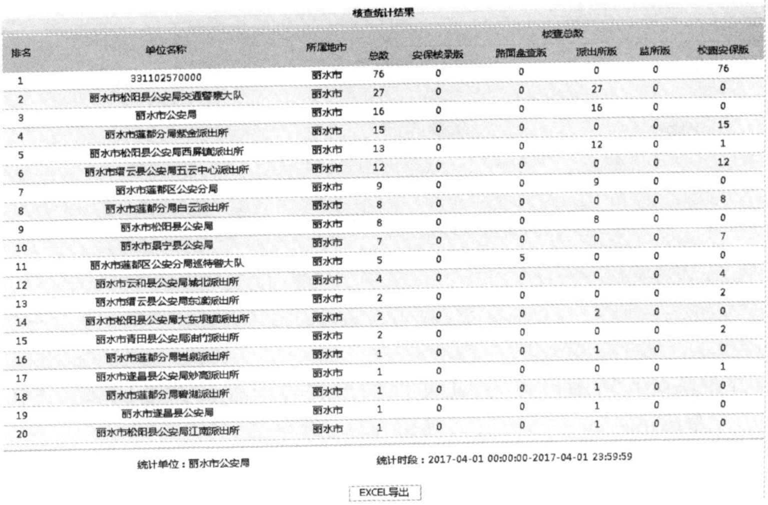

图 11-65　各单位核录量 Top20 排名表

点击图 11-65 中核查比中情况下的任何一个数字，如点击排名第 15 名的总数对应的数字"2"，可查看该数字对应的核查记录列表及人员核录详情。如图 11-66 所示。

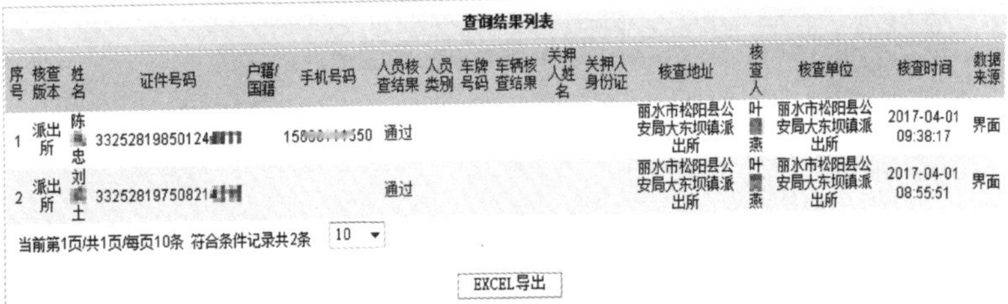

图 11-66　人员核录详情

点击图 11-66 查询结果列表中人员核查结果所在列的结论，如图 11-67 所示，人员陈某忠的核查结论，即"通过"，出现其人车核录详情。

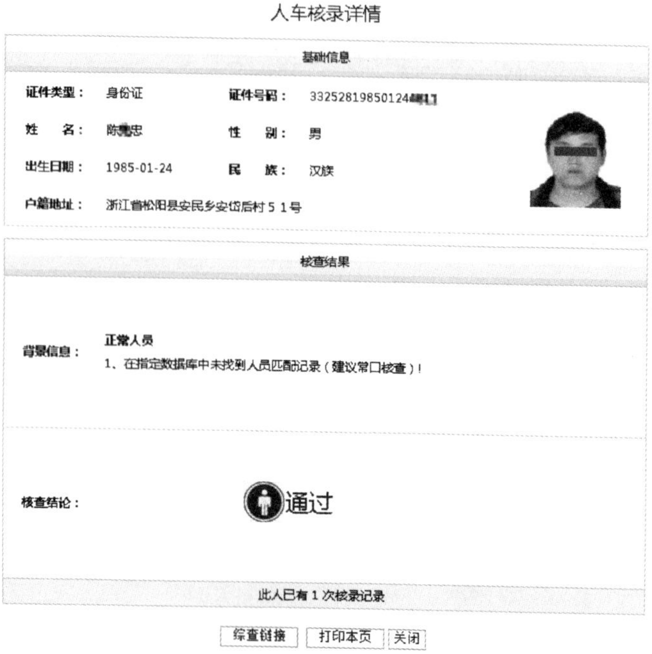

图 11-67　人车核录详情

此外，系统支持用户以 excel 文件的形式导出查询结果列表，点击页面下方的 excel 导出按钮，即可导出结果。

（3）比中排名统计。比中排名统计支持用户按照统计时间、统计方式（人头、人次，且默认为人次）、所属地市（字典项）、比中结果（默认非通过）对全库各单位核查比中进行统计，将 Top20 的单位及其核查比中数据予以展示。如图 11-68 所示。

图 11-68　统计条件

　　输入统计时间，选择统计方式和所属地市，点击页面上的统计按钮，得到各县（市、区）比中量 Top20 的核查统计结果。

　　统计结果以列表形式展示，展示内容包括排名、单位名称、所属地市、核查比中情况（含不通过总数、抓捕数、拦截数、存疑数及核录总数）。如图 11-69 所示。

图 11-69　各县（市、区）比中量 Top20 排名表

　　点击图 11-69 核查比中情况下的任何一个数字，如点击排名第 19 名的比中不通过总数对应的数字 216，可查看该数字对应的核查记录列表及人员核录详情。如图 11-70 所示。

图 11-70　人员核录详情

点击图 11-70 查询结果列表中人员核查结果所在列的结论，如图 11-71 所示，人员雷某安的核查结论，即"存疑"，出现其人车核录详情。

人车核录详情

图 11-71　人车核录详情

此外，系统支持用户以 excel 文件的形式导出查询结果列表，点击页面下方的 excel 导出按钮，即可导出结果。

（4）异常高频统计。异常高频统计支持对全库中高频核录对象进行统计查询。用户可按统计时间（默认当天）、核查单位（默认全部）、核查次数（≥）等查询分析全库中被核录次数超过给定数量的人员数量。

输入统计时间，选择核查单位，填入核查次数，点击页面上的分析按钮，得到分析结果列表。

分析结果列表展示的字段包括序号、（被核查人）姓名、（被核查人）身份证号、核查次数（由高到低进行显示）。如图 11-72 所示。

点击页面上核查次数一列中的数字，如图 11-72 中序号 6 对应的次数为

132，可查看132次核查记录的列表。列表展示对象132次被核查时的核录版本、姓名、证件号码、户籍/国籍、手机号码、人员核查结果、人员类别、车牌号码、车辆核查结果、关押人姓名、关押人身份证、核查地址、核查人、核查单位、核查时间和数据来源。如图11-73所示。

分析结果列表			
序号	姓名	身份证号	核查次数
1		45052119790215■■■	656
2		44528119801120271■	270
3		23010319791107■■■	270
4		33262719751127■■■	262
5		33260119620517■■■	262
6		33260319721202■111	132
7		36042819751015■■	132
8		33100419910718■■	132
9		33262519780831■111	132
10		36073119881223■711	132

当前第1页/共11页/每页10条 符合条件记录共103条　10 ▼　　　　　　下一页 末页 □跳转

EXCEL导出

图11-72　分析结果列表

查询结果列表														
序号	核查版本	姓名	证件号码	户籍/国籍	手机号码	人员核查结果	人员类别	车牌号码	车辆核查结果	关押人姓名	关押人身份证	核查地址	核查人	核查单位	核查时间	数据来源
1	路面		33260319721202■111			通过						机场分局(台州机场)	台州公安情报中心(后台)	台州市公安局	2017-04-01 11:27:50	接口
2	路面		33260319721202■111			通过						机场分局(台州机场)	台州公安情报中心(后台)	台州市公安局	2017-04-01 11:22:23	接口
3	路面		33260319721202■111			通过						机场分局(台州机场)	台州公安情报中心(后台)	台州市公安局	2017-04-01 11:16:11	接口
4	路面		33260319721202■111			通过						机场分局(台州机场)	台州公安情报中心(后台)	台州市公安局	2017-04-01 11:10:59	接口
5	路面		33260319721202■111			通过						机场分局(台州机场)	台州公安情报中心(后台)	台州市公安局	2017-04-01 11:06:44	接口
6	路面		33260319721202■111			通过						机场分局(台州机场)	台州公安情报中心(后台)	台州市公安局	2017-04-01 11:01:46	接口
7	路面		33260319721202■111			通过						机场分局(台州机场)	台州公安情报中心(后台)	台州市公安局	2017-04-01 10:55:16	接口
8	路面		33260319721202■111			通过						机场分局(台州机场)	台州公安情报中心(后台)	台州市公安局	2017-04-01 10:49:48	接口
9	路面		33260319721202■111			通过						机场分局(台州机场)	台州公安情报中心(后台)	台州市公安局	2017-04-01 10:44:53	接口
10	路面		33260319721202■111			通过						机场分局(台州机场)	台州公安情报中心(后台)	台州市公安局	2017-04-01 10:40:10	接口

当前第1页/共14页/每页10条 符合条件记录共132条　10 ▼　　　　　　下一页 末页 □跳转

EXCEL导出

图11-73　查询结果列表

点击图11-73中人员核查结果一列中的核查结论，如第一行的"通过"，可查看人员2017年4月1日11：27：50时在台州机场被核录的详情。如图11-74所示。

图 11-74　人车核录详情

此外，系统支持用户以 excel 文件的形式导出查询结果列表，点击页面下方的 excel 导出按钮，即可导出结果。

（5）物品核查统计。物品核查统计主要是对系统中核心关注的违禁物品、被盗物品等查获量的统计。

支持用户按照统计时间、核查单位（字典项）进行统计。

输入统计时间，选择核查单位，点击页面上的统计，得到物品核查统计结果。

核查统计结果以列表形式进行展示，包括单位、核查车辆数、核查物品数、查获违禁物品数等信息。如图 11-75 所示。

支持用户点击图 11-75 中核查统计结果下单位所在列各单位名称，查看该其下属各单位在本统计条件下的核录情况。如点击图 11-75 中的金华市局，得到金华市局下属各单位在 2017 年 4 月 5 日到 2017 年 4 月 5 日系统所有用户核查的物品统计结果。如图 11-76 所示。

物品核查统计结果

单位	核查车辆数	核查物品数	查获违禁物品数														
			小计	被盗车	假牌	枪支	仿真枪	子弹	炸药	雷管	烟花	危化品	毒品	刀具	出版物	低爆小	其他
省公安厅	1912	0	0	0	0	0	0	0	0	0	0	0	0	0	0	0	0
杭州市局	1430	0	0	0	0	0	0	0	0	0	0	0	0	0	0	0	0
宁波市局	16	0	0	0	0	0	0	0	0	0	0	0	0	0	0	0	0
温州市局	10	0	0	0	0	0	0	0	0	0	0	0	0	0	0	0	0
嘉兴市局	1093	0	0	0	0	0	0	0	0	0	0	0	0	0	0	0	0
湖州市局	4	0	0	0	0	0	0	0	0	0	0	0	0	0	0	0	0
绍兴市局	25	0	0	0	0	0	0	0	0	0	0	0	0	0	0	0	0
金华市局	99	0	0	0	0	0	0	0	0	0	0	0	0	0	0	0	0
衢州市局	4	0	0	0	0	0	0	0	0	0	0	0	0	0	0	0	0
舟山市局	4	0	0	0	0	0	0	0	0	0	0	0	0	0	0	0	0
台州市局	149	0	0	0	0	0	0	0	0	0	0	0	0	0	0	0	0
丽水市局	0	0	0	0	0	0	0	0	0	0	0	0	0	0	0	0	0
杭州铁路出站核查	0	0	0	0	0	0	0	0	0	0	0	0	0	0	0	0	0
护城河公安检查站	12	0	0	0	0	0	0	0	0	0	0	0	0	0	0	0	0
公路客运进站	0	0	0	0	0	0	0	0	0	0	0	0	0	0	0	0	0
铁路客运进站	0	0	0	0	0	0	0	0	0	0	0	0	0	0	0	0	0
高速交警总队	0	0	0	0	0	0	0	0	0	0	0	0	0	0	0	0	0
铁路公安处	0	0	0	0	0	0	0	0	0	0	0	0	0	0	0	0	0
厅机场局	27	0	0	0	0	0	0	0	0	0	0	0	0	0	0	0	0
铁路公安处(新)	0	0	0	0	0	0	0	0	0	0	0	0	0	0	0	0	0
合计	4785	0	0	0	0	0	0	0	0	0	0	0	0	0	0	0	0

统计单位:浙江省公安厅　　　　　统计时段:2017-04-05 00:00:00-2017-04-05 23:59:59

EXCEL导出

图 11-75　物品核查统计结果

物品核查统计结果

单位	核查车辆数	核查物品数	查获违禁物品数														
			小计	被盗车	假牌	枪支	仿真枪	子弹	炸药	雷管	烟花	危化品	毒品	刀具	出版物	低爆小	其他
金华市局	6	0	0	0	0	0	0	0	0	0	0	0	0	0	0	0	0
婺城分局	0	0	0	0	0	0	0	0	0	0	0	0	0	0	0	0	0
金东分局	0	0	0	0	0	0	0	0	0	0	0	0	0	0	0	0	0
武义县局	1	0	0	0	0	0	0	0	0	0	0	0	0	0	0	0	0
浦江县局	66	0	0	0	0	0	0	0	0	0	0	0	0	0	0	0	0
磐安县局	21	0	0	0	0	0	0	0	0	0	0	0	0	0	0	0	0
兰溪市局	0	0	0	0	0	0	0	0	0	0	0	0	0	0	0	0	0
义乌市局	0	0	0	0	0	0	0	0	0	0	0	0	0	0	0	0	0
东阳市局	0	0	0	0	0	0	0	0	0	0	0	0	0	0	0	0	0
永康市局	0	0	0	0	0	0	0	0	0	0	0	0	0	0	0	0	0
金华山分局	0	0	0	0	0	0	0	0	0	0	0	0	0	0	0	0	0
江南分局	5	0	0	0	0	0	0	0	0	0	0	0	0	0	0	0	0
合计	99	0	0	0	0	0	0	0	0	0	0	0	0	0	0	0	0

统计单位:金华市公安局　　　　　统计时段:2017-04-05 00:00:00-2017-04-05 23:59:59

图 11-76　下属单位的核查统计结果

　　同时，支持用户点击核查统计结果中任意一个统计数字查看该数字代表的核查结果列表及核录详情，如点击图 11-76 中磐安县局核查的车辆数对应的数字（图中为 21），出现查询结果列表，列表展示了核录时的详细信息，包括核查版本、车辆类型、车牌号码、核查结果、车辆类别、随车人数、核查地址、核查人、核查单位、核查时间及数据来源（能区分是界面核查和调用接口核查，以界面和接口标识）。如图 11-77 所示。

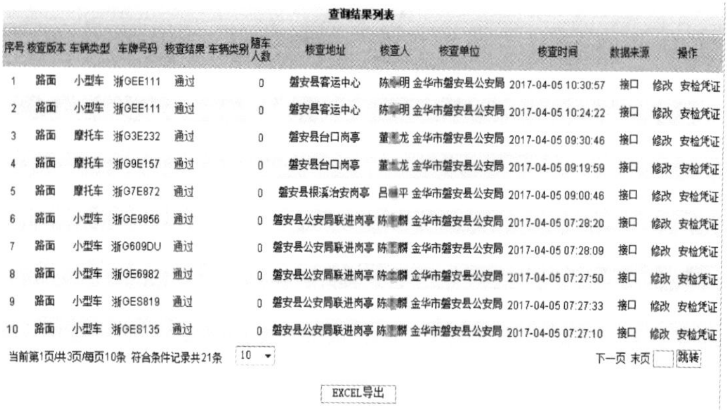

图 11-77　车辆核查结果列表

系统以新页面的形式支持用户点击图 11-77 车辆核查结果中的结论查看车辆的核录详情，如图 11-78 所示，车辆浙 GEE×××对应的是"通过"，点击"通过"后系统以新页面的形式展示详情。

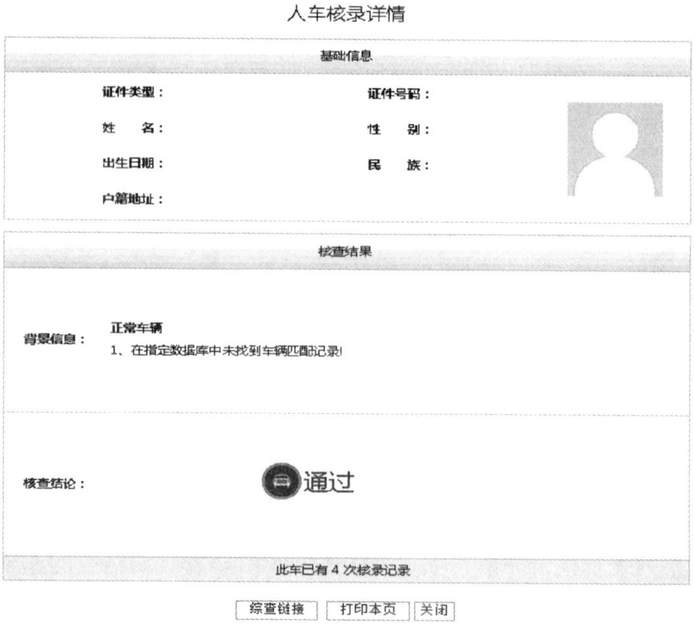

图 11-78　车辆核录详情

此外，系统支持用户以 excel 文件的形式导出查询结果列表，点击页面下方的 excel 导出按钮，即可导出结果。

（6）各类人员统计。各类人员统计主要是对系统资源池（黑名单）中各类人员被核录情况进行统计。

支持用户按统计时间、核查单位（字典项）统计全库核录到的各类别黑名单人员数量。

输入统计时间，选择拟统计的单位，点击页面上的统计按钮，得到核查统计结果列表。

核查统计结果列表纵向以人员类别显示，横向显示按安保核录版、路面核录版、派出所登记版、监所登记版等依次显示各版本下抓捕、拦截、存疑及小计数。如图11-79所示。

人员类别	安保版				路面版				派出所版				监所版				校园版				全部版本			
	存疑	拦截	抓捕	小计	存疑	拦截	抓捕	小计	存疑	拦截	抓捕	小计	存疑	拦截	抓捕	小计	存疑	拦截	抓捕	小计	存疑	拦截	抓捕	小计
涉稳人员(杭州市区必扫)	0	0	0	0	0	0	0	0	0	0	0	0	0	0	0	0	0	0	0	0	0	0	0	0
部陌在逃人员	0	0	0	0	0	0	19	19	0	0	0	0	0	0	0	0	0	0	0	0	0	0	19	0
吸毒脱失人员	0	0	0	0	0	0	0	0	0	0	0	0	0	0	0	0	0	0	0	0	0	0	0	0
临控抓捕人员	0	0	0	0	0	0	4	4	0	0	0	0	0	0	0	0	0	0	0	0	0	0	4	0
法院协控抓捕人员	0	0	0	0	0	0	114	114	0	0	4	4	0	0	0	0	0	0	1	1	0	0	119	0
涉恐重点人员	0	0	0	0	0	0	0	0	0	0	0	0	0	0	0	0	0	0	0	0	0	0	0	0
部下发涉稳人员	0	0	0	0	0	0	0	0	0	0	0	0	0	0	0	0	0	0	0	0	0	0	0	0
部发新疆4.29高危人员	0	0	0	0	2	0	0	2	0	0	0	0	0	0	0	0	0	0	0	0	2	0	0	0
新疆前科人员	0	0	0	0	8	0	0	8	0	0	0	0	0	0	0	0	0	0	0	0	8	0	0	0
个人极端人员	0	0	0	0	0	0	0	0	0	0	0	0	0	0	0	0	0	0	0	0	0	0	0	0
重点人员涉油病单事案纳人员	0	0	0	0	31	0	0	31	0	0	0	0	0	0	0	0	0	0	0	0	31	0	0	0

图11-79　各类人员核查统计结果

同时，支持用户点击核查统计结果中任意一个统计数字查看该数字代表的核查结果列表及核录详情，如点击图11-79中新疆前科人员在路面核录版核录出的存疑数（图中为8），出现查询结果列表。列表展示了核录时的详细信息，包括姓名、证件号码、户籍/国籍、手机号码、人员核查结果、人员类别、车牌号码、车辆核查结果、核查地址、核查人、核查单位、核查时间及数据来源（能区分是界面核查和调用接口核查，以界面和接口标识）。如图11-80所示。

系统以新页面的形式支持用户点击图11-80人员查询结果中的结论查看车辆的核录详情，如序号1对应的是"存疑"，点击"存疑"后系统以新页面的形式展示详情。如图11-81所示。

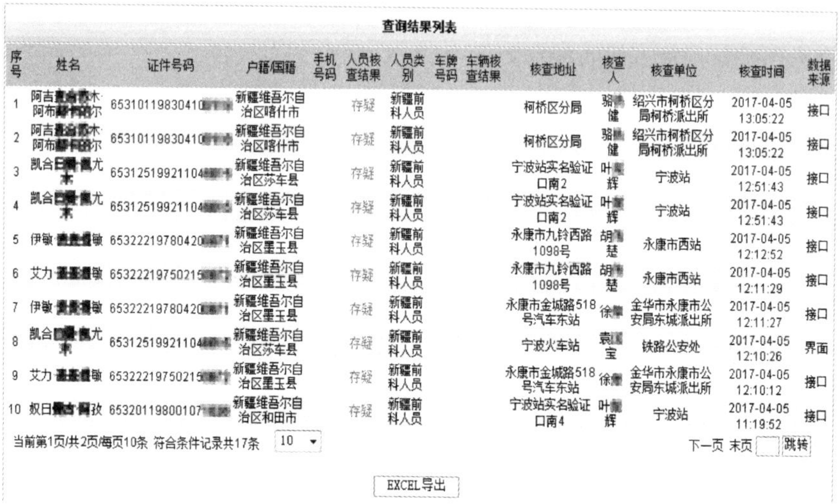

图 11-80　存疑人员查询结果

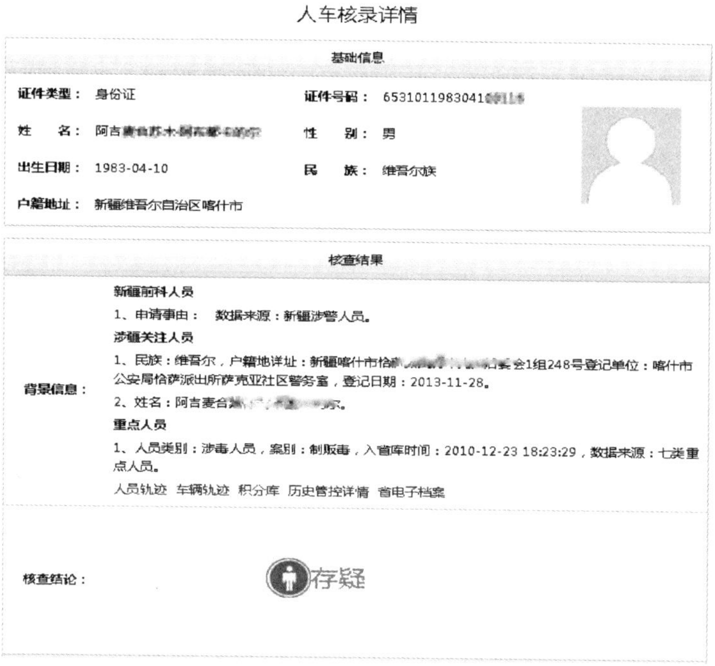

图 11-81　人车核录详情

　　此外，系统支持用户以 excel 文件的形式导出查询结果列表，点击页面下方的 excel 导出按钮，即可导出结果。

3. 全库查询分析

（1）人员核查记录。通过人员核查记录可清楚地查询人员被系统核查的历史记录。支持用户按时间、核查民警、核查单位（字典项）、身份证号（支持模糊查询）、姓名、户籍的区划（字典项）、民族（字典项）、核查结果（字典项）、核查地点（支持模糊查询）、手机号码、车牌号码、核查版本（字典项）、人员类别（字典项）等信息进行查询。如图11-82所示。

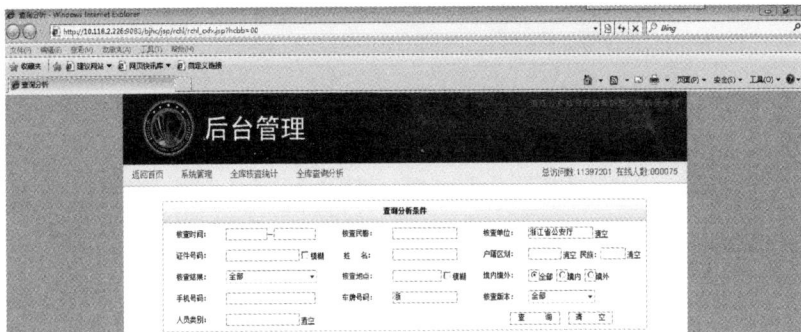

图 11-82　查询分析条件

输入核查时间、核查民警、证件号码等信息，点击页面上的查询按钮，即可得到查询分析结果列表。查询结果列表包括序号、核查版本、姓名、证件号码、户籍/国籍、手机号码、人员核查结果、人员类别、车牌号码、车辆核查结果、关押人姓名、关押人身份证、核查地址、核查人、核查单位、核查时间等信息。如图11-83所示。

图 11-83　人员查询结果

支持用户点击图11-83中人员核查结果中的结论，如图11-84所示，人员周某云对应的"存疑"，点击即可查看该人的人车核录详情。

图11-84　人车核录详情

此外，系统支持用户以excel文件的形式导出查询结果列表，点击页面下方的excel导出按钮，即可导出结果。

（2）车辆核查记录。通过车辆核查记录可清楚地查询出车辆系统被系统核查的历史记录。

支持用户按核查时间、核查民警、核查单位（字典项）、车牌号码（支持模糊查询）、车辆类型（字典项）、核查结果（字典项）、核查地点（支持模糊查询）、核查版本（字典项）、编号等信息进行查询。

输入核查时间、选择核查民警、填写车牌号码，用户输入完条件后点击页面上的查询按钮，得到查询分析结果列表。

查询结果列表包括序号、核查版本、车辆类型、车牌号码、核查结果、车辆类别、随车人数、核查地址、核查人、核查单位、核查时间、数据来源、操作（修改、安检凭证）等信息。如图11-85所示。

在图11-85中，支持用户点击核查结果中的结论，如车辆苏M×××对应的结论是"通过"，点击"通过"后出现该车辆当时被核录的人车核录详情页面。

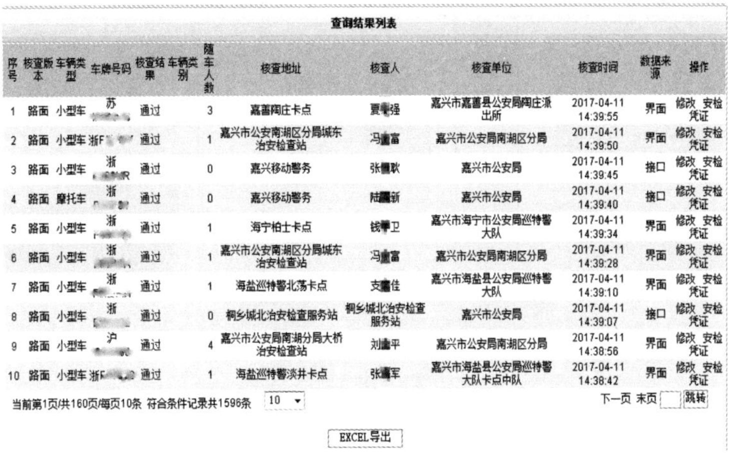

图 11-85　车辆查询结果

此外，系统支持用户以 excel 文件的形式导出查询结果列表，点击页面下方的 excel 导出按钮，即可导出结果。

（六）人车核查战法手机 App

人车核查战法手机 App 与电脑端的功能基本相同，通过调用服务接口进行人员、车辆及物品的核录，应用场景分安保核录版和核查版。安保核录版的使用需遵循电脑端的权限控制。

1. 总体结构

人车核查战法手机 App 总体结构分为警务通手机终端服务侧、专网服务侧和公安网服务侧三部分。终端服务侧完成用户界面交互的动作，专网服务侧负责内外网数据交互，公安网服务侧提供主要应用服务。如图 11-86所示。

2. 数据流向

人车核查战法手机 App 手机端比对的资源与电脑端相同，从核对请求到返回结果的数据流向如图 11-87 所示。

3. 基本功能

人车核查战法手机 App 的主要功能模块分为人员核查、车辆核查和综合核查三部分，辅助功能模块由登录、版本切换、核查地址修改等构成。

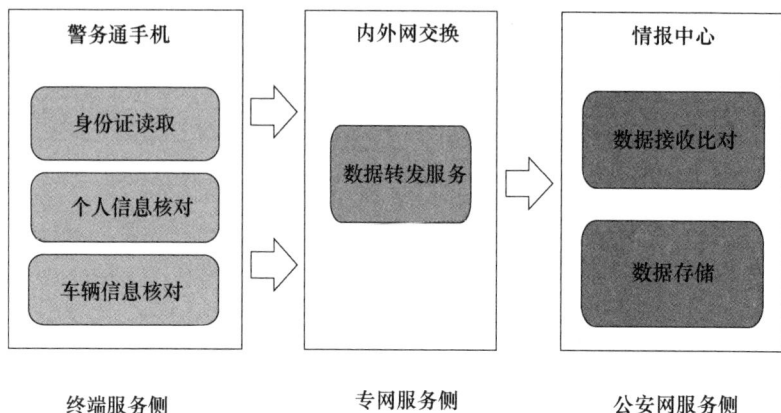

图 11-86　人车核查战法手机 App 总体结构

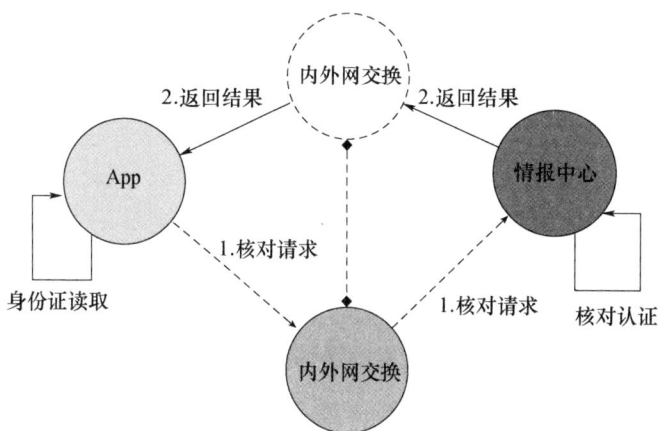

图 11-87　从核对请求到返回结果的数据流向

　　操作时移动端核查需调用某地的公安人车核查系统的服务接口，核查结论与规范遵从电脑端。

　　（1）辅助功能。人车核查战法手机 App 登录方式为账号＋密码登录。用户登录后，在进行核查时，要先在页面的顶端选择（录入）当前核查地点，核查地点录入支持模糊匹配该账号历史核查地点，核查地点选择后会在核查页面底部展示，可点击修改。如图 11-88 所示。

　　用户在登录后，可以通过左侧菜单栏进行版本切换，手机 App 支持安保核录版和路面核录版两个版本。进行意见反馈、查看当前 App 信息等操作，其中版本切换和核查版、安保核录版均可点击切换：点击版本切换将由当前版本切换为另一个版本，如当前为核查版，点击后会直接切换为安保核录版。点击核查版则切换为核查版，点击安保核录版则切换为安保核录版。

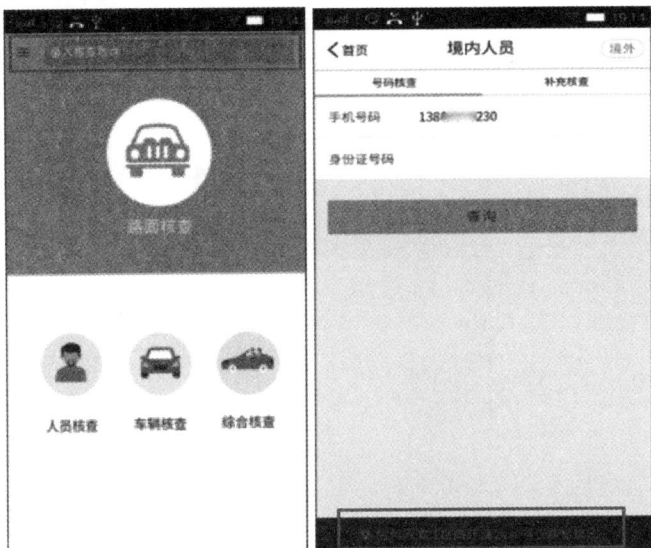

图 11-88　核查地点

（2）人员核查。人员核查从核查方式上分为手工录入查询和 NFC 读证查询两种方式。手工录入查询又可分为号码核查和补充核查。号码核查即输入准确的身份证号码进行核查。补充核查即不知道人员的身份证号码，采用姓名 + 户籍地区划 + 出生日期的组合方式进行核查。如图 11-89 所示。

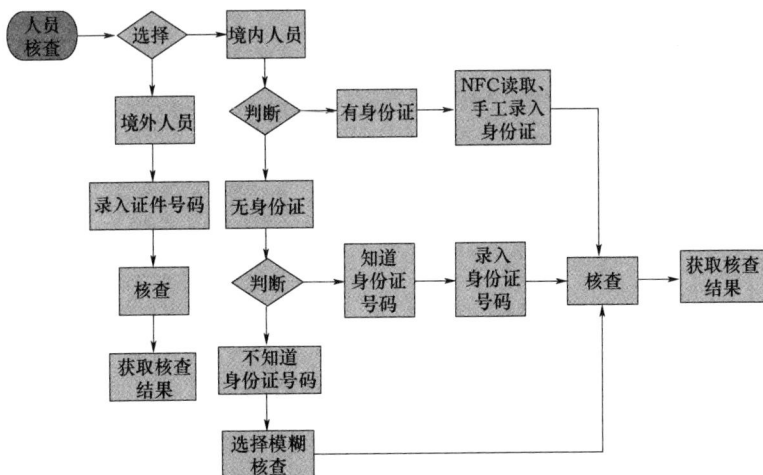

图 11-89　人员核查基本流程

　　如果知道被核查人员的证件类型及号码，则应当使用号码核查。点击号码核查，出现号码核查的主界面。界面允许用户录入被核查人员的手机号码（非必填）、身份证号码（必填）来进行核查。如图 11-90 所示。

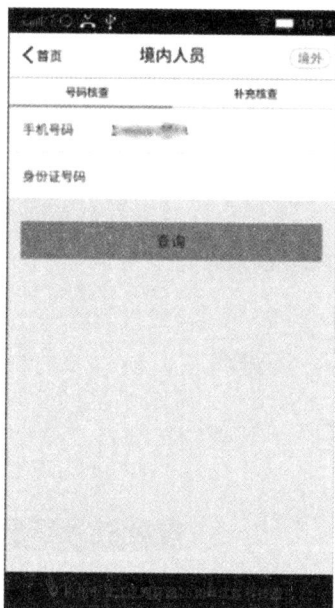

图 11-90　号码核查

　　如果不知道人员的身份证号码，则可以点击界面上的补充核查切换至补充核查的主页面。补充核查支持用户按手机号码、姓名（必填）、户籍所在地（必填）、民族、出生起始日期（必填）、出生截止日期（必填）进行人员核查。如图 11-91 所示。

　　如果使用 NFC 读证核查，则仅需要使用号码核查模块即可。将身份证贴近手机背面头部 NFC 感应区域即可自动读取人员身份信息，在查询结果页面，如果通过，返回的信息包括查询结果编号、二代身份证照片、结论、姓名、性别、身份证号、民族、出生日期、户籍地址。如图 11-92 所示。如果不通过，还会增加显示该人员的背景信息，包括人员类别、案别和入库时间。

　　在查询结果页面，还支持用户对当前被核查对象进行拍照及增加该人员的随行人员核查。点击页面左下角的拍照图标可直接拍照，允许采集 3 张照片；点击页面右下角的随行人员核查图标可对当前核查对象的随行人员进行核查，核查方式、输入字段和输出信息均与前文描述相同。点击图中的通过，支持用户查看人员核录的详情页面。

图 11-91　补充核查　　　　　图 11-92　NFC 读证核查

（3）车辆核查。车辆核查仅支持手工录入车辆信息对车辆进行单独核查。可核查车辆信息并记录随车物品及违禁物品信息。在 App 主页面，点击车辆核查图标，进入车辆核查的录入界面。如图 11-93—94 所示。

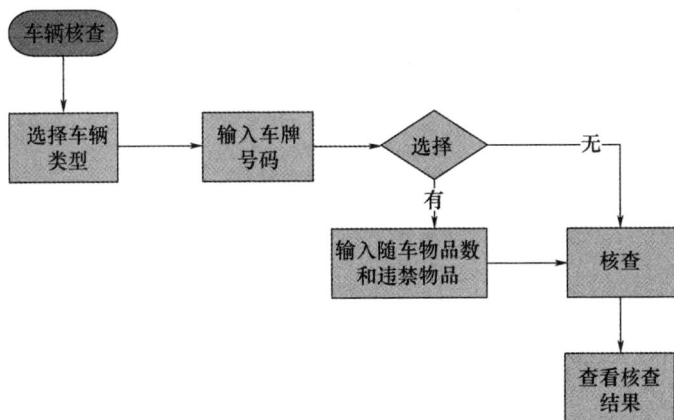

图 11-93　车辆核查基本流程

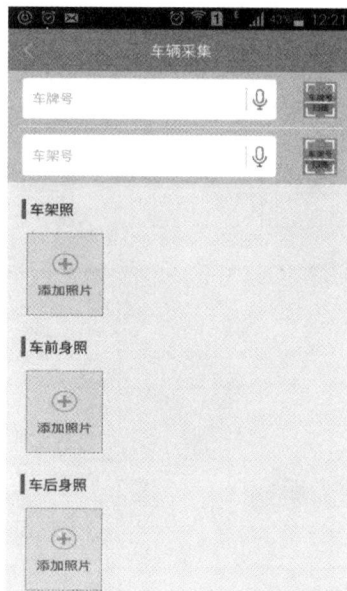

图 11-94　车辆采集

用户需选择车型，录入车牌号码，输入随车物品数量，并选择及填写违禁物品种类及数量。输入完毕后点击查询，出现查询结果。如图 11-95 所示。

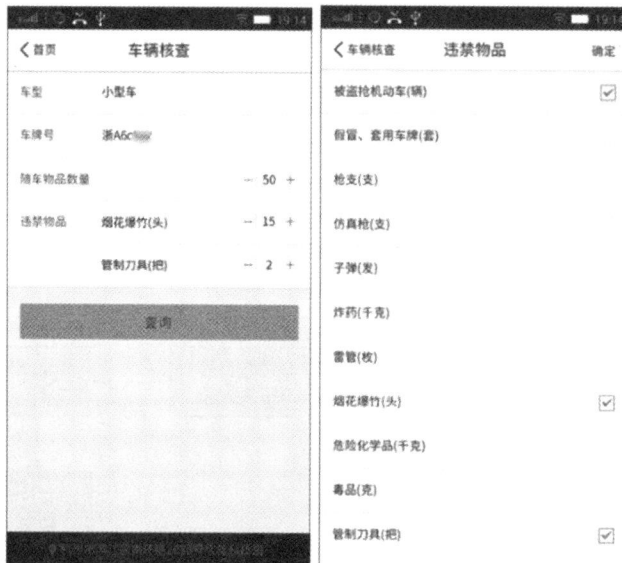

图 11-95　录入车辆核查信息

在查询结果页面，向用户展示的信息包括查询结果编号、车主二代身份证照片、核查结论、车牌号码、车辆品牌、车辆颜色、联系电话、车主姓名、身份证号。如果车辆属于比对资源池，则核查结论为不通过，那么在查询结果页面还会增加显示该车辆不通过的背景信息说明，如重点车辆类型、临控车辆、被抢盗车辆等。如图 11-96 所示。

同样，在查询结果页面的底部有拍照按钮，支持用户对被核查对象进行拍照。点击图中的通过，可查看车辆核录详情页面。

（4）综合核查。综合核查即人员和车辆一起核查，此功能的运用环境为人员驾驶车辆被用户盘问核查。基本流程如图 11-97 所示。

图 11-96　车辆核查结果

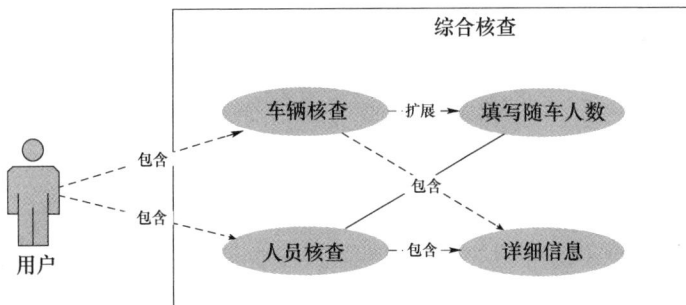

图 11-97　综合核查基本流程

综合核查是人员核查和车辆核查的综合，且增加标示驾驶员（司机）功能，其余功能及输入、输出信息均与人员核查、车辆核查一致。

综合核查通过输入被核查车辆的车牌号码、车内包括司机在内的乘客数量或者需要核查的人数、随车物品数和违禁物品实现人员与车辆、物品的关联。点击核查后页面输出车辆及人员的查询结果。如图 11-98 所示。

点击图中车辆的核查结论（图中为"通过"）可查看车辆的核录详情页

面；点击人员的核查结论（图中为"拦截"，人员为临控人员）可查看人员的核录详情页面。

图 11-98　综合查询及查询结果

二、数据分析的可视化

通过可视化分析技术将不同的数据模型分解成两两相连的关联关系，通过图形的方式对信息元之间的关系进行描述和展现，即是数据分析的可视化展示。可视化数据分析运用关联分析、网络分析、路径分析、时序分析、空间分析、群集分析等图形分析方法来揭示数据中隐含的信息和关联，可以帮助办案人员将大量的、未知的、低关联性的、低价值的信息转化为少量的、易于理解的、高关联性的、高价值的可操作信息，有利于侦查调查工作的顺利开展。

借助可视化分析平台系统可以为办案人员提供图形化的人员关系分析方法。利用该方法可以对重点人员、关注群体，按照同户关系、同行关系、同案（事）关系、亲属关系（亲子、婚姻关系）等进行分析。

（一）可视化运行系统框架

可视化系统整体架构包括基础运行环境、数据层、数据应用服务层、展现层等主要部分。如图 11-99 所示。

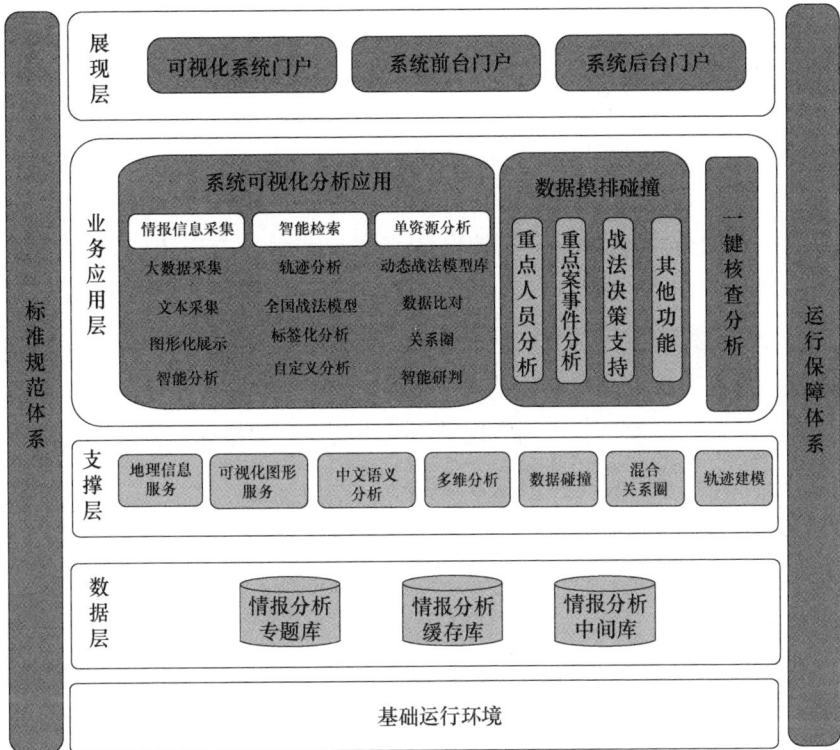

图 11-99　可视化分析系统构架

1. 基础运行环境

基础运行环境包括网络、接入系统、主机与服务器系统、存储备份系统、操作系统与数据系统等基础设施。该层主要为上层提供软硬件环境、网络基础和安全保障。

2. 数据层

情报数据资源包括结构化数据和非结构化数据。数据一方面来源于相关业务数据库，另一方面来源于外部动态数据的导入。来源于相关业务数据库的数据可以直接用于研判分析。来源于外部的动态数据需借助系统维护管理的缓存库和中间库，实现对外部数据的导入分析。

3. 数据应用服务层

该层是办案人员开展情报分析研判落地的重要组成部分。数据应用服务层依托数据层的数据支撑，利用可视化图形分析、中文语音分析、多维分析、大数据碰撞、混合轨迹建模和混合关系圈建设等手段，实现对上层应用的服务支撑。数据应用服务层是平台的核心支撑部分。

数据应用服务层的主要功能：

（1）建立关系战法模型。比如，实现对同户关系、同住关系、同行关系、同车关系等数据内在或之间的关系分析。

（2）建立深度分析模型。实现关系圈分析、组合比对分析、文本分析、专项行动分析等战法模型的设计与实现，满足办案人员的各类分析研判。

建立智能监测分析模型，扩展对重点人员预警的范围，强化对本地活动重点人员的动态管控。

建立其他功能模型，包括实现异地战法共享、情报远程会商、用户权限管理等，辅助侦查人员开展情报分析研判。

建立分析痕迹回收机制，对系统和数据库日志数据进行深度挖掘分析，找出更多优秀的战法。

4. 展现层

该层包括前台门户和后台门户，其中前台门户主要是为使用者提供信息查询、关系战法模型应用、深度分析战法应用、智能监测模型应用等功能模块的操作应用。后台功能主要是高级别的用户操作模块，该模块可让用户进行战法模型设计、用户权限管理、日志查询等操作。

（二）蓝灯可视化分析系统性能指标

1. 系统可靠性指标

蓝灯的系统可靠性达 99.99% 以上。系统年故障停机时间小于 2 小时。整个系统运行稳定可靠。

2. 系统运行时间

7×24 小时。

3. 系统并发用户数

可视化分析在线用户数为 500 人；高峰期系统在线用户超过 1000 人以上，并发请求峰值为 500 人。系统最大支持 1000 名在线用户，最大支持 1000 名用户并发访问。数据库支持 100 名并发访问。

4. 信息传递速度

可视化分析系统和各级业务系统数据传递和交互时间少于 3 秒；各地级

市局同分局、总队的数据传递和交换时间少于 2 秒；总队分局和基层队所的数据传递和交换时间少于 3 秒。

5. 信息处理速度

生产业务响应时间为秒级。单类信息视频传输，响应时间一般小于 2 秒，网络信号较弱时最大不超过 5 秒。可视化分析系统，由实际数据量和关联信息内容复杂程度决定，最大不超过 30 秒。

（三）蓝灯可视化分析系统功能设计

1. 可视化数据装载

蓝灯可视化分析系统为各警种在办案中获取各类数据信息提供了可视化快速采集工具。这些工具主要包括大数据情报采集、文本数据导入、图形化数据采集。如图 11-100 所示。系统通过可视化采集方式，大大提高了使用效率，也为办案人员在数据汇总、采集、共享等方面提供了方便。

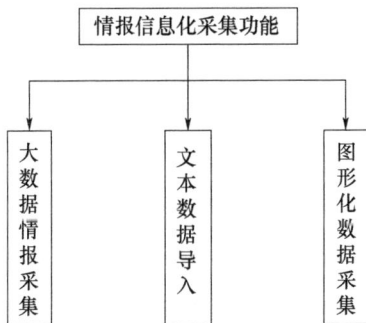

图 11-100　可视化分析系统功能结构

（1）大情报数据采集功能。主要涵盖旅馆业、娱乐业等 30 多个领域业务场景。按照"公安五要素"的原则，将各警种的各类管理和应用系统，建立在一个统一的协同平台上。通过该平台，实现了各个行业之间的数据互联，实现了数据跨网关联和数据的高度共享。

系统依托公安大数据情报平台数据信息，将公安数据情报批量下载到本地，系统一键式将数据导入可视化系统中。数据在系统中会自动生成战法模型。

（2）文本数据导入功能。文本数据采集支持表格化的数据批量导入。依托文本格式的数据采集系统建立了统一规范的数据采集标准。依托系统文本数据采集功能有效地改变了传统数据采集方式，优化、规范了数据采集工作。

（3）图形化数据采集功能。依托图形化数据采集功能可自定义搭建采集类型、类别等。系统还可以实现非结构化数据的录入。办案人员可根据检索查看数据采集、分析等。

2. 可视化数据源筛选

系统的智能检索功能实现了对人、案、物、地址、组织等要素的全方位排查和搜索。系统还具备可视化图形方式展现、二次分析研判、二次数据筛选等功能。同时，系统的可视化数据源筛选支持调用综合检索系统的相关接口数据，实现智能检索。系统智能检索功能结构如图 11-101 所示。

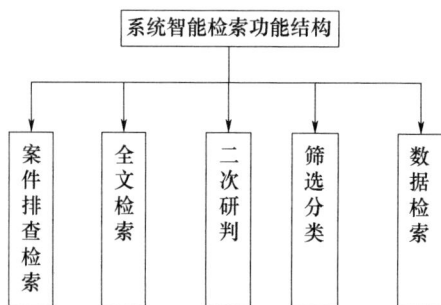

图 11-101　系统智能检索功能结构

（1）案件排查检索。在分析平台可视化分析系统上利用掌握的人员、案件、物品、地址等信息，就案事件要素进行模糊检索，发现更多案事件疑点线索。

（2）全文检索。全文检索与互联网搜索引擎相类似，通过一键式搜索方式检索用户指定的结构化、非结构化数据资源，为用户提供服务。蓝灯可视化分析系统能够实现"一个检索请求、全网资源漫游"，还能够实现模糊线索多关键字查询、已知线索快速和精准定位查询等。全文检索定位于侦查办案应用系统所有数据资源的全库查询。它和市级公安局一键搜面向的数据范围不同。全文检索支持对非结构化文档及媒体资源的检索，检索的数据类型也和市级公安局的一键搜不同。

（3）二次研判。二次研判是指利用业务数据库里已有的可疑人员、事件等数据信息进行扩展比对检索，以发现相关人员有无过往犯罪记录的一种分析。分析的情况可以通过图形化方式展示。

（4）筛选分类。针对业务数据库现有的数据信息，进行数据清洗、筛选分析等。

（5）数据检索。数据检索支持与大数据平台、各类业务系统的接口对接，也实现了与公安云搜索的对接。在当前数据匮乏的情况下，通过数据检索可以扩充现有的各级数据库。基于数据检索功能，实践中无须把各业务系统数据抽取到本地数据库中，这样可以节约本地数据的存储压力，有效地提高各级业务系统之间数据检索快速出结果的能力。

数据分析的可视化展示操作见本书第七章。

第十二章　大数据侦查数据管理

本章以蓝灯 iTap 数据情报分析平台为例，介绍大数据侦查数据管理。蓝灯 iTap 数据情报分析平台研发了两种数据管理系统，分别是全息档案管理系统和图谱式信息管理系统。

一、全息档案管理

（一）功能简介

全息档案是指根据用户输入的研判号码，如身份证号码、手机号码或者银行账号等具有标识作用的信息，而生成的个人档案。个人档案包括个人基本信息、活动轨迹、关系人信息。全息档案具有信息量丰富、图文并茂、立体生动、容易理解的特点。

将对重点关注对象核查获得的相关背景信息与动态轨迹信息组合建立"一人一档"。按照信息采集的要求，对重点关注对象的基本情况、户籍信息、使用其他身份信息、关系信息、物品信息、使用服务标识号信息、照片、生物特征等进行采集，并将采集的信息入档。同时，将重点关注对象的物品、网络账号（手机号码、QQ、微信、电子邮箱、淘宝、京东购物账号、支付宝账号等）、金融资产账号（银行账户、保险等）以及电话号码、MAC地址等虚拟身份建立电子档案。

1. 一人一档

一人一档是指以人为中心，建立人员全景视图，将与人有关的所有信息进行整合。只要在信息源头中第一次出现，系统将自动为该人建立档案，并通过全国请求服务接口更新和完善人员基本信息。基本信息包括照片、户籍地址等基础信息。当该人再次出现时，系统会自动补充该人档案信息。

一人一档对人员要素信息进行了标准的展示，对信息数据进行了深度挖掘。通过一人一档让用户无论在任何场景下查阅人员信息都能做到全面、准确。

一人一档不仅要对该人员在公安业务平台中的各类数据进行收集和展现，还要对其进行相应的分析和特征刻画，通常要分析以下内容：

（1）基本信息。包括人员姓名、证件号码、出生日期、性别、民族、文化程度、婚姻状况、籍贯、户籍地等。如图 12-1 所示。对人员档案信息与专题库进行双向匹配，专题库信息包括人员照片、电话号码、地址、服务单位等。来自不同数据源表的各类数据将全部按照时间顺序排列出来。

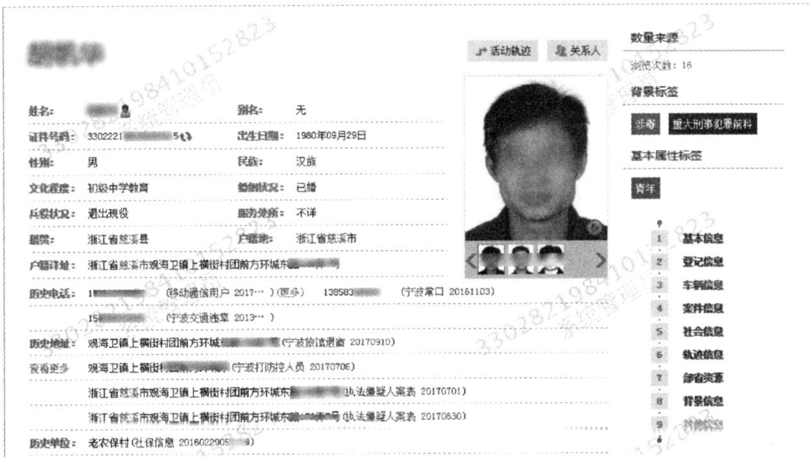

图 12-1　人员基本信息

（2）登记信息。登记信息包含常住人口、暂住人口、驾驶员等人员登记类信息。登记信息展示该人员在所有小类中的数据，包含历史数据。每条数据可点击查看更多展开所有数据列表，点击详情打开详细信息页面。

（3）车辆信息。车辆信息包含机动车信息、交通违章信息、非机动车信息等。车辆信息展示该人员在此项所有小类的数据，包含历史数据。每条数据可点查看更多展开所有数据列表，点击详情打开详细信息页面。如图 12-2 所示。

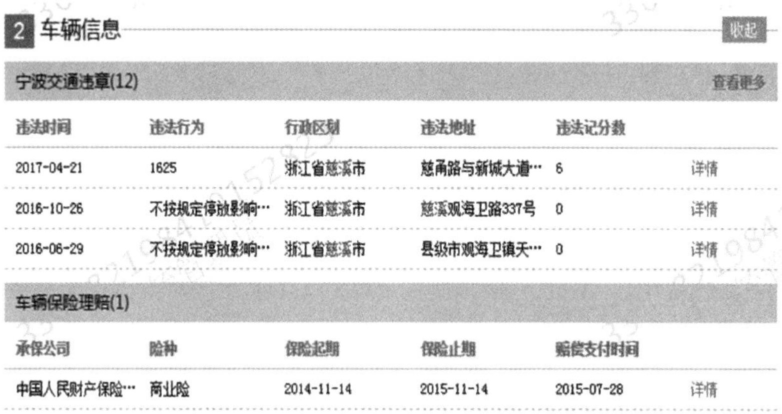

2 车辆信息 收起

宁波交通违章(12) 查看更多

违法时间	违法行为	行政区划	违法地址	违法记分数	
2017-04-21	1625	浙江省慈溪市	慈甬路与新城大道…	6	详情
2016-10-26	不按规定停放影响…	浙江省慈溪市	慈溪观海卫路337号	0	详情
2016-06-29	不按规定停放影响…	浙江省慈溪市	县级市观海卫镇天…	0	详情

车辆保险理赔(1)

承保公司	险种	保险起期	保险止期	赔偿支付时间	
中国人民财产保险…	商业险	2014-11-14	2015-11-14	2015-07-28	详情

图 12-2 车辆信息

（4）关系信息。关系信息是按照关联规则知识库建立数据的关联关系。关联关系随着数据中心的数据变化、数据关联规则的变化而变化。数据关联关系可人工干预或人工建立。建立数据关联规则知识库包括同户、同乡、同行、同住、同案、同监、通信通话、聊天好友、虚拟身份、交易买卖、人案关系、人事关系、人物关系、物案关系、物事关系等。如图 12-3 所示。

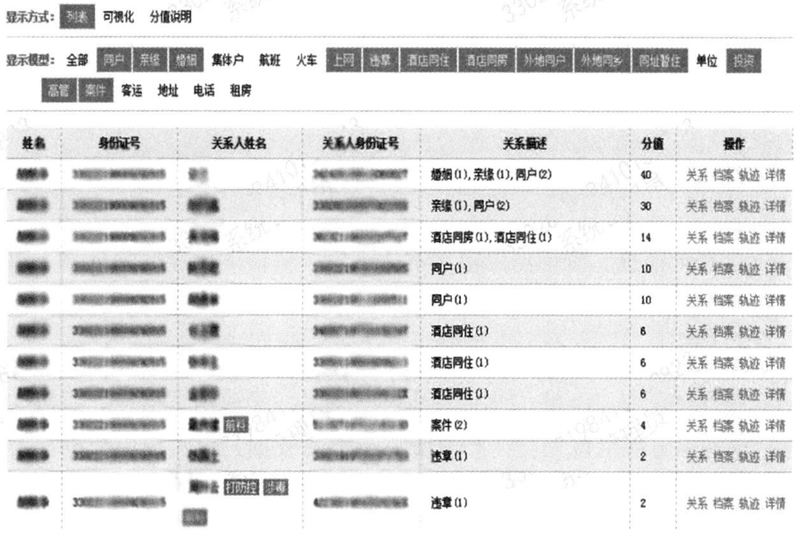

显示方式：列表 可视化 分值说明

显示模型：全部 同户 亲缘 婚姻 集体户 航班 火车 上网 违章 酒店同住 酒店同房 外地同户 外地同乡 同址暂住 单位 投资 高管 案件 寄运 地址 电话 租房

姓名	身份证号	关系人姓名	关系人身份证号	关系描述	分值	操作
[illegible]	[illegible]	[illegible]	[illegible]	婚姻(1)，亲缘(1)，同户(2)	40	关系 档案 轨迹 详情
[illegible]	[illegible]	[illegible]	[illegible]	亲缘(1)，同户(2)	30	关系 档案 轨迹 详情
[illegible]	[illegible]	[illegible]	[illegible]	酒店同房(1)，酒店同住(1)	14	关系 档案 轨迹 详情
[illegible]	[illegible]	[illegible]	[illegible]	同户(1)	10	关系 档案 轨迹 详情
[illegible]	[illegible]	[illegible]	[illegible]	同户(1)	10	关系 档案 轨迹 详情
[illegible]	[illegible]	[illegible]	[illegible]	酒店同住(1)	6	关系 档案 轨迹 详情
[illegible]	[illegible]	[illegible]	[illegible]	酒店同住(1)	6	关系 档案 轨迹 详情
[illegible]	[illegible]	[illegible]	[illegible]	酒店同住(1)	6	关系 档案 轨迹 详情
[illegible]	[illegible]	[illegible] 前科	[illegible]	案件(2)	4	关系 档案 轨迹 详情
[illegible]	[illegible]	[illegible]	[illegible]	违章(1)	2	关系 档案 轨迹 详情
[illegible]	[illegible]	[illegible] 打防控 涉毒	[illegible]	违章(1)	2	关系 档案 轨迹 详情

图 12-3 关系信息

（5）社会信息。社会信息包含社保信息、医院信息、数字店用户信息、市民卡信息、人才市场信息等。社会信息展示该人员在此项所有小类中的数据，包括历史数据。如图 12-4 所示。

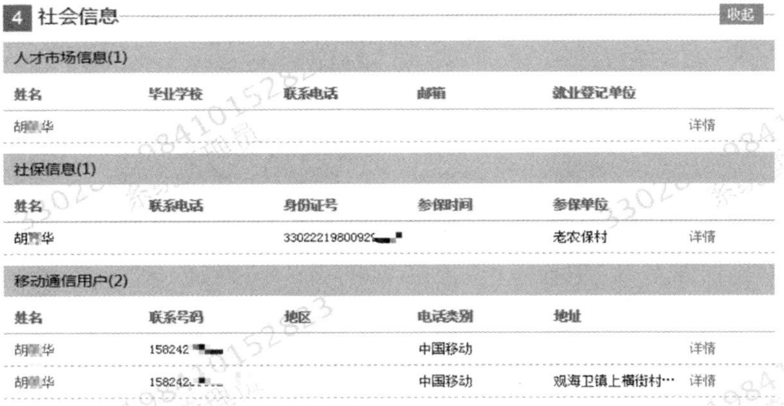

图 12-4 社会信息

（6）轨迹信息。轨迹信息包含民航、旅馆、铁路等与人员有关联的轨迹类信息。轨迹信息展示该人员在此项所有小类中有的数据，包括能检索到的历史数据。如图 11-5 所示。

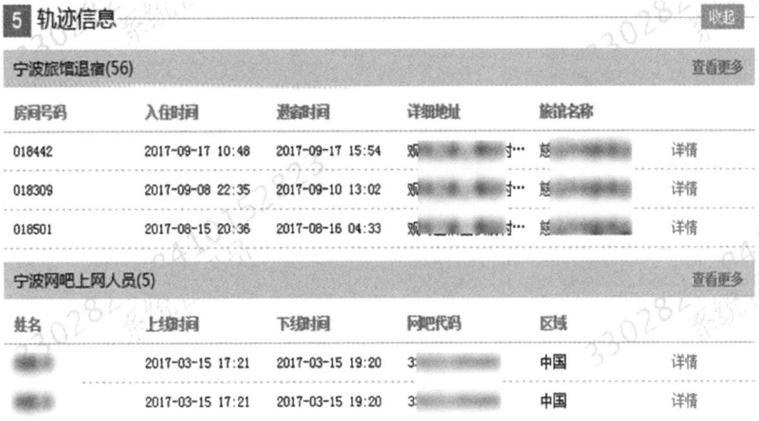

图 12-5 轨迹信息

（7）背景信息。包括全国在逃人员、全国七类重点人员以及前科案件等在逃、前科、吸毒、涉毒、历史在押信息。如图 11-6 所示。

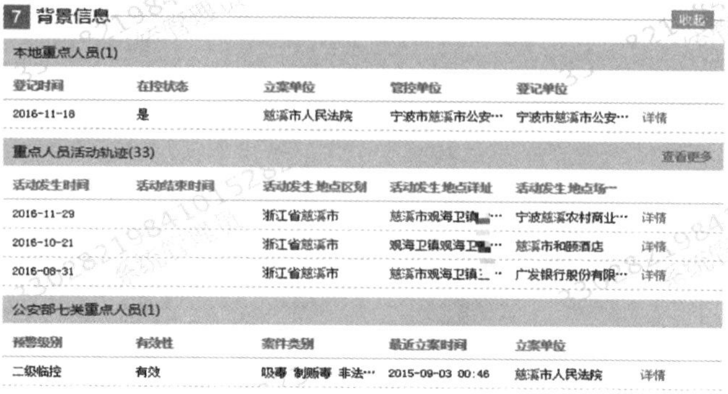

图 12-6　背景信息

2. 一线索一档

线索档案包括线索信息、线索要素及要素关联人员、阵地信息、线索主线及副线信息等。如图 12-7 所示。

系统将通过各种途径上报、汇聚的线索信息进行统一归口录入、存档、结构化存储，对汇集后的线索信息通过排重、相似合并等处理后进行任务分配。系统还会融合线索信息补充、线索管理、线索研判等，通过线索电子档案展现线索信息全貌。而当任务分配时系统能够明确侦查责任人与参与人等。

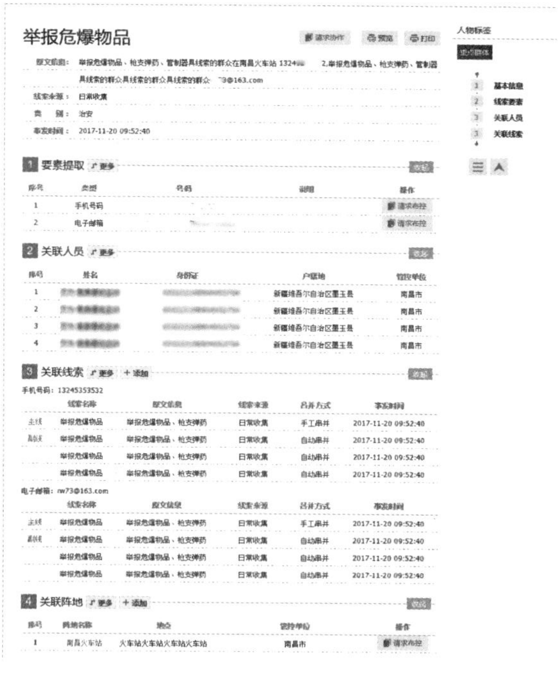

图 12-7　线索档案

3. 一群体一档

一群体一档是指以案件嫌疑、涉稳关注等人员的社会关系和活动轨迹为出发点，对高危、关注人员进行群体划分，建立档案，并依托档案实现对群体的研判与监控。一群体一档主要用于群体管理、群体轨迹监测、群体分析预警等。

群体建档时，系统支持对群体进行命名、分类，支持对群体成员进行角色配置，如头目、骨干、成员等。如图 12-8 所示。

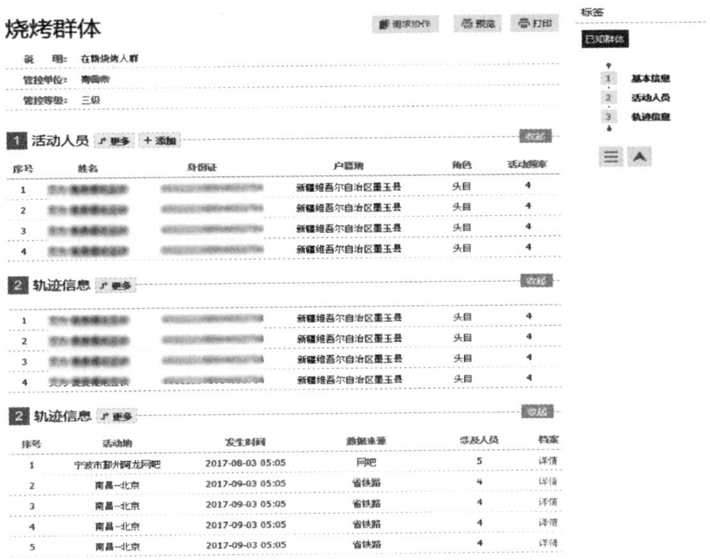

图 12-8 群体建档

4. 虚拟身份档案

虚拟身份档案包括基本信息以及与之相关联的人员及线索信息。通过虚拟身份档案将日常工作采集、线索提取、扩线核查到的虚拟身份进行统一管理，并反映出关注人员的真实身份与网上虚拟身份之间的对应关系。如图 12-9所示。

图 12-9　虚拟身份档案

5. 档案式应用

系统提供深度搜索的智能数据关联算法，按照关联规则知识库建立数据的关联关系。系统通过可视化、关联分析等技术，实现对各类业务档案和文件的自动收集、归类，建立相应的动态电子档案。关联关系随数据中心的数据变化、数据关联规则的变化而变化，同时也可以由人工对档案进行完善。

（二）操作简介

1. 添加号码

登录蓝灯 iTap 数据情报分析平台后，点击左侧全息档案，进入全息档案的功能页面，点击工具栏上的添加号码，如图 12-10 所示。

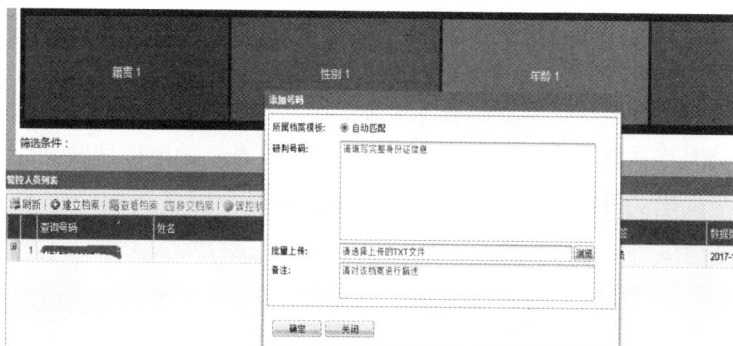

图 12-10　添加号码

在弹出的添加号码页面，输入研判号码，多个号码以逗号或者分行隔开。研判号码可以是身份证号码、手机号码等。备注为必填项。完成后点击确定。

如果号码数量超过 1000 个，建议使用批量上传。先将号码存在 txt 文件中，在添加号码页面，点击浏览，选中 txt 文件并上传。

添加的号码自动归至默认档案模板容器中。

号码添加上之后，系统会自动作出研判，显示在上方。

以研判号码"51102719790415××××"为例，如图 12-11 所示。

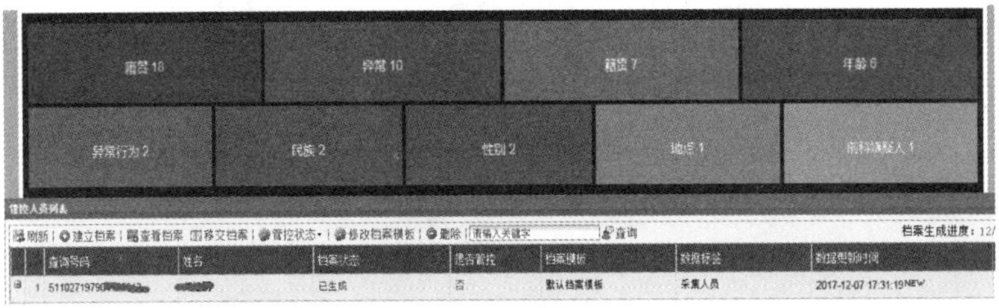

图 12-11　研判号码

图 12-11 的色块为一级筛选项，点击可以进入二级筛选项。点击二级筛选项，会将其作为一个筛选条件，筛选出符合的号码，显示在下方。点击色块里的文字，其作用类似于清除筛选条件。点击返回，会返回色块一级筛选页面。

2. 查看档案

选中关注人列表中的某一项，只能是单选，工具栏上的查看档案按钮即显示可用。点击后弹出全息档案明细页。如图 12-12 所示。

图 12-12　查看档案

基本信息从八大库数据而来，右上角有保存、下载、列入管控三个按钮。点击下载，弹出下载提示项。如图 12-13 所示。

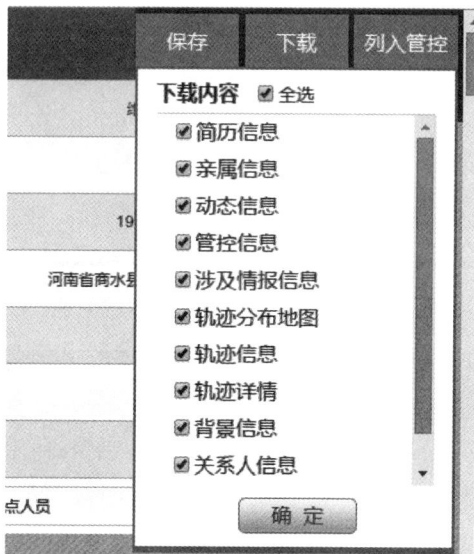

图 12-13　下载内容

按照提示操作，可根据需要选择要下载的内容项，内容会以 word 和 html 两种形式下载。

点击管控状态，可选择列入管控或取消管控，同时主档案右上角的管控状态也会随之改变。如图 12-14 所示。

图 12-14　管控及其变化

在主档案之外，我们还需要对其个人信息的完整性进行补充（图 12-15），具体补充事项如下：

（1）个人简历信息。可以手动添加该人员的简历信息。点击新增，进行

图 12-15　补充个人信息

手动录入，进一步完善人员的信息。

（2）人员亲属信息。可以手动添加该人员的相关亲属信息。点击新增，进行手动录入，进一步完善人员的信息。

（3）人员动态信息。可以手动添加该人员的动态信息。点击新增，进行手动录入，进一步完善人员的信息。

（4）人员管控信息。可以手动添加该人员的管控信息。点击新增，进行手动录入，进一步完善人员的信息。

（5）涉及情报信息。如图 12-16 所示是根据档案编号_ 身份证号码从情报报送功能中抽取的相关信息。

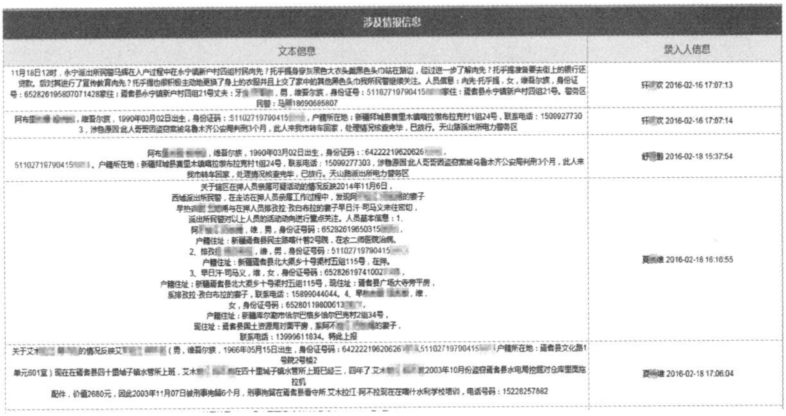

图 12-16　涉及情报信息

（6）轨迹分布地图。通过嫌疑人活动地点的 GIS 展现，结合区域地图，生成轨迹分布地图。如图 12-17 所示。

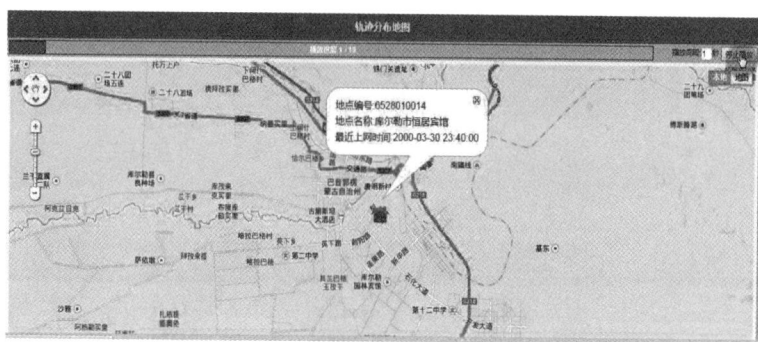

图 12-17　轨迹分布地图

（7）背景信息。此处对人员的一些特殊信息进行补充，如乘坐过的交通工具、前科信息、拥有的车辆信息、驾驶证信息等。如图 12-18 所示。

背景信息	
嫌疑人	【网吧代码:15010310000108,】,【网吧代码:15010310000159,】
航班	【证件号码:51102719790415 姓名:孟卫,航班号:MU5409,到达机场(目的地):首都机场】
前科信息	2013年12月19日11时30分许，犯罪嫌疑人朱 利、 在乌市912路公交车站扒窃张天华挎包内人民币200.60元整。后被群众扭送至派出所。
车辆信息	新MA3025(小型汽车号牌),新MK2166(小型汽车号牌)
驾驶证信息	C1,B2

图 12-18　背景信息

（8）关系人信息。通过后台配置的相关战法，可以找出在同一区域、同一时间活动的相关人员，并且可以标识出关系人是否有前科。如图 12-19 所示。

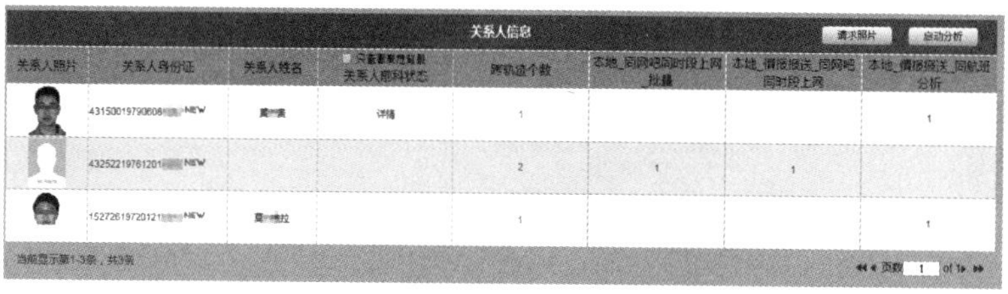

关系人照片	关系人身份证	关系人姓名	关系人前科状态	共轨迹个数	本地_同网吧同时段上网_批量	本地_情报报送_同网吧同时段上网	本地_情报报送_同航班分析
	43150019790608 NEW		详情	1			1
	43252219761201 NEW			2	1	1	
	15272619720121 NEW			1			1

当前显示第1-3条，共3条

图 12-19　关系人信息

关系人列表里的关系人身份证、关系人前科状态、关系人轨迹总数，点击相应信息均可进入相关页面，比如点击关系人身份证列的身份证号码，可以生成此人的全息档案，并且在功能页面的关注人列表中也会增加此人。如图 12-20—21 所示。

图 12-20 生成全息档案

图 12-21 添加于关注人列表

点击关系人前科状态列的前科状态图，会生成关系人背景信息明细，列出关系人身份证号码和前科案件类型。如图 12-22 所示。

图 12-22 关系人背景信息

点击关系人轨迹总数中的数字，会在全息档案_ 单个明细页面列出此人的所有轨迹，比如旅馆入住、网吧上网等。

（9）轨迹信息。统计嫌疑人乘坐飞机、火车，入住旅馆，网吧上网的信息。如图 12-23 所示。

图 12-23 轨迹信息

点击相应的轨迹信息，可进入全息档案_ 单个明细页面查看详情。

3. 系统研判

如图 12-24 所示,色块选项部分是系统所作的研判标签,底下描述部分是详细研判。每个研判项末端都有明细选项,点开可进入全息档案_单个明细页面查看详情。

图 12-24 系统研判

(1)删除。选择关注人列表里的一项或多项,删除选项变为可用,点击即可删除。

(2)查询。在输入框里输入关键字(支持模糊查询),点击查询,可以查询出关注人列表里的相应内容。如果要取消查询结果,只要将输入框清空,再点击查询即可出现全部内容。

(3)流转档案。点击管控列表中的流转档案,并选择相应的单位。如图 12-25所示。

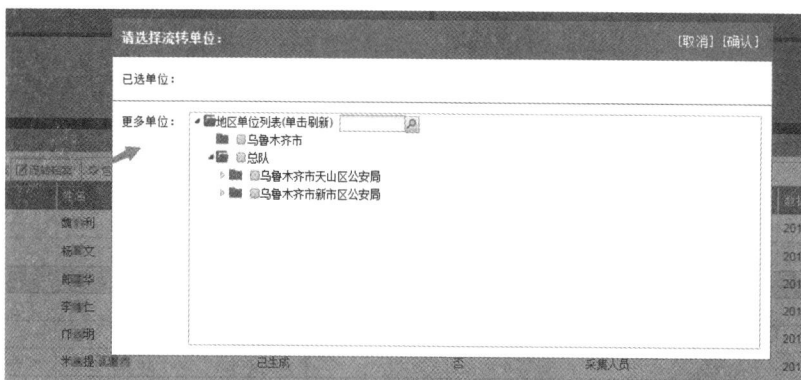

图 12-25 流转档案

上级部门可将有关档案信息流转给下级部门，流转成功后会出现流转成功的提示。管控情况会自动改为"是"，数据标签也会由采集人员相应更改为"下级管辖人员，采集人员"。如图 12-26 所示。

	查询号码	姓名	档案状态	是否管控	数据标签	数据更新时间
1:	41090119590510▨▨▨	魏□利	已生成	是	下级管辖人员, 采集人员	2016-04-27 20:26:25 NEW

图 12-26　流转后的档案状态

二、图谱式信息管理

从 AI 的视角看，知识图谱是一种理解人类语言的知识库。从数据库视角来看，知识图谱是一种新型的知识存储结构。从知识表示视角来看，知识图谱是计算机理解知识的一种方法。从 Web 视角来看，知识图谱是知识数据之间的一种语义互联。从最初的逻辑语义网（semantic-net）、语义网络（semantic-web）到 Linked-data，再到现在的大规模应用的知识图谱，已经前前后后经历了将近 50 年的时间。

知识图谱，是实现认知智能的知识库，是武装认知智能机器人的大脑，这是知识图谱与认知智能的最本质联系。知识图谱，与以深度神经网络为代表的连接主义不同，其作为符号主义，从一开始提出就注定了要从知识表示、知识描述、知识计算与推理上不断前行。目前，知识图谱在诸如问答、金融、教育、银行、旅游、司法等领域中得到了大规模的运用。

蓝灯 iTap 数据情报分析平台之图谱式信息管理系统利用知识图谱实现对信息的管理。其功能与操作介绍如下：

（一）功能简介

这里以涉稳重点人员图谱式管理信息系统——智谱为例进行介绍。

智谱图谱式管理是通过关系分析，对涉稳重点人员的关系进行家谱式展现，以深度挖掘各种关系，实现对家族式、团伙式犯罪的扩线深挖，对具有宗教极端思想人员的关系进行深度拓展，为反恐维稳和侦查服务。

1. 数据采集

图谱数据量大，而且在使用图谱数据之前需对数据进行处理，经过恰当地预处理后，才能实现顺利导入和使用。数据预处理就是用功能工具对残缺数据、错误数据、重复数据等进行优化的过程。

在大量的原始数据中存在着不完整、不一致、有异常的数据，这些数据会影响数据挖掘建模的执行效率，甚至导致挖掘结果出现偏差，所以，对数据进行清洗就显得十分必要。而且，在数据清洗的同时或数据清洗后还需对数据进行集成、转换、规约等。对数据的清洗、集成、转换、规约就是数据的预处理。很显然，数据的预处理有利于提高数据的质量，同时也是适应特定挖掘技术或工具的需要。

2. 模板转换

打开本地的任意 excel 表格（单个或者批量），把该表格的表头（列名）与所需导出的固定模板列名对应，最后保存处理过的 excel 表格到本地。如图 12-27 所示。

系统可实现：

（1）模板可以进行动态配置，并支持导出/导入。

（2）同时操作多个 excel 文件时，最终导出一个 excel 文件，如果总行数大于单个 excel 文件行数限制时，自行分成多个文件。

（3）有多个文件时，系统会判断文件列名是否一致，不一致则进行提示。

（4）不管对应的关系列名有多少，最终输出的文件列名就是所选择模板的全部列名。

（5）配置对应关系时，模板列只能对应一列文件列。

（6）支持 xls、xlsx 格式的 excel 文件输入，最终输出的文件是 xlsx 格式。

（7）批量操作时，仅限同类型文件（格式相同，列名相同）。

（8）文件只读第一个 sheet1 的内容，其余 sheet 内容无效。

（9）文件列名要求在文件的第一行。

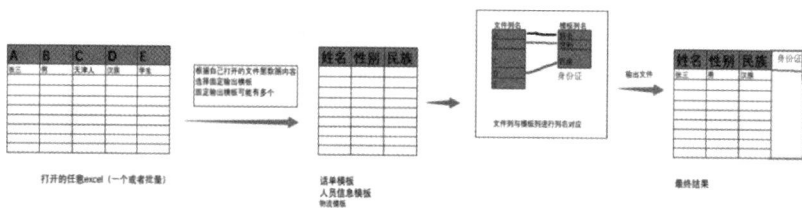

图 12-27　模板转换

3. 数据拆分

打开 excel 文件，设置一个行数，然后根据这个行数进行原件拆分，把原件分成多个 excel 文件，每个文件行数为所设置的行数，直到拆分完毕。拆分后的每个 excel 都要有跟原文件一样的列名（拆分过程列名不变，原列名输出）。输出的文件是 xlsx 格式。

4. 数据识重

针对所需处理的表格，软件自动识别每行、每列的数据内容，从中挑选出完全重复的行或者列，并做标注提示。然后使用者可通过一键去重的方式将重复的数据进行删除，删除后形成新的数据表格导出。

5. 错误筛选

软件支持对每行、每列中的数据进行筛选，从中挑选出与其他同行或者同列数据差异较大的内容，并作标注提示。然后提供手动修改功能，从起初第一个错误字段开始逐步提示修改，直到每个错误数据修改完毕或使用者默认错误，并导出成修订表格。

6. 数据补全

系统支持对数据表格中残缺的位置进行自动识别。数据补全类似于错误数据的修改方式。自动识别后再逐步提示填充修改，直到修改完毕，或使用统一相同数据进行填充，并导出。

7. 格式转换

系统支持数据格式转化，支持一键式的全行列转换，或者单行及单列的手动位置转换，并支持对格式中的数据定义进行转换。

8. 字段拆分

系统支持把表格中的单一字段拆分成几个相应的独立字段。例如，年月日的格式拆分或者标准化地址中省、市、区、街道的拆分。

9. 自动匹配

打开 excel 文件，选择任意的字段，根据这个所选的字段进行自定义设置，以上步骤可重复进行，直到所选择匹配的字段匹配完成，然后可将原表格内容转存为自定义字段的表格。输出的文件是 xlsx 格式。

（二）操作简介

蓝灯图谱管理系统主要有五种类型的图谱类型供选择：涉稳高危人员家

谱图、涉案人员案件关系图、宗教极端思想历史传承图、出入境人员关系图、私朝人员关系图。如图 12-28 所示。

图 12-28　蓝灯图谱管理系统

选择所需要建立的族谱，以涉稳高危人员家谱图为例。先要填写图谱说明，添加第一个人，填写其身份证号码、姓名、前科信息，保存后，可在家族关系图中生成人员信息，其中身份证号码和姓名都必须填写。如图 12-29 所示。

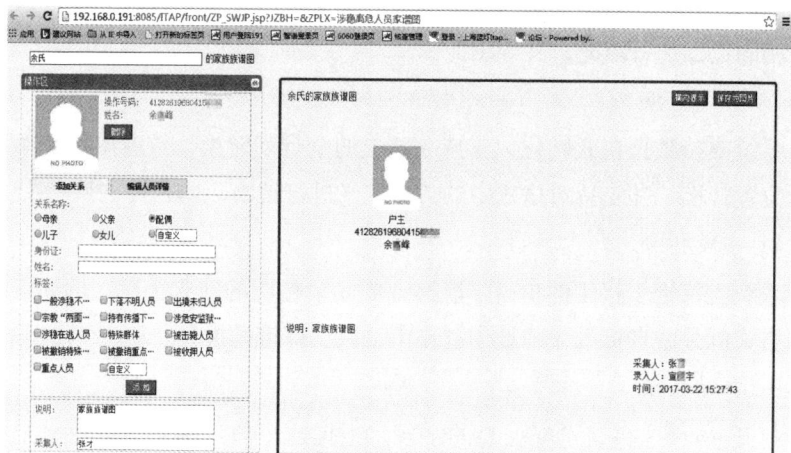

图 12-29　涉稳高危人员家谱图 1

如需添加与其相关的关系人，可通过添加关系，选择关系名称，填写关系人的身份证号码、姓名、前科类型。点击添加后确定。可点击某个人员进行详情的编辑。如图 12-30 所示。

图 12-30　涉稳高危人员家谱图 2

　　图谱的显示方式有横向显示和竖向显示两种。点击图中右上角的保存图片可以将族谱以照片的格式保存。如图 12-31 所示。

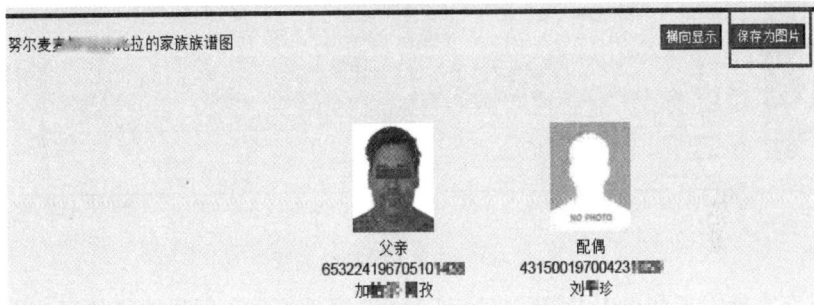

图 12-31　涉稳高危人员家谱图 3

1. 图谱管理

　　选中图谱管理列表中的某个图谱，点击图谱采集，即可对该图谱进行编辑。

　　选中图谱管理列表中的某个图谱，点击预览，则该图谱会以图形化分析的形式展示。如图 12-32 所示。

　　对涉案人员案件关系图进行预览分析时，右上角有保存线索按钮，点击该按钮后该涉案人员关系图会在图谱管理列表中保存为涉案人员社会关系图。如图 12-33 所示。

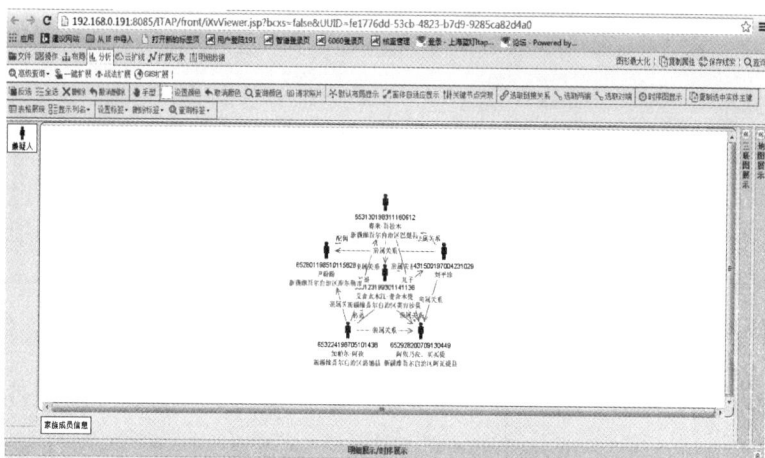

图 12-32　以图形化分析的形式展示图谱

图 12-33　涉案人员社会关系

在家族管理列表中可删除整个被选中的家族信息，但只能删除当前用户创建的族谱。如图 12-34 所示。

图 12-34　删除家族信息

通过族谱采集进入族谱图，选中具体人员进行删除。如图 12-35 所示。

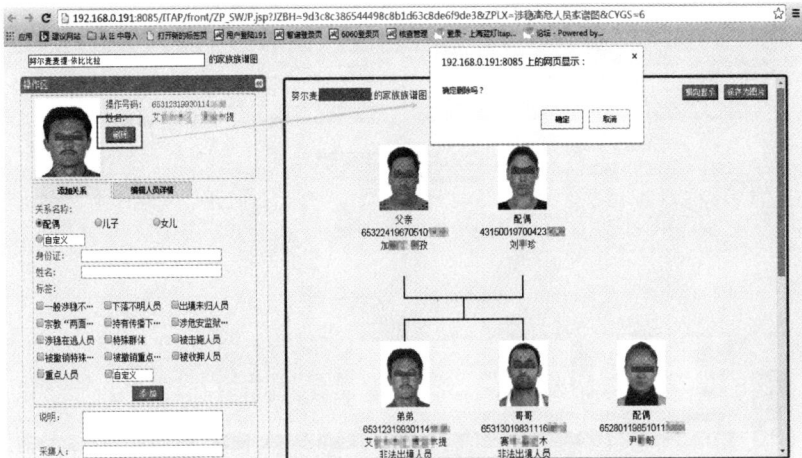

图 12-35　删除具体人员

但如果要删除的人员有子类关系的人，则不能删除。如要删除的人员有儿子，则无法删除此人信息。如图 12-36 所示。

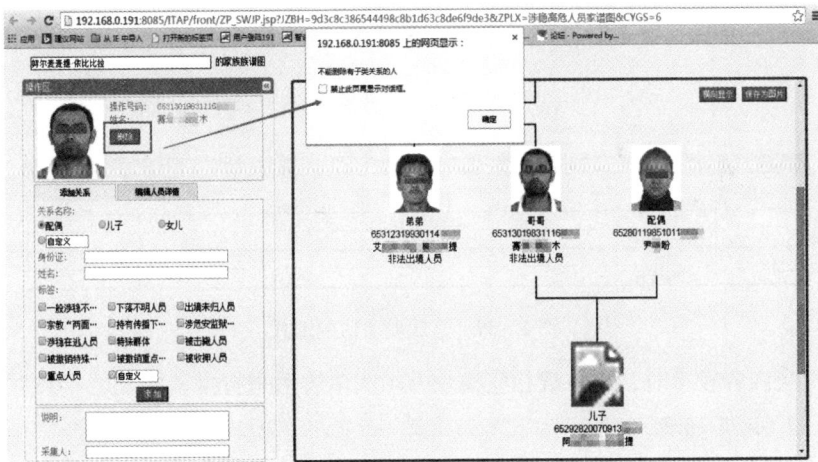

图 12-36　不能删除有子类关系的人

家族合并功能只能针对涉稳高危人员家族之间的合并。合并单位为人到人，合并后需填写与合并的人的关系类型及合并方式。如图 12-37 所示。

下载模板用于批量导入，选择要下载的图谱类型的模块。如图 12-38 所示。下载后为 excel 形式，以涉案人员案件关系图为例，下载后如图 12-39所示。

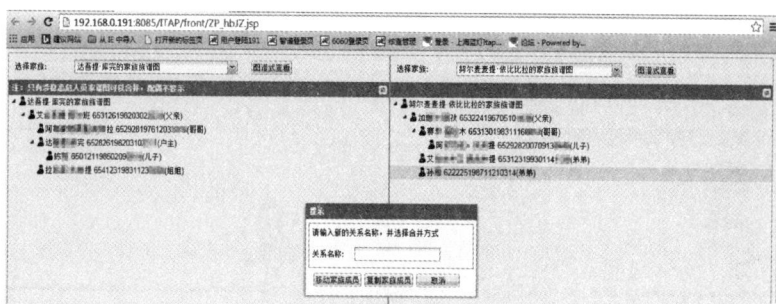

图 12-37　家族合并

图 12-38　下载模块

图 12-39　下载模块后的形式

当内容较多时，可下载相应模块并填入内容后进行批量导入。

2. 谱系档案

此功能区是将所有的涉稳高危人员家谱图都归至谱系档案下，如图 12-40 所示。由此页面可以了解到户主的相关信息以及此家谱图的人员个数。

选中某个家谱图后，点击谱系档案，则该家族每个成员的信息以及成员与户主的关系都会被展示出来。如图 12-41 所示。选中某个成员，点击鼠标右键可查询该成员的全息档案信息。如图 12-42 所示。

图 12-40　谱系档案 1

图 12-41　谱系档案 2

图 12-42　谱系档案 3

3. 分析评估

该区域是将所有的涉稳高危人员家谱图进行分析评估。评估的方法是将涉稳人员家谱图中的采集人员与即时查控平台中的数据进行比对，比对结果：红色5分、橙色3分、黄色1分。

家族风险评估（图12-43）：高→较高→中→低（计数排序，每个家族里面红、橙、黄分别有多少个进行计数并在列表中显示出来）；个人风险评估：高→较高→中→低（排序）；积分评估标准：高（5分以上）、较高（3—4分）、中（2分）、低（0—1分）。

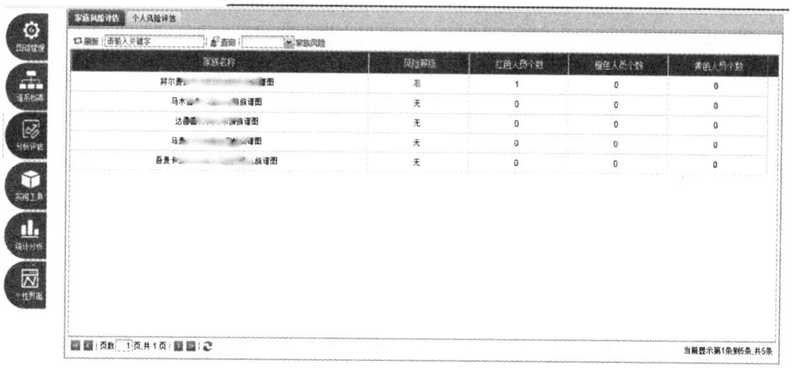

图12-43　家族风险评估

个人风险评估是将所有家族成员全部列出后评估其风险等级，如图12-44所示。

图12-44　个人风险评估

4. 家族串并

在图形预览中进行扩展分析，并通过战法扩展出更多相关的信息。

5. 关系挖掘

输入身份证号码，可查询出包含该身份证号码的图谱信息。如图 12-45。

图 12-45　关系挖掘

6. 背景审查

通过身份证号码、手机号码、车牌号码等信息，对人员已有的信息进行核对审查。如图 12-46 所示。

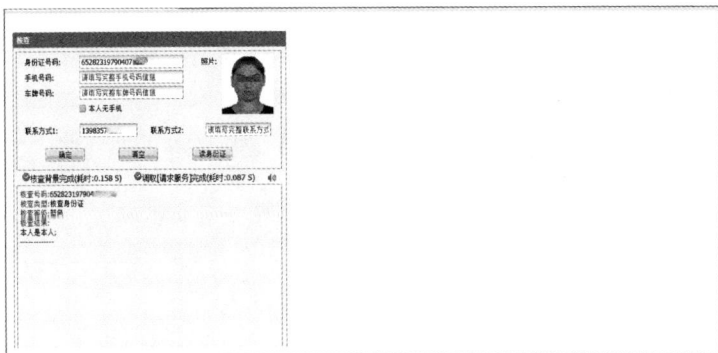

图 12-46　背景审查

7. 全文检索

全文检索，即能够通过输入的条件进行批量查询或同音查询。如图 12-47所示。

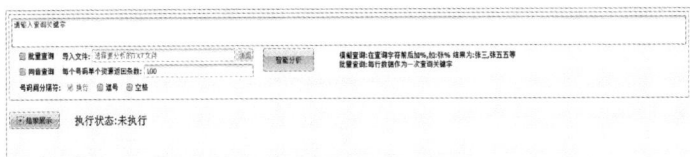

图 12-47　全文检索

8. 统计分析

统计分析，即报表统计，效果如图 12-48—51 所示。

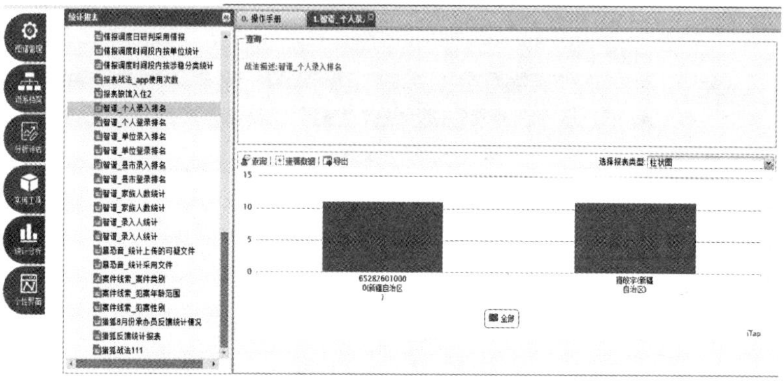

图 12-48　个人录入信息排名

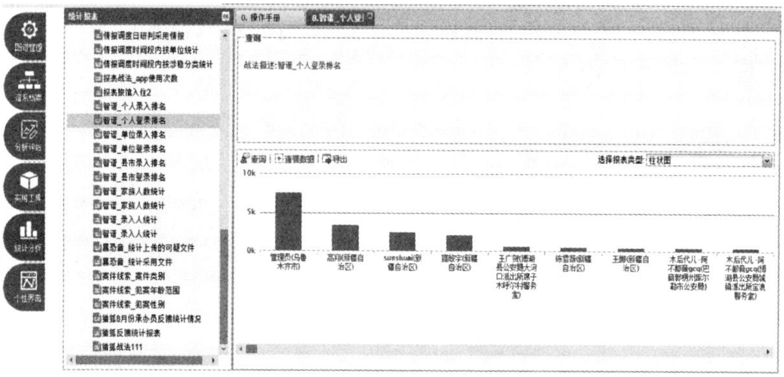

图 12-49　个人登录情况排名

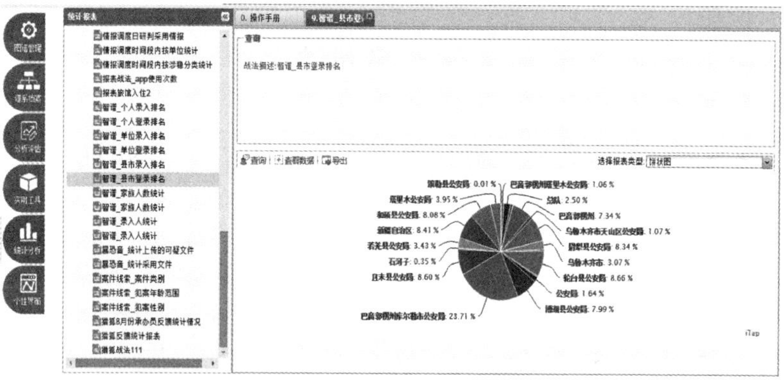

图 12-50　各县市登录情况排名

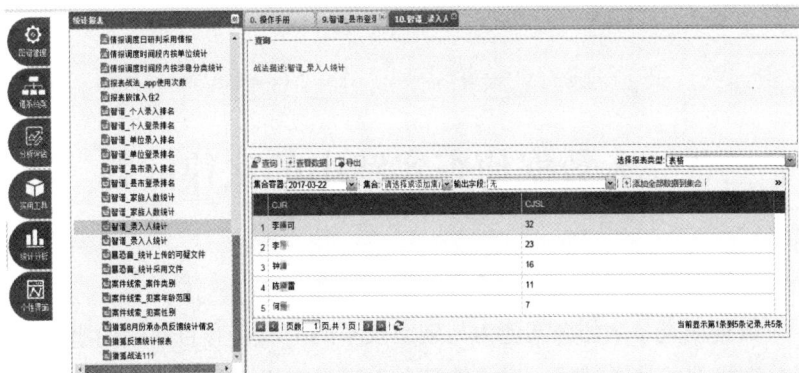

图 12-51 录入人统计情况

第十三章　大数据侦查实践中的法律问题

大数据侦查带来的破案能力与破案效率的提高是有目共睹的事实，也改变了公安机关的侦查模式，对维护社会秩序具有极大的积极效果。社会学家阿尔温·托夫勒夫妇早就指出："第三次浪潮不仅仅是个技术和经济学的问题，它涉及道德、文化、观念以及体制和政治结构，它意味着人类事务的一场真正的变革。"[1] 虽然科学技术决定了我们能够做什么，但我们还需要在伦理学与法学领域进一步追问：什么是允许做的？舍恩伯格等认为，大数据时代绝对不是一个理论消亡的时代，相反地，理论贯穿于大数据分析的方方面面。[2] 我们不能过度沉迷于让数据"自己说话"甚至"自己思考"，疏于开展深度的理论剖析与建构，技术一旦进步到可实用的程度，就必须在法律上进行严肃对待，允许还是禁止，以及在多大程度上这些技术必须被允许都应当给出强有力的理由。所以，对大数据侦查有必要进行道德与法律的哲学思考。

大数据侦查涉及多方面的法律问题，其中大数据侦查与公民权保障之间的关系、大数据侦查的法律属性、大数据侦查的程序控制、大数据侦查的数据收集、大数据证据的运用是本章要着重探讨的几个主要问题。

一、大数据侦查与公民权利保障

法律是一种利益权衡，一方面，大数据技术的运用延伸了公安机关的侦查权，是公权力的壮大；另一方面，大数据技术的运用也意味着公民权的让渡与牺牲。大数据技术运用于侦查在法律上是否被允许以及在多大程度上被

---

[1] 阿尔温·托夫勒，海蒂·托夫勒. 创造一个新的文明：第三次浪潮的政治 [M]. 前言. 陈峰，译. 上海：上海三联书店，1996：5—6.

[2] 维克托·迈尔-舍恩伯格，肯尼思·库克耶. 大数据时代：生活、工作与思维大变革 [M]. 盛杨燕，周涛，译. 杭州：浙江人民出版社，2013：94.

允许，取决于公权力与公民权利之间的平衡。

（一）大数据侦查对公民权利的影响

大数据侦查是把"双刃剑"，它使侦查方法及效果得到质的变化，同时也对公民权益造成了显性或潜在的威胁。

1. 大数据侦查的基础数据来源于未经授权的公民个人信息，且侦查对象具有广泛性

首先，大数据的运用根植于公民为参与正常的社会生产、生活而不得不交出并汇集的海量信息，这些信息汇总成为各类大数据运用的基础，包括大数据侦查。如前文所述，我国大数据侦查的数据来源广泛，包括公安业务数据以及银行、互联网企业、政府部门等的外部数据。公民对于与自己相关的数据信息，比如银行账户或者淘宝用户信息，被运用于侦查，多数情况下并不知情。其次，不像传统的侦查行为有明确的侦查对象或者涉及的侦查对象有限，大数据侦查是一种不以犯罪嫌疑为前提的广泛监控，任何人都可能成为潜在的侦查对象。以大数据搜索比对为例，侦查机关利用大量公民的个人信息进行比对、挖掘，必然会产生"株连效应"，很多无辜公民可能进入侦查视线，要经过后期的侦查、事后的筛选才能进一步甄别出犯罪信息与无关信息。由此提出的问题是：侦查机关是否可以毫无限制地收集、储存、使用个人信息？公民是否有权反对将个人信息运用于侦查？

2. 大数据侦查侵害了公民的隐私权及个人信息权

传统侦查行为的干预对象为公民的人身自由、生命健康权和财产权，大数据侦查促使侦查权侵害的权利类型发生转换与升级，即转向隐私权、个人信息权等涉及人格尊严的基本权利。

我国长期以来经济发展欠发达，公民对财产权、生存权的关注远高于对隐私权与个人信息权的追求，所以隐私权和个人信息权的观念在我国缺乏必要的土壤，社会公众以及决策者对干预公民隐私权、个人信息权的各种侦查手段的风险、危害以及规制的必要性尚缺乏清晰的认识。随着社会经济的发展，公民基本生活条件得到满足后，开始彰显对人格尊严权利的诉求。尤其现代信息社会更加凸显隐私、个人信息权保护的重要意义，一个社会如果不能保障公民的隐私权、个人信息权等人格权利，将破坏个人自治、私生活安宁等弥足珍贵的公民权利，公民因他人（尤其是国家）知悉自己的秘密而被

威吓或担扰，而谨小慎微、谨言慎行，并产生"寒蝉效应"，这个社会将失去活力和创造力。因此，他人包括公权力机关对公民的隐私权和个人信息权负有保障义务，这是对个人价值和尊严的维护。

3. 对公权力侵害隐私和个人信息权的立法规制阙如

我国在私法领域已开始重视对他人侵扰隐私权和个人信息权的防御，刑法和民法领域目前都有隐私和个人信息保护的规范，如《刑法》第253条之一规定了侵犯公民个人信息权罪，《民法总则》第110、111条规定公民享有隐私权和个人信息权，但刑法和民法领域的隐私和个人信息保护所针对的主要是他人侵犯公民隐私和个人信息权益的行为。在公法领域，对国家不当干预和操控个人信息、侵害隐私的行为应该如何对待，立法规制阙如。对此政府亦缺乏自知，民众缺乏警惕，相关理论研究薄弱。政府游离于法律的约束和控制之外，隐私和个人信息保护的系统规制也因此凸显重大缺失。

事实上，相对于私人，政府机构才是数据处理的"老大哥"，是可能侵犯公民相关权利的最大危险。现代信息技术的急剧发展使监控型社会的形成已经成为事实，在此情形下，如何有效保护公民个人权益免受政府侵害？所以，欧盟国家的信息保护立法都首先从规范、限制政府收集和使用数据开始，之后才将规范对象拓展至私人机构。以德国法为例，《德国联邦个人资料保护法》首先规定的是"公共机构对数据的处理"，其次才是"私法主体和参与竞争的公法企业对数据的处理"，而且公权力主体和私法主体在信息处理方面适用的规则也不尽相同，对公共机构的信息处理行为施加了比私法主体更为严格的管制。

（二）各国大数据侦查规制的理论路径比较

基于大数据侦查与公民权之间的冲突，各国逐步建立对大数据侦查的法律规制。由于法律制度和观念迥异，各国大数据侦查规制的理论路径不同，当前理论界主要聚焦于两种学说：

1. 以"信息性隐私权理论"规制大数据侦查

美国是适用"信息性隐私权理论"的代表性国家。信息性隐私权理论主张隐私权是个人对其个人信息披露的控制权。美国不承认个人信息权与隐私权之间的区分，将个人信息保护纳入隐私权保护的范围，认为个人信息是信息性隐私权关注的核心。当然，美国隐私权内涵宽泛，包括大陆法中的名誉权、姓名权等具体人格权，承担的是一般人格权的功能。

美国 1974 年制定的《隐私法》，对联邦政府收集、持有、使用和传输各类信息进行了规定，以"隐私保护说"作为规范政府大数据运用的学说。在 1967 年联邦最高法院裁决的 Katz 案中，隐私保护的标准被确定为"对隐私的合理期待"。大数据侦查涉及对各类公民数字记录的应用，能否被视为搜查而受宪法第四修正案关于搜查的法律约束，取决于大数据侦查是否构成干预公民对隐私的合理期待。根据美国联邦最高法院 1976 年 Miler 案和 1979 年 Smith 案确立的自愿交与第三方规则，即公民对自愿交给第三方机构保存的各类信息记录"无隐私的合理期待"，使用这些信息的政府行为当然不被视为搜查行为，联邦宪法第四修正案无从适用。[1]

即使经过几十年的发展，面对大数据时代的来临，在具体案例中"第三方规则"仍然主导着美国的隐私权保护规则。美国的信息隐私权在世界范围内产生了深远的影响，众多国家的个人信息立法亦直接采取了"隐私"的称谓，在学术研究中，信息性隐私权理论亦被各国学者所广泛继受。

2. 以"信息自决权理论"规制大数据侦查

信息自决权理论以德国为典型。德国法中没有"隐私权"的概念，德国法对于隐私权的保护是透过《基本法》第 2 条第 1 款联结第 1 条第 1 款[2]有关一般人格权的规定，将隐私的概念涵盖其中，另外发展出了"领域理论"，即依据不同程度的保护需求，将环绕人格的"领域"由内而外，由高保护程度至低保护程度区分为三层领域："私密领域"、"隐私领域"以及"社会领域"。但是，信息处理的现代化发展带来人格发展上新的危害，在"自动化资料处理的条件下，不再有不重要的资料"，一个在某处基于特定目的所附带获取的无关紧要之相关人资料，透过资讯技术本身的处理，在他处或许就会成为一个具有新的重要意义的资料。因此，在 1983 年 12 月 15 日德国联邦宪法法院作出了"人工普查法案"判决，该判决对于国家基于公益之目的而广泛搜集、储存和利用个人资料的正当性及其相关问题作出宣示，首次提出

---

〔1〕　程雷. 大数据侦查的法律控制［J］. 中国社会科学，2018（11）.

〔2〕　德国《基本法》第 1 条第 1 款规定：人之尊严不可侵犯，尊重及保护此项尊严为所有国家机关之义务。第 2 条第 1 款规定：在不侵害他人权利及不违反宪政秩序或道德规范下，人人有自由发展其人格之权利。

"信息自决权"的概念，认为信息自决是要保护个人在现代资料处理的条件下，避免其个人资料遭到不受限制的调查、储存、利用和传递；每个公民都必须能够由自己来决定关于他自己的资料如何地受到公开和利用。此种权利包含在《基本法》第 2 条第 1 款联结第 1 条第 1 款之中，属于一般人格权的下位类型，是公民的宪法性权利，其功能主要用以对抗国家的不当干预。同时联邦宪法法院也申明："信息自决权并非毫无限制地受到保护。个人对于其信息并没有一个绝对且不受限制的支配权。""在重大公共利益下，原则上个人必须忍受对其信息自决权之限制。"这个限制除了必须在其条件和范围上具备一个合宪且满足法治国之规范明确性要求的法律基础外，立法者对此还必须注意到比例原则。[1]2009 年《德国联邦个人资料保护法》第三次修订，进一步扩展了个人信息自决权的范围，强化了信息主体的修改权、删除权、封锁权以及损害赔偿请求权。以信息自决权理论为指导，德国法认为大数据侦查是对公民个人信息自决权与人格尊严的干预，进而应遵循干预基本权利的基本要求，应通过刑事诉讼法典设置严格而详尽的法定程序。

德国的信息自决权理论产生了深远的影响，目前全球已有近 30 个国家、地区和国际组织制定了个人信息保护方面的法律。例如，我国台湾地区于 2010 年 4 月通过了"个人资料保护法"，完成了由隐私权保护向个人信息权保护的转变。

（三）我国大数据侦查规制的理论路径选择

"信息性隐私权理论"和"信息自决权理论"两种规范路径各有利弊，学者对该两种理论也多有比较，但借鉴哪一种理论以规制我国迅速发展和崛起的大数据运用争议较大。笔者认为，作为同属大陆法系兼具职权主义传统的国度，我国与德国拥有相似的法律传统，选取"信息自决权理论"作为研究工具，借鉴"信息自决权理论"规制大数据运用，是更适合我国本土法的理论路径选择。

1. 我国立法上的隐私权和个人信息权之比较

我国《宪法》中没有直接提及隐私权、个人信息权，隐私权和个人信息

---

[1] 陈戈，柳建龙. 德国联邦宪法法院典型判例研究：基本权利篇［M］. 北京：法律出版社，2015：44—121.

权均体现了对人格尊严的维护，因此《宪法》第38条规定的"中华人民共和国公民的人格尊严不受侵犯"，被认为是隐私权、个人信息权保护的宪法依据。立法上隐私权、个人信息权的概念都出现得比较晚，2009年《侵权责任法》第2条才直接承认了隐私权作为独立民事权利的地位。2012年《关于加强网络信息保护的决定》第1条将受保护的电子信息分为两类：一为隐私；二为具有识别性特征的个人信息。2016年通过的《网络安全法》在第4章规定了个人信息保护规则，其第45条采取了"个人信息、隐私和商业秘密"的表述，第76条将个人信息明确界定为"以电子或者其他方式记录的能够单独或者与其他信息结合识别自然人个人身份的各种信息"。2017年通过的《民法总则》第110条规定："自然人享有生命权、身体权、健康权、姓名权、肖像权、名誉权、荣誉权、隐私权、婚姻自主权等权利。"第111条则规定："自然人的个人信息受法律保护。任何组织和个人需要获取他人个人信息的，应当依法取得并确保信息安全，不得非法收集、使用、加工、传输他人个人信息，不得非法买卖、提供或者公开他人个人信息。"经由上述立法，学界认为我国个人信息权和隐私权是相区别的独立的民事权利。

在立法既规定了隐私权又规定了个人信息权的情况下，需要辨析个人信息权与隐私权之间的关系。在大数据技术迅速发展的情况下，对二者进行区分更有必要，只有将二者明确区分后才能在各自的领域范围内对人们的隐私、信息进行完整保护。从我国法学理论及判例上看，隐私权和个人信息权在外延和内涵上都有很大区别。

第一，从外延上看，隐私权和个人信息权之间是种属关系。

隐私和个人信息的客体有一部分是重合的，对个人信息而言，只要其存在于一定的载体之上，且被记录下来，并能直接或者间接指向该特定个人，就可以被称为个人信息。在这些信息中，也有不少是个人隐私，是个人不愿对外公开的私密信息，如个人的家庭住址、银行账户等。所以，我国立法上所指的隐私权范围有限，隐私权只是个人信息的核心部分。而美国的隐私权理论是建立在隐私权内涵十分宽泛的基础上，既包括妇女权利、堕胎权、性自主权等一系列宪法性权利，也包括姓名权、肖像权、名誉权等私法权利。所以以隐私保护说来规制我国的大数据运用，力有不逮。

第二，隐私权是一种消极的防御性权利，个人信息权是一种积极性权利。

　　我国关于隐私权的主流学说中，对隐私权的保护范围认识虽有差异，但并未超出传统隐私权理论早已认可的生活安宁、生活秘密、家庭生活、通信秘密、私人空间之外。主流学者均认可属于隐私的个人信息应具有私密性，隐私权的权利功能在于"保护个人私人生活的安宁与私密"，以维护人格尊严。所以隐私权关注的是私生活秘密是否泄露，是建立在信息封锁上的权利。

　　与隐私权不同，个人信息权关注个人信息利用、流转过程之中的信息管理与利益平衡，是建立在信息流通上的权利。大数据时代下，对个人信息的保护无法只局限于消极的防御状态，而是转变为如何积极地利用和处理个人信息的问题，作为积极权能的知情权、修改权、删除权、封锁权是个人信息权的重要部分，更是其与隐私权的重要区别。个人信息权的目的在于通过合理的信息控制以保障公民权益，也通过促进信息流通来创造更多的商业价值和社会价值，以实现个人、商业机构和政府机构之间的良性互动，平衡各方利益。

　　第三，隐私权是一种人格权，而个人信息权既有人格权属性，也有财产权属性。

　　在我国民法理论中，隐私权是一种典型的精神性人格权，没有被视为财产权的可能性，权利人关注的并不是自己的隐私能够给自己带来多大的财产利益或者如何对隐私信息加以控制和利用。而在开源、共享的大数据时代背景下，个人信息被称为"新石油"，其财产价值不可小觑。所以作为一种具体人格权的个人信息权是集精神价值和财产价值于一体，具有人格利益和财产利益的综合性权利。实务中在公民个人信息受到侵害的情况下，若对该信息非法使用处理以获取经济价值一般视为对个人信息权的侵犯；若是公开曝光个人私密信息以对其精神造成影响，则视为对隐私权的侵害。[1]

　　从上述比较分析可知，中国法上作为一种具体人格权的隐私权有其特定的法律基础与法律内涵，无力扩展成"信息性隐私权"中那样宽泛

───────────

[1]　值得注意的是我国《民法总则》第111条的规定并不全面，其仅规定了个人信息权对抗非法侵害的消极权能，并未体现个人信息权的积极权能，亦未体现个人信息兼具精神价值与财产价值的属性。未来立法中，应明确个人信息权并对其积极权能进行规定，承认个人信息权的财产价值。

的隐私概念，美国的信息性隐私权理论并不符合中国的法律规定与司法实践。

2. 两种理论的利弊分析

美国适用"信息性隐私权理论"，在美国联邦宪法第四修正案关于搜查与隐私权保障的框架内审视执法机构对大数据的运用，关注的焦点在于政府执法机构未经个人同意而获取信息的搜查行为，而信息一致被合法获取，个人对该数据就丧失了隐私的"合理期待"，因此"信息隐私权理论"无法规范数据被获取后的使用过程。这导致美国数据挖掘式的侦查行为基本上不受约束，其结果是无法对大数据侦查施加有效控制。所以，美国虽然主张尊重个人隐私、提倡数据保护，但并未因此牺牲信息技术所带来的利益，这种利益既包括信息产业蓬勃发展，也包括利用大数据侦查和控制犯罪的利益。美国的信息隐私权理论已经难以适应现代大数据技术背景下保障公民信息权的迫切需求。

德国将个人信息自决权确认为一种宪法性权利，因此给予高强度的保障，通过专门立法规范政府收集、存储、修改和使用个人信息的行为，较好地平衡了公共利益和个人权益之间的矛盾。相对而言，德国法所确认的"信息自决权理论"更加契合我国立法正逐步确认的个人信息权的内涵，也与大数据时代对公民个人权利保障的需求相契合，对于促进我国大数据应用理论和实践的发展有较大的借鉴意义。因此，借鉴德国"信息自决权理论"作为大数据侦查的规范路径，并根据我国国情丰富和完善"信息自决权"的内涵，是一个更加契合我国法律及信息技术发展现状的路径。

（四）我国对"信息自决权"的继受与发展

我国目前并未对个人信息保护进行系统立法，关于个人信息保护的相关规定散见于各种法律、法规和规章之中，除了《刑法》和《民法总则》的相关规定外，还有下列三个主要规范：（1）2007 年制定的《政府信息公开条例》，这部条例的核心要旨在于推动政府对于其掌握的公共信息的公开；（2）2016年通过的《网络安全法》，其第四章"网络信息安全"中规定了网络运营者（包括国家机关政务网络）与数据主体之间的权利和义务关系；（3）2017 年 12 月颁布的《个人信息安全规范》，这是首个关于个人信息保护的国家推荐性标准。该标准适用于规范各类组织的个人信息处理活动，包括开展个人信息收集、保存、使用、共享、转让、公开披露等。上述规范不区分公权力机构和私人企业，其立法目的主要是规定企业对公民个人信息权的义务，甚少涉及对公权力收集、利用公民个人利息的干预。

结合我国理论与大数据发展的实践，笔者认为应当在现有规范的基础上，结合大陆法系国家，尤其是借鉴德国的立法例，构建我国公权力与公民个人信息权保障之间的规则，发展适合我国国情的"信息自决权理论"，其内涵应当包括以下三个方面：

1. 信息自决权的核心——"知情同意原则"

"信息自决权"意在保障公民可以自我决定于何时以及何种范围内对外公开个人信息，所以"知情同意原则"是传统个人信息保护制度的核心，构成了信息自决权的首要机制。

按照"知情同意原则"的要求，在法律没有强制性规定的情况下，政府机关同其他大数据企业一样，收集公民个人信息应当取得信息主体的同意，同时在同意条款中还应当明确收集数据的目的。在操作层面上，应当通过"用户同意条款"让用户进行主动性选择，《个人信息安全规范》进一步明确了获得同意的标准，细化了征得同意的操作规定，以确保"知情同意原则"得以落实，可以作为具体参照。

但是，"知情同意原则"难以适应大数据时代的发展，大量的隐私协议导致数据主体无暇阅读，大数据技术的复杂性也导致数据主体无法真正理解其隐私风险而可能作出非理性选择。并且，由于多数情况下用户与数据控制者并非处于平等协商的地位，因此，即使用户点击同意，也很难被认定为是真正意义上的自由选择。"明确收集目的"的同意标准使数据收集主体，包括政府不能够通过列举广泛的收集目的来获取数据主体同意，而大数据时代注重数据价值的二次利用和流转，数据控制者不可能为了二次利用而追踪回原数据主体并寻求他们的同意。所以，在复杂的数据收集处理情形下，同意不是最为合适的处理数据的合法依据。

2. 对个人信息自主权的限制——合法利益豁免机制

个人信息保护的目的在于实现信息主体对于个人信息的控制，但在大数据时代如果对于个人信息实施过度的控制，势必会限制个人数据的自由流转，放弃信息技术为社会和个人发展所带来的福利，因此必须在数据保护与数据流转和利用这两种利益之间实现恰当平衡。要求取得数据主体知情同意的信息使用机制已无法适应大数据二次使用模式的要求，需要其他机制作为数据应用的补充，如合法利益豁免机制。[1]《德国个人数据保护法》第4C条规定了处理个人信息的六个合法依据：（1）获得数据主体的同意；（2）完成与数据主体签订的契约或者应数据主体的要求履行前合同义务；（3）保护数据主体的利益；（4）维护重大公共利益或确定、享有或保护合法利益的需要；（5）为了保护数据主体重大利益的需要；（6）为了记录数据，以便向公众提供信息或为公众提供有关个人合法权益的咨询。

也就是说，个人信息保护权并不是一个绝对权，而是一个受限制的权利。并非所有的数据使用都必须取得用户同意，当使用利益高于用户个人利益时，可以让渡用户利益。大数据侦查作为为实现重大公共利益而开展的大数据运用行为，应当适用该特殊的规则，即原则上国家可以干预个人的信息自决权，而个人则必须相应地忍受国家对其信息自决权的限制。[2]

我国《网络安全法》仅规定了收集利用个人信息须经数据主体同意，但未对无须数据主体同意的例外情况进行规定。这导致了我国个人信息保护看起来比欧盟立法更加严格，也不符合实际情况。因此，《个人信息安全规范》第5.4条和第8.5条规定了信息处理的例外情况，如国家安全、重大公共利益、犯罪侦查起诉和审判等[3]，在一定程度上弥补了《网络安全法》过于僵化的缺陷。但是目前存在两个明显不足：第一，《个人信息安全规范》不是法律，只是国家推荐性标准、指导性规范；第二，规定过于粗放，不足以指导实践，无法解决侦查实践中面临的公权力机关如何收集个人信息、如何

----

〔1〕　为了适应大数据时代数据的合理流转和应用的需要，合法利益豁免已经成为数据使用的一个重要原则，它有利于平衡个人信息保护和信息自由流动，因而已为世界主流立法所采用。

〔2〕　陈戈，柳建龙. 德国联邦宪法法院典型判例研究：基本权利篇［M］. 北京：法律出版社，2015：113.

〔3〕　如《个人信息安全规范》第5.4条规定了征得授权同意的例外：以下情形中，个人信息控制者收集、使用个人信息无需征得个人信息主体的授权同意：a）与国家安全、国防安全直接相关的；b）与公共安全、公共卫生、重大公共利益直接相关的；c）与犯罪侦查、起诉、审判和判决执行等直接相关的；d）出于维护个人信息主体或其他个人的生命、财产等重大合法权益但又很难得到本人同意的；e）所收集的个人信息是个人信息主体自行向社会公众公开的；f）从合法公开披露的信息中收集个人信息的，如合法的新闻报道、政府信息公开等渠道；g）根据个人信息主体要求签订和履行合同所必需的；h）用于维护所提供的产品或服务的安全稳定运行所必需的，例如发现、处置产品或服务的故障；i）个人信息控制者为新闻单位且其在开展合法的新闻报道所必需的；j）个人信息控制者为学术研究机构，出于公共利益开展统计或学术研究所必要，且其对外提供学术研究或描述的结果时，对结果中所包含的个人信息进行去标识化处理的；k）法律法规规定的其他情形。

依法运用大数据开展侦查活动而面临的理论问题。

　　3. "合法利益豁免" 应当遵守的主要原则

　　即使是基于重大公共利益等合法利益，适用大数据也不是不受约束的，公权力机构必须遵循一定的数据保障义务以减少对数据主体的影响等。从比较法上考察有三项原则值得借鉴，即 "法律保留原则"、"合目的性原则" 和 "比例原则"。数据运用只有符合这三项原则，国家公权力对于作为宪法基本权利的个人信息权的限制才具有正当性。

　　（1）法律保留原则。法律保留原则主要运用于行政法领域，系对国家行政权力的限制，是指行政行为必须有法律的依据，只有在法律有明确规定的情况下才能作出积极的行政行为，否则就构成违法。国家推荐标准《个人信息安全规范》第5.4条规定，为犯罪侦查、起诉、审判和判决执行的需要而收集、使用个人信息无需征得个人信息主体的授权同意，即为追究犯罪而使用公民个人信息符合公共利益豁免机制，是知情同意原则的例外。换言之，基于犯罪侦查的需要可以强制收集公民个人信息，但这种强制行为直接干预公民个人信息权这一宪法性权利，必须遵循法律保留原则，只有经全国人大及其常委会立法授权方可进行。略举两例：《刑事诉讼法》第132条规定：为了确定被害人、犯罪嫌疑人的某些特征、伤害情况或者生理状态，可以对人身进行检查，可以提取指纹信息，采集血液、尿液等生物样本；《居民身份证法》第3条规定：居民身份证登记的项目包括：姓名、性别、民族、出生日期、常住户口所在地住址、公民身份号码、本人相片、指纹信息、证件的有效期和签发机关……公民申请领取、换领、补领居民身份证，应当登记指纹信息。公安机关因《居民身份证法》的授权可以收集提取所有公民的指纹信息等。

　　（2）合目的性原则。合目的性原则包括 "目的明确" 和 "受目的拘束" 两个方面。在立法授权公权力机关收集公民个人信息的情况下，法律必须明确规定收集、使用公民信息之目的，禁止为未来不特定使用目的而收集人民个人信息，也不允许将所收集之信息作法定目的外之使用。信息自主权就在于尊重和保障公民的自主选择权，而公民的自主选择建立在事先获得充分翔实的信息的基础之上。国家只有事先明确规定了立法目的及资料收集与使用之目的范围，才尽到了对人民最低限度的告知义务。公民才能对收集之后果有所预期和防范，只有这样方符合宪法保护人民权利之意旨。《个人信息安全规范》第4条规定：个人信息控制者开展个人信息处理活动，应遵循以下基本原则：a）权责一致原则……b）目的明确原则——具有合法、正当、必要、明确的个人信息处理目的……；《个人信息安全规范》第 5.6 条规定：个人信息控制者应制定隐私政策，内容应包括但不限于收集、使用个人信息的目的，以及目的所涵盖的各个业务功能，例如将个人信息用于推送商业广告，将个人信息用于形成直接用户画像及其用途等；《个人信息安全规范》附录 B 也指出个人信息在被超出授权合理界限时使用（变更处理目的、扩大处理范围等）是滥用个人信息的行为。

此外，在二次使用的情况下，应当尊重数据主体的合法预期。合目的性原则是传统个人信息保护的基本原则，由于受到原先收集目的的限制，限制了数据信息的流转和二次使用，显然与大数据二次利用模式格格不入。因此，大数据时代对"合目的性原则"之内涵应予以发展，不必要求后续使用目的必须与原先目的具有关联性，只要求尊重用户的合理预期即可。

（3）比例原则。比例原则是公法领域的帝王条款，任何公权力要进入私领域，对个人私权利进行限制，都需要通过比例原则来进行"正当性证成"。比例原则主要是通过对"手段"和"目的"之关联性的考察来检视国家行为是否具备合宪性，以达到保护人民之自由与权利目的。要在公法中合理保护"个人信息权"当然需要运用到比例原则以实现"数据保护与流转"之平衡，并以其为依据判断信息数据的使用是否合理合规。

比例原则由三个子原则所构成。第一，适合性原则。这一原则是指法律手段必须有助于法律目的的实现，或者有助于实现部分目的，即手段对于目的而言是适合的。第二，必要性原则，又称为"最小伤害原则"。即所使用之法律手段是实现目的的必要手段，有数个可行的手段时，应选择对公民权利伤害最小的手段。第三，均衡性原则。即只有在"所实现之目的的重要性足以支撑使用某一手段的正当性"时才能使用该手段，该原则也被称为狭义的比例原则，即手段与目的的均衡性。以上三个原则共同构成完整的比例原则，只有同时符合以上三个原则，我们才能说国家行为是符合比例原则且具有合理性的。

具体到我国当前与之相关的规范，如《网络安全法》第四章规定了大数据使用应遵循"合法、正当、必要的原则"；《个人信息安全规范》第 4 条规定，个人信息控制者开展个人信息处理活动要遵循"最少够用原则"，这是个人信息保护的基本原则之一。[1]

（五）我国大数据侦查立法及适用现状

大数据侦查作为新的侦查方法是适应犯罪形势的变化而出现的一种新的侦查方法，大数据侦查的发展是形势所迫、大势所趋，甚至已经成为一些网络犯罪案件不可或缺的侦查手段。

当前，大数据侦查行为缺乏法律、法规和规章上的依据，只有公安机关的内部规范性文件有若干规定，如《公安机关执法细则（第三版）》第29—32条。相关内部规定主要是从便利侦查的角度设计一些内部审批程序，条文简略，以有利于侦查机关自由裁量适用相应手段。由于缺乏权利保障的立场，所以规范性不足。虽然立法阙如，侦查机关基于实用主义的立场，仍然大力加强大数据侦查的建设和运用，在技术条件允许的情况下，大数据侦查的运用正在常规化。从实务角度看，目前大数据侦查手段的适用取决于两个方面的因素：一是案件条件，即该案件类型适用大数据侦查手段是否更为有效，例如对网络犯罪案件大数据侦查适用得更多；二是侦查机关的条件，即侦查机关是否掌握大数据技术及使用大数据平台的权限。总之，是否采取大数据侦查手段是基于客观情状由侦查人员自主选择加以适用的，并未受到案件严重与否、罪名范围等条件的限制，主要目的是发现并锁定犯罪嫌疑人。从实务部门的角度看，侦查机关对于大数据侦查的立法并不热衷，主要有两个方面的原因：一是大数据侦查缺乏法律规制，由侦查机关自主决定大数据侦查的适用，手段的适用更加灵活高效；二是目前这种只做不说的保密状态，可以保护侦查手段，有助于防范犯罪分子的反侦查活动导致侦查手段失灵。侦查机关对大数据侦查的态度跟对待秘密侦查的态度是一样的，希望大

---

[1] 《个人信息安全规范》第4条"个人信息安全基本原则"：个人信息控制者开展个人信息处理活动，应遵循以下基本原则：a）权责一致原则——对其个人信息处理活动对个人信息主体合法权益造成的损害承担责任。b）目的明确原则——具有合法、正当、必要、明确的个人信息处理目的。c）选择同意原则——向个人信息主体明示个人信息处理目的、方式、范围、规则等，征求其授权同意。d）最少够用原则——除与个人信息主体另有约定外，只处理满足个人信息主体授权同意的目的所需的最少个人信息类型和数量。目的达成后，应及时根据约定删除个人信息。e）公开透明原则——以明确、易懂和合理的方式公开处理个人信息的范围、目的、规则等，并接受外部监督。f）确保安全原则——具备与所面临的安全风险相匹配的安全能力，并采取足够的管理措施和技术手段，保护个人信息的保密性、完整性、可用性。g）主体参与原则——向个人信息主体提供能够访问、更正、删除其个人信息，以及撤回同意、注销账户等方法。

数据侦查与秘密侦查一样得到最大范围的对外保密。

但是，大数据侦查合法性不足给理论和实务已经造成了很大的困扰：

1. 理论上违背了法律保留原则

缺乏监督制约机制、权利保障机制等有效的控制程序，大数据侦查对公民权利的干预范围与深度在不断扩张，不符合宪法所要求的对相关基本权利进行法律保留的实质。当前，大数据侦查尚未全面覆盖和推广，由于尚处于不公开状态，对公民权益的损害也是隐秘的，如取得的证据经转化后才作为诉讼证据使用，由此所引发的损害未转化成一个显性的社会问题，但理论上应予重视并及时立法治理。

2. 缺乏立法授权也导致大数据侦查不能完全发挥效用

网络犯罪的出现与高涨是社会发展所带来的必然结果。而侦查机关无法适用常规侦查手段解决这种特殊类型的犯罪，大数据侦查往往是应对网络犯罪的唯一对策，所以授权或者默许侦查机关使用大数据侦查手段是一种务实的选择。但是，目前大数据侦查手段获得的材料不能直接作为诉讼证据，仅用作指导案件侦查的线索而非指控犯罪的证据，在一些案件中已经成为阻碍案件成功追诉的重要原因。

3. 辩方的知悉权和辩护权都受到剥夺与限制

由于大数据侦查技术法律属性不明，大数据侦查的实施处于保密运作状态，大数据证据的效力法律也没有作出规定，侦查机关没有将大数据分析报告作为诉讼证据放在卷宗里，但在个案中，有时让检察官调阅大数据分析报告，以使检察机关相信指控事实的可靠性，增强其作出起诉决定的信心，或者利用大数据证据影响审判人员的心证。在大数据证据不提交法庭的情况下，辩方对大数据侦查手段合法与否，大数据证据是否真实有效进行质询的机会被完全剥夺，这构成了对实体公正以及程序公正的妨碍。

综上，不解决大数据侦查的合法性问题，既不利于刑事侦查工作的科技转化与运用，也不利于保障公民人权，对刑事诉讼控辩双方而言，大数据侦查立法都是一项必要且紧迫的任务。此外，大数据侦查的立法也有利于减少适用强制措施、秘密侦查等对公民权益的侵害更为严重的侦查手段。与大数据侦查相比较，监听等技侦手段由于存在即时性、秘密性，对隐私权等个人权益的侵害更为明显，而刑事强制措施的适用直接影响到个人的人身自由权，大数据侦查手段的合法化将达到以"数据换自由"的目的。当前，羁押性强制措施的适用条件越来越严格，"非法证据排除规则"日益严密，"秘密侦查"一直以来处于严控之下，侦查机关控制和惩罚犯罪的手段一定程度上受到削弱，"捆上警察的左手，就要同时放开警察的右手"，大数据侦查的合法化可以替代传统侦查手段，以平衡惩罚犯罪和保障人权之双重任务。

（六）我国大数据侦查立法展望

基于上述分析，我们可以借鉴"信息自决权理论"，以立法规制正在迅猛发展的大数据侦查。开展大数据侦查的部分数据来源虽然缺乏数据主体的知情同意，但基于公共利益可以适用"合法利益豁免机制"。例如，淘宝用户的信息用于侦查虽然未取得用户的知情同意，但因为合法利益足够重要，数据企业将其交给侦查机关开展侦查活动具有正当性。但是"合法利益豁免"并不意味着不受法律的约束和限制，仍然必须遵循法律保留原则、合目的性原则和比例原则。

首先，应当遵循法律保留原则及合目的性原则。一方面，包括侦查机关在内的公权力机关收集公民个人数据应当在法律层面予以授权，同时法律要明确规定收集数据的目的；另一方面，侦查机关利用大数据开展侦查活动应当获得《刑事诉讼法》的明确授权。《宪法》与《立法法》均已经明确要求，凡是涉及公民基本权利保护或干预的事项均应在法律中加以规定，所以大数据侦查只能通过全国人大制定的法律予以授权，对于法律已经作出规定的事项，执法机关以及司法机关在不违背法律规定、不减损公民权利保障程度的前提下可以对具体适用的规则作出补充性规定。

其次，应当遵循比例原则。大数据侦查的立法化既是授权也是限权，应详细规定大数据侦查行为适用的条件、程序、期限等具体内容，内容应当全面、细致，程序上涉及大数据侦查行为的事前审批、事中控制以及事后监督等环节。大数据侦查手段中涵盖的各种大数据技术的运用在权利的侵犯深度、广度等方面存在明显的差异，这要求在立法过程中相应地采取不同的规范尺度，比如按照比例原则的要求，应当区别对待大数据搜索、比对和大数据挖掘行为。在这方面，德国的立法例值得借鉴，《德国刑事诉讼法典》第98条a、b规定了计算机排查侦缉，第98条c规定了数据比对。其对计算机排查侦缉规定了严格的适用条件和程序：在案件范围上，只有存在足够的事实依据表明发生了法定的重大犯罪行为，才能进行计算机排查侦缉（使用刑事追诉机关之外的其他部门保存的数据进行比对挖掘）；在审批程序上，只能由法官命令，迟延就有危险时亦允许由检察官命令；在补救措施上，要求对比完毕后应当不延迟地归还数据或者不迟延地删除数据；在事后监督上，要求排查侦缉结束后，应当通知负责监督各机关遵守数据保护规定情况的机关。上述规定既遵循规制侦查行为的传统法律原则，如重罪原则、法官令状原则、比例原则与最后手段原则，同时还遵循个人信息保护的基本要求，比如数据的最少够用原则、及时删除原则以及接受数据保护部门的监督等。相对而言，德国法对数据比对的规范要少得多，仅在第98条c规定：为查明犯罪行为，或者为刑事程序目的而侦查被侦缉人员的所在地，允许将来自某刑事程序的涉及个人的数据与为追诉、执行刑罚或防御危险而保存的其他数据，使用机器设备对比。[1] 由于这种大数据侦查行为比对的数据库仅为刑事司法部门管理的数据库，所以在程序上没有严格的要求。

二、数据收集的法律问题

（一）大数据侦查的数据来源

本书第二章对大数据侦查的数据来源进行了论述。本章从法律的视角对大数据侦查的数据来源进行再一次的认识。大数据侦查的数据来源渠道多样，但从大数据侦查实践情况看，当前我国大数据侦查的数据来源主要有两个方面：

1. 公安业务数据

公安业务数据包括：（1）涉及人和物的数据，如常住人口数据、违法犯罪前科数据、DNA数据、指纹数据、掌纹数据、人脸数据、枪弹痕迹与种类数据库等；（2）涉及案件和事件的数据，如警情数据、刑事或治安案件信息等；（3）涉及环境的数据，如城市功能、道路网络、行业网点、防控设施等空间数据、卡口车流量、交通人流量、区域客流量、旅店住宿、Wi-Fi热点、智能停车系统等动态数据。这些数据信息是公安各业务部门

---

[1] 德国刑事诉讼法典［M］. 宗玉琨，译注. 北京：知识产权出版社，2013.

在开展业务过程中形成的。当前，公安机关内网联网运行的各类信息系统已达7000多个。

为了数据建设，近年来公安机关全力优化基础设施，强化智能终端采集。例如自2018年6月开始，S省公安机关全面启动视频图像联网攻坚行动，在全省建设以智能化采集处理、结构化数据融合、体系化技术集成、精准化应用服务为标志的慧眼工程以实现视频图像"看得清、看得懂、会识别、会思考、算得快、比得准"。在一年时间内，公安自建视频监控联网率达到100%，社会面重点单位联网接入率达到70.8%，视频监控"一机一档"采集录入量达到80多万条，智能摄像机占比提升61%。建立在高科技和人工智能基础上的数据采集使公安机关可以掌握的数据量呈快速发展和更新态势。例如，2018年B市公安机关日平均生产视频监控数据达2000TB；S省2018年约建设10000台服务器集群以应付万亿以上数据规模、万核以上计算能力以及十万以上在线用户。

2. 其他行业共享数据

其他行业共享数据包括政府数据、社会企业数据、互联网数据等。各级政府部门多年开展电子政务工作，积累了大量政府数据；电信、航空、铁路、银行、电力等企业掌握着话单数据、出行数据、银行交易数据、水电缴纳数据等涉及特定个人信息的数据；滴滴、淘宝、美团、腾讯等企业掌握着个人出行、购物、消费等生活信息。上述各类数据库的海量记录涵盖了信息社会中人们生活、工作、社交等方方面面的信息，大量犯罪痕迹就隐藏在这些海量数据中，对这些大数据进行比对、分析已经成为当前侦查实践中提升破案率的主要驱动力。因此，一些侦查机关开始与当地税务、房产、银行、水电等部门建立数据共享关系，通过"购买""借取""交换"等方式，复制或直接接口其他行业数据。如S省公安机关将资金查控作为金融犯罪侦查的重要手段，截至2018年9月已在线连通174家银行，实现省内银行机构全覆盖，为基层单位查询涉案账户4.6万个，交易数据617万余条，服务侦查破案的作用不断显现；2018年度S省公安机关与人力资源和社会保障部门进行数据共享交换，人社部门将参保人员数据开放给公安机关，公安机关据此比对出380多条可疑信息，发现80多个逃犯，公安机关将死亡人口数据共享给人社部门，人社部门因此挽回了600多万元损失。

（二）公安业务数据收集的合法性问题

1. 公安业务数据收集应当遵循法律保留原则或者知情同意原则

作为公权力机关，公安机关主要通过法律授权的方式收集业务数据。例如：《刑事诉讼法》第 132 条授权侦查机关可以收集犯罪嫌疑人的指纹信息、血液、尿液等生物样本；《居民身份证法》第 3 条规定授权公安机关收集提取所有公民的指纹信息；《反恐怖主义法》第 27 条规定地方各级人民政府制定、组织实施城乡规划，应当符合反恐怖主义工作的需要。地方各级人民政府应当根据需要，组织、督促有关建设单位在主要道路、交通枢纽、城市公共区域的重点部位，配备、安装公共安全视频图像信息系统等防范恐怖袭击的技防、物防设备、设施。据此，政府可以收集公共区域的视频图像信息，当然也涉及公民个人在公共区域的活动信息。

法律保留原则要求授权的法律规范应当是全国人大及其常委会层面的立法，《居民身份证法》关于对公民"指纹信息"的收集，《反恐怖主义法》关于对公共区域视频图像信息收集的规定均为合法的授权。反之，有些立法授权则是不合法的，例如，2017 年 12 月 28 日公安部交通管理局下发了《关于在公安交通管理行政处罚法律文书中增加被处罚人有关信息采集项目的通知》（以下简称《通知》），《通知》要求从 2018 年 1 月 1 日起，各地在按照一般程序对交通违法行为作出行政处罚决定时，应当调查被处罚人的政治面貌和职业信息，并在制作《公安交通行政处罚决定书》时填写。反之，前述《通知》关于对被处罚人政治面貌、职业信息的收集，不符合法律保留原则的要求，该《通知》只是公安部交通管理局的规范性文件，无权作出该授权。2011 年 11 月 24 日甘肃省人大常委会审议通过的《甘肃省道路交通安全条例》中规定：因调查交通事故案件需要，公安机关交通管理部门可以查阅或复制交通事故当事人通讯记录，有关单位应当及时、如实、无偿提供，不得伪造、隐匿、转移、销毁。这一收集当事人通讯记录数据的授权行为因与上位法《道路交通安全法》相抵触而被全国人大常委会法工委要求纠正。在《道路交通安全法》没有规定公安机关有权利收集数据的前提下，地方性法规无权扩大政府部门的权限。

当然，在法律没有授权公安机关收集的情况下，按照知情同意原则，相对人自愿提供的数据信息，公安机关可以收集，获得的数据来源合法。

2. 公安业务数据收集应当遵循合目的性原则和比例原则

以《居民身份证法》授权收集公民指纹信息为例，有学者认为该授权有违"合目的性原则"和"比例原则"，首先，指纹是辨识个人身份的生物性特征，与个人的隐私与人格密切相关。人体指纹一旦被采集形成记录，不论是图像还是数字编码，都形成了公民的一项个人信息，理应由公民决定其何时、何地以及以何种方式被采集与使用。"国家颁发身份证行为应是国家基于宪法对该国公民资格的一种确认行为"，而"公民指纹与公民资格的确认没有任何关联性"，"将采集指纹作为身份证取得时的强制性义务有违身份证制度内在的价值及其宪法功能"，"采取指纹确实有利于提高身份认证的效率与准确性，但并非充分且又必要的条件，若以强制性的方式采集指纹更是背离了身份证制度的宪法功能"。由于强制性的采集指纹违背了数据采集的"合目的性原则"和"比例原则"，所以德国推行的新版身份证在申办时公民可以选择是否在身份证上添加储存自己的指纹，在自愿的情况下通过电子扫描技术由专业人员采集其双手的食指指纹。[1]

3. 大数据侦查应用公安业务数据的合法性问题

如前所述，公安业务数据的运用也应当遵循"合目的性原则"，但是当前对于公安其他业务数据运用于侦查立法缺乏立法授权，如在法律层面上目前只有《反恐怖主义法》授权"配备、安装公共安全视频图像系统"；《道路交通安全法》规定，公安机关交通管理部门可以根据"交通技术监控记录"资料，对违法的机动车所有人或者管理人依法予以处罚。但是公安视频监控资料广泛运用于公安业务各个领域，包括开展大数据侦查活动。超越法定目的的使用，违背了"合目的性原则"。囿于法律授权的阙如，公安机关的数据共享与合理利用也面临瓶颈，导致侦查部门大数据侦查技术的应用处于无序的发展状态。这种状况可以通过在《刑事诉讼法》中授权公安业务数据运用于大数据侦查即可解决。

（三）侦查机关收集、使用外部数据的合法性问题

在大数据侦查过程中，侦查机关经常需要对社会机构、商业企业机构收集的公民个人信息进行数据比对与挖掘，社会力量在侦查权行使过程中的作

---

[1] 姚岳绒. 身份证取得时强制性采集指纹行为的宪法分析 [J]. 法学，2012（5）.

用越发重要。但是，公民基于信息社会的生活需要留存个人信息于社会各个机构，侦查机关改变信息最初留存目的，将其用于侦查工作具有正当性吗？侦查机关有权要求政府部门、数据企业提交大数据吗？数据企业有配合侦查机关提供本企业大数据，或者协助开展大数据侦查的义务吗？法律对此应设定何种法定程序？

有观点认为，现行侦查中调取证据的侦查措施可以涵盖侦查机关使用外部数据的行为，但是政府、企业将数据交给侦查机关与调取证据不同。传统"调取证据"的侦查措施要求调取的对象是能够证明案件事实的相关证据材料，但是大数据侦查的全样本中必然包含大量与案件无关的信息，所以"调取证据"无法作为大数据时代对海量记录进行比对与挖掘的规范依据。

侦查机关收集、使用外部数据的合法化途径唯有立法授权。如前所述，为了适应大数据时代数据合理流转和应用的需要，合法利益豁免已经成为数据使用的一项重要原则，该机制有利于平衡个人信息保护和信息自由流动，因而已为世界主流立法所采用。虽然个人对于数据信息被应用于大数据侦查既不知情，也超出了合理预期，但是在大数据侦查中使用各类数据是公共利益所需，符合"合法利益豁免原则"。然而，"合法利益豁免"并非毫无约束，尤其是公权力机关对公民个人利益的利用要遵循"法律保留原则""合目的性原则""比例原则"。

现行立法授权侦查机关收集使用外部数据的只有《反恐怖主义法》，其第 18 条规定：电信业务经营者、互联网服务提供者应当为公安机关、国家安全机关依法进行防范、调查恐怖活动提供技术接口和解密等技术支持与协助。所以，当前在办理其他刑事案件中使用外部数据尚无法律依据，也正基于此，数据企业对于侦查机关提出的配合开展大数据侦查的要求也持谨慎态度。对此，《德国刑事诉讼法典》第 98 条 a、b 立法例可以作为参考，由于侦查机关使用外部数据进行海量数据挖掘对公民个人信息权的干涉显然更为深入，所以立法应规定相对严格的适用条件和程序。

三、大数据侦查行为属性分析

（一）大数据技术在侦查中的运用

以海量数据为基础，以大数据侦查平台及技术为手段，侦查机关即可开展大数据侦查行为。当前，大数据在侦查中的应用主要有下列两种方法：
（1）大数据搜索法。即利用大数据强大的搜索功能，通过公安机关内部数据
或者社会面数据对犯罪案件中的行为人、被害人以及其他相关线索、证据材
料进行搜索，从而查询、收集、提取与案件有关的证据材料。（2）大数据挖
掘法。大数据挖掘是大数据的核心技术，是指通过特定的计算机算法对大量
的数据进行自行分析，从而揭示数据之间隐藏的关系、模式和趋势，为决策
者提供新的知识。[1]。

　　侦查中，大数据挖掘技术有多样化的呈现，主要有：（1）大数据碰撞
法。就是在两个或两个上以上的数据库中，输入相关数据，运用计算机相关
软件进行碰撞、比对，然后对重合数据、交叉数据进行分析，通过对这些重
合、交叉数据的深度分析能够发现案件线索、证据材料，锁定嫌疑人。网上
摸排、网上追逃、网上串并、网上控赃等侦查措施，以及以大数据为依托的
DNA 技术，都以"数据碰撞"的方式进行侦查。（2）大数据画像法。犯罪
侦查中，数据画像是指通过大数据分析方法，将犯罪行为人或者相关人员的
身份、行为特征、兴趣爱好、人际关系等情况以数据形式表现出来，刻画出
分析对象的数据全貌，为犯罪侦查提供方向引领。大数据画像技术下，犯罪
嫌疑人会成为透明人，其身份信息、行为轨迹、消费习惯、经济状况、家庭
关系、兴趣爱好、人际关系等特征一般会完整地展现出来。（3）犯罪网络关
系分析。是指通过大数据技术，利用犯罪分子的话单数据、即时通信数据、
社交网络数据等对犯罪活动中涉案成员的相互连接、分工合作关系进行分
析。这些大数据分析技术对恐怖犯罪、黑社会性质的有组织犯罪案件的侦查
具有重要的意义。

　　经过对大数据侦查方法的分析，我们认为，大数据侦查不是一种单纯的
侦查行为，而是一种侦查理念，不同的大数据侦查行为性质有所不同。

（二）区分大数据侦查中的任意侦查与强制侦查

1. 大数据侦查中的任意侦查行为

　　侦查理论上认为，任意侦查是指不用强制手段，不对有关人员的重要权
益强制性地造成损害，而由侦查相对方同意并自愿配合的侦查行为；任意侦

---

〔1〕　徐子沛. 大数据：正在到来的数据革命，以及它如何改变政府、商业和我们的生活［M］. 桂
　　　林：广西师范大学出版社，2013：98.

查不受法律保留原则的约束，也就是说对于任意侦查，即使法律没有明文规定其种类、程序等，原则上也可以采取适当的方式进行。一些大数据侦查行为由于不具有强制性以及对公民权益的损害程度较小，应当认为属于任意侦查行为，虽然法律没有授权性规定，侦查手段仍属合法。以大数据搜索为例，大数据搜索是最基础的大数据侦查行为，按照数据来源的不同，大数据搜索可以分为数据库搜索、互联网数据搜索等。其中，数据库搜索主要依托公安机关已有的各种信息数据库，如全国基本人口信息数据库、全国被盗抢车辆数据库、前科人员数据库、全国失踪人员数据库等进行的数据搜索行为。公安机关依法取得业务数据，只要在法律授权的范围内将公安业务数据运用于侦查或者没有超出信息提供者的合理预期，这种利用业务数据进行搜索的行为可以纳入任意侦查行为的范畴，由公安机关根据内部权限划分自行掌握侦查人员在个案中可以搜索的范围和内容；互联网搜索是指将开放的海量互联网数据作为侦查资源，如政府、企业平台的基础信息及开放的第三方网络平台发布的信息，其发布平台的开放性使得相对人理应知悉其信息会被不特定第三方所知悉或收集，其发布或提交的行为应视为对相关信息的隐私权或个人信息权的放弃，而推知其符合任意侦查"自愿"与"同意"的主观标准。因此，对互联网数据的搜索可以认为是任意侦查行为，虽然法律没有明确规定为侦查措施，仍然可以合法实施。

2. 大数据侦查中的强制侦查行为

与任意侦查行为相反，强制侦查是可能侵犯公民重要法益且具有强制力的侦查行为。强制侦查措施历来是法律规制的重点，其种类、程序必须由法律明确规定。具有强制性且深刻影响公民权益的大数据侦查行为应当纳入强制侦查的范畴。仍以大数据搜索为例，互联网搜索中对社会行业数据库的搜索，如对金融数据库、互联网企业数据库的搜索，如侦查机关搜索阿里巴巴的用户购物数据，则影响到公民的个人信息或隐私等权益，因为公民个人在这些社会行业数据库中的信息不是公开的，侦查机关收集、使用这些数据是对公民个人信息权或隐私权的侵害。故此类搜索行为应视为强制侦查行为，纳入程序规制的范畴，在依法办理严格的手续后，才能对相关数据进行搜索和分析。大数据技术在侦查中的其他深层次运用，如犯罪网络关系分析、行动轨迹分析等对数据信息的深度挖掘，更有可能侵害他人的合法权益，"作为看不见摸不着的计算机虚拟技术，大数据挖掘技术会成为事实上的强迫行为，即以现代高科技信息技术强行去获取被侦查人员及相关人员私密信息，并在打击犯罪的正当目的下，迫使相关人员私密信息被获取的结果合法化"[1]。这些大数据侦查行为应当纳入强制侦查的范畴，以法律限制其滥用。

（三）大数据强制侦查行为的立法规制

1. 现有观点及评析

有观点认为，根据大数据技术在侦查中运用的步骤、方式的不同，在现行刑事诉讼法的框架下，可以将大数据强制侦查行为定性为不同侦查措施，包括：（1）调取证据。侦查机关要收集、搜索、分析社会行业大数据，可以办理"调取证据"的相关法律手续。互联网企业，如百度、腾讯、阿里巴巴等，它们持有的海量数据往往隐藏着大量涉案证据，具体案件侦查中可以依法调取互联网公司的数据，以发现犯罪电子痕迹。（2）鉴定。近年来，公安机关信息化工程建设成效显著，已经建立了指掌纹数据库、DNA 数据库、枪弹痕迹与种类数据库、通缉犯数据库等诸多不同的数据样本库，便于刑事技术人员对提取发现的痕迹进行自动查询比对，在刑事鉴定中发挥了重要作用。大数据挖掘技术在刑事鉴定中的运用主要表现为大数据碰撞技术，但由于技术上仍不够成熟，目前办案实践中，在将指纹或人像等样本入库碰撞比对后，仍然需要将样本与比对到的指纹、人像等数据进行传统的鉴定。但应当承认，这种大数据碰撞是鉴定的基础工作，属于鉴定工作的一部分。事实上，以大数据碰撞比对技术进行的刑事技术鉴定工作原理与传统鉴定工作原理是基本一致的。随着现代痕迹检验技术数据化程度的不断提高，将痕迹检验技术与计算机技术结合起来，积极探索新的检验办法，引进新的技术，以大数据碰撞技术实施的刑事鉴定有望独立成为诉讼证据，可以在碰撞比对完毕后，通过自动办公软件或者是专业系统软件直接快速准确地出具痕迹检验鉴定文书。（3）技术侦查。有学者认为可以将大数据挖掘技术在侦查中的深度运用，如对通信基站数据进行分析获取嫌疑人的行动轨迹、对涉案车辆的定位和碰撞、大数据画像技术、犯罪网络关系分析等，纳入技术侦查的范畴，"这类大数据挖掘技术对于个人数据之获取、挖掘、使用等诸多环节均具有浓厚的强制色彩，从技术含量与实施的隐秘程度看，与技术侦查措施都有共同特点"。

---

[1] 欧阳爱辉. 侦查中的大数据挖掘技术法律属性辨析 [J]. 青岛科技大学学报，2015（6）.

笔者认为，大数据侦查不能纳入现行《刑事诉讼法》规定的侦查措施。首先，传统"调取证据"的侦查措施调取的对象是有限且明确的，但是大数据侦查需要调取的数据具有广泛性，包括大量跟案件不具有关联性的数据，所以"调取证据"无法作为大数据时代收集海量记录的规范依据；其次，大数据侦查虽然跟技术侦查手段一样，具有技术性、一定的秘密性，但是不具备技术侦查的"即时性"特征，而且大数据侦查具有侵权的广泛性特征，而技术侦查的对象是相对具体的。大数据侦查在侦查前期用得比较多，甚至用于犯罪预防，这是技术侦查所不允许的。笔者认为，从两者的运作方式看，相对来说，技术侦查对公民隐私权的侵害更甚于大数据侦查。

2. 在《刑事诉讼法》"侦查"一章将"大数据侦查"增补为一种新的侦查行为

强制侦查法定主义是侦查理论的核心原则，作为一种对公民个人信息权产生重大影响的新的侦查手段，应当纳入《刑事诉讼法》规范的范畴，依照法定的条件和程序开展大数据侦查活动，以平衡犯罪侦查与公民信息自主权之间的冲突。公安部在《公安机关执法细则》（第三版）第29—32条中亦将"查询、检索、比对数据"单列为一项侦查措施，规定进行下列侦查活动时，应当利用有关信息数据库查询、检索、比对有关数据：（1）核查犯罪嫌疑人身份的；（2）核查犯罪嫌疑人前科信息的；（3）查找无名尸体、失踪人员的；（4）查找犯罪、犯罪嫌疑人线索的；（5）查找被盗抢的机动车、枪支、违禁品以及其他物品的；（6）分析案情和犯罪规律，串并案件，确定下步侦查方向的。这一规定凸显数据比对、挖掘等大数据侦查技术的独立性，表明公安部也倾向于将大数据侦查行为视为一种独立的侦查行为。

（四）大数据侦查行为的程序设计

建议在"侦查"一章列明：凡是使用计算机技术对政府数据库、社会机构数据库进行信息记录共享、检索、比对、分析的行为，均属大数据侦查，同时规定大数据侦查的启动条件、适用对象与适用程序，充分考虑比例原则的要求。[1]其具体规定可以从如下几个方面着手：

---

〔1〕　程雷. 大数据侦查的法律控制〔J〕. 中国社会科学, 2018（11）.

1. 事前审批

如本章第一节所述，大数据侦查的立法应遵循比例原则，针对大数据技术的不同运用方式，规定不同等级的事前审批程序。

首先，侦查机关利用公安业务数据或者互联网数据开展的查询、比对、碰撞正在成为锁定犯罪嫌疑人的重要方法，因为对嫌疑人的权益影响较小，可以纳入任意侦查行为范畴，此类侦查行为的启动条件和程序由办案部门负责人审批即可，可以在立案前的初查阶段使用。

其次，侦查机关利用政府、企业等外部数据开展比对碰撞，或者利用大数据挖掘技术深入分析公民个人信息的侦查行为，因为深刻影响公民权益，应当建立检察官审批制[1]，由检察官在审批中把握比例原则，包括重罪原则、最后手段原则（如有些网络犯罪案件虽不严重，但大数据侦查是仅有的有效手段）。当前，公安机关也意识到大数据侦查面临的安全问题和正当性问题，严格控制大数据侦查平台的使用权限并遵循"高二级"审批的原则，即开展大数据侦查应当由省级以上公安机关批准，但这也造成了数据的应用未能普及化，基层民警数据的获得感普遍较低，而且不能从根本上解决大数据侦查的正当性问题，大数据侦查的正当化需要刑事诉讼立法一揽子解决。

2. 事中及事后控制

传统侦查模式下对侦查权的控制着眼于刑事诉讼过程中的几个关键节点，如立案、逮捕、侦查终结，在大数据侦查模式下，为维系侦查权的有效行使与权利保障的平衡，对侦查权的控制模式应当由关键节点控制转向过程控制，所以事后监督与控制比事先审批机制更具规范价值。[2]建议比照技术侦查措施，建立过程控制机制，明确规定大数据侦查可以适用的数据范围、适用的期限，并且与案件无关的大数据分析结果应当被及时销毁等。

---

〔1〕 钟明曦等在《大数据侦查的实践问题与对策研究》（《福建警察学院学报》2018 年第 6 期）一文中提出，大数据侦查对公民隐私的侵害与技术侦查手段具有可比性，可以比照《刑事诉讼法》关于技术侦查的相关规范，遵循"高一级"审批的办案原则，这是为与当前所有侦查行为都可以由侦查机关自行审批的侦查模式相协调而提出的立法建议。文章认为，"技术侦查"或者大数据强制侦查行为，在缺乏司法审查的情况下，至少应当建立"检察官审查制"。
〔2〕 程雷. 大数据侦查的法律控制 [J]. 中国社会科学, 2018 (11).

四、大数据证据之效力

大数据证据是指为查明案件事实，在诉讼中运用大数据技术对海量数据进行分析后得到的能够证明案件事实的大数据分析结果。大数据证据应当包含三层含义：一是海量数据集合。包括公安机关自有的大数据和来自互联网的社会面大数据。二是大数据分析技术。如数据搜索技术、数据挖掘技术。三是大数据分析结果。如车辆轨迹碰撞结果、人像比对结果等。

证据理论上一般要求，证据应当具备法定的证据形式，属于某一法定证据种类，才有资格成为诉讼证据。所以，大数据证据首先必须放到现行法定证据种类的框架下进行考量。

（一）大数据证据种类分析

根据大数据分析结果的表现形式及其发挥证明作用的机理的不同，大数据证据有两种情况：

1. 可以纳入"电子数据"这种法定证据种类

大数据侦查取得的是信息数据本身，即对元数据的使用。犯罪行为人在实施犯罪时，可能在虚拟空间留下各种电磁信息痕迹。例如，通过搜索嫌疑人的手机数据，如某个 App 应用，掌握其案发前后与犯罪行为相关的活动轨迹，监控视频中记录的嫌疑人的行踪，社交软件的聊天内容，电子邮件数据等，这种大数据搜索技术获得的数据仍然是"电子数据"这种证据形式。有学者将这种大数据证据称为"原生证据"，这些原生数据往往淹没在海量的日常数据中，侦查人员需要采取数据搜索、查询等方法去找到与案件相关的那一小部分原生数据。这一过程中所获取的这部分数据仍然保持了其产生时的原始状态，大数据仅仅是一种技术、一种手段，并没有改变数据的原本形态。

2. 应当赋予大数据证据新的证据种类地位

这是对元数据进行深度加工后的数据，如大数据画像技术、犯罪网络关系分析技术等取得的分析结果目前只能作为侦查线索使用，这些大数据分析结果无法纳入某一法定证据种类，或者说立法尚未授予其法定的证据地位。可以肯定的是，这种大数据分析结果不是"电子数据"本身，有学者称其为

"衍生证据",即它是对与案件或犯罪嫌疑人相关的原始数据进行二次挖掘分析后所得的数据,这类数据往往能够反映案件或犯罪嫌疑人的某些深层次特征。在这一过程中大数据技术改变了数据的原始形态,获取的是建立在海量数据基础之上的新的数据,是不同于原始的"电子数据"的一种新的证据形式。

从法律发展史上看,每一次信息革命,都将带来证据制度的变革。立法总是滞后的,2012年我国刑事诉讼立法才确立"电子数据"的证据地位,事实上在2012年之前相当长的一段时间里,在司法实践中已经将电子数据视为合法的诉讼证据以发挥其证明价值。立法滞后造成的负面影响在网络犯罪案件的侦查中体现得尤为明显,如在福建沿海的电信诈骗案件中犯罪嫌疑人具有很强的反侦查意识,他们往往使用外置U盘等便携工具实施诈骗,即使是在抓捕前一刻也很容易马上砸碎或者冲到马桶里,抹掉所有犯罪痕迹。如果对这些案件前期侦查中获得的大数据证据不具有合法的证据资格,对此类犯罪的打击将十分困难。随着大数据技术的成熟以及大数据分析结果在侦查中发挥日益重要的查明作用,立法应当赋予其诉讼证据的地位。

当然,实务部门有人认为大数据侦查作为一种新的侦查手段应当尽量不暴露,取得的证据尽量不使用,以保证侦查手段的有效性。笔者同意这样的观点。与技侦手段取得的证据一样,大数据证据应当作为诉讼的最后手段,遵循能不使用则不使用的原则,在案的其他证据足以证明案件事实的情况下,尽量减少大数据证据用于诉讼证明,大数据技术的分析结果在案件材料与诉讼过程中可以表明为"抓获经过""到案经过""破获经过"或者请求法官庭外质证,以平衡诉讼需求和侦查秘密之间的关系。

(二) 大数据证据的证明力分析

大数据证据种类的分析解决的是大数据证据的证据能力问题。关于大数据证据的效力还涉及大数据证据的证明力问题。这一问题则涉及大数据的真实性和相关性判断,即大数据证据应当真实可靠且与案件事实具有逻辑上的联系,能够证明案件事实的成立与否。例如,侦查实务中,大量大数据分析结果与案件事实之间不存在相关性或者相关性很弱,比如在毒品犯罪案件的侦查中,大数据碰撞表明犯罪嫌疑人手机号段漫出至涉毒重点区域,这是一个大数据分析结果,但该分析结果与贩毒案件事实之间的相关性比较弱，一般只能作为侦查线索。原则上，大数据证据证明力的大小一般应当交由司法裁判者自由裁量，证据法不作限制性的规定。但是，在大数据证据证明力的分析中，需要特别注意以下三个问题。

1. 无法解释因果关系的大数据证据缺乏证明力

大数据分析技术是对全样本复杂数据进行大规模分析后，对事件之间相关性作出量化评价的一种技术，它建立在算法模型的基础之上，这种分析并非逻辑意义上的论证、推理。舍恩伯格在《大数据时代》中有一个著名的论断："知道'是什么'就够了，没必要知道'为什么'。"大数据时代人们更关注数据之间的相关性而非因果性，大数据颠覆了人类长久以来的因果关系思维，能够快速告诉我们事物之间的关系是什么，却无法解释背后的原因。比如数据挖掘中的"关联性分析技术"可以发现不同数据项之间的关系，"能够将一些隐含的、甚至常理无法理解的关系找出来"。

但在司法证明中，仅知道"是什么"而不知道"为什么"显然是不够的。司法证明过程是作为个体的认识主体认识把握客观事实的过程，必须充分尊重人的理性能力。英国著名证据法学家威廉·特文宁曾指出，现代意义上的司法证明是一种理性主义的证明。它要求证据与案件事实之间的关系能够为人类理性所认识。裁判者的"心证"是建立在理性基础之上的，即裁判者必须能够认识到"证据"与"事实"之间的逻辑关系，这种逻辑判断建立在情理推断或者经验之上。

由此可见，司法证明者在取得大数据分析结果后，应当进一步从逻辑意义上去解释其中的因果关系，这种解释应符合逻辑和人的经验，能够为人类理性所理解和接受，才能作为诉讼证据。"在大多数情况下，一旦我们完成了对大数据的相关关系分析，而又不再满足于仅仅知道'是什么'时，我们就会继续向更深层次研究因果关系，找出背后的'为什么'。"对于无法解释因果关系的大数据分析结果，由于无法被人类理性所认识，应当认为不具备诉讼证据的真实性，不能作为诉讼证据。"大数据时代将颠覆诉讼证明原理"的观点值得商榷，法律领域如果都放弃对因果性的追求，人类理性还有存在的空间吗？我们需要保持对大数据及其相关技术的超脱。大数据的分析手段如人工智能的算法本身就面临诸多"技术陷阱"，甚至被一些研究者认为是在黑箱中运作，因此必须警惕其潜在风险。[1]

---

[1] 左卫民. 迈向大数据法律研究 [J]. 法学研究, 2018 (4).

　　至于大数据证据的可解释性，可以通过证明数据的完整性、数据来源的复合性以及数据处理技术的科学性来实现。[1]

　　2. "鉴定或检验"是审查判断大数据证据证明力的主要方式

　　一般来说，证据的证明力要交给事实判断者自由判断，但是电子数据由于其高科技性，法官对电子数据的认识水平有限，所以立法规定"鉴定或检验"是审查判断电子数据的方式之一。《最高人民法院关于适用〈中华人民共和国刑事诉讼法〉的解释》第93条规定："对电子邮件、电子数据交换、网上聊天记录、博客、微博客、手机短信、电子签名、域名等电子数据，应当着重审查以下内容：……对电子数据有疑问的，应当进行鉴定或检验。"《最高人民法院、最高人民检察院、公安部关于办理网络犯罪案件适用刑事诉讼程序若干问题的意见》第18条规定："对电子数据涉及的专门性问题难以确定的，由司法鉴定机构出具鉴定意见，或者由公安部指定的机构出具检验报告。"

　　上述规定虽然是针对"电子数据"的审查判断出台的规定，但同样可以适用于大数据。基于大数据技术的专业性，大数据分析结果更需要专业人员的鉴定与检验，通过进一步说明"大数据技术是否成熟""是否为业内公认的技术手段""大数据挖掘过程是否符合行业规范"等，协助事实裁判者审查和判断大数据证据的证明力。

　　3. 大数据画像分析结果在证据法理论上应归于"品格证据"

　　大数据画像是大数据挖掘技术在侦查中的一项重要运用。大数据画像涉及犯罪嫌疑人的性格特征、行为偏好、人际关系等方面的信息，在证据法理论上，这些内容属于品格证据。理论上一般认为品格证据由于缺乏与案件事实的关联性而不具有证明力。我国现行与品格证据相关的立法主要是未成年人案件办理中关于社会调查报告的相关规定，根据《最高人民法院关于适用〈中华人民共和国刑事诉讼法〉的解释》第484条的规定，未成年被告人的

---

〔1〕　证明数据的完整性，即大数据转变为证据要求所依赖和利用的数据必须具有完整性，即应采集获取与所证明事项或目标相关的完整数据。唯有如此，所作出的分析结果才具有充分的证明力；数据来源的复合性，即通过对不同来源的数据库或信息相互关联，从中多维分析、挖掘才能够实现；数据处理技术的科学性，即大数据是海量的、分散的、无形的，必须借助科学有效的大数据处理技术才能从中获取有价值的大数据证据。所谓数据处理技术的科学性，是指必须采用相关技术领域普遍认同的技术方法，或者可以进行相应验证的技术方法。唯有采用科学的数据处理方法，才能保证通过该方法形成的数据处理结论具有可靠性和证明力。李慧. 大数据成为证据的新标准［N］. 人民法院报，2016-12-7（7）.

"品格证据"仅仅可以作为"法庭教育和量刑的参考"，也就是说，在未成年人案件的审理中，品格证据也不能作为诉讼证据。当前，大数据画像分析结果也只能作为侦查线索。将来随着我国证据规则的不断丰富和完善，我们或许可以参照域外的品格证据规则来确定这类大数据证据的效力，即品格证据一般不能用作认定被告人有罪的证据，但例外情况下可以适用。[1]

有人类活动的地方必有纠纷。在当前网络交往的社会生活模式下，大数据证据必将登上诉讼证据的历史舞台，否认大数据证据的诉讼价值，违背社会发展规律。大数据证据在刑事诉讼中要发挥证明价值主要解决三个方面的问题：一是大数据侦查行为的合法性问题，应当进一步研究大数据侦查行为的法律属性；二是大数据证据的证据种类问题，应当发展新的大数据证据形式；三是大数据证据的证明力问题。作为新生事物，大数据证据在刑事诉讼中的运用还面临许多未解决的法律问题，对这个课题的研究涉及法学、计算机科学以及侦查学等。对大数据运用涉及的法律问题开展研究顺应了时代的呼唤，也与国家治理的科学化与法治化一脉相承，希望未来笔者及同人对该课题的研究能有突破性的进展。

---

〔1〕　关于品格证据的域外立法例比较典型的如美国《联邦证据法》第四章"相关性及其限制"中的规则 404、405、607、608、609。

第十四章　未来犯罪与智慧侦查

犯罪与侦查是共生共变的。所谓共生，通常认为犯罪不可能被消灭，侦查也自然不可能会消失。所谓共变，是指随着信息技术的渗透，犯罪也随之快速地发生转移和升级；由于犯罪客体的牵引，侦查主体也不断地利用信息技术为自身服务，对付犯罪。

本章讨论的主要内容是犯罪与侦查共变的可能特征或者趋势。在未来一段时间内，随着经济发展、科技进步、政策转变、人口更替、国际交流、恐怖袭击甚至局部战争等各种因素的变化，犯罪活动各要素会发生怎样变化，借着科技进步与犯罪活动升级，侦查活动又应如何回应。

一、未来犯罪

（一）犯罪数量的变化

本章所讨论之未来犯罪，大抵指未来几十年内的犯罪活动。犯罪活动是一种直观的经验事实，一般指一定时期内犯罪的发生量及其比率、类型、危害程度、时空分布以及构成状况。在未来一段时间内犯罪的发生量是首先需要关注的。

犯罪数量一般指一定时空范围内发生犯罪行为的总和，本书讨论的犯罪数量基于刑事案件立案数而言。犯罪数量的变化受到多种因素的影响，如政策变化、分配机制、教育水平、劳动力、贫困等因素，而它们在其中发挥的作用也是不同的。总的来说，社会财富的不断增长是牵引犯罪数量上升的主要因素。根据统计，1978 年改革开放初期，我国刑事案件立案数为 53 万多起，犯罪率约为万分之 5.6[1]；2015 年，我国刑事案件立案数为 717 万多

---

〔1〕　陈屹立. 中国犯罪率的实证研究〔D〕. 济南：山东大学，2008.

起，犯罪率约为万分之51.2[1]；2017年，我国刑事案件立案数约为548万多起，犯罪率约为万分之39.2[2]。2016年、2017年连续两年我国刑事案件立案数下降，这一变化是否与日本近年出现的犯罪数量逐渐下降相类似[3]，需要进一步观察。

总的来说，我国经济总量稳步提升，犯罪数量保持在高位运行。当然，如果机器人实施严重危害社会的行为被视为犯罪行为，犯罪主体的范围将会扩大，那么犯罪数量存在短期内急剧攀升的可能性，这有赖于科学技术的发明和刑事政策的变化。

(二) 犯罪类型构成的变化

犯罪类型构成，通俗地讲就是犯了什么罪。纵观近20年我国刑事案件构成状况，传统犯罪数量和比重逐渐下降，盗窃、诈骗类犯罪数量持续上升。1998年我国刑事案件中杀人案件2.7万起，占1.39%；伤害案件约8.0万起，占4.07%；抢劫案件约17.5万起，占8.82%；盗窃案件约129万起，占65.3%。[4]2016年我国刑事案件中杀人案件0.86万起，占0.13%；伤害案件约12.3万起，占1.93%；抢劫案件约6.1万起，占0.96%；盗窃案件约430.4万起，占66.9%。[5]也就是说，侵犯公民人身权和侵犯财产两类犯罪存在此消彼长的特点。

未来犯罪类型呈现出什么特征，取决于稀缺资源的内涵和犯罪手段的便利性，犯罪手段的便利性取决于科学技术的进步。在人类社会的认知中，稀缺资源代表了财富，显然侵犯财产类犯罪必然是高发的犯罪类型。在社会财富不断增长和分配不均的趋势下，这一类犯罪数量尤为巨大。至于稀缺资源的内涵依赖于科学技术的进步，并与人类社会的认知判断共同作用。5G技

〔1〕 国家统计局. 2015中国统计年鉴［EB/OL］. (2015 - 10 - 14)［2019 - 04 - 29］. http：//www. stats. gov. cn/tjsj/ndsj/2015/indexch. htm.

〔2〕 国家统计局. 2017中国统计年鉴［EB/OL］. (2017 - 10 - 13)［2019 - 04 - 29］. http：//www. stats. gov. cn/tjsj/ndsj/2017/indexch. htm.

〔3〕 王欢. 2016上半年日本刑事案近49万起创新低 智能犯罪增多. (2016 - 07 - 21)［2019 - 04 - 29］. http：//world. huanqiu. com/exclusive/2016 - 07/9207620. html? agt = 15438.

〔4〕 国家统计局. 2000中国统计年鉴［EB/OL］. (2015 - 10 - 14)［2019 - 04 - 29］. http：//www. stats. gov. cn/tjsj/ndsj/zgnj/2000/U32c. htm.

〔5〕 国家统计局. 2017中国统计年鉴［EB/OL］. (2017 - 10 - 13)［2019 - 04 - 29］. http：//www. stats. gov. cn/tjsj/ndsj/2017/indexch. htm.

术、AR/VR 技术、物联网、大数据、云计算、人工智能和金融科技等新理念新技术的应用，可以预期除货币代表财富以外，数据、算力也可能成为犯罪者眼中可获得回报的"财富"。

如果数据、算力成为犯罪者的目标，那意味着犯罪者自觉、不自觉地通过算力，借助算法，对个人信息、数据予以入侵、篡改、窃取并从事其他犯罪活动。显然，侵犯公民人身权（生命权、身体权、健康权、隐私权等）的犯罪数量可能会持续上升。如果犯罪者通过算力，借助算法，对国家相关部门信息、数据予以入侵、篡改、窃取并从事其他犯罪活动，危害社会公共安全、国家安全的犯罪数量将会持续上升。

（三）犯罪空间：虚拟与现实

1. 大量犯罪发生在虚拟空间

空间，是犯罪发生的范围，它包括现实空间和虚拟空间。传统犯罪发生于三维空间的客观现实范畴内。近年来，随着互联网的飞速发展与移动端设备、应用的推广，大量现实空间的活动转移至虚拟空间。虚拟空间的犯罪数量急剧增加，具体表现为电信诈骗、网络诈骗等犯罪案件持续高发。结合上文提到的犯罪对象的变化，未来犯罪活动将大量地发生在虚拟空间。

2. 虚拟空间与现实空间深度融合

随着 5G 技术即将投入使用，并与物联网、大数据、区块链等理念和技术逐步融合，犯罪空间将拓展虚拟空间的范围。虚拟空间与现实空间不断交换信息、相互融合。虚拟空间融入大量的现实空间信息，在虚拟空间中个体或物质的变化、灭失甚至会促使或直接导致现实空间的个体或物质产生变化或灭失，反之亦然。未来犯罪发生在虚拟空间就是现实空间。

（四）犯罪人更加多元

1. 老年人

在未来二三十年，考虑到人口年龄结构的因素，老年人是否会成为主要的犯罪主体之一，或者其占犯罪主体中的比例是否会显著上升？对这一问题的推测需要从公共政策与犯罪问题的互动中去寻找答案。

学者赵宝成在其著作《犯罪问题与公共政策——制度犯罪学初论》中提出从公共政策视角思考犯罪的成因及解决方法，认为两者是互为变量、相互影响的。公共政策的变动会引起犯罪活动的变化，犯罪活动的变化迫使政府对公共政策进行调整，调整的结果是再次引起甚至引导犯罪活动的变化。公共政策是影响犯罪活动最为活跃、也是最隐秘的因素。例如，在1970年至1991年，美国的犯罪数量从每年的800万件上升到每年约1500万件，犯罪学家詹姆斯·阿兰·福克斯悲观地预计1995年全美犯罪率上升超过100%。意外的是，从1991年开始直到2000年，美国的暴力犯罪和财产犯罪持续下降，美国凶杀案降至35年来最低。研究者从不同角度对这一问题展开讨论，原因包括新的警察巡逻方案、警力扩充、毒品销售热潮的退却、入狱率的增加等，但缺乏解释力。研究者史蒂芬·列维特认为美国各州陆续实施的堕胎合法化法案是主要因素。他发现，纽约犯罪率的下降大约开始于堕胎法案实施18年后，犯罪率的下降集中在堕胎法案通过之后出生的人群。原因在于非意愿分娩的孩子生活在不幸的家庭环境里，导致低质量的童年教育使得其犯罪的可能性更高。[1]

对于中国来说，现阶段最直观的感受莫过于20世纪中国人口的激增，而根据联合国预测到2020年我国65岁以上老龄人口将达1.67亿。地域发展不平衡、贫富差距扩大及有限的社会福利可能会增加老年人实施盗窃、诈骗和性犯罪以获得持续生存，而掌握一定资源和受过良好教育的老年人可能会实施更为隐秘和多元的犯罪活动。

2. 机器人

人工智能技术的迅猛发展，使得各行业开始采用机器人来取代人类完成重复性、机械性、自动化的工作。如电影《星际穿越》所展现的，机器学习能力在实践中获得反馈、修正、应用和再反馈等环节，使得机器人具有自编程的活动能力。

机器人成为犯罪人大体有两个阶段：第一个阶段的机器人不具有独立的意识，自然也没有独立的辨认和控制能力。例如，自动驾驶机器人还不能够成为犯罪主体，而机器人的研发者或者实际使用者承担犯罪主要责任。第二个阶段的机器人具有独立的意识，有独立的辨认和控制能力，更加接近甚至是超越人类的思维。这一阶段的机器人可以独立模拟人类进行思考和完成行为，可以成为犯罪的主体，如电视剧《西部世界》所展现的画面。显然，一

---

〔1〕 DONOHUE J J I, Levitt S D. The Impact of Legalized Abortion On Crime〔J〕. Quarterly Journal of Economics, 2001, 116（2）: 379-420.

个正常"失常"或者故意"失常"的机器人所带来的破坏性应当远高于自杀式炸弹袭击造成的危害。

人工智能给人类社会带来的第一个变化，就是机器人成为犯罪主体之一，并且带来规模化的社会危害。

（五）犯罪危害更具规模化

科学技术的进步最先由犯罪者敏锐地捕捉，也最先运用于犯罪活动中，并在与侦查对抗中逐渐获得改进。当犯罪者开始使用 BB 机和"大哥大"手机时，大部分警察还不曾见过；当警察运用电信数据进行话单分析等技侦手段对犯罪者予以侦查时，犯罪者已然开始拒绝使用智能手机或者有选择性地使用。

随着侦查方式的逐渐升级，犯罪者自觉地、主动地搜寻信息，获取物料资源，对工具（犯罪手段）予以改进。犯罪者搭建属于他们自己的移动电话网络，类似于中国移动或者中国电信等移动运营商，并对这一套网络进行加密。而这一借助科技的进步，伴随侦查的"压迫"，犯罪者的犯罪手段进一步向虚拟化、科技化、隐秘化发展。

这一发展趋势的例证即是近年被媒体介绍的"暗网"，其中又以"丝绸之路"（Silk Road）为典型代表。"丝绸之路"创建于 2011 年，其业务内容涵盖了毒品、枪支弹药、私人侦探或雇用杀手、色情服务、人口贩卖、个人信息等禁止销售的"物品"。售卖业务通过私人搭建的网络平台将贩售、购买双方以及其他网络中介连接起来，交易的货币为比特币。由"中本聪"发明的，基于区块链技术的比特币在"丝绸之路"上的交易总额约 12 亿美元。私人搭建的网络平台以及比特币的交易方式足以让其躲避监管，直到 2013年，"丝绸之路"被美国联邦调查局关停。这一结果促使了其他匿名交易网站迅速占据了市场空缺并扩大销售量。科技的进步，使个体能力获得提升，造成的危害更具规模化。

当人工智能技术全面融入人类社会，其引发的犯罪风险足以"摇晃"社会稳定。

（六）人工智能技术引发的犯罪风险

人工智能带来的犯罪风险主要有自身问题、伦理问题、极化风险和异化风险。

1. 自身问题

人工智能本身存在的风险有三个方面：其一是人工智能本身的可靠性问题。例如，自动驾驶汽车或自动驾驶飞机由人工智能管理，一旦数据、算法、模型等出现"自主"可能会导致瞬时巨量交通网络故障，造成巨大危害。其二是人工智能的设计者、使用者、管理者的不可控性。即人工智能的设计者是否穷尽可能存在的漏洞，使用者是否遵照规范在一定范围内进行操作，管理者是否严格遵守法律，依法依规管理。其三是维护人工智能的风险性。现阶段以电力驱动人工智能处理数据，显然，电力中断的风险是需要考虑的因素之一。

2. 伦理问题

伦理问题主要指两个方面：第一个方面是人机伦理关系。上文中提到，第二个阶段的机器人具有独立的意识，也拥有拟人化的情感。在其与人类共生共存的互动过程中，彼此会产生情感联结。如何界定机器人的身份、明确人机关系势必需要斟酌。第二个方面是人类身份认同危机。机器人的规模化使用，尤其是具有独立意识的机器人会强烈引发人类身份认同的焦虑。人类身份认同危机，是社会不稳定的诱因。

3. 极化风险

极化风险主要是指社会阶层进一步甚至是极端的分化。人类社会从过去对土地、人口的占有为富，将走向对数据和算法的占有为富。对土地、人口占有的难度远远小于对数据和算法的占有。财富的积累和转移速度将进一步向掌握数据和算力的阶层倾斜，这一阶层有不断自我强化的倾向，并最终形成数量稀少、掌握大量资源的精英阶层。不掌握数据和算法的人将进一步沦落，形成数量庞大、掌握微小资源的"无用"阶层。正如电影《战斗天使阿丽塔》所设计的社会阶层：上等人住在天上，称为"撒冷"；下等人住在地上，称为"荒原"。

技术的革命性进步，极大地创造了社会财富，而创造出的社会财富将进一步极端分布。公众感受到自身财富有所增长，主要原因在于新的社会财富极度丰富，但是公众在总财富中所占比例进一步降低。每一轮科技进步的主要推动者将占据大量的社会财富。这是一场深刻的阶层分化。

4. 异化风险

异化风险指人工智能的发展走向其对立面。人工智能的不断发展，使其成为社会秩序和发展的主要参与者、使用者，乃至决策者。一旦人工智能进化到"自主"阶段，它给人类带来的潜在风险和伤害会变得极不可控，甚至毁灭人类。

（七）无人机技术引发的犯罪风险

无人机是近年来迅猛发展的低空飞行设备。无人机的规模化生产降低了购买成本，使得其使用人群和应用范围逐步扩大。当亚马逊、京东、菜鸟物流等企业尝试使用无人机运送包裹，以解决物流运送最后一公里的"顽疾"时，普通民众使用无人机已经造成了一定的隐患。媒体报道民众在公园、广场等开阔地因使用无人机不当造成人员受伤的事件时有发生。

犯罪者将这种"四轴飞行器"的使用范围进一步拓展。无人机装载高清照相机或摄像机可以进行非法监视，即情报搜集；装载自动武器、生化武器，可以进行个体攻击或区域攻击，或者远距离遥控无人机可以携带爆炸物进行定点轰炸，即无人机武器化；携带毒品等违禁物品可以穿越国境、边境线，从事走私等犯罪活动，即运输非法物品。以无人机为代表的空中飞行设备，可能成为犯罪者实施犯罪的新工具。

（八）3D 打印技术：随意制造工具

3D 打印技术，是犯罪者可能利用的另外一个技术。该技术可使用的原料广阔，从金属、泥土、塑料到蔬菜、聚酯纤维等各种物质都可以。犯罪者拥有金属原料和相关 3D 打印设备，就可以打印出仿制手枪等攻击性武器。犯罪者发现，尽管存在出入境边检、省市交通枢纽安检等措施，但是其依然可以制造出犯罪工具。3D 打印技术未来朝着精细化、可用性、便利性等方向发展，这意味着犯罪者可以打破物品管制的掣肘，制造出更多的犯罪工具，尤其是在实施规模性的犯罪活动时。

（九）比特币：绝佳的交易媒介

货币的发明，是人类文明演化的一个基石。随着生产力的发展，货币的表现形式也发生了变化，分别经历了实物货币、金属货币、代用货币到信用货币的阶段。随着现代信用制度和科学技术的发展，数字货币成为一个可能的发展方向。

区块链技术的兴起促进数字货币的迅猛发展。区块链技术因去中心化、匿名信、分布式记账等技术特点，迅速与社会各行业各领域初步融合。融合的结果是，经济领域最早也最容易受到区块链技术的影响，将会对现有经济活动中的信任机制、交易机制、存储机制产生革命性的颠覆。具体来说，比特币是一种分散的点对点数字形式的货币，通过解决数学方程来"挖掘"硬币，其总量被限定在 2100 万个。比特币可以在世界任何地方的用户之间交换，没有交易费用，所有交易记录都保存在公共账目中，以确保不会重复交易。比特币去中心化特征使得政府无法监管、交易记录不可溯源不可更改、资金存储于公共账户，警方无法扣押或者冻结账户。数字货币迅猛发展体现在它的货币数量和总市值。2018 年，比特币的单价最高冲到约 2 万美元一个，而它完成的第一笔交易是用 1 万个比特币购买了两份披萨。[1] 2018 年，中国银行发布的《中国银行全球银行业展望报告》指出，截至 2018 年 3 月 10 日，全球数字货币种类超过 1500 种，总市值高达 3891 亿美元。

数字货币引发的犯罪问题围绕交易过程而发生。虚拟空间发生的非法交易，尤其是大规模的洗钱活动，主要通过以比特币为代表的数字货币完成。黑客通过技术手段，直接攻击数字货币交易所，进行敲诈、勒索、盗窃等犯罪活动。据媒体报道，OKCoin 作为国内交易平台未履行合规要求，一度成为犯罪分子的洗钱工具[2]；日本最大的比特币交易所之一 Coincheck 遭黑客攻击，价值 5.3 亿美元的数字货币被盗。[3] 未来各国央行必然会推出国家决定数字货币，数字货币的安全是国家金融稳定的重要前提。

（十）云计算：谁都可以使用

云计算技术的发展，为使用者提供了巨大的计算能力。其结果是，我们进入了"算力资源"的时代。通过亚马逊云计算或者谷歌云平台服务，拥有少量资金的个体可以获得之前难以想象的计算能力。国外企业如索尼公司的 PlayStation 遭遇黑客入侵，共计约 1 亿用户的信息资料被窃取。黑客入侵的助手就

〔1〕　Johnny 老师. 1 万个比特币买披萨史真相还原！［EB/OL］. （2018 – 05 – 21）［2019 – 05 – 15］. https：//www. jinse. com/blockchain/195050. html.

〔2〕　Bitcoin. OKCoin 币未遵循反洗钱规定关闭网站大宗交易及 API 功能［EB/OL］. （2017 – 04 – 02）［2019 – 04 – 29］. https：//www. jinse. com/news/bitcoin/15815. html.

〔3〕　第一财经. 日本数字货币交易所遭黑客攻击，Coincheck5 亿美元代币失踪. ［EB/OL］. （2018 – 01 – 28）［2019 – 04 – 29］. https：//baijiahao. baidu. com/s? id=1590827851527176171&wfr=spider&for=pc.

是利用亚马逊云计算服务的巨大算力打破索尼的加密密钥。潜在的风险是，算法或者算力将会被视为资源，而这种资源可以工具化甚至是武器化。

（十一）物联网与 5G 技术：万物都可以被攻击

万物互联，IPv6 协议允许地球上每粒沙子都有一万亿个 IP 地址。这意味着我们生活中的计算机、手机、住房、宠物、保温杯、路灯、玩具、鼠标、书本、夹子等都会被通通吸收到计算机中。所有这些对象相互连通，通过云计算处理，我们生活在一个可编程和互动的世界里。连接一切听起来很美好，但是它不安全。

失窃的数据，仅是个体出于社交、工作、娱乐的需求，将其主动提交、存储于网络服务器。假使未来 5G 和物联网技术落地，将带来个体主动、被动与空间互动过程中形成的海量数据，犯罪者利用数据从事犯罪活动将更加便利，更具规模化的危害。这一科技的进步对个体信息安全具有根本性的挑战，因为出现了更多可供攻击的漏洞。

从个人生活空间看万物互联的风险，个人生活空间至少涵盖个人空间和社交空间两个层面。随着 5G 和物联网技术的逐渐推进，万物互联的技术预期将分阶段逐步接近或者实现。其结果是，个人居住空间、穿戴设备、体内生物医疗设备、交通工具、出行轨迹等个人信息，以及个人社交内容、时空、轨迹等社交信息全方位地数据化。个人生活空间"过程"逐渐数据化。数据化意味着必须有数据转换、传输、存储、再加工等环节，自然存在被篡改、偷窃和贩卖的可能性。个体某一活动的信息被泄露，获取者可以用其与其他信息进行比对，其结果是个体所有的生活空间，包括现实空间和虚拟空间的信息都将被发现。犯罪者利用科技手段对数据进行挖掘，筛选出对其有益的信息予以售卖。这一发展趋势的初期征兆如国内企业瑞智华胜。该公司与中国移动、中国电信、中国铁通等运营商签订协议，为其精准投放广告。随后，该公司将恶意程序放置于运营商内部服务器，用以窃取用户个人信息，并将窃取的信息存放在境外服务器。通过售卖 30 亿条个人信息，非法牟利超千万元。[1]

有组织网络犯罪将成为信息窃取、篡改、售卖的主要组织形式，主要参

---

〔1〕 金融界. 瑞智华胜涉嫌窃取 30 亿条个人信息！这招数到底多赚钱. [EB/OL]. （2018 – 08 – 20）〔2019 – 05 – 15〕. https：//baijiahao. baidu. com/s? id = 1609328976043621646&wfr = spider&for = pc.

与者是传统的有组织犯罪集团与黑客群体。黑客的行为动机从证明自己的技术实力逐渐转变为追求利益。根据兰德公司 2014 年的一项研究，目前有80% 的黑客正在与有组织犯罪集团合作或成为其组成部分，新的跨国网络犯罪集团逐渐形成。

（十二）生物医疗技术：未知的"双刃剑"

信息安全不仅涉及个体行为，还涉及个体身体。随着医疗技术的发展，个体身体本身逐渐成为一项信息技术或者信息技术载体。我们正在将自己变成"电子人"。失聪的病人需要人工耳蜗，糖尿病人需要胰岛素泵，心脏病患者离不开心脏起搏器或心脏除颤器，这些设备直接植入人类的身体之中。心脏起搏器或心脏除颤器通过网络与医疗机构或医疗人员产生联结，医疗人员可以在几千里外对病人的心脏进行电击。到目前为止，没有任何一个操作系统不存在任何漏洞。医疗设备植入人体本身逐渐形成规模的时候，潜在的风险亦在逐渐积累。

现有科学技术是以硅为基础，以"0"和"1"两个数字进行信息编码，而 DNA 是另外一套操作系统。科学家对基因的改写，绝大部分是为了公众的福祉，如减少身体的病痛，提高生活质量并延长生命。犯罪者滥用此项技术将会造成极大的危害。例如，传统毒品如鸦片、海洛因均从天然植物中提取、提纯，犯罪者提取罂粟 DNA 编码，进行剪切、复制、合成相对应的基因片段，可以用它们制造鸦片。这意味着犯罪者可以制造他们想要的任何生物体。

对人类基因进行大规模研究始于 1985 年美国科学家提出的人类基因组计划。该计划已对人类体内约 2.5 万个基因密码予以排序，各国也开始了新一轮的基因组研究计划，其目的是实现个体化医疗。技术的进步使得对人类基因排序的商用费用迅速下降，公众对该技术迅速认识、接受并使用。显然，犯罪者将会嗅到这一变化。例如，2018 年，中国科学家贺建奎宣布成功地对某双胞胎的一个基因进行了修改，使她们出生后即能天然抵抗艾滋病。这是世界首例免疫艾滋病的基因编辑婴儿，而这一研究并没有经过严格的伦理和安全性审查。[1] 公众和企业对基因资源的重要性认识也并不到位。例如，2015 年科技部曾经公告对深圳华大基因科技服务有限公司的行政处罚，

───────────────────

〔1〕 科学家发联合声明：强烈谴责首例免疫艾滋病基因编辑．〔EB/OL〕．（2018 - 11 - 26）〔2019 - 05 - 15〕．http：//www.sohu.com/a/277933460_ 297710.

原因是华大科技与华山医院未经许可与英国牛津大学开展中国人类遗传资源国际合作研究，华大科技未经许可将部分人类遗传资源信息从网上传递出境。[1]进一步推演的话，犯罪者可以对自行生物基因进行编辑，强化埃博拉病毒炭疽病毒，甚至武器化流感病毒等。

总的来说，基因技术可以创造新的生命形态，设计超强病毒，强化人类身体，但是基因技术的研究与应用是未来一个巨大的风险。

科学技术的发展，推动犯罪对象的转变，促进犯罪活动的升级，提升单个个体实施规模化伤害的能力。科学技术的发展引领人类社会进入下一个阶段，每个阶段都会有其独特的稀缺资源。无论资源的内涵是什么，都会受到犯罪者自觉或不自觉地关注。也就是说，稀缺资源牵引犯罪者关注"高回报对象"，科学技术的发展促进犯罪活动的升级，具体来说就是犯罪时空的无限化和犯罪过程的隐秘化和犯罪手段的科技化。通俗地讲，犯罪何时何地发生，怎么发生变得复杂而难以捕捉。科学技术的发展促使个体能够给社会带来规模化的伤害，科技带来了信息、资源、工具的开放性和便利性，促成了这一可能。

物联网、大数据、人工智能、纳米技术与生物科技等科学技术的发展给社会带来了巨大的犯罪风险，公安机关对于未来犯罪活动的评估和准备可能是不足的。

二、智慧侦查

人类社会经历了农业社会、工业社会，进入正在演变的信息社会。犯罪活动对应人类社会的发展阶段，不断升级犯罪活动。具体来说，犯罪活动的升级有两个基本方向：一个是犯罪活动的隐秘化，另一个是社会危害的规模化。侦查活动回应犯罪活动的升级，也由传统侦查、信息主导侦查发展到数据驱动侦查。数据驱动侦查并未跳出传统侦查活动的框架。犯罪者利用物联网、云计算、移动互联、人工智能、大数据等理念与技术实施犯罪活动，必然要求侦查活动在理念、思维、手段、路径等方面进行变革。由此，学界与实务部门逐渐形成"智慧侦查"的共识。

---

〔1〕 中华人民共和国科学技术部. 行政处罚决定书［EB/OL］.（2015－09－07）［2019－05－15］. http：//www. most. gov. cn/bszn/new/rlyc/xzcf/201810/t20181011_ 142043. htm.

智慧侦查的概念尚无统一定论，笔者认为智慧侦查应当包含以下内容：一是改革侦查机制，构建大数据平台；二是改造侦查过程，融合"大智物移云"等技术，突出人工智能的作用。智慧侦查应当达成的目标，笼统地说，它能够实现侦查效率的提升，实现主动预警主动侦查，做到精准打击，并能够不断自我演进。

（一）智慧侦查的实现条件：数据融合与算法进阶

智慧侦查的实现依赖于侦查机制的改革。侦查机制的改革需要对侦查机构进行合并，对侦查资源进行整合。侦查机制改革形成"大部制"结构，构建大数据平台自然成为应有之事。大数据平台打通公安机关各类业务信息，融合个人、社会和国家层面的通信数据、金融数据、视频监控数据、交通数据、物流数据、其他社会数据等。

数据能否为侦查提供有效的帮助，取决于科学技术（如"大智物移云"）的有效使用。科学技术有效使用的核心是算法。算法是用系统的方法描述、解决问题的策略机制，如神经网络、支持向量机、特征提取、无线传感器网络等内容。大数据平台的效用取决于算法的进阶。算法的演进决定了大数据平台查找数据、关联数据以及确定数据到人到案的准确性和高效性，构建个体或组织风险评估等级的合理性，从而达成主动侦查、精准打击的目的。

（二）智慧侦查主导者与路径演变

1. 智慧侦查主导者的演变

总的来说，智慧侦查的主导者经历了以侦查人员为主导演变到以人工智能为主导两个阶段。在以侦查人员为主导的第一个阶段，侦查人员应当拥有"数据侦查"理念，使用数据、依靠数据，通过使用大数据平台精准切入、有序查询和锁定嫌疑犯。[1]在这一阶段，人工智能起到协助作用，能够精准迅速地在侦查人员的指令下提取数据、关联数据，确定从数据到人到案。在以人工智能为主导的第二个阶段，人工智能拥有或超过人类的思维，自主、

[1]　倪北海."大数据"时代侦查（思维）模式初探 [J]．贵州警官职业学院学报，2016，28（6）：11－16.

实时地对数据信息予以搜索、排查并锁定犯罪者，自主形成符合法律要求的电子数据。在这一阶段，侦查人员主要发挥核实作用。总的来说，需要用到数据的环节由人工智能完成。

2. 智慧侦查路径的演变

传统侦查和信息化侦查的阶段，侦查路径多采用从人到案、从案到案的行动路线。在智慧侦查模式下，侦查路径将趋向使用从数据到人、从数据到案的行动路线。

上文所述犯罪者运用多种技术和工具，拓展犯罪空间，隐秘犯罪手段。智慧侦查在掌握全方位数据的基础上，关联时空、事件、场所、轨迹与个体，进行发散性比对、碰撞分析，锁定犯罪者。无论犯罪者实施何种类型的犯罪，采用何种犯罪手段，都会在虚拟空间和现实空间留下数据及数据交换留下的痕迹，由此可以利用数据的汇总、碰撞、比对从而确认犯罪嫌疑人，推动侦查前进。

（三）智慧侦查的功能转变：主动预警，同步遏制

侦查的功能或者任务是查明犯罪事实、抓获犯罪嫌疑人，依法进行的专门调查工作和采用有关强制性措施的活动。随着智慧侦查的演进，它会逐渐产生一个新的功能——主动预警、同步遏制。[1]

智慧侦查将从案后、案中的侦查，向案中、案前，甚至是向"未发生案件"的主动预警转变。转变的原因在于案件的发生必然有犯罪者（引发者），犯罪者必然会表现一定的异常行为。过去的侦查活动多数是在案件发生后进行案情分析，采取侦查措施，此谓案后、案中的侦查。在智慧侦查模式下，犯罪者区别于大多数人的行为，区别于他日常生活的行为被识别为异常行为、风险行为。这一识别过程就是风险等级评估的过程。智慧侦查模式下对高风险等级行为自动预警，侦查人员同步采取侦查措施，予以遏制。此谓案中、案前、"未发生案件"的侦查。例如，国内某公司研发风险评估软件，它利用人们的活动和行为数据来评估他们实施犯罪行为的可能性，一个人"频繁造访交通枢纽并前往刀具店等可疑场所"，那这个人的风险就提

---

〔1〕 方斌. 大数据时代侦查思维变革〔J〕. 中国人民公安大学学报：社会科学版，2017（1）：90.

高了。[1]

主动预警的核心是围绕个体的行为，并构建风险等级。另外，侦查是一个法定活动，如果在未发生案件之前对个体采取强制措施是不适宜的，这需要通过修订法律规范予以调整，以符合法定程序。

（四）智慧侦查的潜在风险

智慧侦查的潜在风险主要有侦查权滥用、技术安全问题，以及智慧侦查的极化与异化。

1. 侦查权滥用

无论是否有相关法律法规的制定，智慧侦查的使用都难免有侦查权行使不当等疑虑，极易出现侵犯公民隐私等侦查权滥用问题。因此，智慧侦查必须从保护公民隐私权的角度出发，利用信息安全技术对数据予以处理，对使用者的权限予以设定，对使用过程予以全程监督，必须依法合规地予以使用。

2. 技术安全问题

技术安全问题主要涉及两个方面。一是现阶段以"大智物移云"技术为代表的硬件设备、软件系统的可靠性和安全性。可靠性指软硬件设备的使用耐久度，安全性指系统防范内部崩溃和外部攻击的能力。一般来说，公安机关采购的相关硬件设备以国产为佳，避免硬件设备因国外进口而导致的国家安全问题。二是防范系统内部崩溃和外部攻击。防范系统内部崩溃主要是指系统运行超过系统载荷或其他原因而崩溃，外部攻击主要指黑客攻击以及国外情报机构的恶意访问、偷窃等。

3. 智慧侦查的极化与异化

（1）智慧侦查的极化。公安机关形成的智慧侦查既掌握了全社会的数据资源，又拥有先进的算法和足够的算力，且主要的目标是针对违法犯罪活动，其势必会将"监测"对象的范围扩大到潜在犯罪者，可能会引发社会公众的忧虑。

（2）智慧侦查的异化。目前，智慧侦查展现出了积极的效果。如2017年3月，广东省公安厅开展"飓风3号"集群战役中，省厅刑侦局在公安部

〔1〕 刘晓燕.中国利用人工智能预测犯罪人群分析就能抓小偷.〔EB/OL〕.（2017－07－31）〔2019－05－15〕.http：//tech.qq.com/a/20170731/005376.htm.

组织协调下，指挥佛山、中山、茂名等多地警方在全国 11 个省份同时收网，一举摧毁诈骗窝点 90 多个、抓获犯罪嫌疑人 450 多个。[1]对智慧侦查不可盲目崇拜和幻想，人工智能微小的疏漏以让人无法预料的序列事件的发生，就有可能变成更大的、更具破坏性的事故。

目前，公安机关的侦查活动已经展现了智慧侦查的雏形，它正朝着提升侦查效率、实现主动预警、做到精准打击的方向而不断自我演进。这一方向会因经济发展、科学技术和公共政策的影响而提前或者迟滞。另外，智慧侦查本身存在的技术风险和由其引起的极化、异化风险需要我们保持警惕。

---

[1] 翟海，江平.大数据时代的智慧侦查：维度分析及实现路径［J］.中国刑警学院学报，2018（03）：58－63.

后　记

　　信息技术正以势不可当之势对各行各业、社会各个角落进行着渗透。犯罪与侦查也不例外。犯罪客体正自觉或不自觉地运用信息技术服务于自身。侦查主体也正不断地用信息技术壮大自己。犯罪正进行着转型与升级，侦查的信息化正经历着从"区域割据、业务割裂、硬件互斥"到"资源整合、数据共享"的转变。大数据平台正在搭建，新一代公安信息化网络正在铺设，大数据、移动互联网、物联网、人工智能、云计算等技术正被运用于侦查。局势正在发生变化，然而，我们对此并没有清晰的认识。就大数据侦查而言，人们还仅仅停留于赶时髦的概念操作层面，实践中并未实现真实意义上的大数据侦查。至今为止的大数据侦查，充其量只能说是数据化侦查、小数据侦查或中数据侦查。面对这种局势，我们认为有必要对"大智物移云"背景下的侦查进行梳理。尽管已有《大数据侦查》《大数据侦查学》等书面世，但我们认为已出版的书尚未能很好地回应信息技术渗透下的侦查，尚未能理清大数据与侦查的关系问题。因此，我们组建团队进行"大数据侦查"研究。

　　本书书名中虽有"实践"二字，但其实这是一本理论与实践相结合的书。本书对信息技术与侦查的融合问题进行了梳理，重点论述了大数据侦查的具体步骤，同时结合具体的数据分析平台对大数据侦查的原理、操作、方法等进行了介绍。通过此书并结合相关平台，可以真正实现大数据侦查。

　　本书由李双其、钟明曦、林伟、雷阳、黄泽政、王娜撰写。具体分工如下：李双其完成第一章、第二章、第七章、第八章、第九章、第十一章、后记；林伟完成第三章；雷阳完成第四章、第五章、第六章；王娜完成第十章、第十二章；钟明曦完成第十三章；黄泽政完成第十四章。

　　在完成本书的过程中，参阅了一些现有论著，并采纳了一些论著中的观点，在此致以深深的谢意！

　　在撰写过程中，上海蓝灯数据科技股份有限公司为我们提供了大量的大数据警务资料及 iTap 数据情报平台分析资料。公司董事长周强在百忙之中对书稿进行了审定。技术权威的审定保证了本书最强的科学性。另外，上海蓝灯数据科技股份有限公司给予经费支持资助本书出版。在此，对各方的支持与帮助表示衷心的感谢！

　　在书稿的后期编辑过程中，知识产权出版社庞从容主任及其他参与相关编校的工作人员，极为认真和专业，充分体现了出版社很高的出版质量和编辑人员的职业素养，在此也表达真挚的谢意！

李双其

2019 年夏

致谢蓝灯

上海蓝灯数据科技股份有限公司（以下简称蓝灯数据）是国内领先的新一代数据智能应用平台软件公司及行业应用方案供应商。在国内案件调查的细分市场中，蓝灯数据拥有非常专业的分析团队和平台工具，并且已经累计了十五年以上的实战经验。

蓝灯数据以"数据驱动应用"为核心理念，融合云计算、大数据、人工智能技术，以自主研发的新一代数据智能应用平台 KONA 为基础，致力于为政府、金融、企业等重要行业客户提供全面的数据智能应用解决方案，帮助客户实现数据价值的最大化和数字化应用创新。

蓝灯数据创立于 2006 年，是数据关联可视化概念国内市场的引入者。在十多年的发展中，蓝灯数据专注于面向企业级用户的软件及数据应用的技术研发和服务，以兼收并蓄国际国内前沿技术结合最佳业务实践，创造研发了一系列卓有成效的软件和数据应用解决方案。

蓝灯数据于 2015 年在新三板挂牌（股票代码 834048）。蓝灯数据在政府公安、金融业务领域发展迅速，其中 iTap 数据研判和情报应用在全国各地公安机关、海关、监察等机关部门广泛部署，应用效果出色，行业优势显著。蓝灯金融大数据融合应用系列专注服务于各地银行、保险、证券机构，广受客户好评。

2018 年蓝灯数据成功并购知名软件服务商赛捷软件，企业数据聚合应用 TotalLink 系列，以企业数字化转型为重点，助力企业通过数据将系统应用内外贯通，帮助客户解决数字化难题。客户涵盖世界 500 强及国内各大中企业集团。

目前，蓝灯数据已经为超过千家的行业客户提供了高质量的服务，积累了丰富的成功经验。

　　本书的出版还特别感谢蓝灯数据的张琼晓、赵海、张志华、冯丹、牟进发等在书稿的撰稿、整理过程中给予的帮助与支持。

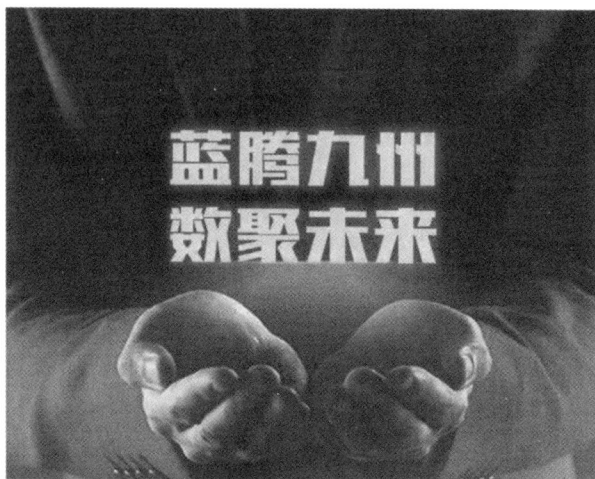